普通高等教育交通运输专业规划教材

Transportation Engineering

运输工程

（第二版）

陈大伟　李旭宏　编　著

人民交通出版社

内 容 提 要

本书系统地介绍了运输系统的各构成要素,重点阐述了运输设施和运输组织等基本知识。全书分为 7 章,即绪论、各种运输方式概况、各种运输方式运输设施、综合运输设施、单方式运输组织与管理、物流运输组织与管理、运输系统发展趋势等。

本书可作为高等院校交通运输类的专业课教材,也适合作为交通类院校各专业开设相应选修课的教材,同时还可供从事交通运输工作的工程技术人员与研究人员参考。

图书在版编目(CIP)数据

运输工程/陈大伟,李旭宏编著. — 2 版. — 北京:
人民交通出版社,2014.3
ISBN 978-7-114-11105-1

Ⅰ.①运… Ⅱ.①陈… ②李… Ⅲ.①运输工程 – 高等学校 – 教材 Ⅳ.①U

中国版本图书馆 CIP 数据核字(2013)第 317970 号

普通高等教育交通运输专业规划教材

书　　名:	运输工程(第二版)
著 作 者:	陈大伟　李旭宏
责任编辑:	刘永超　贾秀珍
出版发行:	人民交通出版社
地　　址:	(100011)北京市朝阳区安定门外外馆斜街 3 号
网　　址:	http://www.ccpress.com.cn
销售电话:	(010)59757973
总 经 销:	人民交通出版社发行部
经　　销:	各地新华书店
印　　刷:	北京盈盛恒通印刷有限公司
开　　本:	787×1092　1/16
印　　张:	19.5
字　　数:	470 千
版　　次:	2014 年 3 月　第 2 版
印　　次:	2014 年 3 月　第 1 次印刷
书　　号:	ISBN 978-7-114-11105-1
定　　价:	39.00 元

(有印刷、装订质量问题的图书由本社负责调换)

前　言

交通运输是人类社会生产和生活中不可缺少的一个重要环节。交通运输不仅要满足工农业生产和人们生活的需要，也是保证人们在政治、经济、文化、军事等方面联系交往的手段，同时也是衔接生产和消费的一个重要环节。现代化交通运输体系主要包括铁路、公路、水路、航空和管道五种运输方式，各种方式有其各自的技术经济特性，需要综合协调，发展综合运输体系。

本书主要讲述各种运输方式概况、各种运输方式运输设施、综合运输设施、单方式运输组织与管理、物流运输组织与管理、运输系统发展趋势等。本书在编写中力求文字简明扼要，着重讲清有关基本知识、基本概念和基本原理，力求使读者对交通运输有一个较为全面且系统的认识。

本教材的修订是东南大学2011年度教材建设立项项目之一。本教材自2008年8月第一版出版以来，经过多年的使用，受到师生们的广泛好评。但随着时间的推移，其中部分内容不能反映当前现状以及部分内容过于专业，需要进行修订。根据最新研究成果和当前交通运输的状况，补充和更新了交通运输发展现状及趋势；补充介绍了交通运输发展热点问题；调整充实了综合运输体系部分；精简了部分过于专业的内容。

本书由陈大伟和李旭宏编著。

在本次修编过程中，参加资料收集和文字整理工作的有吴圆圆、毋迪、王轶、韩竹斌、钱琳琳等同学，在此一并表示感谢。编写及修编过程中参考了同行专家的有关著作、教材和资料，在文中未能一一注明，在此对他们表示衷心的感谢。

由于编者水平有限，经验不足，加之时间仓促，书中难免有谬误和疏漏之处，诚恳欢迎使用本书的师生和读者批评指正。

编　者
2013年9月

目 录

第1章 绪论 1
　1.1 运输系统的基本概念 1
　1.2 交通运输的发展史 3
　1.3 交通运输的特性及意义 9

第2章 各种运输方式概况 15
　2.1 运输系统的基本类型 15
　2.2 各种运输方式的特征和适用范围 16
　2.3 铁路运输概况 28
　2.4 公路运输概况 33
　2.5 水路运输概况 39
　2.6 航空运输概况 43
　2.7 管道运输概况 46

第3章 各种运输方式运输设施 51
　3.1 铁路运输设施 51
　3.2 公路运输设施 81
　3.3 水路运输设施 104
　3.4 航空运输设施 121
　3.5 管道运输设施 131

第4章 综合运输设施 141
　4.1 综合运输体系概述 141
　4.2 综合运输设施系统 164
　4.3 综合运输系统规划 174

第5章 单方式运输组织与管理 183
　5.1 铁路运输组织 183
　5.2 公路运输组织 192
　5.3 船舶运输组织 200
　5.4 航空运输组织与管理 205
　5.5 管道运输组织与管理 213

第6章 物流运输组织与管理 217
　6.1 物流运输概述 217
　6.2 物流运输的成本与价格管理 228
　6.3 物流运输的决策管理 244

6.4 集装箱运输 ····· 265
6.5 国际多式联运及陆桥运输 ····· 280

第7章 运输系统发展趋势 ····· 293
7.1 交通运输发展趋势 ····· 293
7.2 铁路运输发展趋势 ····· 298
7.3 公路运输发展趋势 ····· 300
7.4 水路运输发展趋势 ····· 301
7.5 航空运输发展趋势 ····· 302
7.6 管道运输发展趋势 ····· 304

参考文献 ····· 306

第1章 绪 论

> **本章提要**
> 本章主要介绍交通运输系统的基本概念、系统组成,世界及我国交通运输发展概况、交通运输业发展阶段,交通运输的特性及意义等。通过本章的学习,可以对交通运输系统有一个总体的和初步的认识。

1.1 运输系统的基本概念

1.1.1 几个基本概念

1)运输

运输这一词语在日常生活、专业领域和科学研究中,都用得十分广泛。《辞海》对运输的解释是:"人和物的载运和输送"。也就是说,运输是指借助公共运输线路及其设施和运输工具来实现人与物空间位移的一种经济活动和社会活动。但是,在国民经济与社会生活中发生的人与物在空间位置上的移动几乎无所不在,运输只能是指具备一定相关要素的人与物的空间位移。例如,经济活动中的输电、输水、供暖、供气和电信传输的信息等,虽然也产生物质位移,但都已各自拥有独立于运输体系之外的传输系统,它们完成的物质位移已不再依赖于人们一般公认的公共运输工具,因此它不属于运输的范围;又如,一些由运输工具改作他用的特种移动设备(包括特种车辆、船舶、飞机)行驶所引起的人与物的位移,虽然利用了公共运输线路,但它们本身安装了许多为完成特种任务所需的设备,其行驶的直接目的并不是为了完成人与物的位移,而是为了完成某项特定工作,也不属于运输的范围;此外,在工作单位、家庭周围、建筑工地等由运输工具所完成的人与物的位移,由某种工作性质引起的位移,在娱乐场所人的位移,这些位移也都不属于运输的范围。

2)交通

《辞海》对交通的解释为:"各种运输和邮电通信的总称。即人和物的转运和输送,语言、文字、符号、图像等的传递和播送。"我国第一部大百科全书《中国大百科全书·交通卷》对交通的解释则为:"交通包括运输和邮电两个方面。运输的任务是输送旅客和货物。邮电是邮政和电信的合称;邮政的任务是传递信件和包裹,电信的任务是传送语言、符号和图像。"由上述解释可以看出,运输、邮政、电信的共同特点都有传递之意,它与我国春秋时期齐国管仲所撰《管子·度地》中"山川涧落,天气下,地气上,万物交通"及晋代陶潜所撰《桃花源记》中"阡陌交通,鸡犬相闻",认为交通是"彼此相通或往来通达"的论述相近。但是,随着科学技术发展伴随而来的专门化物质传输系统的形成,人们对运输这一概念认识逐渐深化,已经不把输电、输水、供暖、供气等形式的物质位移列入运输的范围,而且也不再把语言、文学、符号、图像等形式的信息传输列入运输的范围。据此,从专业角度出发,一般可以认为交通是指"运输工具在运输网络上的流动"。事实上,随着社会的进步、经济的发展、物资的位移、人员的流动,运输工具(交通工具)也越来越多地被使用,因此交通的含义习惯于特指运输工具在运输网络上的流动。

3)交通与运输的关系

从对交通与运输两个概念的论述中可以看出,交通强调的是运输工具(交通工具)在运输网络(交通网络)上的流动情况,而与交通工具上所载人员与物资的有无和多少没有关系。运输强调的是运输工具上载运人员与物资的多少、移动的距离,而并不特别关心使用何种交通工具和运输方式。交通量与运输量这两项指标的概念最能说明这一点。例如,在公路运输中,公路交通量是指单位时间内(例如1昼夜或1h)通过某路段道路的车辆数,它与运输对象无关。若说某路段的昼夜交通量是5 000辆车,这5 000辆车都是空车或都是重车,或空重车都有,都不会使交通量有任何改变。

运输量则不同,它是指一定时期内运送人员或物资的数量。空车行驶不产生运输量,即使都是重载,如果运输对象在每一车辆上的数量不同,所产生的总运输量也会出现不同的情况。在铁路运输中,行车量与运输量的关系也是如此。

显然,交通与运输反映的是同一事物的两个方面,或者说是同一过程的两个方面。这同一过程就是运输工具在运输网路上的流动。两个方面指的是:交通关心的是运输工具的流动情况(流量的大小、拥挤的程度),运输关心的是流动中运输工具上的载运情况(所载人与物的有无与多少,将其输送了多远的距离)。在有载时,交通的过程同时也就是运输的过程。

从这个意义上讲,由交通与运输构成的一些词语中,有一部分是可以相互替换使用的,如交通线与运输线、交通部门与运输部门、交通系统与运输系统等。

因此,可以说,运输以交通为前提,没有交通就不存在运输;没有运输的交通,也就失去了交通存在的必要。交通仅仅是一种手段,而运输才是最终的目的。交通与运输既相互区别,又密切相关,统一在一个整体之中。

4)交通运输

根据对交通、运输意义及交通与运输之间关系的分析,可以将交通运输这一概念的意义概括为:运输工具在运输网络上的流动和运输工具上载运的人员与物资在两地之间位移这一经济活动的总称。

随着对交通与运输及两者相互关系认识的深化,人们看到了交通与运输既相互区别又密切联系,感到其中任一概念都不能包含交通与运输的全部内容。而交通运输同时表明了同一过程的两个方面。

应该指出,在交通运输中包含了信件和按邮件办理的包裹运输,但不包含由有线和无线通信系统实现的,以传送语言、符号和图像等信息为特征的电信。

1.1.2 运输系统的组成

虽然在某些特殊情况下,人们还可以看到诸如流水运木、肩挑背负、牲畜载运等简单原始的运输方式,但现代化的交通运输则都必须具备载运工具、场站、线路这三个最基本的要素,同时还要有完善的交通控制和管理系统来为其服务。运输经营成功与否,服务质量能否令人满意,也取决于构成要素能否发挥其应有的功能,以及彼此能否密切配合。

1)载运工具

载运工具的功能在于容纳与保护被运送的人和货。早期的载运工具多是天然的,且本身兼具动力来源,如人、牛、马、骆驼等。现代化的载运工具则多数是人造的,如汽车、火车、轮船、飞机等,其中有的载运工具与动力完全分离,如铁路的货车、海上的驳船、集装箱拖车等,有的则与动力同体,如汽车、飞机、轮船等。理想的载运工具应具备结构简便、安全、轻巧、易于操纵管理、造价低、宽敞舒适、耐用、少故障、易维修、容量大、振动小、耗用能源少、污染小等特性。

2)场站

场站是指载运工具出发、经过和到达的地点,为载运工具到发停留,客货集散装卸,售票待运服务,为载运工具维修、管理、驾驶及服务人员休息,以及运输过程中转衔接等服务的场所。理想的场站应具备地位适中、设备优良齐全、交通便利、自然气候条件良好、场地宽广等条件。

3)线路

线路在运输网络中是用来连接运输始发地、到达地,保障载运工具安全、便捷运行的通道。线路有些是自然形成的,如空运航线、水运的江河湖泊、海洋的航路;有些则是人工修建的专门设施,如铁路、公路、运河、管道等。良好的线路应具备安全可靠、建造及维护费用低、便于迅速通行及运转、不受自然气候及地理条件影响、使用寿命长、距离短等条件。

4)交通控制和管理系统

交通控制和管理系统是指保证载运工具在线路上安全和有效运行而设置的各种监视、控制和管理装置和设施,如各种信号、标志、通信、导航及规则等,还包括为运输提供服务的各类人员等。

1.2 交通运输的发展史

1.2.1 世界交通运输发展概况

1)铁路运输的发展

17世纪前后,英国的煤矿开始用木轨和有轮缘车轮的车辆运送煤和矿石,后因为木轮在行驶中受路面铺板磨损严重,改用铁车轮。可是铁车轮又损伤铺板,所以又把铺板改为铁板,而后又发展成棒形,这就是最初的铁轨。1776年,英国的雷诺兹首次制成凹形铁轨。1789年,英国的杰索普提出在车轮上装上轮缘的方案,这样就用不着装防脱轨的铁轨凸缘了,这时的铁轨形状已接近I字形。

铁路运输一经出现就显示出了多方面的优越性,并很快在世界上迅速发展起来。总体上说,铁路运输发展共经历了四个阶段。

铁路运输的萌芽期从1825~1900年。这期间,世界主要国家铁路相继通车。表1-1列举了世界各主要国家铁路的通车年份。1900~1945年是铁路运输的蓬勃发展期,这是铁路发展的一个顶峰时期,出现了世界铁路大发展的局面。1946~1964年是铁路运输的衰退期,随着公路(汽车)运输和航空运输的相继兴起,铁路运输不再居于独占的优势地位。1965年至今是铁路运输的复苏期,其标志是1964年日本建成的世界上第一条时速200km的高速铁路——东海道新干线,此后铁路运输与其他现代化运输方式共同协作并在综合运输网中发挥其重要作用。

世界主要国家铁路通车年份　　　　　　表1-1

国　家	通车年份	国　家	通车年份	国　家	通车年份
英国	1825	俄国	1837	巴西	1851
美国	1830	奥地利	1838	印度	1853
法国	1832	荷兰	1839	澳大利亚	1854
比利时	1835	意大利	1839	埃及	1855
德国	1835	瑞士	1844	日本	1872
加拿大	1836	西班牙	1848	中国	1876

铁路机车主要有蒸汽机车、内燃机车和电力机车三类。蒸汽机车曾在铁路发展史上起过重要作用，在第二次世界大战以前，蒸汽机车在功率和效能两方面都有长足的进步，但继续提高机车的功率和速度已相当困难，在第二次世界大战后逐渐被内燃机车所取代；内燃机车一般以柴油为燃料，热效率高，机动灵活，上足一次油后能运行较长距离，但构造复杂，制造、维修和运营费用都较高，制造大功率的车用柴油机也受到限制；电力机车构造相对比内燃机车要简单些，所用电能可由多种能源转换而来，电气设备工作稳定、安全可靠，而且具有功率大、效率高、不污染环境等多种优点。

2）公路运输的发展

公路运输是随着汽车工业的发展而发展起来的。随着现代汽车工业的飞速发展，公路运输机动、迅速、直达、方便、投资少、周转速度快、便于分期修建、技术改造比较容易等优势逐渐显现，近些年来公路运输在综合运输体系中的地位发生了深刻变化。

现代公路运输的历史仅有120多年。1885年，第一辆四冲程汽车在德国的诞生标志着现代公路运输的开始；1924年，意大利首先建造了一条405km长的高速公路，但并不符合现代高速公路的标准；1929~1932年间德国建造的长约20km的科隆—波恩间的高速公路，是世界上第一条真正符合现代高速公路标准的高速公路。

西欧各国和日本由于国土面积小、公路网基础好，公路运输一直是内陆运输的主力。到目前为止，国际上发达国家的大规模道路建设时期已经基本结束，高速公路网骨架已经基本形成，城市道路交通开始走上现代化，全面进入现代化道路运营管理阶段。

回顾历史，总体上说，世界发达国家公路的发展大致都经历了四个发展阶段。

19世纪末到20世纪30年代是各国公路的普及阶段。这期间随着汽车的大量使用，在原有乡村道路的基础上，按照汽车行驶的要求进行改建与加铺路面，构成了基本的道路网，从而达到大部分城市都能通行汽车的要求。

20世纪30年代到50年代是各国公路的改善阶段。这期间由于汽车保有量的迅速增加，公路交通改善需求增长很快。各国除进一步改善公路条件外，开始考虑城市间、地区间公路的有效连接，着手高速公路和干线公路的规划。在这个阶段，英、美、德、法等国都相继提出了以高速公路为主的干线公路发展规划，并通过立法，从法律和资金来源方面给予保障。

20世纪50年代到80年代是各国高速公路和干线公路的高速发展阶段。这期间各国大力推进高速公路和干线公路规划的实施与建设，并基本形成将道路使用者税费体系作为公路建设资金来源的筹资模式。经过几十年的发展，已经基本形成了以高速公路为骨架的干线公路网,为公路运输的进一步发展奠定了基础。

20世纪80年代末、90年代初至今是各国公路提高通行能力和服务水平的综合发展阶段。这期间,各国在已经建成发达公路网络的基础上,维护改造已有的路桥设施和进一步完善公路网络服务系统,重点解决车流合理导向、车辆运行安全以及环境保护等问题,以提高公路网综合通行能力和服务水平。

3) 水路运输的发展

水路运输历史悠久,从远古的独木舟发展到现代的运输船舶,大体经历了四个时代。最原始的是以舟筏作为运输、狩猎和捕鱼工具的舟筏时代。其后,随着人类学会借助风力航行,自此进入帆船时代。1807年,美国人富尔顿将蒸汽机用于船上,从此机械力代替自然力,水路运输进入蒸汽机时代。此后,柴油机船问世,并得到很快的发展,逐渐取代了蒸汽机船。

在我国的周朝或者更早就出现了独木舟;春秋时期的吴国已经有了载客92人的木船;西汉武帝时期,木船已经可以运载千余人;希腊罗马时代的运货船可以达到装载400t的货物。自19世纪初詹姆士瓦特发明的蒸汽机被应用于水路运输后,便开始了海上运输的机械化时代。1883年,加拿大汽船"皇家威廉"号首次横渡大西洋。随后的半个多世纪,汽船取得了快速发展,船身由木制变成铁制,而后变成钢制。19世纪中叶,螺旋桨推进器取代了早期的明轮推进器。1854年和1897年第一个复合往复式蒸汽机及蒸汽涡轮先后使用。在进入20世纪后,蒸汽涡轮取代了蒸汽机,水路运输随之发生了很大的变化。

水路运输发展到现在,包括了内河、沿海和远洋三部分运输系统。目前,国际贸易量的90%是通过水路运输(主要是海运)完成的。现代化的海港是一个城市航运业发展的重要标志。新加坡和中国香港发达的港口航运业使其已成为当今世界最繁忙的两大港口,并成为国际航运中心城市。为适应现代船舶运输发展的需要,尤其是集装箱船舶向大型化发展的需要,吸引国际班轮公司进挂靠本港,许多海港城市加快建设深水航道,并通过各种优惠措施创造优越的政策环境。目前,韩国的釜山,我国的台湾高雄、上海和青岛等都积极准备提升自身的港口及航运业竞争力,向国际航运中心发展。

4) 航空运输的发展

世界航空运输发展大致经历了四个发展阶段。

1903～1914年是航空运输的萌芽期。人类首次飞行是美国的莱特兄弟在1903年12月17日用螺旋桨作动力的飞行,这就是飞机的雏形。我国的飞行家冯如驾驶自制飞机于1909年9月21日试飞成功,这是中国人首次驾驶飞机上天。此后,飞机得到不断的改进。

第一次世界大战后,近现代航空运输开始发展。1914年,第一次世界大战开始后,交战双方竞相制造作战飞机,使航空工业得以建立和发展起来。自1919年起,大批飞机和飞行员转入民用航空领域,由此开创了民航运输。

第二次世界大战后,进入了航空运输的快速发展期。20世纪40年代中期以后,许多国家大力发展民航运输业和开展有关的技术革新,民航运输迎来了发展期。民航飞机也开始广泛采用航程更大的四发动机飞机,从而使横跨大西洋和太平洋的航线愈加活跃,同时开辟了从欧洲通过亚洲大陆南部沿岸直达远东的新航线等。

20世纪70年代后进入现代化运输时期。20世纪70年代初,出现了大型宽体喷气式运输机。航空通信、导航和气象设施也发生了重大变化,航空运输量迅速增加。

随着飞机以及航空发动机的不断改进和完善,提高了载运能力、航程和速度,也推进了世界范围航空网的形成。现代航空运输的发展给人们的出行活动带来了方便,缩短了时空距离,扩大了活动空间,同时也给城市带来了新的活力。随着民航事业的发展以及城市经济水平的提高,航空运输越来越贴近普通百姓的生活,逐步成为人们进行国际交往、长距离商业活动和旅游的主要交通方式。

目前,国际城市之间的交通联系基本上依赖于航空运输,航空港成为世界大城市对外联系的窗口,当今世界各大城市均设有机场。

5) 管道运输的发展

管道运输是发展历史最短的一种运输方式。在美国人开发宾夕法尼亚州油田之后不久,人们才于 1865 年开始利用管道来运送石油。但在此后 50 年间,美国管道运输的发展非常缓慢,主要是由于它的发展与铁路运输企业,以及载货汽车业的利益相冲突,因此铁路运输企业不允许人们在铁路之下埋设管道。进入 20 世纪之后,由于大量油田的发现,管道运输才成为一种重要的运输方式。此外,管道运输的发展也与汽车的普遍化和内燃机的发展有密切的关系。从 1971 年后,管道运输的货物已不限于原油以及汽油等油类产品,甚至可采用煤浆管道来运送煤炭或石灰。

至于管道本身的发展,最早期所用的管道都是口径小、管壁厚的重铁管,它的缺点是容易腐蚀或破裂。第二次世界大战后,以改用大口径、薄管壁的轻管为实验,结果证实了轻管的实用性,因此使管道运输的输油量大大增加。

另一方面,压油技术也日新月异,早期所用的蒸汽推动的往复式压油机,后来改成柴油发动机推动的压油机。第二次世界大战以后,采用可以遥控的、由电力推动的离心式压油机,不但节省了人力,同时也减少了管道上的加压站数目。

1.2.2 交通运输业的发展阶段

纵观交通运输业的发展史,在历史上的各个时期,虽然各有所侧重,但都是几种运输方式同时并存。从世界范围内交通运输业发展的侧重点和起主导作用的角度考察,可以将交通运输业发展划分为四个阶段,即水运阶段,铁路运输阶段,铁路、公路、航空和管道运输阶段以及综合运输发展阶段。

1) 水运阶段

水上运输在运输业的早期发展阶段起主导作用,而成为这个阶段的标志。

水上运输既是一种古老的运输方式,又是一种现代化的运输方式。在出现铁路以前,水上运输与以人力、畜力为动力的陆上运输工具相比,无论从运输能力、运输成本还是方便程度等方面,都处于优越的地位。因此,资本主义国家早期的工业大多沿通航水道设厂。在历史上水运的发展对工业布局的影响很大。海上运输还具有其独特的地位,几乎不可能被其他运输方式替代。

历史上,水路运输的发展无论是对工业布局还是对城市发展都有很大影响。

2) 铁路运输阶段

1825 年,英国在斯托克顿至达灵顿修建世界第一条铁路并投入公共客货运输,标志着铁路运输时代的开始。在这个发展阶段,铁路运输基本处于垄断地位。

由于铁路能够快速、大容量地运输旅客和货物,因而极大地改变了陆上运输的面貌,为工农业的发展提供了全新的、强有力的交通运输方式,从此,工业布局摆脱了对水上运输的依赖,内陆腹地的工农业加速发展起来。

到了19世纪,英国、美国和西欧各国都进入了铁路建设的高潮,横贯美国大陆的铁路就是在这个时期建成的。这种形势也影响着其他一些国家,到19世纪后半期,已扩展到非洲、南美洲和亚洲各国。从此,铁路成了陆地交通的主要工具。但美国早期的铁路运输,由于铁道长度较短且资金不足,只起到了弥补水运不足的作用,直到1850年左右,美国人才清楚地意识到,唯有大力发展铁路运输,才能促成在美国开发无穷无尽的资源。其后,他们广借外债,致力于铁路的兴建。40年后,全美国境内,由东到西、由南到北,铁路网密布。

3) 铁路、公路、航空和管道运输阶段

20世纪30~50年代,公路、航空和管道运输相继发展,与铁路运输进行了激烈的竞争。这一阶段的主要特征是公路、航空和管道三种运输方式发挥的作用显著上升,铁路、公路、航空和管道同时竞争。

就公路运输来说,由于汽车工业的发展和公路网的扩张,使公路运输能充分发挥其机动灵活、迅速方便的优势,不仅在短途运输方面而且在长途运输方面也占有重要的地位。

工业的发展和科学技术的进步,促使人们对时间的价值观念日益增强,而航空技术的快速发展正能满足人们在这方面的需求。航空运输在速度上的优势,不仅使其在旅客运输方面(特别是长途旅客运输方面)占有重要的地位,而且也使其在货运方面得到发展。

以连续运输形式出现的管道运输,虽然其运输货物的品类有限,但由于运输成本低,输送方便,因此发展很快,至今方兴未艾。

4) 综合运输发展阶段

20世纪50年代,人们开始认识到,在交通运输的发展过程中,铁路、水运、道路、航空和管道这五种运输方式是相互协调、竞争和制约的。因此,需要进行综合考虑,协调各种运输方式之间的关系,构成一个现代化的综合运输体系。综合发展阶段的重点之一是在整体上合理进行铁路、水运、道路、航空和管道运输之间的分工,发挥各种运输方式的优势。此外,还必须从人类同环境(公害)和能源关系的角度去考察问题,而这些在过去交通运输业的发展过程中是并未或无须加以考虑的。目前,世界交通运输网的扩展速度相对于大发展时期已经有所减缓,而调整交通运输的布局和提高交通运输的质量则成为综合运输发展阶段的主要趋势。

1.2.3 我国交通运输发展概况

新中国成立以来,中国的交通运输体系通过60多年的不断改造和建设,已经有了很大进步和发展。交通运输设施和装备成倍增加,运输能力得以加强;技术状况明显改善,运输服务质量大大提高;客、货运输量大幅度增长,运输效率和运输效益显著提高,已初步形成全国性的、结构合理并协调发展的现代化交通运输体系。

1) 铁路运输系统

我国大陆[1]铁路由京沪、京哈、沿海、京九、京广、大湛、包柳、兰昆"八纵"和京兰、煤运北、煤运南、陆桥、宁西、沿江、沪昆、西南出海"八横"组成的"八纵八横"铁路运输通道基本形成。根据我国中长期铁路网规划,将规划建设"四纵四横"铁路快速客运通道。四纵为京沪客运专线

---

[1] 本书所述的我国交通运输发展概况中的有关统计数据均只针对我国大陆地区,未包含香港、澳门和台湾地区的相关数据。

(京沪高铁)、京港客运专线(京港高铁)、京哈客运专线、杭福深客运专线(东南沿海客运专线);四横为徐兰客运专线、沪昆客运专线、青太客运专线、沪汉蓉客运专线。

截至2012年年底,我国境内铁路已覆盖包括西藏、海南在内的各省、自治区、直辖市,营业里程达9.8万km,居世界第二,高铁运营里程达到9 356km,居世界第一位。2012年铁路旅客发送量完成18.9亿人次,旅客周转量为9 812亿人·km;货物发送量完成39.0亿t,货物周转量为29 187亿t·km。

2) 公路运输系统

我国已经建立了一个具有相当规模的公路系统,2012年末,我国境内公路总里程已达423.75万km,其中高速公路9.62万km。

"五纵七横"国道主干线于2007年底全部开通,中国境内已拥有横跨东西、纵贯南北的快速公路运输网络。"五纵七横"中的"五纵"指黑龙江省同江至海南省三亚、北京至福州、北京至珠海、内蒙古自治区呼和浩特至云南省河口、重庆至湛江5条南北走向国道主干线,"七横"是指绥芬河至满洲里、丹东至拉萨、青岛至银川、连云港至霍尔果斯、上海至成都、上海至瑞丽、衡阳至昆明7条东西走向国道主干线。

根据国家中长期高速公路网规划,我国将用30年时间完成"7918"国家高速公路网(7条首都放射线、9条南北纵线、18条东西横线),共计8.5万km。该网络可覆盖10多亿人口,把我国人口超过20万的城市全部连接起来,加上地方的高速公路,届时我国高速公路总里程将达到12万km左右,与其时的美国高速公路总里程相当。

2012年公路营业性货运车辆货运量为318.9亿t,货物周转量为59 534.9亿t·km,营业性客运车辆客运量为355.7亿人次,旅客周转量为18 467.6亿人·km。

3) 水路运输系统

我国内河交通网基本上由长江、珠江、黑龙江、淮河和京杭运河所组成。我国水运主通道总体布局规划是发展"两纵三横"共5条水运主通道。"两纵"是沿海南北主通道,京杭运河淮河主通道,"三横"是长江及其主要支流主通道,西江及其主要支流主通道,黑龙江松花江主通道。

2012年末全国内河航道通航里程12.50万km,比上年末增加383km。等级航道6.37万km,占总里程的51.0%,提高0.7个百分点。其中,三级及以上航道9 894km,五级及以上航道2.64万km,分别占总里程的7.9%和21.1%,分别提高0.3个和0.3个百分点。

2012年水路运输货运量为45.6亿t,货物周转量为80 654.5亿t·km,水路运输客运量为2.6亿人次,旅客周转量为77.4亿人·km。

4) 航空运输系统

截至2012年年底,我国境内民用航空机场共有183个;定期航班航线2 457条,按重复距离计算的航线里程为494.88万km,按不重复距离计算的航线里程为328.01万km。

2012年我国民航完成旅客运输量为3.19亿人次,完成货邮运输量为545万t,成为仅次于美国的世界第二航空运输大国。

5) 管道运输系统

我国现有的运输管道包括原油管道、成品油管道、天然气管道和其他气体管道,此外,尚有少量的矿浆管道,原油管道是管道网的主体。

我国的石油天然气管道工业的发展是随着我国石油工业的创建而发展起来的。我国在

1958年建设了克拉玛依—独山子炼油厂双线输油管道,全长300km,管径159mm,这是我国建设的第一条长距离输油管道。

截至2012年上半年,全国油气管道总长度达9.3万km。同时我国形成由西气东输一线和二线、陕京线、川气东送为骨架的横跨东西、纵贯南北、连通海外的全国性供气网络。"西气东输、海气登陆、就近外供"的供气格局已经形成,并形成较完善的区域性天然气管网。中哈、中俄、西部、石兰、惠银等原油管道构筑起区域性输油管网。以兰成渝、兰郑长等为代表的成品油管道,作为骨干输油管道,形成了"西油东送、北油南下"的格局。

2012年管道运输货运量为5.3亿t,货物周转量为3 149.3亿t·km。

1.3 交通运输的特性及意义

1.3.1 交通运输业的特性

交通运输业是一种以持有、租赁或代理运输工具服务于他人而收取报酬的服务性行业。一般来说,交通运输业具有以下特性。

1) 基础设施特性

交通运输业所提供的客、货运输服务并非如水果、冰淇淋、服装等商品,可直接供最终消费之用。这些商品的消费为消费者提供了效用,使其获得某方面的满足。而运输活动本身,不但不能令消费者获得满足,反而有可能带来反效用。例如旅客在运输过程中可能感到不方便、不愉快,货物在运送途中可能被损坏、被偷窃、变得不新鲜等。然而,为了上班、上学、访友等各种社会经济活动的需要,运输却是不可少的,为了生活与消费的需要,货物运输流通更是必需的,货不能畅其流,则工农业生产及经济发展都将受到限制与阻碍。

因此,各种交通建设先天具有基础设施特性,而运输需求则具有衍生需求的特性。

2) 公益服务性

行与衣、食、住构成人类的四大需要,为人类日常生活中不可缺少的一部分,故交通运输设施不仅是基础设施,而且是社会公益的需要。因此,运输设施的规划,必须着眼于社会大众的公共需要;运输服务的提供,必须以公平且普及地服务于大众为前提,而不能像一般工商企业单纯地以谋利为目标。

3) 资本密集性与沉没成本性

相对于一般工商企业,交通运输业属于需要大量投资的大型资本密集型行业,且大部分交通运输投资都具有沉没成本的特性,即一旦投资后,一般很难转移作其他之用,如不继续经营交通运输业,则很多设施(如铁路线路、机车、车辆、港站与机场设施等)残值都极有限。

4) 独占性

由于交通运输业所需投资巨大,使其先天需要某种程度的独占,以便于发挥规模经济的效益。因此,各国大都对交通运输业加以管制,并限制经营单位的数量,以便赋予企业某种程度的独占地位。

5) 接受公共管制性

投资庞大与沉没成本特性使政府必须赋予企业相当的独占经营地位,以保护企业免遭过度竞争。但独占对经营效率及消费者利益可能产生不利影响,而交通运输业所具有的公益性与基础设施性又使政府不得不采取措施,以确保使用者及其他社会大众的利益,并配合推行政府的各种政策目标。

因此,政府基于保护企业、保护使用者及社会大众的需要,对交通运输业应实施严格的管制。一般来说,企业加入和中断营业、营业地区与营业项目、运价、服务水准、利润水平、设备等,均应列为政府管制之列。其他工商产业很少像交通运输业这样,受到政府如此广泛而又严格的管制。

6) 无法存储性

一般商品的生产与销售可以截然分开,淡季生产数量超过需求量,两者之差以存货方式储备,以供调节旺季时供不应求之需,因此,生产可以在全年各时期定量进行,但交通运输业则不同,一辆公共汽车开出后,即便有空位,也无法储存以供拥挤时之用。

由于运输需求有明显的高峰与平峰之别,而供给量却是固定不变的,因此,高峰期间供给不足,非高峰期间供给过多,供需无法完全平衡在交通运输业可说是必然且无法避免的现象。

7) 产销计算单位不一致性

交通运输业的生产成本是根据所提供的服务量而定的,但销售收入却根据使用者的实际使用量而定。一辆公共汽车开出后,不管是空车或是满载,其成本几乎可以说是固定的,但收入多少则完全决定于乘坐率或装载率,而后者波动性非常大。这一特性使交通运输业财务问题显得较为特殊,且使得定价变得复杂不易处理。根据经济学理论,成本是定价的重要考虑要素,然而产品计算单位为座位公里或车公里,但销售的计算单位却是人公里或是吨公里,两者因乘坐率或装载率经常变动而难得一致。这使得费率与成本之间也难有固定不变的关系。通常为了实际定价使用方便,一般还是以人公里或吨公里计算成本,应该说这是一种折中的办法。

8) 竞争代替性

在同一地区内,同种交通运输工具之间,以及不同交通运输工具之间,彼此互为代替的可能性相当大。因此,最易引起彼此间的激烈竞争,而且导致竞争的可能因素很多。例如设备的更新、服务的变动、运价的调整等,都会激发各交通运输企业的激烈竞争。

交通运输业具有高度竞争代替性,同时又具有独占经营性,这也是各国政府之所以对交通运输实施特别管制的主要原因之一。也由于这一特性,交通运输业经营的成败与政府政策的关系特别密切。因此,政府在制定运输政策及从事交通建设规划时,必须从系统的观念出发,对各种交通运输工具所造成的相互竞争与影响要加以深入的研究。

1.3.2 交通运输的意义

交通运输是文明社会从混乱走向有序所需要的工具之一,它深入到人类生存的方方面面。从经济、环境、社会和政治各个方面来看,交通运输无疑都是世界上最重要的行业。

1) 交通运输的经济意义

交通运输具有空间效用和时间效用。

(1) 交通运输的空间效用,指当产品从一个地方转移到另一个地方而价值增加时,运输就创造了空间效用。

假定某地需要某种商品,条件是该商品要低于某一价格,如图 1-1 所示,该商品在 A 地生产,产地价为 P_C。需要该种商品的是 B 地,而两地间的距离为 AB。在 B 地人们对该商品愿意付出的最高价为 P_E。如果采用效率较低的交通运输系统,商品从 A 地到 B 地,需要运费 C_H。其中,CD 部分为固定成本,DH 斜线代表运费。这样,商品运到 B 地后的总费用是 P_H,超过了 B 地可接受的价格限度 P_E。

现在假定改进了交通运输系统,使每公里运输费用降低,运输可变成本改为 DJ,此时商品在 B 地的价格可降到 P_J,即低于预期的最高价 P_E。这样,在 A 地连续生产的这种商品就可以进入 B 地市场。

因此,AB 两地间运费的降低,对于这种商品产生了空间效用。原先使用低效率的交通运输系统时,货物不能在市场出售,因此不能实现其价值。现在效率较高的交通运输方式创造了空间效用,使货物能在 B 地出售。降低运输费用可以鼓励市场向远处供货者采购货物,而不一定在当地生产。由于图 1-1 中的固定成本是不变的,长距离运输降低运费的影响要比短距离运输大得多。

如果一个供货者能够在其价格构成中多包容一部分运输费用,那就可以用来增大送货距离,扩大市场的区域范围,而后者扩大的比率将超过运距增加的比率。运输经济学家拉特纳把这种现象叫做运输和贸易的平方定律。如图 1-2 所示,一个生产者能够将其产品运出 100km,以竞争性价格出售,其相应的市场范围就是图中小圆所包容的面积。如果他能使运费减少一半,那就可用同样的费用把供货距离增大 1 倍,即延长到 200km,这时的市场范围就扩大到大圆所包容的面积,即扩大到 4 倍。

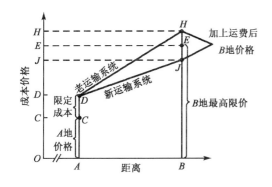

图 1-1 两地交通运输系统成本比较图

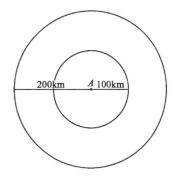

图 1-2 拉特纳的市场范围概念图

(2)交通运输的时间效用,是指高效率的运输能够保证商品在需要用到的时间送到适当的地点,就创造了时间效用。

时间效用这一概念和空间效用紧密相关。对某一特定商品的需求,往往只限于一定的时间范围。如果某种商品上市时,市场已经不需要,那它就不具有价值。万圣节前夕(指 10 月 31 日)孩子穿着的化妆服,只在 1 年之中的特定时间内用到它。万圣节一过,这种商品对持有者来说就没有多少价值了。高效率的运输可保证商品在需要的时间送到适当的地点,从而创造了时间效用。例如,生产用的原料、水果和圣诞节玩具等全都要求在特定时间内运到一定地点,否则就降低了价值。

拉特纳定律也可应用于时间效用。例如,运送某种有一定保存期限的易腐烂商品,运输速度就是一个关键性因素。假定图 1-2 中的小圆代表目前按某一速度运输所能供应的市场范围,那么若运输速度加快1倍,潜在市场范围就可扩大到4倍。

2) 交通运输的国家意义

(1) 交通运输促进了国家、社会的团结统一。

交通运输使人们得以便利地往来接触,促进相互间的沟通与了解,并促进科学文化的发展,这都是一个国家各民族团结与发展的必要条件。因此,历史上常把交通运输视为影响国家、社会团结统一的一个重要因素。

例如19世纪中叶,德国处在境内小邦林立、四分五裂、各自为政之际,但因其境内公路建设已具相当基础,铁路研究也显现有乐观的前途,且各邦君主都对交通建设加以重视,故哥德当时与艾克曼的谈话就曾乐观地预言:"从此将不必考虑德国之不能统一,德意志之完整良好的道路,以及未来之铁路等,将定能完成此种任务。"在其预言后的几个世纪,果然由于运输发展使人民语言、观念等隔阂障碍得以顺利自然消除,德国终于完成其统一大业。

又如1862年美国国会就对太平洋铁路建设所需取得的广大土地完成了立法工作,其所持的理由就是由铁路使各地方联成一气,可进而推进全国团结为一。故当时有句谚语:"但求国家能建设铁路,以后铁路自能建设国家。"

了解了运输对国家社会团结统一的重要性,因而应特别重视交通建设,这在我国也不乏先例。早在秦始皇时,就已"筑驿道"从首都咸阳通达全国各地,并规定"车同轨、轨同距",将全国的交通设施建设予以标准化。孙中山先生的"实业计划",究其内容实际上就是一部"交通建设计划",而其计划精神,无疑地着眼于促进全国的团结统一及国防力量的增强。

(2) 交通运输具有国防、军事作用。

国防是维护国家生存所不能缺少的重要一环,所以即使在和平时期,也应该保持足以防卫国家安全的国防力量,而交通运输正是这种力量中非常重要的组成部分。"兵贵神速",优良的交通运输系统,使人员物资能快速集中运动,是克制制胜的重要因素。军事实践表明,"联络线失去,虽胜犹败"。保持运输补给网络的完整灵活对军事之攻守行动是必需的,军事史学家著作中也都一再提起过,拿破仑与希特勒两人攻俄战役的失败,交通运输补给不能配合是重要原因之一。

(3) 便利的交通运输有利于文化的交流。

古代人多傍水而居,形成部落,各部落间则以步行及水道互相沟通,逐渐形成文化。例如埃及文化起源于尼罗河,印度文化起源于恒河,我国文化起源于黄河。而文化的进一步发展更与交通运输有关,例如交通运输便利可增加学生求学的机会,使教育得以更加普及;便利的运输条件促进了地区间的文化交流。

3) 交通运输的社会意义

(1) 交通运输业为社会提供了大量的就业机会。

在美国,交通运输业的从业人员占全国总劳动力的11.1%。20世纪50年代以后,这一百分比逐渐下降,这说明交通运输业的资本密集程度提高了。然而,上述百分比的降低主要针对的是服务部门,而实际上装备使用部门的就业率则相对大大提高了。

(2) 交通运输设施对周围社区有明显影响。

铁路和高速公路割裂了乡镇和邻里的联系,而公路交通枢纽点则成为制造业和零售、批发商的选址目的地。一个地区或城市的地位和声望常常取决于它是否具备交通运输中心的条件。

(3) 交通运输网对地区产业结构和布局有一定影响。

交通运输网的变化会引起地区特点的变化，但是影响社会变化的不仅仅是运输，还有一系列其他因素。社会学家和城市学家认为：地区商业中心、高收入上班族居住区与休闲、度假、娱乐区的形成和发展固然是有运输网络可以利用而产生的结果，但也和维持这些地区所需的相对费用有关。

此外，交通运输还具有促进旅游业发展以及社会公益等作用。

4) 交通运输对环境的影响

交通运输所取得的重大经济意义以及国家、社会意义，并不是不要代价的。交通运输对环境所造成的污染和自然资源的消耗正是这种代价的重要部分。尽管大多数人仍认为交通运输的利远大于弊，但今后的环境问题将成为正确评估产业利益和它的社会代价两者得失的主要因素。

交通运输与环境问题是指交通运输给环境带来的影响，如汽车、火车、飞机、轮船等运输工具排放的尾气对大气的污染，产生的噪声和振动对环境的影响，船舶排水和事故造成的水域污染，水陆运输线路和运输设施对环境诸因素的影响等。在交通运输对环境的影响中，有益的甚少，有害的却很多，有害影响构成了交通公害。

公害有别于自然灾害，它对相当范围内人的健康和生活环境带来危害。公害一般包括大气污染、噪声、振动、水质污染、土壤污染、恶臭、地面下沉、放射性辐射、日照危害和电波危害等，而交通公害是其中相当重要的因素之一。交通公害主要有以下几个方面。

(1) 大气污染

大气中由于空气以外的物质对人类健康和生活环境造成危害的状态叫大气污染。汽车、火车、飞机、船舶等运输工具排放的尾气中有许多有害成分，严重污染大气，给广大人民的健康和正常生活带来极大的危害。在美国的空气污染物总量中，交通运输所产生的污染占16.7%，其中3/4来自汽车，特别是汽油车；飞机、铁路机车和船舶的污染影响则很小。

(2) 交通噪声

噪声即吵闹之声或嘈杂之声，是所有不愉快声音的统称。它会使人或动物感到痛苦，同时也伤害听觉系统。交通噪声主要由飞机、火车、轮船和公路机动车等运输工具产生。在城市，交通噪声主要由汽车产生。

在古代，人们就已注意到交通噪声问题。那时由于生产落后，文化也不发达，几乎所有信息传递都利用声音，如在欧美，利用教堂的钟声来报时间，或报告敌人入侵的消息。这时，噪声对信息传递的妨碍极大。因此，当时在欧美禁止交通噪声相当大的铸铁轮马车在街道上行驶。这是最早抑制交通噪声的措施。

道路机动车的交通噪声由多个噪声源产生，包括发动机、轮胎、排气、吸气和喇叭声。机动车在发动时，由于发动机的旋转数增加，所产生的噪声也随之增加。轮船和火车的汽笛发出非常刺耳的噪声。在架空铁道下听到的电气火车的噪声高达100dB(A)，喷气式飞机起飞时的噪声可达65~95dB(A)。波音747飞机由于噪声过大，在有些国家被禁止使用。

(3) 交通振动

由于机动车和火车运行而引起的地面振动，称为交通振动。交通振动是由于地面不平、轨道有接缝，运输工具运行时冲击地面或轨道而发生的，它沿着地面有衰减地向四周传播。

(4)交通水体污染

交通水体污染源主要是船舶的排污水、油轮的漏油和事故,其次是港区排到水域内的工业废水和生活污水。在内河污染的情况下,一段河流受到污染,可以影响整个河道的生态环境;同时河水中的污染物还可以通过饮水、食物链和河水灌溉的农作物危害动物和人类的身体健康。污染的海水被水生物浓集后,通过海生食物链来影响人体的健康。水体污染后,治理十分困难。

此外,交通公害还有危险品运输事故产生的土壤污染、环卫运输和牲畜运输中的恶臭等气味、核动力运输工具造成的放射性辐射等。

交通运输最令人伤脑筋的还是发生人身伤亡事故的问题。1985年美国交通运输中死亡人数在45 000人以上,其中91%是公路车辆事故造成的。从1980年以来,事故死亡人数逐年有所下降,这是由于加强了从业资格管理和采用了更加可靠的车辆设计。但在货运安全方面的发展趋势仍不好,铁路运输事故和运输过程中漏油、气体爆炸的威胁增加了。随着运输商品的种类增加,数量增大,这一问题更需要引起重视。

对运输服务日益增长的需求,使在货币代价之外增加了社会代价。在减小负面的社会影响方面,近年来已经有了很大进步,世界各国政府,特别是发达国家已采取了不少有力措施。

第2章 各种运输方式概况

> **本章提要**
> 本章从总体上介绍了各种运输方式的技术经济特征、发展历程、特点及系统组成等基本概况。

2.1 运输系统的基本类型

运输系统的基本类型包括:铁路运输、公路运输、水路运输、航空运输及管道运输,也就是所谓的"五大运输方式"。

1) 铁路运输

铁路运输一般是以轨道结构进行导向的公共客货运交通系统,具有运量大、速度快、安全、准时、节能、环保等诸多优点,同时由于其基础设施投资规模大、建设费用高、系统结构复杂、技术水平要求高等因素,一定程度上也制约了轨道交通的发展速度。

2) 公路运输

公路运输是构成陆上运输的两种基本运输方式之一。所谓公路运输,是指以公路为运输线,利用汽车等陆路运输工具,做跨地区或跨国的移动,以完成货物位移的运输方式。它是对外贸易运输和国内货物流通的主要方式之一,既是独立的运输体系,也是车站、港口和机场物资集散的重要手段,是综合运输体系的基本组成部分。

3) 水路运输

水路运输简称水运,是指利用船舶航行于水域,完成旅客与货物运送的经济活动。人类使用船舶作为运输工具的历史几乎和人类文明史一样悠久。从远古的独木舟发展到现代的运输船舶,大体经历了四个时代:舟筏时代、帆船时代、蒸汽机船时代和柴油机船时代。

4) 航空运输

航空运输是指使用飞机、直升机及其他航空器运送人员、货物、邮件的一种运输方式。具有快速、机动的特点,是现代旅客运输,尤其是远程旅客运输的重要方式,为国际贸易中的贵重物品、鲜活货物和精密仪器运输所不可缺。

5) 管道运输

管道运输是大宗流体货物运输最有效的方式,其原理是通过压力差,使管内的流体从高压处向低压处流动。在输送过程中,由于摩擦损失及高程差,流体的压力逐渐下降,为了给流体加压,长距离管道中需要设置中间泵站(液体管道)或压缩机站(气体管道)。

2.2 各种运输方式的特征和适用范围

五种运输方式的产品(客货在空间的位移)虽然是同一的,但由于这五种基本运输方式在运载工具、线路设备和运营方式等方面各不相同,其技术经济性能(速度、重量、连续性、保证货物的完整和旅客的安全、舒适程度等)对地理环境的适应程度和经济指标(能源消耗、投资、运输费用、劳动生产率等)是不同的。

人们对交通运输的要求是安全、迅速、经济、便利。各种运输方式的特征可以从上述要求出发,按照技术特征、经济特征和组织特征三个方面进行考察。

2.2.1 各运输方式的技术特征

各种运输方式的技术特征可以从速度、运输能力和服务特性三个方面考察。

1)速度

速度是交通运输,尤其是旅客运输最重要的技术指标,也是主要的质量指标。运输方式的速度有技术速度和送达速度之分。技术速度决定运载工具在途运行的时间,但不包括途中的停留时间和始发、终到两端的作业时间。技术速度是决定送达速度的基本因素,因而比较各种运输方式的技术速度仍具有意义。各种运输方式的技术速度见表2-1。

各种运输方式的技术速度　　　　表2-1

运输方式	铁　路	水运(内河)	公　路	航　空	管　道
最高速度 (km/h)	客车:100~350 货车:60~120	客船:13~18 货船:8~12	客车:120 货车:100	850~950	15.5

对旅客和收、发货人而言,送达速度更具有实际意义。计算送达速度时应计途中的停留时间和始发、终到两端的作业时间,因而送达速度低于技术速度。送达速度等于路线长度除以运输消耗时间,该时间的计算方法如下:

$$t_{totle}^i = t_O^i + t_D^i + t_r^i + \sum_{i=1}^{n}(t_{i-}^i + t_{is}^i + t_{i+}^i) \tag{2-1}$$

式中:　　t_{totle}^i——采用第i种运输方式时,一次运输的全过程消耗总时间;

t_O^i——运输始发端消耗时间,即从运输活动的最初出发点(如旅客家中)至运输工具启动、或者是至运输工具离开市区(针对公路运输)所消耗的时间,包括从出发地到运输场站的时间、场站作业时间等,公路运输由于车辆在城市道路内的车速远低于公路行驶车速,因此要专门考虑汽车的出城消耗时间,铁路运输因为路权专用则没有这个问题;

t_D^i——运输终到端消耗时间,即从运输目的地所在城市的运输场站至最终目的地,如果是公路运输则是从目的城市城区边缘至最终目的地所耗时间,该时间各项组成同上;

t_r^i——运输工具全程正常行驶时间,即假定运输工具以正常技术速度驶完全部路径所需要的时间,它应等于运输方式在两城市之间的营业里程除以运输工具的技术速度;

$\sum_{i=1}^{n}(t_{i-}^{i}+t_{is}^{i}+t_{i+}^{i})$ ——中途停靠站损失时间,包括进站减速损失时间 t_{i-} 、场站作业时间 t_{is} 、出站加速损失时间 t_{i+} ;

n ——中途停靠场站个数(起点站与终到站合计为一个停靠站)。

一般而言,铁路的送达速度高于水上运输和公路运输,但对短途运输而言,其送达速度反而低于公路运输。航空运输在速度上具有极大优势,因而即使将旅客前往或离开机场的路程时间考虑在内,其送达速度一般也是最高的。

2) 运输能力

运输能力应分单个运输工具的运输能力和运输线路的运输能力,以及枢纽场站的通过能力。

(1) 单个运输工具的运输能力

铁路一列火车的运输能力取决于机车牵引功率和牵引车厢数。我国一列旅客列车的载运人数可达 1 000~2 000 人;一列货运火车一次可牵引 50 节车皮,常规情况下可运输货物 2 000~3 000t,最大可达 6 000~10 000t,美国和前苏联组织的直达运煤列车,每列货运火车牵引重量可超过 1 万 t。

内河航行轮船的吨位从数十吨到数千吨不等,长江上顶推船队的运载能力可达 2 万~3 万 t。

公路运输的单车运输能力是比较小的。在我国,单车的平均载质量是 4.6t,在公路汽车运输最发达的美国也只有 12t。汽车载质量从 0.1~1t 至 200~300t 不等。

航空运输的运输能力也比较小,目前最大的飞机载质量为 60~70t,载客人数为 100~300 人。

(2) 运输线路的运输能力

运输线路一般都有等级之分,不同等级的运输线路其运输能力不一样。

① 铁路线路运输能力

铁路的运输能力取决于列车载质量和每昼夜线路通过的列车对数。我国《铁路线路设计规范》(GB 50090—2006)中划分的铁路等级与技术标准见表 2-2。

各等级铁路技术标准　　　　　表 2-2

等级	在路网中作用	近期年客货运量 Q(Mt)	最高行车速度(km/h)
Ⅰ	骨干	≥20	160
Ⅱ	联络、辅助	$10 \leq Q < 20$	120
Ⅲ	服务某一地区或企业	$5 \leq Q < 10$	—
Ⅳ		<5	—

② 内河航道的运输能力

理论上来说,航道的通行能力由船舶的载质量和通行船舶数决定。实践中,影响内河航道通行能力的主要因素是水深和航道宽度,有些航道上有船闸、跨河桥等碍航设施,也可能会限制大吨位船舶通过。内河航道等级标准见表 2-3。因此航道的可通过船舶吨位对其运输能力影响较大。

③ 公路通行能力

公路分为高速公路和一级、二级、三级、四级公路共五个技术等级。各等级公路的适应交通量见表2-4。

内河航道等级标准(单位:m)　　　　表2-3

等级	最大通行船舶(t)	设计船舶尺寸①	航道尺寸②				标准船闸尺寸		
			自然航道③		运河				
			深	宽	深	宽	长	宽	深
1	3 000	75×16.2×3.5	3.5~4.4	130~245	5.5	130	280	34	5.5
2	2 000	67.5×10.8×3.4 75×14×2.6	3.4~3.8 2.6~3.8	145~150 70	4.0	65	280 195	34 16	5.5 4.0
3	1 000	67.5×10.8×2.0	2.0~2.4	60~150	3.2	50~85	180~260	12~23	3.0~3.5
4	500	45×10.8×1.6	1.6~1.9	50~90	2.5	45~80	120~180	12~23	2.5~3.0
5	300	35×9.2×1.3	1.3~1.6	40~75	2.0~2.5	40~75	100~140	12~23	2.0~3.0
6	100	(26-30)×(5.2-7.5)×(1.0-1.8)	1.0~1.2	30~45	1.5~2.5	18~28	80~190	8~16	1.5~3.0
7	50	(21-30)×(4.5-6.2)×(0.7-1.75)	0.7~1.0	20~25	1.2~2.2	18~26	70~140	8~12	1.5~3.5

注:①按长×宽×吃水。
②低等级航道的设计标准各省有所不同,如浙江省5、6级航道的最小水深为2.5m。
③有船闸航道。

各等级公路的适应交通量(小客车/d)　　　　表2-4

公路等级	设计速度(km/h)	四车道	六车道	八车道
高速	120	40 000~55 000	60 000~80 000	75 000~100 000以上
	100	35 000~50 000	55 000~70 000	70 000~90 000
	80	30 000~45 000	50 000~65 000	65 000~85 000
	60	25 000~40 000	45 000~60 000	60 000~80 000
一级	100(60)	四车道:15 000~30 000		
二级	80(40)	双车道:4 000~10 000		
三级	60(30)	双车道:1 000~4 000		
四级	40(20)	双车道:1 500以下		

注:100(60)括号内为山岭重丘区数值,括号外为平原微丘区数值。

(3)各运输方式线路运输能力的比较
各种运输方式线路运输能力比较见表2-5。

各运输方式线路运输能力比较　　　　表2-5

运输方式	铁路	水运(内河)	公路	管道
最大运输能力(万t/年)	单线:1 800 双线:5 500	船闸单线:2 000 双线:4 000	四个车道 300~500	管径:762mm 输油:2 000 管径:564mm 输油:1 000

3) 服务特性

各运输方式的服务特性是指其提供的运输服务质量。常规的运输质量指标可归纳为 6 个:速达性、舒适性、安全性、准确性、经济性、方便性。其中,速达性和经济性在上面已经讨论过,此处重点讨论其余 4 个。

(1) 舒适性

舒适性是就旅客运输而言,指旅客在旅途中关于情绪和健康的感受状况,尽可能不因车、船、机乘坐条件和环境的不佳而造成生理或心理上的不适、疲劳甚至于损害等。舒适性不仅取决于运载工具本身的技术性能、运输过程中的服务质量、旅途时间等,也与旅客个人的主观感受密切相关。

总的来说,由于先进技术和装备的采用以及对旅行服务的更加重视,各种运输方式的舒适性都有提高。一般认为,航空运输的舒适性最好,现代客机的客舱宽敞,噪声小,机内有餐饮、视听设施,空中、地面服务周到,这些都为旅客创造了舒适良好的旅行环境。

铁路旅客运输具有空间大、自由活动范围宽(人均乘坐面积:铁路为 $0.57m^2/$人,公路为 $0.28m^2/$人,民航为 $0.33m^2/$人)、设施相对完备、列车运行比较平稳的优势,因而也具有较好的舒适性。但由于许多列车超员严重(尤其在高峰期间),服务质量不高,使得铁路运输的舒适性并未得到充分体现。

公路运输方面,短途运输对旅客的身心愉快、健康影响不大,中、长途的舒适性较差。但近来随着中、长途运输的汽车不断更新换代,特别是高速公路上一般采用豪华舒适的汽车,大多数安装了空调设施及有助于减少旅客疲劳的视听设备等,加之路面等级不断提高,减少了汽车行驶中的振动与颠簸,其舒适性有较大提高。但一般认为,对长途运输而言,公路客运的舒适性不及铁路。

(2) 安全性

交通运输安全对人的生命、财产以及资源、环境等影响巨大。交通运输安全应包括两个方面,一是人身安全,二是货物安全。人身安全包括使用运输工具的旅客安全和非使用交通工具的第三方人身安全。货物安全包括两个方面,一方面是因交通事故和运输责任造成的货物被盗、丢失、火灾、损坏、腐坏、污染、湿损、票货分离等,另一方面是货物运输过程中的自然损耗。在各种现代运输方式中,按照运输的旅客人公里和货物吨公里计算的事故率,铁路运输是很低的。

我国每年因交通运输安全造成的损失以亿元计。其中,交通行车事故所造成的直接经济损失最大,而这之中铁路最少,公路最多。铁路是安全性最好的运输方式,其次是内河运输。

据国外统计,在同等运能条件下,高速公路上的交通事故死亡人数为铁路的 27 倍,受伤人数为铁路的 10 倍。按完成单位客运量的事故伤亡人数来看,航空运输也是数十倍于铁路。

(3) 方便性(机动性)

公路运输最为机动灵活,可以减少中转环节及装卸次数,实现"门到门"的运输,货物送达速度快,还可以深入到企业、农村和边远地区,在没有水路和铁路运输的地区这一优势更加明显。公路运输在时间上的机动性也很大,且对客运量、货运量的批量大小具有很强的适应性。

航空运输的机动性在于:航空运输不受地理条件的限制,可以跨越地形地貌、山川河流的障碍,只要有机场并有航路设施保证,即可开辟航线。航空运输中的直升机更为机动灵活,可以不受限制地到达航程之内的任何地方。航空运输这种机动性对于紧急救援、国防建设、处理突发事件以及和边远闭塞地区的联系等都有极其重要的作用。

铁路、水运受线路的限制,其机动性较差。在铁路、水运的到发点,常需要公路运输来衔接(在城市内可由城市交通系统来衔接)。

(4)准点性

旅客和货主选择运输方式和工具以后,即希望按照预期的运输时间完成运输活动,后续的生产、生活、工作等也是根据这个预期运输消耗时间来安排。如果运输时间大大超过预期,不仅增加了旅客和货物的在途时间,也会因此给他们后续的各项活动造成损失。因此旅客、货主对运输准点性的要求比较高,在某些时候甚至是第一位的,如旅客有紧急事务或事务繁多时间安排紧凑,以及一些特殊货物运输等,均要求较高的准点性。对准点性的要求是运输由数量型向质量型转变的重要特征。

影响各运输方式准点性的因素有很多,一般都是由于运输组织不合理或遇到突发事件或受气象因素影响等。公路运输自由性强,容易出现拥挤堵塞而导致行程时间延误;另外,突发交通事故也会造成后续车辆受阻,高等级公路易受恶劣天气的影响而采取限速甚至关闭道路的措施,这些都对公路运输的准点性有较大影响。铁路运输计划性强,能够对运输工具进行实时控制,同时铁路也较少受气象因素影响,一般来说,其准点性相对比较容易保证,但如果铁路运营管理水平不高,则会经常造成火车晚点。航空运输最易受气象条件影响,其准点性主要由此决定。

综合考虑,只要铁路采取高效的运营管理措施,铁路运输(或者说是轨道交通)的准时性是最高的。

4)可持续发展性

各种运输方式与可持续发展的相容性评价,可以从这种运输方式对土地资源占用、环境污染、能源消耗等多个方面进行分析。

(1)土地资源占用

我国虽然是一个土地大国,但由于庞大的人口,人均土地拥有量很少,因此土地资源十分宝贵,但交通运输恰是用地大户。各种运输方式中,水运、管道占用土地是很少的。水运以海洋和天然河流为运输线路,占用土地主要是港口码头的建设,据测算,一个中等规模的泊位实际占用土地约为 $8hm^2(1hm^2 = 1 \times 10^4 m^2)$。对管道运输而言,因管道一般埋设于地下,中转设施占地很少,因此,管道运输对土地的占用量很少。

航空运输占用土地主要是机场及附属设施的建设用地。目前,一个中型机场的占地面积约为 $20hm^2$,占地总量较少。

公路和铁路运输是占用土地较多的运输方式,平均每公里公路占用土地约 $1hm^2$,每公里铁路占用土地 $2 \sim 2.7hm^2$。但铁路对土地的占用效率要明显高于公路,按照完成等量的换算运输周转量,发达国家的公路占地是铁路占地的 $3.7 \sim 13.6$ 倍,我国则是 25 倍。

(2)能源消耗

交通运输不但是土地资源的占用大户,也是能源消耗的大户。发达国家交通运输的能源消耗约占全国总能源消耗量的 30% 左右。公路运输又是交通运输中消耗能源最多的运输方式,占交通运输消耗能源的 80% 左右,汽车的运量小,目前汽车的最大载质量仅为 200 余吨,汽车运输中的能耗占到运输成本的 40%,如高速公路上单位运量的能耗就比铁路运输高 $2 \sim 3$ 倍。其次是航空运输,铁路消耗的能源是比较少的,水运的能耗最少。

(3) 对环境的影响

交通运输对环境的影响主要是污染物的排放。这些污染物主要有以下几类:运输工具排气、噪声、垃圾、污水、烟尘及粉尘等。各种运输方式的污染排放强度是不同的,相关的研究有如下结论:

①客运(人·km)造成的单位污染强度,公路运输是航空运输的1~2倍,是铁路运输的10倍左右。

②货运(t·km)造成的单位污染强度,公路是铁路的10倍。

③货运造成的污染强度超过客运的污染强度。

相对来说,铁路对环境和生态平衡的影响程度较小,特别是电气化铁路的影响更小。

在噪声污染方面,以公路和航空危害最为严重。汽车行驶产生的噪声已成为城市的主要噪声污染源。航空运输的噪声污染主要集中在机场及附近地区,喷气发动机发出的噪声巨大,在飞机升降时发出的噪声强度在100dB以上,有的甚至高达120dB,远远超过人们可以忍受的60~70dB。铁路的噪声主要是对沿线居民及现场施工人员有较大影响,水运的噪声影响比较小,管道运输的噪声影响很小。

由以上分析可以得出,在目前的技术条件下,就各种运输方式与可持续发展的相容性而言,管道运输最具优势,其次分别为水运、铁路、航空,最后为公路运输。

2.2.2 运输成本与运价

运输成本对交通运输活动可谓至关重要,运价、运输组织、运输方式的适用范围等都是受运输成本这只"看不见的手"的调控。分析运输成本的重要意义在于:必须明确运输成本的内涵、科学界定运输成本的全部范畴。由于交通运输具有明显的外部性,运输活动必然存在外部成本,而这部分成本一直没有纳入我国的运输成本核算体系当中,这对我国社会经济的发展是极为不利的。因此本书考察的运输成本为交通运输的社会总成本,包括一般意义上的运输成本——运输的直接和间接成本,以及运输的外部成本。

1) 运输的直接成本和间接成本

由于交通运输业或者说是交通运输活动的特殊性,使得运输业的成本被分为两大类:固定设施成本和移动运输工具成本。因此,运输成本需要被特别的分为固定设施成本、移动设备拥有成本和运营成本。

(1) 固定设施成本

固定设施是指那些不能移动的运输设施,比如铁路的轨道、公路、车站、港口、河道与机场等,这些固定设施不能移动的特性导致两个结果:首先,固定运输设施只能满足特定地理位置的运输需求,对固定运输设施领域的投资一般只能增加特定地域的运输能力,而不能同时增加整个运输系统的运输能力,因此常有这样的情况:某个地段交通极度拥挤而其他地方的固定设施却很空闲;其次,在固定运输设施方面的投资是沉没性的,因为固定运输设施一般不能改作其他用途。

公路固定设施成本包括公路建设费用、公路大修费用、公路管养费用。铁路的固定设施成本主要包括铁路的单位建设成本及养护成本。水运的固定设施成本包括航道和港口的建设、养护成本。航空运输的固定设施成本主要是机场的建设和维护成本。在各种运输方式中,铁路、公路固定设施成本最高,航空、水运次之,管道最低。

(2) 移动运载工具的拥有成本

移动载运工具的拥有成本包括三部分：工具的添置投资费用、部分折旧费和载运工具的维修费用。各种运载工具都有自己的市场价格，也都有自己的使用寿命，运输工具的价值在其使用期内逐渐转化为运输成本，因此使用寿命决定着运输工具的折旧过程。有些运输工具的使用寿命以年限计算，此时运输工具的折旧转移成本与其使用中所提供的运输量没有直接关系，是每年或每月固定的成本。但也有些运输工具的使用寿命以行驶里程计算，此时运输工具的折旧转移成本就与其使用中提供的运输量直接有关。在各种运输方式中，除了管道运输没有运载工具外，航空运载工具拥有成本最高，铁路、水运次之，公路最低。

(3) 运营成本

运营成本中有两类是直接与运输量相关的变动成本：一是直接运营人员的工资；另一类是运输工具消耗的燃料。运输工作量越大这些直接运营成本数量也会越大。除此之外，运输企业一般还需要配备若干辅助人员和管理人员，这些人员工资以及所需的工作开支属于间接运营成本。间接运营成本的一部分是与运输量有关的变动成本，其他部分与运输量变动关系不大。在各种运输方式中，航空运输运营成本最高，公路次之，铁路、水运及管道最低。

2) 运输的外部成本

由于交通运输的外部性特征，除了运输本身的成本之外，还存在外部成本。交通运输导致的负的外部效应，如道路堵塞、环境污染、交通事故、生态破坏所造成的损失，也应当是运输活动的成本之一。运输的外部成本包括以下三部分。

(1) 安全成本，即某种运输方式的交通事故损失，其取值由该种运输方式单位人公里的事故发生率直接决定。由于交通事故除财物直接损失外，往往还造成人员伤亡，伤亡人员损失费用包括医疗费用、精神补偿以及劳动力损失或死亡造成的社会产值减少，以及消除交通事故后果或作预防性措施所投入的费用，其计算除考虑伤亡人员的年龄等具体情况外，还与国情和社会经济发达程度有很大关系，可参照国际上较通行的标准来推算。

(2) 能源成本，即某种运输方式对能源总的需求量。它有两层含义：一是按现状推定未来的交通量所需能源；二是按交通量所占比重，各交通方式只能使用的能源份额。其计算方法应参考现代经济学的章节专门分析，能源成本具体应由耗能指标、能源的可替代性、能源的生成和转化方式、能源的发展前景等因素构成。

(3) 环境成本，即某种运输方式的环境承载力，可通过环境治理影响评价（主要包括大气污染程度评价、噪声指数评价和水质影响评价）和资源利用水平评价得出的评价指标来综合表示。资源类评价指标具体包括土地利用率、相对在途时间、全寿命造价、工期、建设难度、边际耗竭成本等。环境类评价指标具体包括废气排放、噪声、振动、地域隔断、水污染、生态效应、边际环境成本等。

综合比较，航空、公路外部成本最高，铁路、水运次之，管道最低。

3) 运价与运输成本的关系

各运输方式的经济性，反映给消费者的就是运价，而其内在决定因素则是运输成本，是均摊后的平均运输成本。虽然运价的制定不是完全根据运输成本的大小，但是基本上运输成本是较强的决定性因素。而且从长期发展的角度来看，管理体制可能会变动较大，但是运输成本的变化则是相对较缓、有迹可循的。

各运输方式的运输价格相差较大，以客运为例，根据南京市长途汽车站、火车站、机场的运价统计出各运输方式的单位里程运价,见表2-6。

各运输方式单位里程运价 表2-6

运输方式	铁　路	公　路	航　空
单位里程运价 (元/人·km)	0.09~0.15	0.18~0.30	0.45~0.75
	硬座价格,低值为普快列车,高值为特快列车;卧铺价格大致为其2~3倍	车型众多,低值为低档车,高值为豪华车	按机票最低6折计

2.2.3 各运输方式的运输组织特征

1) 运输的公共性与私人性

所谓运输的公共性与私人性,是指运输服务对象是面向公众还是仅为私人(包括个人或单个企业),可以从运输工具的归属者身份及其运输服务对象来考虑,运输对象为广大公众的运输活动为公共运输,运输活动仅为私人服务的则为私人运输。在我国,各运输方式的公共性与私人性是不一致的。

铁路运输是一种较为彻底的公共运输方式。在我国,基本上不存在私人拥有火车的可能性(国家领导人的专列除外),铁路运输基本上都是面向社会服务的。

航空运输基本上以公共性为主。在我国,目前民航飞机基本上是公共运输工具,虽然国外有较多的私人飞机,但国内目前较少,即使随着未来社会的发展,私人拥有飞机的现象也是比较少的,因此航空运输从整体上来看还是以公共性为主。

水路运输以公共性为主,也存在一定的私人性。私人拥有船舶的可能性比较大,尤其是小型船舶,企业或个人拥有自备船舶、专门为本企业或个人提供运输服务的,即体现了水运私人性的一面;而更普遍的情况则是船舶为广大公众服务,尤其是大型船舶。目前水运的主导力量是大型、特大型船舶,因此水运仍具有较强的公共性。

公路运输的私人性很强,也存在一定的公共性。由于公路运输工具投资相对较少,私人拥有汽车或者企业自备车队的成本相对较低,它们一般只为了满足本人或本单位的出行或运输任务,因而公路运输的私人性很强,尤其是在发达社会私人小汽车的大量拥有乃至普及,使得公路运输的私人性越来越明显。同时私人拥有公路运输工具,同样可以为公众提供运输服务,因此公路运输的公共性同样存在。在我国,目前公路运输的公共性还很明显,随着小汽车逐渐进入家庭,公路运输的私人性将越来越强。

管道运输由于运输对象仅限于一些特定物品,讨论其公共性与私人性意义不大。

公共运输与私人运输优缺点分析:公共运输具有集约化、低成本的特点,但是灵活性较差,私人运输则相反,拥有高度的个体自由性,但显然成本高。公共运输因为成本由多个乘客或货物承担,因而设施的利用效率高,均摊成本低,但是公共运输一般都需要在特定的场站集中承运,这就引出两个问题:一是不能随时随地满足运输需求(需要在特定时间、特定地点汇集一定数量的消费者才有可能维持运营),也就是灵活性较差;另一个问题就是这些固定场站的可达性成本问题,如果可达性较差,那么对公共运输的真正使用成本会增加很多,从而导致公共运输的优势降低。私人交通无疑具有高度灵活性,但是它的成本较高。

2) 公共运输:"点线式"运输

运输线路是所有运输都必须依赖的,但是运输站点则是公共运输所特有。所有公共性运输,必须依靠特定的承运站点集散客货流,所以公共运输最基本的组织方式就是"点线式"。

(1)铁路运输最常见的是一条线路上串联多个站点,低等级的列车逢站必停,因而一条线路有多个站点("一线多点"式),高等级的列车停靠少数重要站点因而"线"上"点"较少,直至最高等级的直达列车线路只有一头一尾两个站点("一线两点"式)。

(2)航空运输一般是"一线两点"式运营,一条线路就两个站点;有时也在途中经停第三地,顶多也就是"一线三点",虽然理论上可以"一线多点",但实践中较少采用。

(3)水路运输与铁路类似,运营方式从"一线两点"至"一线多点"不等。

(4)公路运输比较特殊。客运方面:如果严格按规定所有乘客都在车站上下客,那么其运输组织方式也是以"一线两点"为主,有时也采用"一线多点"式,如果乘客随意在路边上下车,则可以理解为是变异的"一线多点";货运方面,在货运站上下货的比例并不高,一般货主选用公路运输方式,总是希望"门到门"式运输,因而货物公共运输的组织更类似于私人运输。

公共运输方式的这种"点线式"运输,对它们的运输效果有很大的影响:因为需要站点集散客货流导致站点的可达性问题;因为站点的存在导致运输工具停站、加速、减速耗时的问题;"点"越多越能吸引客货流,但同时却降低整体运行速度。

3)运输需求的满足方式:"少量多次"与"多量少次"

各运输方式运载工具的特征差异,决定了他们对运输需求的满足存在着"少量多次"与"多量少次"这两种基本模式。

公路运输的单车运输能力较小,但是公路上可以同时运行多辆汽车,因此公路运输对运输需求的满足方式是典型的"少量多次"方式。而铁路则相反,它可以通过功率强大的机车牵引多节车厢从而运输能力较大,因此它对运输需求的满足方式是"多量少次"——一次运送大量旅客或货物,但运输次数有限。

公路和铁路各自采取这样的运输组织方式,是出于其自身特征而不得已为之。汽车的牵引力有限决定了其一次运输量的上限,铁路的成本因素决定了它一次运量的下限(一次运输量过小则使该趟运输亏本)。虽然在技术进步和管理手段提升的情况下,它们都不断追求突破各自的限制,但是突破仍是有限度的。

水路运输类似于铁路,一次运量较大,一般不适用于"少量多次"的运输。

航空运输因为运输量相对于公路、铁路都很小,同时从理论上来说增加航班次数也不像铁路那样受限制,因此这个问题不明显。

4)运输供给的集中程度

运输需求的起终点是分散分布在区域内部各处的,然而运输供给(各运输方式的运输线路和场站)却只能是一定程度的集中,即总是依靠有限条数的运输线路和有限个数的运输场站,服务一个较广的区域。运输方式对运输需求的不同满足方式,以及运输需求量的相对大小,决定了运输供给的集中程度存在一定差异。

公路运输是典型的"少量多次"运输方式,因而公路运输线路的集中程度较低,线路尽可能靠近运输需求的发源地,包括一些运输需求量不大的广大中小城镇和乡村,因而公路运输线路网络相当密集。

铁路运输则是典型的"多量少次"运输方式,它要求一次运输量较大,因此铁路运输线路的集中程度较高。一来铁路要求经过那些运输需求较为集中的地方,也就是一些人口密集的城镇或有一定规模的城市;二来每条铁路的服务范围要比公路广得多,也就是将一个较广范围的运输需求都汇集至车站。因为铁路运输供给的较高集中性,使得铁路运输网络远比公路低。

航空运输因为运输需求的绝对量较小,必须将一个区域内的航空运输需求量汇集至一处,才能保证机场有足够的运输量,保证机场运营的经济性,因此单个机场的服务范围比铁路车站更广。航空运输供给的集中程度最高。

5) 管制特性

铁路、航空都是强管制性的运输方式,它们的运行过程都是受指挥中心统一控制、调配。这种集中管制对于运输效率、运输安全、运输能力、运输可靠性都很有好处。

对公路运输的管制则明显较为宽松,由于公路运输工具的广泛拥有,车辆操纵由很多人掌握,要想对每辆汽车都进行准确的控制诱导非常困难。公路上的汽车运行自由度较大,相互之间会有干扰,比较容易产生交通事故。由于难以对每辆车驶入驶出公路进行控制,交通拥挤的产生也难以避免。

这种管制特性的差异,使得各运输方式在运力紧张时的表现各不相同:铁路、航空运力紧张时即表现为票难买(意味着买到票就可以顺利到达目的地),公路运输运力紧张时则表现为道路交通拥挤(意味着即使买到票,还有可能受拥挤的影响而不能顺利到达目的地)。

2.2.4 各运输方式适用范围的界定

运输方式的技术经济特点决定了运输方式的适用范围。但由于各国的国情不同,自然条件、社会经济状况、科学技术水平、各种运输方式的发展水平和经营管理状况差别较大,因而各种运输方式的适用范围并不是绝对的。

1) 铁路运输的适用范围

(1) 无论是客运还是货运,中长距离运输是铁路的传统优势,随着既有铁路的不断提速和高速铁路的修建,铁路在长距离运输方面可以与航空运输相互竞争。

(2) 在中短途客运方面,铁路以其安全、舒适、准点等优势,也足以与公路竞争,但是发展铁路短途客运甚至发展短途铁路(城际铁路)的前提在于:必须有足够的客流量、且客流是以火车站为中心高度集中的,否则短途运输铁路对旅客的吸引力将不如公路。

(3) 铁路运输成本较低,适合于大批量货物长距离运输。

(4) 铁路的公共运输特征和高度管制特征,使得其灵活性不够,而对于批量小、频次高的货物运输,它不及公路。

2) 公路运输的适用范围

(1) 公路运输在中短途运输中的效果最突出,这与公路运输的技术经济特征相适应。短途运输一般指 50km 以内的运输,中短途运输指 50~200km 的运输。

(2) 在长途运输方面,公路运输具有较大缺陷。首先,途中耗用燃料多,费用过高;其次,公路运输所需的人力(驾驶员)多;再次,运输工具磨损大,折旧费高。

(3) 公路运输是补充和衔接其他运输方式的主要方式。例如,担负铁路、水运、航空运输达不到的区域内以及其起终点的接力运输。在没有铁路、水路运输方式的区域,公路运输的经济运距可能达到 200km 以上。在铁路与公路联合运输的条件下,公路运输的合理运距大体为 100~200km。

(4) 公路运输也可以突破中短途运输的合理运距。例如,对于高档货物和零担物资,公路运输的合理运距可达到 200~400km。对于价值较高的鲜活易腐货物,由于公路运输不必换装,货损少,速度也较快,而且可以直达鲜活易腐货物的产区和销售地,因此此时的公路运输的经济运距可达 800~1 000km。

(5)公路运输使高度自由化的运输变为可能,私人小汽车出行的便利性是公共运输方式无法比拟的。未来公路运输的一个重要的潜在发展因素就是私人小汽车运输。

3)水路运输的适用范围

水路运输占地少、投资省、运量大、运输成本低,特别适合于大宗货物的长距离运输。在航道能通达的地方,尤其是对大宗货物的长途运输,水路运输是最经济的一种运输方式。

就我国的内河运输而言,我国山高水长,河流密布,分布有珠江、长江、黄河、淮河、辽河、海河、松花江七大主要水系,还有可贯通海河、黄河、淮河、长江、钱塘江等五大水系的南北向京杭大运河,水运资源十分丰富。尽管内河运输的运输速度较低,但耗能少、运价低。目前,我国水运的优势尚未发挥出来,水运潜力没得到足够的开发。尽管如此,水路运输在我国交通业中仍然占有重要地位。

4)航空运输和管道运输的适用范围

航空运输适用于长途旅客运输、货物运输以及邮件运输,其中包括国际运输和国内运输。此外,通用航空还适用于航空摄影、遥感、海上服务、林业播种、防火护林、抗灾救护等。

管道运输非常适用于液体能源和气体能源的运输,包括原油、天然气、成品油等。这些燃料都是易燃危险品,管道是输送这些能源最安全的方式,且运量大、占地少、投资省,对环境污染也很小。

综上可以看出,由于运输需求的多样性以及各种运输方式的技术经济特点不同,各种运输方式都有适合自己的部分交叉重叠的适用范围,这正是运输方式之间存在竞争的原因,也是它们合作的基础。

2.2.5 各运输方式的相互关系

任何一种运输方式的基本功能都是使人或货物发生空间位移,因而它们之间必然具有较强的替代性。虽然这种替代性受到运输方式空间分布的极大限制,然而,在世界范围内,5 种现代运输方式共存的局面,说明它们的并存有着深厚的客观基础。这种客观基础就是:人和物发生位移的过程中所伴随的技术经济特点不同,各种运输方式都有一些最适合自己的运输需求。这些特点决定了运输方式之间存在几种基本的关系特性,即垄断性、协作性和竞争性。

1)各运输方式的垄断性

由于各运输方式均有自己的技术经济特征,运输需求也是多种多样,有一些运输需求只能由特定的运输方式来满足(或者说是出于技术经济等因素的考虑,选该方式最合适),其他运输方式无法替代,从而形成了各种运输方式的垄断供给领域。如远距离的煤炭、矿石等批量大、价值低的货物运输是无法被公路运输代替的;同样,小批量、短距离的运输需求也是非公路运输莫属,不易被其他运输方式代替。

当然这种垄断是相对的,随着其他运输方式不断改进自己的技术、经济水平,以及运输需求的内在变化(如对运输质量要求的提高等),原先基本上由某方式垄断的运输服务范围,可能会被其他方式部分侵入。各运输方式垄断性的变化,即是其他方式运输服务范围的不断变化造成的。总体上来说,运输方式的垄断性仍是一个普遍现象,正是这种垄断性,提供了运输方式存在与发展的基础,如果某种运输方式一点垄断性都不存在,面对其他运输方式的竞争,它极有可能被淘汰。

在现实中运输方式的垄断则具有另一含义:由于运输供给具有较强的空间限制,某一较小的区域内可能只存在唯一的运输方式,此时自然形成该种运输方式的垄断。这种垄断不能算是运输方式之间的垄断,因为它本来就只有一种运输方式。但从旅客或者货主的角度来考虑,他们能享受的只是一种垄断性的运输服务,区域内各类型的运输需求都只能由该运输方式完成,极有可能造成旅客或货主的不便。应该视具体情况选择,如果该地区存在其他运输方式的需求,则此种垄断性就应该打破。换个角度来说,各运输方式线路的敷设,即以覆盖所有对它有经济需求的区域为目标,这是综合交通体系发展的原则。

2)各运输方式的相互协作

虽然各运输方式都能独立地完成客货运输服务,但是从各运输方式的技术经济特征比较来看,仍然是各有优劣势。

①航空、铁路的特长在于中长距离运输,但是他们受建设成本等因素影响,线路、站点密度不可能太密集。

②公路则明显具有线网密集的优势,能提供很高的通达性和出行灵活性,但是它短于长距离运输,主要是受成本、速度、舒适性的影响。

③水路运输主要是货运,长短途均比较适合,但是它受地理条件的限制,一般线路站点也比较稀疏。在水网密布地区,它的通达性也比较高,但是仍比不上公路。

因此,加强各运输方式的协作,就能在一定程度上克服各自的劣势,扩大各自的服务范围,充分发挥各自的优势和整体优势,为旅客和货主提供更优质的服务。一般来说,各运输方式主要应加强以下几方面的协作。

(1)公路运输为航空、铁路集散客流

机场和火车站是典型的"以点带面"的运输服务方式,即依靠特定的站点去吸引、汇集周边较广区域内的客货运输需求,从而实现相应运输方式的正常运营。以站点的服务范围计,机场的服务范围最广,一般可以到达周边的 100～200km 范围内的区域,因此机场与附近区域的快速联系,一般依靠高速公路来实现;铁路车站的服务范围也比较广,尤其是一些大型车站或枢纽站,也需要通过公路(或城市道路)运输保证火车站与其服务范围内各处的有效联系。

(2)轨道交通为航空运输集散客流

航空运输依靠机场来集聚客货流,要求机场吸引区域内的客货能够方便、快捷、准确地到达机场;而轨道交通的快速性、舒适性、准点性可以保证机场与市内联系的可靠性、快速性,使得航空运输更具吸引力。

(3)公路为铁路、水路集散大宗货物

大宗货物运输是铁路的优势服务项目,大宗货物需要通过四通八达的公路网在较广区域内汇集或疏散,这对铁路运输组织至关重要。

港口、码头必定要拥有足够大的腹地范围才能保证其效益,扩展腹地范围就要通过公路运输网络的布设。公路就像是港口、码头伸出去的"触角",为其集散腹地内的货物。

(4)内河航运为长江航运、远洋航运集散货物

内河航道一般等级不高,通行船舶的吨位有限,因此内河运输很大程度上是为高等级航道

和长江航运、远洋航运集散货物,同时大型港口也都需要有一个较大的腹地,需要有一个可靠的集疏运网络,内河航道是其重要组成部分。

3) 各运输方式的相互竞争

各运输方式的适用范围有一定的交叉,在这个交叉领域内就可能存在运输方式之间的竞争。适度的竞争为旅客或货主提供更多的可选择权,满足客户不同的运输需求,也有利于各运输方式的健康发展。从时间上来讲,旅客、货物出行有轻重缓急之分;从可接受的运输费用上来讲,不同的旅客、货主对运价的接受程度不一样。各运输方式都有一个具有相对优势的服务范围,同时也在不断地扩充这种优势服务范围,各自在扩充过程中必然会出现一定程度的相互冲突,也就存在相互竞争。竞争的结果,优势的一方获得更大的服务范围,而旅客或者货主则能享受到更优质的服务。

凡是有利于提高各运输方式服务质量、降低运输成本(包括广义的社会成本)的竞争,都是应该支持的,不必顾忌同一个运输通道同时有多种运输方式共存。

一般来说,各方式的竞争主要有以下几方面。

(1) 长距离客运铁路与航空竞争

随着既有铁路的不断提速和高速铁路的兴建,铁路逐渐扩大其在长距离客运中的比例。竞争将使得航空运输向更远距离、更低票价方向发展。

(2) 长距离货运水路与铁路竞争

水路运输受地理条件限制,运输速度也有限,这两者的竞争不是太激烈。

(3) 中距离货运公路与铁路竞争

铁路货站附近考虑设置公路货站、水运码头,铁路运输的大宗物资通过四通八达的公路网和航道网运往区域内各处。

(4) 中短距离客运铁路与公路竞争

虽然以往认为中短途客运是公路运输的优势,但是随着铁路技术和管理水平的提高,在一些客流量密集的城际客运方面,铁路能与公路竞争。铁路运输存在安全、舒适、准点的优势,缺点在于必须一次汇集较大流量的客流,否则短途运输难以保证运营盈利。只要存在一定强度的客流,铁路短途运输即可与公路竞争。

2.3 铁路运输概况

铁路运输是一种现代陆地运输方式。它以机车或动车牵引车辆,组成列车,借助通信和信号的联络,沿着铺有轨道的线路运行,用以载运旅客和货物,实现人和物的位移。铁路的问世标志着社会生产力达到了一个新的水平,是适应工业化大生产的需要而发展起来的,特别是随着煤炭和钢铁工业对大量、廉价货物运输的需要而迅速发展起来的。铁路运输促进了生产规模、原材料供应范围和产品销售市场的扩大;加速了各地区的开发,扩大了部门之间、地区之间甚至各国之间的分工和协作,使资源得到更充分的利用。铁路运输是联系工业和农业、城市和乡村的纽带,对经济增长和社会进步起着积极的推动作用。铁路运输又是进行文化和科学技术交流,保证一个国家政治统一和国防安全的重要因素。因此,世界各国十分重视铁路运输的发展。

2.3.1 铁路运输发展历程

从世界上第一条铁路正式运营到现在,已经有180多年的历史了。铁路的兴起和发展与科学技术和社会进步是密不可分的。铁路运输促进了科技发展和社会进步,而同时社会进步和科技发展又使铁路运输更加完善,所以两者是互为因果关系的。

1) 世界铁路运输发展史

19世纪,工业革命的发展推动交通运输业的革命和发展,蒸汽机的出现及应用为铁路运输以蒸汽机车为动力奠定了基础。铁路运输的高速度、大运量吸引着不少工业发达的资本主义国家开始兴建铁路。英国首先于1825年9月建成世界上第一条公用铁路——斯托克顿至达灵顿铁路,从此开创了世界铁路之先河。

从世界铁路发展来看,大体上可分为萌芽期、蓬勃发展期、衰退期和复苏期四个阶段。

(1) 萌芽期(1825~1900年)

1825年,英国成功修建世界上第一条公共服务铁路,这条铁路全长不到30km,以时速15mile/h的蒸汽机车牵引34节车厢行驶,车厢内共载有600名乘客及900t的货物,这是世界铁路运输史的开端。此后,世界各国对铁路产生浓厚兴趣而纷纷试建,期间欧洲各国和美国建成部分铁路,对经济的发展和国家的强大奠定了很好的基础。

(2) 蓬勃发展期(1900~1945年)

这一时期由于欧美各国在海外殖民与拓荒所需,铁路迅速地发展成为陆上运输的骨干,加上其独占性,使得铁路业者成为运输业界的领导者,坐享超额利润的甜美果实,也正因为如此,大批的投资人纷纷开始在各地修建铁路;并且当时小汽车因仍受限于生产技术与价格,未能大量生产,陆地上的主要运输任务大都依赖铁路来完成。

(3) 衰退期(1946~1964年)

第二次世界大战以后,小汽车在技术上获得了关键性的突破,美国福特公司开始制造数百万辆的廉价小汽车,让当时美国人民彻底地接受了小汽车的方便性,各国政府有鉴于汽车将广泛地被使用,而纷纷投入大量资金修筑完善的公路系统,以促进经济发展,以期获得选民支持。

与此同时,在铁路方面由于长期以来的独占,使得服务水准每况愈下,再加上铁路的可达性不及公路高,因而逐渐遭受到各国政府的漠视,甚至制定许多法案限制铁路业者的营运,以避免铁路业者获取不当的独占利润。在这些不利因素影响下,铁路运输营运量开始大幅度衰退。

(4) 复苏期(1965年至今)

1964年,日本建成了世界上第一条时速200km的高速铁路——东海道新干线,高速列车的行驶克服了传统铁路在行车速度上的限制,行驶于东京及大阪之间,每天平均载客达45万人,高峰日则超过百万人,营运7年就将10亿美元的建设成本连本带利还清,从而重新找回铁路业者的希望。近几年来,日本、法国、德国、中国等国家更陆续建成了更新更快的高速铁路系统,从而彻底改变了铁路的不良形象。

2) 我国铁路运输发展史

(1) 举步维艰的开创时期(1876~1893年)

1876年,中国土地上出现了第一条铁路,这就是英国资本集团采取欺骗手段擅筑的吴淞铁路。五年后,在清政府洋务派的主持下,于1881年开始修建唐山至胥各庄铁路,从而揭开了中国自主修建铁路的序幕。但由于清政府的昏庸愚昧和闭关锁国的政策,早期修建铁路的阻力很大,到 1894 年中日甲午战争前夕,近 20 年的时间里仅修建 400 多公里铁路。

(2) 列强侵略下的艰难发展(1894~1948 年)

1894 年,清政府在中日甲午战争中战败后,一万多公里的中国路权被吞噬和瓜分,形成帝国主义掠夺中国路权的第一次高潮。随后,他们按照各自的需要,分别设计和修建了一批铁路,标准不一,装备杂乱,造成了中国铁路的混乱和落后局面。

自 1881 年建成唐胥铁路至 1911 年清政府垮台的 30 多年间,是中国铁路的首创阶段。这一阶段内,清政府终于确定兴建铁路的方针,建立铁路公司,开始有筹划地修建铁路。30 多年时间里,中国的 18 个省市修筑了铁路计 9 137.2km。

辛亥革命后,袁世凯在 1912 年宣布"统一路政",解散了各省商办铁路公司,把各省已经建成和正在兴建的铁路全部收归国有,用以抵借外债,因而形成了帝国主义掠夺中国路权的第二次高潮。1912~1916 年各国夺得的路权共达 13 000 多公里。

1928 年,南京国民党政府执政以后,主要是以官僚买办资本与帝国主义垄断资本"合资"方式修建铁路,从而出现了帝国主义掠夺中国路权的第三次高潮。

1928~1948 年,南京国民党政府在中国大陆上共修建铁路约 13 000km。

(3) 新中国成立后继续发展(1949~1978 年)

1949 年 10 月 1 日,中华人民共和国成立后,1949 年一年共抢修恢复了 8 278km 铁路。到 1949 年底,全国铁路营业里程共达 21 810km,客货换算周转量 314.01 亿 t·km。1952 年 6 月 18 日,满洲里至广州间开行了第一列直达列车,全程 4 600 多公里畅通无阻。到 1952 年底,全国铁路营业里程增加到 22 876km,客货换算周转量达 802.24 亿 t·km。

从 1953 年开始,国家进入有计划发展国民经济时期。在第一个五年计划期间,新线建设方面的重点放在西南、西北地区,以改变铁路布局不合理的局面,同时在一些主要干线区段修筑了复线,建成第一座跨越长江的武汉长江大桥。

20 世纪 60 年代,加速了西南地区铁路建设,建成干线 12 条,支线 30 条,完成了宝鸡到凤州的铁路电气化改造,揭开了铁路牵引动力改革的新篇章,建成了一批重要干线和包括南京长江大桥在内的 19 座特大桥梁。

20 世纪 70 年代,宝成铁路全线实现了电气化,到 1978 年末,全国铁路营业里程达到 49 940km;铁路网的骨架基本形成,客货换算周转量达到 7 807 亿 t·km。

(4) 改革开放后步入高速发展时期(1979~)

改革开放 30 多年来,铁路部门实行的改革开放措施主要是:在运输方面,调整、撤并一些铁路局和铁路分局,扩大旅客列车编组,实行机车长交路和轮乘制,开行重载组合列车,发展直达运输和集装箱化运输,提高列车运行速度,开行"夕发朝至"列车、城际快速列车、旅游列车、"公交"列车和行包专运列车,开办"无轨车站"延伸运输服务;在基建方面,推行投资包干责任制和招标承包制,多渠道集资修路,逐步改变单靠国家统一投资、由铁道部独家修路的做法;在工业方面,发展横向联合,开展专业大协作,实行工业品价格改革,资产重组,加快走向市场。

1997 年,中国铁路开始第一次大提速。京广、京沪、京哈三大干线全面提速,开行了最高时速达 140km 的 40 对快速列车和 64 列夕发朝至列车。而此前,在京津铁路上运行的全国首列 25B 型双层空调客车,最高时速仅能达 120km。

此后的七八年里,铁路又连续实行了四次大面积提速,首次开行了到上海、杭州、南京、苏州、合肥、长沙、汉口、武昌、西安、哈尔滨、长春 11 个城市的 19 对时速 160km 的夕发朝至一站直达列车。

2007 年 4 月 18 日,铁路第六次大提速,开行了动车组列车,时速 200km。2007 年年底,我国首条时速 300km 城际高速铁路"京津城际客运专线"全线铺通。2011 年 6 月 30 日京沪高速铁路建成通车,从北京到上海最快只需 4h48min。

从引进时速 200km 高速列车技术,到自主开发时速 350km、380km "和谐号"动车组;从京津城际铁路、武广高速铁路运营,到京沪高速铁路的开通,中国迅疾跨入引领世界的"高铁时代"。

3)高速铁路发展历程

(1)世界高速铁路的发展

自 1964 年日本建成世界上第一条高速铁路——东京至大阪高铁 40 多年来,高速铁路从无到有,迅速发展。截至目前,全球投入运营的高速铁路近 2.5 万 km,分布在中国、日本、法国、德国、意大利、西班牙、比利时、荷兰、瑞典、英国、韩国、中国台湾等 17 个国家和地区。高速铁路作为一种安全可靠、快捷舒适、运载量大、低碳环保的运输方式,已经成为世界交通业发展的重要趋势。

归纳起来,世界上建设高速铁路有以下几种模式。

第一,日本的新干线模式。该模式全部修建新线,供旅客列车专用。1964 年 10 月 1 日东海道新干线正式开通营业,运行速度达到 210km/h,日均运送旅客 36 万人次,年运输量达 1.2 亿人次。这条专门用于客运的电气化、标准轨距的双线铁路,代表了当时世界第一流的高速铁路技术水平。1975～1985 年间又依次开通了山阳新干线、东北新干线、上越新干线,1997 年北陆新干线通车营业,形成了日本完善的国内高速铁路网骨架。

第二,法国的 TGV 模式。该模式部分修建新线,部分改造旧线,旅客列车专用。1971 年,法国政府批准修建 TGV 东南线(巴黎至里昂),1976 年 10 月正式开工,1983 年 9 月全线建成通车。1989 年和 1990 年,法国又建成大西洋线。1993 年,法国第三条高速铁路 TGV 北欧线开通运营,以巴黎为起点穿过英吉利海峡隧道通往伦敦,并与欧洲北部国家相连,是一条重要的国际通道。1999 年,地中海线建成。法国 TGV 列车可以延伸到既有线上运行,通行范围覆盖大半个法国国土。

第三,德国的 ICE 模式。该模式全部修建新线,旅客列车及货物列车混用。德国高速铁路 ICE 于 1985 年首次试车,1991 年曼海姆至斯图加特线建成通车,1992 年汉诺威至维尔茨堡线建成通车,1992 年德国购买了 60 列 ICE 列车,其中 41 列运行于第 6 号高速铁路,分别连接汉堡、法兰克福、斯图加特。目前,德国的泛欧高速铁路和第三期高速铁路陆续建成,实现了高速铁路国际直通运输。

第四,英国 APT 模式。该模式既不修建新线,也不对既有线路进行大量改造,主要依靠摆式列车提速,旅客列车和货物列车混用。

(2)中国高速铁路的发展

近年来,我国铁路的运行速度得到不断提高。目前,我国时速 160km 的线路,延展里程已超过 1.4 万 km;时速 200km 的线路,延展里程超过 6 200km。通过第六次的大面积提速改造,目前我国铁路已有 6 227km 的延展线路,运行时速可达 250km。

2008 年 6 月 24 日,国产 CRH3 "和谐号"动车组在铁路上创造了时速 394.3km 的世界铁路最高运营时速。

2008年8月1日,京津城际高速列车通车运营,揭开了中国高速铁路建设的序幕。

2009年12月26日,武广高速铁路正式开通运营,标志着我国高速铁路设、建设和运营技术不仅领先世界,而且进一步完善成熟。

2010年2月6日,郑西高速铁路国产CRH3"和谐号"高速动车组正式投入运营,再次展示了我国高速铁路技术最新成果。

2011年6月30日,京沪高速铁路正式通车运营。京沪高速铁路全长1 318km,是世界上一次建成线路最长、标准最高的高速铁路。

至2020年,我国将建成省会城市及大中城市间的快速铁路客运通道,即"四纵四横"客运专线。

2.3.2 铁路运输的特点及技术经济特征

1) 铁路运输特点

铁路是一种适宜于担负远距离的大宗客、货运输的重要运输方式。在我国这样一个幅员辽阔、人口众多、资源丰富的大国,铁路运输不仅在目前甚至在可以预见的未来,都是综合交通运输网络中的骨干和中坚。

优点:巨大的运送能力;廉价的大宗运输;较少受气象、季节等自然条件的影响,能保证运行的经常性和持续性;计划性强,运输能力可靠,比较安全,一般情况下准时性强;收益随运输业务量的增加而增长。

缺点:始建投资大,建设时间长;受轨道线路限制,灵活性较差;直接"门到门"的运输量小,必须有其他运输方式为其集散、接运客货;始发与终到作业时间长,不利于运距较短的运输业务;运输总成本中固定费用所占的比重大(一般占60%),大量资金、物资用于建筑工程,如路基、站场等;一旦停止营运,不易转让或回收,损失较大。

2) 铁路运输技术经济特征

与其他各种现代化运输方式比较,铁路运输有以下一些技术经济特点。

运营适应性强:依靠现代科学技术,铁路几乎可以在任何需要的地方修建,可以全年全天候不停业地运营,很少受地理条件和气候条件的限制,具有较高的连续性和可靠性,而且适合于运距长短不一的多种不同旅客和不同重量、体积货物的双向运输。

运输能力大:铁路是大宗、通用的运输方式,能够承担大量的客货运输。铁路运输能力取决于列车质量(货物列车载运吨数、旅客列车载运人数)和线路每昼夜通过的列车对数。而每一列车载运的货物和旅客数量远比汽车和飞机大得多。有些国家,如美国、加拿大、前苏联等,铁路运送大宗货物的重载列车总质量超过万吨。一般复线电气化线路每昼夜通过的货物列车可达百余对,因而其货物运输能力每年单方向可超过1亿t。客运高速铁路的运输能力一般是高速公路的4~5倍。

安全程度高:随着技术进步和加强管理,21世纪内铁路运输的安全程度得到不断提高。众所周知,在多种运输方式中,按所完成的旅客人公里和货物吨公里计算的平均行车事故率和旅客伤亡率,铁路运输一向是低的。特别是近二三十年间,许多国家铁路广泛采用电子计算机和自动控制等新、高技术,普遍安装了列车自动停车、列车自动控制、设备故障和道口故障报警、灾害防护报警等装置,有效地防止了列车冲突事故和旅客伤亡事故。

运送速度较快:铁路列车运行速度一般为 60～160km/h,高于汽车和船舶运输。高速铁路上运行的旅客列车速度为 200～350km/h,可以和航空运输竞争。1990 年 5 月法国铁路 TGV 高速列车试验速度曾达 513.3km/h 的世界最高纪录,但是速度越高,能耗相应增大,技术要求也高。

能耗少:铁路轮轨之间的摩擦阻力小于汽车车辆和地面间的摩擦阻力。常规铁路机车车辆单位功率所能牵引的质量比汽车高 10 倍,从而铁路单位运量的能耗也就比汽车运少得多。货物运输中汽车单位运量的能耗一般较铁路高 6～10 倍。根据日本近年的统计,各种运输方式每人公里的能耗,如以常规铁路为 1,则高速铁路为 1.42,公共汽车为 1.45,小汽车为 8.2,飞机为 7.44。

环境污染程度小:交通运输造成的环境污染日益严重,特别是汽车排出的废气及噪声对生态环境和人民健康的影响越来越大。在旅客运输中,各种运输方式有害物质的换算排放量,每人公里二氧化碳,公路为 0.902kg,铁路为 0.109kg,公路为铁路的 8 倍。高速铁路基本消除了粉尘、油烟和其他废气污染。铁路的噪声污染也是最低的。日本以每千人公里航空运输产生的噪声为 1,则小汽车为 1.0、大汽车为 0.2,高速铁路仅为 0.1,而常规铁路则更低。

运输成本较低:铁路运输成本与运输距离远近、运量大小密切相关。运距越长、运量越大,单位成本就越小。正是由于这一缘故,铁路运输成本在各种现代运输方式中往往比较低。一般来说,按每吨公里或人公里的单位运输成本,铁路运输和水路运输都比较低,公路运输则要高出数倍,而航空运输往往更高,要高出 10 余倍乃至更多。

从上述这些技术经济特点可以看出,铁路运输极适合于国土幅员辽阔的大陆国家,适合于运送经常的、稳定的大宗货物,适合运送中长距离的大宗货物以及城市间的旅客运输。

2.3.3 铁路运输系统组成

铁路运输是一个独立而完整的系统,简单地说,它由运输设备、运输工作组织和为完成运输任务所设置的铁路机构等组成。其中运输设备包括铁路线路设备,铁路车站、枢纽,铁路机车和车辆,铁路信号、通信设施等;运输工作组织包括客运组织、货运组织和行车组织。

2.4 公路运输概况

公路运输系统是指以公路运输方式将被运送对象按既定目标实现位移所涉及的各个有机组成部分。从应用角度看,每一种运输方式都是一个具有各自技术经济特征的运输系统。因而,公路运输系统又是整个综合运输体系中的一个子系统。

2.4.1 公路运输的发展阶段

1)世界公路运输发展的三个阶段

纵观世界公路运输发展过程,可以划分为三个主要阶段。

(1)发展初期(1886～1920 年)

即从 19 世纪末到第一次世界大战前。这一时期,汽车发展数量不多,公路也不够发达,公路运输还只是铁路、水运的辅助手段,所承担的客货运量都很少。

(2) 发展中期(1920~1945年)

即两次世界大战之间。第一次世界大战后,一些西方国家将军事工业转为民用工业,起重汽车生产发展很快,并且公路建设、道路网规划也得到迅速发展,质量不断提高,随着小汽车的增加,汽车逐渐成为人们的主要运输工具。货运方面,由于运输条件的改善,公路运输的优越性逐渐显示出来,它不仅成为短途运输的主要工具,而且在长途运输中,也开始与水运、铁路竞争。

(3) 发展的新时期(1945年至今)

从第二次世界大战结束到现在。60多年来,发达国家先后形成了比较完善的公路网,同时大力兴建高速公路;战后恢复的汽车工业,已形成了一个比较完整的体系,生产能力和技术水平大为提高。一些工业发达国家公路建设也达到了新水平,实现了公路现代化。

2) 我国公路运输发展阶段

中国的公路交通从严格意义上来说,开始于1949年,因为在那之前的相当长一个时期,中国公路对国民经济没有什么实际的意义,表现为数量少、等级低、不完整,国内机动车保有量太少。从中华人民共和国成立以来,直至实现公路运输现代化,分为三个阶段。

(1) 新中国成立初期至改革开放的1978年——公路运输现代化建设期

20世纪50~60年代,根据当时形势需要和条件,公路建设基本是在原大车道、便道上修补改造进行。之后,根据战备国防需要,依靠国家边防公路建设投资和"民工建勤"等方式,全国公路通车里程增长较快,达到89万km,其中干线公路23.7万km,县乡公路58.6万km,企事业单位专用公路6.6万km。虽然公路等级普遍很低,但与当时国内汽车工业水平相比,特别是与缓慢的经济发展要求相比,总体上尚能适应。

(2) 改革开放1978~2020年——公路运输现代化转型期

1978~2007年,中国公路客运周转量从1978年的521.3亿km,增加到2007年的11 506.8亿km,增长了21.1倍,远高于整个客运业的平均发展速度。公路客运现已稳居运输产业客运周转量的老大地位,在整个客运产业中占据半壁江山。

在客运增长的同时,公路的货运周转量也在快速增加,从1978年的274.1亿t·km,增加到2007年的11 354.7亿t·km,增长了40.4倍。这一增速虽然远远高于货运业的平均增长速度,但到2007年,公路货运周转量也就仅占整个行业货运周转量的11%。

今后的一段时期,公路运输周转量和运距将持续快速增长,并最终达到公路运输现代化水平。

(3) 2021年到21世纪中叶——公路运输高度现代化

从2021年到21世纪中叶,预计我国公路运输现代化水平的增长速度将会有所减缓,到2050年将实现公路运输的高度现代化,与其他发达国家并驾齐驱。

3) 高速公路的发展历程

(1) 发达国家高速公路发展历程

国外发达国家公路的发展大致都经历了三个发展阶段,现正处于第四个发展阶段。

第一阶段从19世纪末到20世纪30年代,是各国公路的普及阶段。这期间随着汽车的大量使用,大多是在原有乡村大道的基础上,按照汽车行驶的要求进行改建与加铺路面,构成基本的道路网,达到大部分城市都能通行汽车的要求。

第二阶段从20世纪30年代到50年代,是各国公路的改善阶段。这期间由于汽车保有量的迅速增加,公路交通改善需求增长很快,各国除进一步改善公路条件外,开始考虑城市间、地区间公路的有效连接,着手高速公路和干线公路的规划,英、美、德、法等国都相继提出了以高速公路为主的干线公路发展规划,并通过立法,从法律和资金来源方面给予保障。

第三阶段从20世纪50年代到80年代,是各国高速公路和干线公路高速发展阶段。这期间各国大力推进高速公路和干线公路规划的实施与建设,并基本形成道路使用者税费体系作为公路建设资金来源的筹资模式,日本等国为解决建设资金不足等问题,还通过组建"建设公团"修建收费道路来促进高等级公路发展。各国经过几十年的发展,已基本形成了以高速公路为骨架的干线公路网,为公路运输的发展奠定了基础。

第四阶段为20世纪80年代末90年代初以来,是各国公路提高通行能力和服务水平的综合发展阶段。这期间各国在已经建成发达的公路网络的基础上,维护改造已有的路、桥设施和进一步完善公路网络系统,重点解决车流合理导向、车辆运行安全以及环境保护等问题,以提高公路网综合通行能力和服务水平。此外,各国还特别重视公路环境设施的建设,在公路建设和运营过程中对环境和生态进行保护,如通过居民区的路段建设防噪墙等以减小汽车行驶噪声的影响,又如设置鱼类和其他动物等专用通道,保证公路沿线动物的生活不受大的影响。

美国现有公路总里程和高速公路里程最长,分别约占世界公路总里程和高速公路总里程的30%以上和近50%,已经形成了约6万km的州际高速公路网,公路已成为美国人日常生活必不可少的一部分。西欧各国和日本,由于国土面积小,公路网基础好,高速公路也逐步成网,公路运输一直为内陆运输的主力。相比之下,前苏联和印度、巴西等发展中大国公路里程较少,道路质量差,公路铺面率低于美、日以及西欧诸国。

从20世纪50年代起,欧美等国家开始认识高速公路的巨大作用,并大力兴建高速公路。1960年世界各国有高速公路,1980年为11万km,目前估计已达20万km。

目前,许多国家的高速公路已不再是互不连接的分散的线路,而是向高速公路网的方向发展,欧洲正将各国主要高速公路连接起来,逐步形成国际高速公路网。总之,当今世界公路基础设施的发展趋势是发达国家以完善、维护和提高现有路网和通行能力为主,发展中国家则是普及和提高相结合,在增加公路通车里程的同时,大力提高干线公路的技术水平。

(2)中国高速公路发展历程

回顾我国高速公路的发展历程,大致经历了三个阶段。

①起步阶段(1988~1992年),这期间高速公路通车里程每年在50~250km。

1988年10月31日,全长18.5km的沪嘉(上海—嘉定)高速公路建成并正式投入使用,结束了我国大陆没有高速公路的历史(台湾1978年建成第一条全长381.7km的高雄至基隆高速公路,又称中山高速公路)。

1990年9月,全长375km的沈大高速公路建成通车,开创了我国大陆建设长距离高速公路的先河,沈大高速公路全部工程由我国自行设计、自行施工,为20世纪90年代我国大规模的高速公路建设积累了经验。

②发展高潮期(1993~1997年),年通车里程保持在450~1 400km。

1993年京津塘高速公路通车,这是我国第一条跨省、市的高速公路,全长142km,时速120km/h,设置监控、通信、收费、照明等服务设施。

③大发展时期(1998年至今),这一阶段年通车里程基本保持在3 000~5 000km。

至1998年底,全国高速公路通车总里程达到8 733km,跃居世界第六位;2000年底达到

1.6万km,居世界第三位;到2001年末达到1.9万km,跃居世界第二位,全国除西藏外,其他30个省(自治区、直辖市)均通了高速公路;截至2012年年底,已达到9.56万km,继续保持世界第二,仅次于美国。

2.4.2 公路运输系统的组成

公路运输系统包括公路运输设施(公路及场站)、运输设备(车辆)、运输对象(旅客、货物)及劳动者(驾驶员)等。

1)公路运输线路设施

公路是一种线形构造物,是汽车运输的基础设施,由路基、路面、桥梁、涵洞、隧道、防护工程、排水设施与设备以及山区特殊构造物等基本部分组成,此外还需设置交通标志、安全设施服务设置及绿化栽植等。由于受地形、地质等自然条件的限制,公路线形在水平面上由直线段或曲线段组成;在纵面上由上、下坡段和平坡段以及竖曲线段组成。公路线形的方位和几何特征,代表着一条公路的走向和迂回起伏程度。公路的线形和质量对汽车的行驶速度、行驶安全、燃料消耗、机件和轮胎的磨损、车辆使用寿命以及运输经济效益等都有很大影响。

2)公路运输场站设施

公路运输场站设施,主要指组织运输生产所需要的生产性和服务性的各类建筑设施,如客运站、货运站、停车场(库)、加油站及食宿站等。

(1)客运站

公路运输客运站的主要功能是发售客票、候车服务、组织乘客上下车、行包受理与交付及其他服务性功能。我国公路运输(汽车)客运站按其站务工作量(主要指其旅客发送量)并结合所在地政治经济及文化等因素,可分为四级,具体见表2-7。

按年平均日旅客发送量的汽车客运站划分 表2-7

场站规模	一级车站	二级车站	三级车站	四级车站
年平均日旅客发送量 Q(人)	$Q \geqslant 10\,000$	$10\,000 > Q \geqslant 5\,000$	$5\,000 > Q \geqslant 1\,000$	$Q < 1\,000$

城市公共汽车客运站按其用途可分为线路起终点站及路途站。由于城市市区客运运距较短,发车频率较高,与长途汽车客运站相比,其站务设施要相对简略,服务项目也要少。

(2)货运站

公路运输货运站的主要功能包括货物的组织与承运、中转货物的保管、货物的交付、货物的装卸及运输车辆的停放、保修等内容。简易的货运站点,则仅有供运输车辆停靠与货物装卸的场地。

(3)停车场(库)

停车场(库)的主要功能是停放与保管运输车辆。现代化的大型停车场还具有车辆维修、加油等功能。停车场内的平面布置要方便运输车辆驶入驶出和进行各类维护作业,多层车库或地下车库还需设有斜道或升降机等,以便车辆进出。

3)公路运输车辆与驾驶员

公路运输车辆是指具有独立原动机与载运装置、能自行驱动行驶,专门用于运送旅客和货物的非轨道式车辆,又称汽车。

驾驶员是直接使用运输车辆完成客货空间位移的生产劳动者,由于汽车高速行驶,汽车的驾驶工作紧张而又责任重大。因此,为了保证安全、迅速、准确、及时地运送客货,汽车驾驶员必须具备相应条件(如身体素质、政治思想和品质以及必要的专业知识和操作技能等)才能胜任。

4)公路运输对象

所有接受汽车运输的人员和物资,从接受承运起至运达目的地止,分别称为旅客和货物,是公路运输服务对象。

(1)旅客

旅客的社会经济条件、自然条件、身体状况、出行目的是决定其所选汽车客运服务形式及服务水平的主要因素。经济收入水平较高、公费出行旅客的运输费用支付能力较高,通常选择快捷、舒适的汽车客运服务形式,如出租汽车、小型公共汽车、高档豪华客车等。另外,身体状况欠佳、老年人或携带有婴幼儿出行的旅客,通常选择舒适性较好的客运服务形式;而有急事出行的旅客通常选择快速、直达客运服务。普通出行者日常出行多选择大众化的客运服务形式,如大型公共汽车、电车等。

旅客类型按运输距离可分为长途旅客和短途旅客。长途旅客乘距较长,所以对运输车辆的舒适性有较高要求,另外还要考虑长途旅客对候车条件的要求。长途旅客往往还要转乘其他运输工具,因此编制行车时刻表时应与其他运输方式的运输时刻相衔接。短途旅客乘车距离较短,主要指城市市区和郊区客运服务对象。因其乘距较短,所以对发车间隔比较关注,希望等车时间越短越好,而对乘车舒适性的要求相对差一些。

旅客按出行目的还可分类:通勤的(为职工上、下班)、通学的(为学生上、下学)、公务的、观光游览的及其他方面如购物、就医、探亲访友等类型的旅客。

(2)货物

货物需借助外力才能实现装载、运输和卸载。货物运输中,装、卸环节的人力及物力投入,运送环节和装卸环节的协调配合是货物运输的基本要求。货物本身的特性及货主的运输需求特性是决定所用车型及装卸设备的主要因素。

货物通常按其装卸方法、运输和保管条件及货物批量进行分类。

①货物按装卸方法可分为计件货物、堆积货物和灌装货物。

a.计件货物:指可以计点个数,并有一定重量、形状和体积的货物,其中有的有包装,有的无包装,如电视机、砖、袋装水泥等。

b.堆积货物(散装货物):指不能计点个数,可用堆积的方法来装卸的货物,即允许散装散卸的货物,如煤、碎石、土等。

c.罐装货物:指无包装的液化货物,如各种油品、液化气、水等。

②货物按其运输和保管条件可分为普通货物与特殊货物。

a.普通货物:指在运输、保管和装卸工作中无特殊要求的货物,如砖、土、碎石、沙等。

b.特殊货物:指在运输、保管和装卸工作中必须采取特别措施,才能顺利运输的货物,如体积特大的、长型的、沉重的、危险的货物等。

③货物按其批量还可分为小批货物和大批货物。

a.小批货物(零担货物):指一次托运货物的质量在3t以下或不满整车的货物。其主要特点是货物品种多、批量小、货流不稳定,装卸地点经常变动,因此宜采用轻型载货汽车进行运输,也可采用大吨位汽车进行零担货物集中运输。

b. 大批货物(大宗货物):指大批量进行运输的货物,其运送通常是需要多部车或一部车较长时间才能完成。大宗货物可能是经常性的,也可能是季节性的,其特点是货流稳定,装卸地点变动较少,如粮食、煤炭、建筑材料等,因此宜采用运输效率较高的车辆和装卸效率较高的装卸机械。

2.4.3 公路运输的特征

公路汽车运输在所有运输方式中是影响面最为广泛的一种运输方式,其系统特征如下。

1)运程速度快

公路运输可实现"门到门"运输,故对于旅客可减少转换运输工具所需要的等待时间与步行时间,对于限时运送货物,或为适应市场临时急需货物,公路运输服务优于其他运输工具,尤其是短途运输,其整个运输过程的速度,较任何其他运输工具都为迅速、方便。

2)运用灵活

公路运输因富于灵活性,可随时调拨,不受时间限制,且到处可停,富于弹性及适应性,运用灵活。

3)受地形气候限制小

汽车的行驶可逢山过山,不受地形限制;遇恶劣气候,亦较为不受其影响。

4)载运量小

汽车载运量,小汽车只不过三四人,大型巴士平常也仅能载运数十人,货运可载运 3～5t,虽然使用拖车,亦不过数十吨,不能与铁路列车或轮船的庞大容量相比。

5)安全性较差

公路运输,由于车种复杂,道路不良,驾驶人员疏忽等因素,交通事故较多,故安全性较差。

2.4.4 公路运输的功能和作用

1)功能

通常将公路运输基本功能划分为"通过"和"送达"功能。通过功能是指在干线上完成大批量的运输。送达功能,又称为"集散"功能,是指为通过性运输承担客货集散任务的运输。

就一般情况而言,客货运输全过程的完成都需要有公路运输方式的参与。在高速公路投入使用以前,公路运输的主要功能是"送达",也就是为其他运输方式承担集散客货的任务。在五种运输方式中,管道运输所占的比例很小,适应性也较差,目前只能算是一种辅助性的运输方式。航空、水运和铁路运输都只有单一的通过功能,只能依靠公路运输才能送达旅客。

在公路等级低的情况下,公路通过功能较差。随着高速公路的建成使用,公路运输方式的通过功能大大加强。一条六车道的高速公路,每昼夜交通量可达 7 万～8 万车次,若客货车各占 50%,按货车平均吨位 5t,客车平均座位为 30 座计,每年可提供 6 400 万～7 300 万载货吨位和3.8 亿～4.4 亿载客座位,其通过能力远远超过一条双线铁路。

由此可见,高速公路的建设与发展,使得公路运输方式已具备了通过功能和送达功能,成为全能的运输方式,这是公路运输业发展迅速的根本原因。

2)作用

公路运输在整个交通运输业中处于基础地位并发挥着以下作用:

(1)公路运输机动灵活、快速直达,是最便捷也是唯一具有送达功能的运输方式,可以实现"门到门"运输,这是公路运输独特的优势。

(2) 其他运输方式组织运输生产,需要公路运输提供集疏运的条件。运输方式之间的衔接,也需要公路运输来完成。

(3) 公路运输覆盖面广。目前,我国绝大多数乡镇和行政村均通了公路,特别在我国中西部和一些经济不发达地区,公路运输是最主要的运输方式。

(4) 随着我国公路技术等级的逐步提高,特别是一批高等级公路的建成通车,公路客货运量在综合运输体系中所占的比重不断提高。

(5) 半个世纪以来,公路运输是世界各国各种运输方式中发展最快的一种,现已成为许多国家最主要的运输方式。在当今世界,公路基础设施的现代化程度已经成为衡量一个国家交通发展水平的重要标志。

2.5 水路运输概况

水路运输简称水运,是指利用船舶和其他浮动工具,在海洋、江河、湖泊、水库与人工水道上运送旅客和货物的一种运输方式。

2.5.1 水路运输的发展历程

1) 船舶发展史

人类使用船舶作为运输工具的历史,几乎和人类文明史一样悠久。从远古的独木舟发展到现代的运输船舶,大体经历了四个时代:舟筏时代、帆船时代、蒸汽机船时代和柴油机船时代。

(1) 舟筏时代

人类以舟筏作为运输、狩猎和捕鱼的工具,至少起源于石器时代。我国1956年在浙江出土的古代木桨,据鉴定是4 000年前新石器时代的遗物。说明舟筏的历史,可以追溯到史前年代。

(2) 帆船时代

据记载,远在4 000多年前,古埃及就有了帆船。我国使用帆船的历史也可以追溯到公元以前。从15世纪到19世纪中叶,是帆船发展的鼎盛时期。15世纪初,我国航海家郑和远航东非,15世纪末哥伦布发现新大陆,他们的船队都是帆船组成的。在帆船发展史中,地中海沿岸地区、北欧西欧地区和中国都曾作出重大贡献。19世纪中叶美国的飞剪式快速帆船,则是帆船发展史上的最后一个高潮。不同地区的帆船,在结构、形式和帆具等方面各有特色。

(3) 蒸汽机船时代

18世纪蒸汽机发明后,许多人都试图将蒸汽机用于船上。1807年,美国人富尔顿首次在克莱蒙脱号船上用蒸汽机驱动装在两舷的明轮,在哈德逊河上航行成功。从此机械力开始代替自然力,船舶的发展进入新的阶段。尔后,汽轮机船、柴油机船又相继问世,又有油船和散货船,以及大型远洋客船制造成功。

(4) 柴油机船时代

柴油机船问世后发展很快,逐渐取代了蒸汽机船。第二次世界大战结束后,工业化国家经济的迅速恢复和发展,国际贸易的空前兴旺,中东等地石油的大量开发,促使运输船舶迅速发展。船舶普遍采用柴油机推进。

第二次世界大战期间,为了适应战时运输的需要,美国建造的2 610艘自由轮(万吨级使用燃油锅炉和蒸汽机的杂货船)是最后建造的一批往复式蒸汽机远洋运输船舶。

为了提高船舶运输的经济效益,船舶出现了大型化、专业化、高速化、自动化和内燃机化的多种趋势。

2)港口发展史

从世界港口发展历程来看,港口主要伴随着航运的发展而发展。一般将世界港口的发展划分为三个阶段。

第一阶段是18世纪以前,当时的港口仅是作为从事船舶装卸活动的场所。

第二阶段是从18世纪末至20世纪中叶,港口的功能已扩展到贸易领域和转运功能,即港口不再是为船舶从事装卸活动的场所,而且也是贸易活动的领地,为转运贸易提供便利条件。

第三阶段开始于20世纪50~60年代,伴随着工业技术革命,港口工业迅速兴起,出口加工工业、自由贸易工业不断借助港口优势在港区内建设起来,将港口与城市发展、港口与出口加工工业等有机地结合起来,使港口成为集疏运中心、贸易中心、金融中心和工业中心为一体的综合性准政府区域。

港口采取完全商业化的发展态势,逐渐发展成为国际贸易的运输中心与物流平台,主要业务范围从货物装卸、仓储和船舶靠泊服务,到货物的加工、换装及与船舶有关的工商业服务,扩大到货物从码头到港口后方陆域的配送一体化服务。港口逐步成为统一的,集输运与贸易一体化的经济共同体。

3)我国水路运输发展现状

改革开放以来,中国水运建设与发展实现了历史性突破,中国已成为世界航运大国和港口大国。

2010年,全国完成水路客运量2.24亿人、旅客周转量72.27亿人·km,分别增长0.3%和4.2%;全国完成水路货运量37.89亿t、货物周转量68 427.53亿t·km,分别增长18.8%和18.9%。到2010年年底,全国拥有水上运输船舶17.84万艘,比上年末增长0.8%。

2011年,全国累计完成水路客运量和旅客周转量分别为2.46亿人和74.53亿人km,累计完成水路货运量和货物周转量分别为42.60亿t和75 423.84亿t·km。到2011年年底,全国拥有水上运输船舶17.92万艘。

近年来,中国水运业已形成了布局合理、层次分明、功能齐全、优势互补的港口体系;同时全国高等级航道网也基本形成。截至2011年年底,我国港口拥有生产用码头泊位31 968个,比上年底增加334个。其中,全国港口拥有万吨级及以上泊位1 762个,比上年底增加101个。

未来中国水运业发展前景整体上还是很明朗的。到2020年中国将实现水运业的现代化,中国将实现由海洋大国、航运大国向航运强国的转变。

4)我国港口物流发展现状

经过十多年的发展,我国主要的港口在发展物流方面取得了很大的成就,很多地方的物流建设从无到有,已经初具规模,上海、深圳、天津等港口都在积极规划建设港口物流基地。我国港口物流的发展主要呈现如下特征。

(1)港口物流发展势头良好

我国外贸货物90%以上由海运完成。截至2010年年底,我国规模以上港口年货物吞吐量 64.44 亿 t,增长 14.1%;完成集装箱吞吐量 1.36 亿 TEU,增长 19.4%,全国共有上海港、宁波港、舟山港、广州港、深圳港、天津港、秦皇岛港、青岛港、大连港、日照港、营口港、苏州港、南京港、南通港、连云港港、烟台港、湛江港、唐山港等 22 个亿吨大港,我国已经成为世界上港口吞吐量和集装箱吞吐量最大的国家。

(2)港口物流基础设施不断完善

港口建设继续向大型化、专业化方向发展。大型专业化的散杂货装卸设备在港口中得到了广泛应用;大型集装箱码头的自动化程度显著提高,集装箱装卸桥最高台时效率达到 70 个自然箱以上;采用自动导航集装箱运输车组成的无人驾驶集装箱港内运输系统,使车辆定位精确度达到数厘米以内;港口码头泊位持续增加。

(3)港口总体格局日趋合理

目前,我国已形成了以主枢纽港为骨干、区域性重要港口为辅助、地方中小港口为补充的港口地理布局;港口功能已由以装卸、集散货物为主的运输功能逐步扩展到仓储、加工和商贸等多个领域。现在我国已经形成了三个主要港口群,即珠江三角洲港口群、长江三角洲港口群和环渤海港口群,它们覆盖了我国主要的沿海和内河港口,有效地推动了港口之间的分工合作和当地的经济发展。

(4)港口物流软环境建设逐渐完善

各地方政府十分重视港口物流的发展,纷纷提出了以港兴市的发展战略,制定了一系列与港口物流发展相关的法律法规和政策措施,推动了港口发展新一轮热潮,现代港口物流发展的软环境正在逐渐完善,宏观政策体系正在逐步形成。

2.5.2 水路运输的分类与特点

1)分类

水路运输是交通运输的重要组成部分。按其航行的区域,大体可划分为远洋运输、沿海运输和内河运输三种形式。

远洋运输通常是指除沿海运输以外所有的海上运输。沿海运输是指利用船舶在我国沿海区域各地之间的运输。内河运输是指利用船舶、排筏和其他浮运工具,在江、河、湖泊、水库及人工运河上从事的运输。

2)特点

水路运输在所有运输方式中,是运价最为便宜的运输工具,但运输速度最慢,其系统特性主要反映在以下方面。

(1)运输量大。船舶货舱与机舱的比例比其他运输工具都大,因此,可供货物运输的舱位及所载质量均比陆运或空运庞大。以国际最大的巨型油轮而言,其每次载运原油的数量可以高达 56 万 t,而最大的集装箱船,每次可装载 20ft 集装箱 4 000TEU。

(2)能源消耗低。运输 1t 货物至同样距离而言,水运(尤其是海运)所消耗的能源最少。

(3)单位运输成本低。水运的运输成本为铁路运输的 1/30～1/25,公路运输的 1/100。因此,水运(尤其是海运)是最低廉的运输方式,适于运输费用负担能力较弱的原材料及大宗物资的运输。

(4)续航能力强。一艘商船出航,所携带的燃料、粮食及淡水,可历时数十日,绝非其他任何运输工具可比。且商船具有独立生活的种种设备,如发电、制造淡水、储藏大量粮食的粮舱、油槽等,能独立生活。

(5)受自然条件影响大,连续性较差,速度较慢。

2.5.3 水路运输系统的组成

水路运输系统由船舶、港口、各种基础设施与服务机构等组成。

1)船舶与港口

船舶是水上运输的主要运输工具。各类船舶根据其运输对象的不同,在船舶结构和性能方面各具特色。随着船舶技术的提高和水上运输业的发展,船舶正向大型化、自动化、高速化、自动化、专业化方向发展。

港口是水路运输的重要环节。如果说第一代、第二代港口业务主要是调配和集散货物的话,那么20世纪80年代后的第三代港口已是资源的配置中心。现代港口是具有仓储运输、商业贸易、工业生产和社会服务功能的现代化、综合性的工商业中心和海陆空一体的立体交通运输枢纽。港口作为国民经济发展的基础设施,具有规模大,投资大,为水上运输提供货流、客流中转流通的保障,以服务于国民经济和社会发展为宗旨的特征。

2)主要基础设施

港口的水工建筑和港口水域及陆域设施是水上运输不可缺少的基础设施。

(1)港口水工建筑

港口水工建筑主要有防护建筑物、码头建筑物和护岸建筑物三类。

海港的防护建筑物主要是为了防止波浪对港口的冲击而建造的。它通常建于港口水域外围的深海中,在港口工程中被称为外海防护建筑物。

码头是港口的主要水工建筑物的第二个组成部分。它由码头主体结构和附属设备两部分组成。主体结构包括水上部分(码头面上胸墙、梁、靠船构件等)和水下部分(墙身、板桩、桩基等);附属设备包括系船柱、护木、系网环等,使船舶靠离码头与装卸作业安全可靠。

水工建筑物的第三个组成部分是护岸建筑物。其作用是对码头的岸边进行加固,确保码头泊位岸线的稳定。最常见的护岸建筑物有护坡和护墙两种。

(2)港口水域和陆域

港口水域主要包括航道和锚地。根据港口水域的划分,航道和锚地可分为港外航道、锚地和港内航道、锚地。港外航道的宽度要考虑船舶的型宽和船舶进港的密度等因素,还应留有适当的余地。

港口陆域基础设施主要有码头泊位、仓库和堆场、港内铁路与道路、装卸机械及其他给排水系统、配输电系统、燃料供应等辅助生产设施。

(3)服务机构

水路运输系统的服务机构主要是指船舶的经营者和各种代理业。

船舶经营者是指以自有或租用的船舶从事客货运输的公司、单位或个人。船舶租赁者是指船舶所有人不经营船舶的营运业务,而将船舶以光租的形式出租给承租人,由承租人作为船舶经营者经营船舶营运业务。

对于对外贸易货物的国际航运业务来说,还需要货运代理、船舶代理等各种运输服务机构。

货运代理通常指报关行或运输行,是指以收取佣金,代货主办理货物进出口报关手续,或以自己的名义接受海上货物运输的托运,并将自己承运的货物交由船舶经营者运输的行业。

船舶代理业是指接受船舶经营人或船舶所有人的委托,为其在港的船舶代办在港一切业务的行业。根据具体的业务,又可分船舶代理人,即为船公司代办在港的各项业务和手续,或代为揽货代理人;船舶营运代理人,即为船舶营运人(或承租人)代办船舶在港业务的代理人;船舶所有人代理人,即为船舶所有人代办船舶在港业务的代理人。

2.6 航空运输概况

2.6.1 航空运输发展史

1)世界航空运输发展史

航空,是人类20世纪所取得的最重大的科技成就之一。在民用航空领域,它首先应用于交通运输。世界航空运输发展经历了以下四个阶段。

(1)飞艇时期

1909年11月16日,飞艇发明家齐伯林创办的德国航空有限责任公司(简称Delag),是世界上第一家商业性民用航空运输公司。这家公司1910年开始用飞艇载客收费,在德国各城市间运客34 000人次,无一伤亡。直到1937年7月,硕大的充氢气的飞艇"兴登堡号"在飞越大西洋到达美国准备着陆时,不幸失事,艇上97人中,37人遇难,这场事故终止了旅客运输飞艇几十年的发展。

(2)第一次世界大战后期

第一次世界大战后期,更多的欧美国家开始使用飞机来运送人员和物资。这标志着近现代航空运输的开端。

1918年,航班飞机开始出现在航空运输中。20世纪30年代以后,航空设计和制造技术的进步,带动了新型的、可靠的飞机机型不断出现和航空喷气发动机的问世。1933年,被称为世界上第一架"现代化"运输机的波音247型飞机诞生。1936年,具有可收缩起落架的DC-3型飞机投产。航空产业的技术进步也带来了航空运输载客量的迅速增加,1945年世界航空运输客运量达到900万人。

(3)第二次世界大战后期

第二次世界大战以后的发展时期是航空运输发展的快速期。1946年,全球空运旅客达1 800万人次,其中2/3是美国国内航空公司运送的。后来喷气发动机的出现和应用为民航机喷气化奠定了基础。喷气式民航机投入使用是民航技术的一次飞跃,不仅使民航飞机的速度提高了1倍,而且使飞行高度提高到11km左右的平流层,增加了安全性和舒适性。同时第二次世界大战时期遍布世界各地的大型机场也为战后的民航迅速发展创造了有利条件。

(4)20世纪70年代初波音747的诞生

在航空的发展历程上,20世纪70年代初波音747的诞生标志着航空运输正式进入了现代化的运输时期。民航客机也从此进入了宽体机身的新时代,这是航空史上的一个重要里程碑。

2)我国航空运输发展史

新中国民航事业是从小到大逐渐发展起来的,大致经历了5个发展阶段:1949~1957年的初创时期；1958～1965年的调整时期；1966～1976年的曲折前进时期；1977～2001年新的发展时期；2002年之后的高速发展时期，这一时期中国民航事业取得了长足的发展和进步。

(1) 初创时期(1949～1957年)

1949年11月9日，在中国共产党的策动下，"两航"员工发动起义，回归12架飞机，加上后来修复的国民党遗留在大陆的17架飞机，构成了新中国民航事业创建初期飞行工具的主体。在这一时期，民航重点建设了天津张贵庄机场、太原亲贤机场、武汉南湖机场和北京首都机场。首都机场于1958年建成，中国民航从此有了一个较为完备的基地。

(2) 调整时期(1958～1965年)

由于受"大跃进"的影响，中国民航在这一时期的头几年遭受了较大的冲击和挫折。1961年开始，民航系统认真贯彻执行中央"调整、巩固、充实、提高"的方针，使民航事业重新走上正轨，并得到较大的发展。为了适应机型更新和发展国际通航需要，在此期间，新建和改建了南宁、昆明、贵阳等机场，并相应改善了飞行条件和服务设施，特别是完成了上海虹桥机场和广州白云机场的扩建工程。

(3) 曲折前进时期(1966～1976年)

在这一时期的前五年，民航受到了严重的破坏和损失。1971年9月后，中国民航在周总理的关怀下，将工作重点放在开辟远程国际航线上。到1976年底，中国民航的国际航线已发展到8条，通航里程达到41 000km，占通航里程总数的41%；国内航线增加到123条。中国民航企业从1975年开始扭亏为盈，1975年和1976年共获利近3 500万元，从而扭转了长期亏损和依靠国家补贴的被动局面。

(4) 新的发展时期(1977～2001年)

改革开放以后，中国民航事业加快了前进步伐，并取得了非常大的成绩。

1980年，中国民航购买了波音747SP型宽体客机，标志着飞机使用已部分达到了国际先进水平。1983年后，通过贷款、国际租赁和自筹资金相结合的方式，购买了一批波音和麦道多种型号的先进飞机，使中国民航使用的运输飞机达到国际先进水平。大、中型客机的引进，客观上要求民航机场有一个与之相适应的发展水平和配套设施。民航机场出现了前所未有的兴旺局面。截至1990年年底，由民航航班运营的机场总数达到110个，其中可起降波音747型飞机的机场有7个。

1995年末，我国民用飞机总架数达到852架，其中运输飞机416架，通用航空和教学校验飞机436架，运输飞机商载总吨位7 900t，飞机座位数6.05万个。"八五"期间共完成基本建设和技术改造投资320亿元，新建、迁建机场19个，改扩建机场15个，同时，新开工了一些大型机场建设项目。到1995年末，有航班运营的机场139个，其中能起降波音747飞机的14个，起降波音737飞机的81个。

(5) 高速发展时期(2002年至今)

2002年3月，国务院批准了《民航体制改革方案》，深化民航改革开始进入实施阶段。改革的主要内容包括：重组运输航空公司，机场实行属地管理(北京首都国际机场和西藏地区内民用机场除外)，改革空中交通管理体制，改组民航服务保障企业，改革民航行政管理体制，改革民航公安体制。民航各项体制改革得以全面推进，特别是民营航空得到了快速发展。

截至2012年12月底，中国颁证运输机场数量为183个。2015年之前将再新建82个机场，同时扩建101个机场，届时中国民用机场将增加到264个。

2.6.2 航空运输的特点

航空运输作为五大运输方式中的一种,具有其自身的特点。下面我们分别从航空运输的优点和不足之处两方面来分别系统地阐述航空运输作为一种运输方式的主要特点。

首先,航空运输的优点有以下几个方面。

1) 安全

运输方式的安全性是旅客所最为关注的。几十年来,由于科学技术的不断进步,对民航客机适航性严格的要求,各种航空设施水平的提高,以及事故应急措施的日臻完善,航空的安全性已经比以往大大提高。特别需要关注的是,自从美国"9·11"事件发生以来,人们对飞行过程中的意外袭击防范意识大大增强,并采取了一系列预防和紧急应对措施,如为客机加固驾驶舱门,为飞行员配备武器,以及为航班配置航空警察等。我国也已经从2003年10月起,为每架航班配备专门的乘警,以防患于未然,增强航空运输的安全性。

2) 速度快

这是航空运输的最大特点和优势。现代化的喷气式客机,平均巡航速度为900km/h,比火车、汽车快7~10倍,比轮船快20~30倍。现在从北京到南京,一般的火车要耗时9h30min,而乘飞机只需1h30min,两者差距非常明显。距离越长,航空运输所节省的时间越多,快速的特点也越显著。

3) 舒适

在万米高空飞行的客机,飞行不受低空气流的影响,平稳舒适。每个航空公司都十分重视自己的服务水平,因此,在宽敞舒适的民航客机上,旅客能享受到高质量的服务和现代化设施,飞行已成为一种享受。民航的舒适性,也刺激了其他运输方式向这方面的发展,"具有空姐的服务水准",已成为越来越多的公路、铁路客运的发展目标。

4) 机动性大

与公路运输、铁路运输分别受到道路条件和固定路线等多方面的限制相比,航空运输受航线条件的限制程度小得多。它可以将地面上任意距离的两个地方连接起来,可以定期或不定期飞行,可以选择特定的飞行高度和航线,具有很大的机动性。例如从北京到拉萨,以前没有直达的铁路可通,公路运输耗时耗力,唯独航空运输可不受地形、路线的束缚,快捷而方便。

5) 基础设施建设简单

航空运输所要求的基础设施建设只是建设机场以及其周边设施,投资相对较少而收效快;而修建公路和铁路,则需要进行复杂的设计选线和较长的建设周期,占地面积也大。

当然,航空运输也有着其自身的不足之处。

(1) 受气象条件的影响大

大多数空难都是由于气象因素造成的。因此,为了确保飞机的着陆和起飞的安全,每个机场都有自己的天气标准,通常用云幕高和能见度来衡量。同时为了防止受到侧向风对起降的影响,每种飞机都有自己的最大侧风限制。另外,飞行的准点性也常常受到天气的限制。

(2) 运输能力小

飞机机舱容积和载质量较小,限制了其运载大宗货物的能力。运输成本也较高,所以,航空运输比较适合800km以上的长途客运,以及时间性强的鲜活易腐和价值高的货物的中短途运输。

2.6.3 航空运输系统的组成

航空运输系统包括飞机、机场、飞行航线和空中交通管理四个有机组成部分。这四个部分以空中交通管理为纽带,相互联系,分工协作,共同完成航空运输的各项活动。

飞机是航空运输的主要运载工具。飞机是航空器的一种,按国际民航组织的定义,航空器是指可以从空气的反作用(但不包括从空气对地球表面的反作用)中取得支撑力的机器。对于航空运输来说,飞机是最重要的运载工具。

机场是航空运输体系中运输网络(航线)的交汇点,是旅客和货物由地面转向空中和由空中转向地面的接口。现代机场不仅要求能够保证飞机的安全、准时、平稳地起飞和降落,以及旅客和货物的及时、方便和舒适地上下飞机,同时还要提供便利的地面交通连接市区。

飞行线路是由空管部门设定飞机从一个机场飞抵另一个机场的空中通道。航线作为航空运输的线路,是严格划分的。

空中交通管理的任务是有效地维护和促进空中交通安全,维护空中交通秩序,保障空中交通畅通。从本质上讲,空中交通管理就是为实现以上要求而设置各种助航设备和空中交通管制机构及规则。空中交通管理的内容包括空中交通管制,空中交通流量管理和空域管理。

飞机、机场、飞行线路,在空中交通管理系统的协调控制和管理下分工协作,构成了一个基本的航空运输系统。

2.7 管道运输概况

2.7.1 管道运输发展历程

管道运输是使用管道输送流体货物的一种运输方式,所输送的货物主要是油品(原油和成品油)、天然气(包括油田伴生气)、煤浆以及其他矿浆。管道运输是随石油开发而兴起,并随着石油、天然气等流体燃料需求量的增长而发展。目前,各国主要利用管道进行国内和国际间的流体燃料运输,有不少国家在国内已建成油、气管道网。大型国际管道已横跨北美、北欧、东欧乃至跨越地中海连接欧非两大陆。年输送原油量亿吨以上和天然气百亿立方米以上的管道相继建成,对加速流体燃料运输起着重要作用。近40年来,固体料浆管道的问世给大量运输煤炭等开辟了途径,为管道运输开创了新领域,管道运输的发展正方兴未艾。

1)世界管道运输发展历程

(1)萌芽期

现代管道运输始于19世纪中叶。1859年8月在美国宾夕法尼亚州的泰特斯维尔打出第一口油井,开采出来的原油要经泰特斯维尔河运到120km以外的匹兹堡炼油厂,自油田至铁路车站或水运码头,每天要用近100艘船、2 000辆马车载运原油,不仅运费昂贵,而且还有发生火灾的危险。为改变这种状况,有人提出采用管道输送。

1863～1865年开始试用铸铁管修建输油管道,因漏失量大而未能实际应用。1865年10月美国人S.V.锡克尔用管径50mm,长4.6m搭焊的熟铁管,修建了一条全长9 756m的管道,由美国宾夕法尼亚州皮特霍尔铺至米勒油区铁路车站。沿线设三台泵,每小时输原油13m^3。1880年和1893年相继出现管径100mm的成品油管道和天然气管道。1886年在俄国巴库修建了一条管径100mm的原油管道。这是管道运输的创始阶段,在管材、管子连接技术、增压设备和施工专用机械等方面还存在许多问题有待解决。

(2)蓬勃发展期

1895年生产出了质地较好的钢管。1911年输气管道的钢管连接采用了乙炔焊焊接技术。1928年用电弧焊代替了乙炔焊,并生产出无缝钢管和高强度钢管,使修建管道的耗钢量显著降低,至此管子及其连接技术问题得到初步解决。

最初,油、气管道的增压设备都是以蒸汽为动力直接驱动的,如蒸汽往复泵、卧式往复泵或压气机。19世纪90年代初,出现了内燃机(如柴油机和燃气机),逐渐取代了蒸汽机。1920年由电动机直接驱动的高转速离心泵开始用于管道,缩小了设备的体积,提高了管道输送效率。从此,柴油机、燃气机和电动机因各具优点一直并存应用于管道运输。1949年开始用燃气轮机驱动离心式压气机,管道运输又多了一种可供选择的动力机。

20世纪50年代石油开发迅速发展,各产油国开始大量兴建油、气管道。70年代以来,管道运输技术又有较大提高,大型管道相继建成。原苏联1982年完成的乌连戈伊至彼得罗夫斯克的大型输气管道,管径1 420mm,全长2 713km。横贯加拿大输气管道的管径500~1 000mm,全长8 500km。中东国家的管道运输也在迅速发展,如沙特阿拉伯的东西石油管道,管径1 220mm,全长1 195km。随着北海油田、气田的开发,海洋管道逐渐由浅海走向深海,如从北海油田至英国的原油管道和北海油田至联邦德国的天然气管道都已建成投产。

目前,世界上比较著名的大型油气管道系统有:

①前苏联的友谊输油管道。它是目前世界上距离最长、直径最大的原油管道。从前苏联的阿尔梅季耶夫斯克(第二巴库)到达莫济里后分为北、南两线,北线进入波兰和前民主德国,南线通过捷克和匈牙利。北、南线长度分别为4 412km和5 500km,直径分别为1 220mm、1 020mm、820mm、720mm、529mm、426mm,年输原油量超过1×10^8t,管道工作压力4.9~6.28MPa。

②美国阿拉斯加原油管道。该管道纵贯阿拉斯加,是世界上第一条伸入北极圈的输油管道,其全长1 287km,管径1 220mm,工作压力8.23MPa,设计输油能力1×10^8t/a。

③美国科洛尼尔成品油管道系统。该管道系统干线管道直径为1 020mm、920mm、820mm、750mm,总长4 613km,干线与支线总长8 413km,输送汽油、柴油、燃料油等100多个品级和牌号的油品。全系统的年输油能力为1.4×10^8t。

④西西伯利亚的乌连戈依特大型气田至前苏联中央地区的大型输气管道系统。由6条直径为1 420mm的管道构成,总长度约2×10^4km,总输气能力每年可达$2 000 \times 10^8 m^3$。

⑤从俄罗斯向欧洲大陆供气的乌连戈依—波马雷—乌日格罗德管道,它的起点是西西伯利亚的乌连戈依气田,终点位于前苏联与捷克交界处,全长4 451km,是目前世界上最长的单根输气管道。

⑥北海挪威海区到比利时的Zeepipe管道,长度821km,管径1 016mm,是目前世界上最长的海底输气管道。

(3)固体料浆运输管道的发展

利用管道输送固体物料的浆体已有100多年的历史。1957年,美国俄亥俄州建成了世界上第一条煤浆输送管道,长173km,直径254mm,年输送量130×10^4t,浆体中固体含量50%。1967年澳大利亚建成了世界上第一条铁精矿输送管道,长85km,直径244mm,年输送量230×

10^4t,浆体中固体含量50%~60%。世界上已投产的规模最大的输煤管道是美国1970年建成的黑迈萨煤浆管道,全长439km,由457mm和305mm两种直径的管段组成,年输煤500×10^4t,有4座中间加压泵站。目前,利用浆体管道输送的固体物料包括金属矿山和非金属矿山的精矿和尾矿、火力发电厂的灰渣、洗煤厂的煤粉、水利工程的泥沙等。

2)我国管道运输发展历程

我国管道运输经历了50多年的发展历史,无论管道建设还是油气运输都取得了较大的发展。油气管道运输主要经历了初始发展(1958~1969年)、快速发展(1970~1987年)、稳步发展(1988~1995年)和加快发展(1996年至今)四个阶段。

随着塔里木、吐哈、准噶尔、柴达木、鄂尔多斯和四川盆地油气田发展速度的加快以及国外油气进口量的增加,我国油气管道建设进入了加快发展的高潮时期。1995~2008年全国油气管道总里程年均增加4 000多公里,管道油气货运量年均增加2 300多万吨。特别是近几年,随着西气东输、陕京线、西气东输二线等天然气主干管道及多条联络管道的建设,以及西部原油(成品油)管道、甬沪宁原油管道、珠江三角洲成品油管道工程的投产,我国油气管网覆盖面得到了迅速扩大。

与油气管道建设的快速发展相比,我国输气管道建设更为迅速。2004年建成投产的西气东输管线,以总长3 856km成为我国第一条超长距离、大口径、高压力、大输量的天然气管线。2008年2月正式开工建设、2009年底西段投运、2011年全线建成投运的西气东输二线工程,在与中亚天然气管道实现对接后,干线和支线总长度超过1万km,将把来自土库曼斯坦的天然气输送到我国中西部地区、长三角和珠三角地区等用气市场,是我国又一条能源大动脉,并是迄今世界上距离最长、等级最高的天然气输送管道。此外,近10多年间先后建成的轮库线(轮台—库尔勒)、鄯乌线(鄯善—乌鲁木齐)、靖西线(靖边—西安)、陕京线(陕北—北京)、涩宁兰线(青海涩北—西宁—兰州)、忠武线(重庆忠县—武汉)、兰银线(兰州—银川)、涩格复线(涩北—格尔木)等长输管道,已在川渝、华北及长三角地区形成了比较完善的区域性天然气管网,并在中南地区、珠三角地区基本形成了区域性输气管网主体框架。

我国成品油管道起步较晚,近年来取得了较大的发展,成品油管输比例逐年增加。先后建成了抚顺—营口鲅鱼圈、克拉玛依—乌鲁木齐、乌鲁木齐—兰州、兰州—成都—重庆、洛阳—郑州—驻马店、石家庄—太原、大港—枣庄、茂名—昆明等成品油管道干支线。目前在西北、西南和珠三角地区已建成骨干输油管道,形成了"西油东运、北油南下"的成品油管道输送格局。

随着中哈原油管道和中亚天然气管道的建成投产,我国实现了管道进口油气零的突破。"十二五"期间还将建成中俄、中缅等战略油气管道,届时,我国西北、东北和西南三大陆上进口通道基本形成,将与海上运输通道一起,构筑我国油气进口的"四大通道",形成我国油气进口的多元化格局。

2.7.2 管道运输的特点

用汽车、船舶、飞机等运输货物,是驱动装运货物的运输工具将货物运往目的地;用管道运输货物,管道是静止的,它通过输送设备(如泵、压缩机等)驱动货物,使之通过管道流向目的地。因此,与其他运输方式相比,管道运输具有以下一系列优点。

1)运费低、能耗少

输送每吨公里轻质原油的能耗只有铁路的1/17~1/12。成品油运费仅为铁路的1/6~

1/3,接近于海运,且无需装卸、包装,无空车回程问题。

2)运量大,劳动生产率高

一条管径为720mm的管道年输原油量约2 000万t,相当于一条铁路的全部运量,一条管径为1 220mm的管道年输量可达1亿t以上,而每100km的操作人员仅为铁路运输的一半,为公路汽车运输的1/9。

3)投资省,占地少

由于受地形影响很小,一般不需绕行,长度较铁路、公路均短,投资与施工周期是铁路的一半以下,占地只有铁路的1/9。管道多埋于地下,其埋入地下部分一般占管道总长度的95%以上,永久占用土地少;管道可以从河流、湖泊乃至海洋的水下穿过;也可以翻越高山,横越沙漠,允许敷设坡度较铁路、公路大,易选取捷径缩短运距。

4)受外界影响小,安全可靠

由于深埋地下、密闭输送,能够长期连续稳定运行,不受气候和其他交通事故的影响,无噪声,对环境污染少。

5)便于管理

便于运输管理,易于远程监控;维修量小,劳动生产率高。

不过,管道运输也有不足之处,如灵活性较差,只适用于定点、量大的流体单向运输;经济输量范围小,直径1 020mm的管道最佳输量为4 200万t,增加或减少输量均会造成成本增加;管道输送量的极限受泵的能力、加压站间距、管子强度及直径等限制,临时增减输量较为困难,且不能停输、反输;而且管道运输起输量高,油田开发初期由于产量低而难于采用管道输送。

2.7.3 管道运输的分类

运输管道常按所输送的物品不同分为:原油运输管道、成品油运输管道、天然气管道和固体料浆运输管道(前两类常统称为油品管道或输油管道)。

1)输油管道运输

输油管道分为原油管道和成品油管道两类。

(1)原油管道

原油一般具有比重大、黏稠和易于凝固等特性。用管道输送时,要针对所输原油的物性,采用不同的输送工艺。原油运输不外乎是自油田将原油输给炼油厂,或输给转运原油的港口或铁路车站,或两者兼而有之。其运输特点是:输量大、运距长、收油点和交油点少,故特别适宜用管道输送。世界上的原油约有85%以上是用管道输送的。

(2)成品油管道

成品油管道输送汽油、煤油、柴油、航空煤油和燃料油,以及从油气中分离出来的液化石油气等成品油(油品)。每种成品油在商业上有多种牌号,常采用在同一条管道中按一定顺序输送多种油品的工艺,这种工艺能保证油品的质量和准确地分批运到交油点。成品油管道的任务是将炼油厂生产的大宗成品油输送到各大城镇附近的成品油库,然后用油罐汽车转运给城镇的加油站或用户。有的燃料油则直接用管道输送给大型电厂,或用铁路油槽车外运。成品油管道运输的特点是批量多、交油点多。因此,管道的起点段管径大,输油量大;经多处交油分输以后,输油量减少,管径亦随之变小,从而形成成品油管道多级变径的特点。

2)输气管道运输

输送天然气和油田伴生气的管道,包括集气管道、输气干线和供配气管道。就长距离运输而言,输气管道系指高压、大口径的输气干线。这种输气管道约占全世界管道总长的一半。

3)固体料浆管道运输

固体料浆管道是20世纪50年代中期发展起来的,到70年代初已建成能输送大量煤炭料浆管道。其输送方法是将固体粉碎,掺水制成浆液,再用泵按液体管道输送工艺进行输送。

2.7.4 管道运输系统的基本设施

管道运输系统与其他运输系统具有很大的差异性,其中最主要的差别在于:管道运输系统中运输工具都是固定的,不需要凭借运输工具的移动来完成运输任务。因此,管道运输系统所需的基本设施也异于其他运输系统。

管道运输系统的基本设施包括管道、储存库、压力站(泵站)和控制中心。

1)管道

管道是管道运输系统中最主要的部分;它的制造材料可以是金属、混凝土或塑胶,完全依据输送的货物种类及输送过程中所要承受的压力大小而决定。

2)储存库

由于管道运输的过程是连续进行的,因此管道两端必须建造足够容纳其所承载货物的储存槽。

3)压力站(泵站)

货物经由管道从甲地输送到乙地,必须靠压力来推动,压力站就是管道运输动力的来源。一般管道运输压力的来源可有气压式、水压式、重力式及最新的超导体磁力式。通常气体的输送动力靠压缩机来提供,这类压力站彼此的设置距离一般为80~160km,液体的输送动力则是靠泵提供,这类的压力站设置距离为30~160km。

4)控制中心

管道运输虽具有高度自动化,但它仍需要有良好的控制中心,并配合最现代的监测器及熟练的管理与维护人员,随时检测、监视管道运输设备的运转情况,以防止意外事故发生时所造成的漏损及危害。

第3章 各种运输方式运输设施

本章提要
本章主要讲述各种运输方式运输设施。各种运输方式运输设施总体上包括固定运输设施(运输线路、运输场站等)和移动运输设施(载运工具等)。

3.1 铁路运输设施

铁路运输设施主要包括铁路线路设备,铁路车站、枢纽,铁路机车和车辆,铁路信号、通信设施等。

3.1.1 铁路线路设备

铁路线路是由路基、桥隧建筑物(包括桥梁、涵洞、隧道等)和轨道(包括钢轨、连接零件、轨枕、道床、防爬设备和道岔等)组成的一个整体工程结构,供机车车辆和列车运行的土工构筑物。

1)铁路线路等级及主要技术标准

(1)线路等级

铁路(线路)等级是铁路的基本标准。设计铁路时,首先要确定铁路等级。铁路的技术标准和装备类型都要根据铁路等级去选定。

我国《铁路线路设计规范》(GB 50090—2006)规定,新建和改建铁路(或区段)的等级,应根据它们在铁路网中的作用、性质和近远期的客货运量确定。我国铁路共划分为四个等级,即:Ⅰ级、Ⅱ级、Ⅲ级和Ⅳ级,具体见表3-1。

铁 路 等 级   表3-1

等级	铁路在路网中的意义	近期年客货运量	等级	铁路在路网中的意义	近期年客货运量
Ⅰ级	骨干作用	≥20Mt	Ⅲ级	为某一地区或企业服务	≥5Mt、<10Mt
Ⅱ级	联络、辅助作用	≥10Mt、<20Mt	Ⅳ级		<5Mt

注:1.近期指交付运营后第10年。
2.年客货运量为重车方向的货运量与客车对数折算的货运量之和。每天1对旅客列车按1.0Mt(Mt:百万吨)年货运量折算。

(2)铁路主要技术标准

铁路主要技术标准包括:正线数目、限制坡度、最小曲线半径、牵引种类、机车类型、机车交路、车站分布、到发线有效长度和闭塞类型等。这些标准是确定铁路能力大小的决定因素,一条铁路选用不同的标准对设计线的工程造价和运营质量有重大影响,同时又是确定设计线的工程标准和设备类型的依据。

选定铁路主要技术标准是设计铁路的基本决策,应根据国家要求的年输送能力和确定的铁路等级,考虑沿线资源分布和国家科技发展规划,并结合设计线的地形、地质、气象等自然条件,经过论证比选,慎重确定。

线路的等级不同,在线路平、纵断面设计中所采用的标准和装备的类型也不一样,所以在进行设计时,首先要确定铁路的等级。

2)铁路线路的平面和纵断面

工程设计时,铁路线路在空间的位置是以其中心线来表示的。线路中心线在水平面上投影的轨迹称为线路平面,它反映铁路线路曲折变化情况;线路中心线纵向展直后,其路肩高程在垂直面上投影的轨迹称为线路的纵断面,它反映铁路线路高低起伏变化情况。合理选择线路的圆曲线半径和坡度值是铁路线路设计的关键。从运营观点来看,线路的平纵断面要求尽量平顺;但从工程观点来看,这样做往往是不经济和现实的。因此,设计时,应根据铁路线路允许的旅客列车最高行车速度和运输能力要求,合理选择线路、最小曲线半径和限制坡度作为设计铁路线路平、纵断面的主要技术标准。

(1)平面

①平面的组成

铁路线路平面由直线和曲线组成,而曲线又由圆曲线与缓和曲线组成。

②缓和曲线

在铁路线路上,直线和圆曲线不是直接相连的,它们之间需要插入一段半径不断变化($+\infty \rightarrow R$)的曲线即缓和曲线(图3-1),以保证行车平顺。缓和曲线的作用主要是在缓和曲线范围内,其半径由无限大渐变到等于它所衔接的圆曲线半径,从而使车辆产生的离心力逐渐增加,有利于行车平衡;在缓和曲线范围内,外轨超高由零递增到需要的超高量,使向心力与离心力相匹配;当曲线半径小于350m,轨距需要加宽时,在缓和曲线范围内,可由标准轨距逐步加宽到圆曲线需要的加宽量。

(2)纵断面

①纵断面的组成

铁路线路纵断面由坡段(上坡、下坡、平坡)及连接相邻坡段的竖曲线组成。线路的纵断面最好是平坡,但在工程上一般应根据地面的起伏设计成不同的坡道。

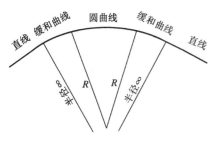

图3-1 缓和曲线示意图

坡道的陡与缓用坡度来表示,其值是用坡道两端点高程差与其水平距离之比的千分率(‰)来表示。

由于有了坡道,就给列车运行带来了不良的影响。列车在坡道上运行时,会受到一种由坡道引起的阻力,这一阻力称之为坡道附加阻力。列车上坡时,坡道阻力规定为"+",而当下坡时,坡道阻力规定为"-"。坡度越大,列车上坡时的坡道阻力也就越大,同一台机车(在列车运行速度相同的条件下)所能牵引的列车质量也就越小。

②坡道大小的选择

限制坡度:每一铁路区段都是由许多平道和不同坡度的坡道组成的。坡道的坡度不同,它们对列车质量的影响也就不同。在一个区段上,决定一台某一类型机车所能牵引的货物列车重量(最大值)的坡度,叫做限制坡度。在一般情况下,限制坡度的数值往往和区段内陡长上坡道的最大坡度值相当。

限制坡度的大小,影响一个区段甚至全铁路线的运输能力。限制坡度小,列车质量可以增加,运输能力就大,运营费用就越省。但是限制坡度过小时,就不容易适应地面的天然起伏,特别是在地形变化很大的地段,使工程量增大,造价提高。因此,限制坡度的选定是一个很重要的问题,要经过仔细的综合研究,才能得出合理的结论。

③变坡点和竖曲线

平道与坡道、坡道与坡道的交点,叫做变坡点。列车经过变坡点时,由于坡度的突然变化,车钩内产生附加应力;坡度变化越大,附加应力越大,容易造成断钩事故。所以当相邻坡度的代数差超过一定限制时,应在相邻坡段用一圆顺的曲线连接。这种在线路垂直面上的曲线称为竖曲线。

(3)常见的线路标志

表示铁路线路建筑物及设备的状态或位置,以及表示铁路各级管理机构管界范围的标志。其作用是方便线路的维修和养护,满足司机和车长等工作上的需要。常见的线路标志有:公里标、半公里标、曲线标、圆曲线与缓和曲线始终点标、桥梁标、坡度标、管界标和地界标等,如图3-2所示。

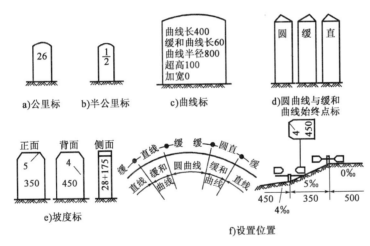

图 3-2 线路标志及其设置位置

公里标、半公里标:用来表明铁路线路的计算里程。公里标表示铁路线路起点开始计算的连续里程,每公里设一个。半公里标设于线路的每半公里处。桥梁和隧道内不设公里标和半公里标。

曲线标:曲线标为曲线的技术参数标。其上标明了曲线的有关要素(曲线的长度、缓和曲线长度、曲线半径、超高、加宽等)。该标设于曲线的中部。

圆曲线与缓和曲线始终点标:该标设于直线与缓和曲线、圆曲线与缓和曲线的连接处,表明缓和曲线的起点与终点。在标志上分别写明直缓、缓圆、圆缓,表明其对应的方向是直线、缓和曲线或圆曲线。

桥梁标:标明桥梁编号及桥梁中心里程,安设在计算里程方向线路的左侧桥头前。

坡度标:设于变坡点处,其正面和背面分别表示两边的坡度和坡段长度值。箭头表示上坡或下坡,箭尾处数字表示坡度,下面的数字表示坡段长度,侧面数字表示变坡点的里程。

管界标:表示铁路局、工务段、领工区、养路工区、工电段和水电段的管界划分处。

地界标:表示铁路两侧用地界的标志。

3)路基

铁路路基是轨道的基础,它直接承受轨道的重力和轨道传来的机车车辆及其载荷的压力,是铁路线路的重要组成部分。它包括路基本体、排水设备和防护加固设施。

(1)路基的基本形式

在铁路线路工程中,路基常见的两种基本形式是路堤和路堑,如图3-3所示。

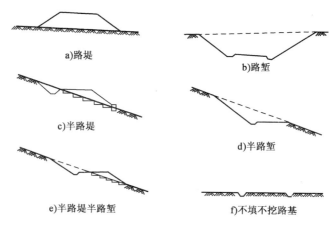

图3-3 常见路基形式

路堤:当铺设轨道的路基面高于天然地面时,路基以填筑方式构成,这种路基称为路堤。

路堑:当铺设轨道的路基面低于天然地面时,路基以开挖方式构成,这种路基称为路堑。

此外,还有半路堤、半路堑及不填不挖路基。

(2)路基的排水设备和防护措施

路基必须坚实而稳固,才能承受沉重的压力。但是土质路基的坚固性和稳定性不易保持,它受许多因素的影响,所以要对路基采取排水和防护措施。

路基排水:为了保证路基不被水浸泡和冲刷,防止路基松软、下沉,应修建排水设备。排水设备分为地面和地下排水设备,二者要互相配合,形成排水网,使地面水和地下水排泄畅通。

防护措施:是用来防止自然因素对路基本体的破坏及边坡坍塌,保持路基稳定的设施。根据其用途不同,防护措施可分为坡面防护设施、冲刷防护设施、支撑加固设施以及防风、防沙、防雪等设施。

4)桥隧建筑物

当铁路线路要通过江河、溪沟、谷地以及山岭等天然障碍,或要跨越公路、铁路时,就需要修建桥隧建筑物,以使铁路线路得以继续向前延伸。桥隧建筑物包括桥梁、隧道、涵洞、明渠等。

(1)桥梁

桥梁是跨越障碍的通道,即铁路、公路等为跨越河流、湖泊、海峡、山谷或人工建筑物所修建的构筑物,如图3-4所示。

桥梁由上部结构、下部结构和桥梁防护建筑物组成。上部结构又称桥跨结构,是跨越桥孔的建筑物,由桥面、承重结构和连接系等组成。下部结构又称支承结构,是支承桥跨把荷载传递到地基上去的结构物,包括支座、墩台及桥梁基础等。桥梁防护建筑物是为保护桥墩、桥台、桥头路基等所修建的构筑物,主要包括桥台两侧翼墙或锥体护坡及在桥两端设置的导流堤、防护堤、丁坝、护岸工程设施等。

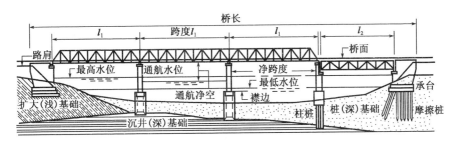

图 3-4　桥梁示意图

(2) 涵洞

涵洞是横穿路基的小型泄水构筑物。用于跨越天然沟谷洼地排泄洪水,或用于横跨大小道路作为人、畜和车辆的立交通道,或用于农田灌溉作为水渠。

涵洞主要由洞身、基础、端墙和翼墙组成。洞身由若干管节组成,是涵洞的主体。它埋在路基中,具有一定的纵向坡度,以便排水;端墙和翼墙位于入口和出口及两侧,起挡土和导流作用,同时还可保护路堤边坡不受水流冲刷,如图 3-5 所示。

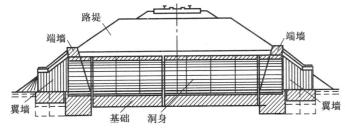

图 3-5　涵洞示意图

按照建筑材料的不同,涵洞有石涵、混凝土涵、钢筋混凝土涵、铁涵等多种。涵洞的截面有矩形、圆形、拱形等不同形式。

(3) 隧道

隧道是修建在地下或水下的工程建筑物。铁路隧道是铁路线路用来克服山岭、调和障碍或遇江河、海峡不适宜修建桥梁时,在江河、海底下修建的人工建筑物。前者称为山岭隧道,后者称为水底隧道。

隧道的作用是:①可使铁路线路在较低的高程位置穿过山岭,避免开挖大量土石方去修筑深路堑;②可使铁路线路在江河水下通过,避免修建大桥时通航高度受限而妨碍大吨位船舶航行,以及发生船只与桥墩相撞事故;③避免线路迂回山岭,缩短线路长度,加大线路曲线半径,降低纵向坡度,使列车运行平顺;④可增加列车牵引质量和提高行车速度,从而提高运输能力,节省运营费用。

5) 轨道

轨道是铺设在路基、桥隧建筑物之上,用以直接支撑机车车辆并承受其传来的巨大压力,并把压力扩散到路基和桥隧建筑物上,它起着机车车辆运行的导向作用,是列车运行的基础。轨道直接与车轮接触,它们相互作用且互为影响。为确保列车安全、平稳地运行,轨道及其部件必须坚固稳定,并具有正确的几何形状、相对位置和基本尺寸。

(1)轨道的组成

铁路轨道主要由钢轨、轨枕、连接零件、道床、防爬设备和道岔等主要部件组成,如图3-6所示。

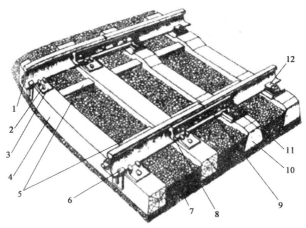

图3-6 轨道的基本组成图

1-钢轨;2-普通道钉;3-垫板;4-木枕;5-防爬撑;6-防爬器;7-道床;8-接头夹板;9-螺栓;10-混凝土枕;11-扣板式扣件;12-弹片式扣件

钢轨:轨道的主要部件,用于引导列车行驶、承受列车荷载,并为车轮滚动提供平滑的运行表面,因而它应具备足够的强度、稳定性和耐磨性。

在我国,钢轨的类型或强度以每米长度的大致质量(千克数)表示,现行的标准钢轨类型有:75kg/m、60kg/m、50kg/m、43kg/m、38kg/m 五种。

钢轨的长度长一些好,可以减少接头的数量,列车运行平稳并可节省接头零件和线路的维修费用,但是由于加工条件和运输条件的限制,一根钢轨的轧制长度是有限的。目前,我国钢轨的标准长度有25m和12.5m两种,对于75kg/m钢轨只有25m长一种。

轨枕:作用是支承钢轨,承受来自钢轨的作用力并传布于道床,同时利用扣件有效地保持轨道的轨距、方向和位置。

轨枕按材质不同,可分为木枕、混凝土枕和钢枕。木枕弹性好,易于加工、运输和铺设,与钢轨连接简便,缺点是使用寿命短,要消耗大量木材。混凝土枕使用寿命长,稳定性能好,养护维修工作量小,所以在我国铁路上得到了广泛使用。钢枕的优点是抗腐菌侵蚀,寿命长,但易受化学腐蚀,不绝缘,仅在德国和瑞士等少数国家使用。

我国铁路普通轨枕长度为2.5m,Ⅲ型混凝土枕的长度为2.6m,每公里铁路铺设的轨枕数根据线路状况、通过的运量和行车速度,一般铺设1 520~1 840根。

连接零件:主要功能是连接钢轨与钢轨及钢轨与轨枕。它分为两种:连接钢轨的连接零件称为接头连接零件,一般采用两块接头夹板夹住钢轨,再用螺栓拧紧。连接钢轨与轨枕的连接零件称为扣件,混凝土枕多用弹条式扣件,由弹条、轨距块、螺纹道钉、垫片和锚固件组成,也有的采用扣板式扣件。木枕主要采用普通道钉和垫板固定。

道床：是铺设在路基面上的石碴（道碴）垫层。主要作用是支承轨枕,把从轨枕上部的压力均匀地传递给路基,增加轨道弹性,阻止轨道纵横移动,便于轨道排水和校正轨道的平面和纵断面。

根据材料不同,有碎石道床、沥青道床和混凝土整体道床。碎石道床采用坚硬的岩石击碎而成,根据轨道类型不同,其厚度（轨枕底以下）为 25～50cm,我国铁路一般都采用碎石道床。沥青道床采用沥青将散粒道碴固结成一个整体的新型轨下基础,具有下沉量小,便于再加工等优点,国内外正在开发试验中。混凝土整体道床是用浇筑成型的混凝土整体基础作为钢轨的基础,由于取消了道碴层,线路强度高,维修工作量小,中国在隧道内或客运站到发线上已开始铺设。

防爬设备：用来防止钢轨与轨枕之间纵向移动,制止轨道爬行。爬行一般发生在单线铁路的重车方向,双线铁路的列车运行方向,长大下坡道上以及进站制动范围内。线路爬行会引起钢轨接缝不均,轨枕歪斜,危及行车安全。

道岔：是连接两条相邻线路的专用设备。它由转辙器、辙叉及护轨和连接部分组成。道岔的作用是为机车车辆由一条轨道转入另一条轨道提供通道。道岔可分为普通单开道岔、双开道岔、三开道岔和交分道岔等。

（2）轨道类型及轨距

轨道是直接承受列车荷载并引导列车运行的结构物。根据行车速度、机车车辆轴重和铁路每年通过的最大运量的要求,中国《铁路线路设计规范》（GB 50090—2006）按轨道的强度将正线轨道分为特重型、重型、次重型、中型和轻型五种。

根据轨道结构及其组成不同,分为有碴轨道和无碴轨道两种。有碴轨道是带有散体道床的一种轨道结构,是一种传统的轨道类型,广泛应用于世界各国铁路。目前,出现了新型的有碴轨道结构,主要有两种：混凝土宽轨枕（轨枕板）轨道和沥青道床轨道。无碴轨道是在坚实基底上直接浇筑混凝土或钢筋混凝土、沥青混凝土,以取代传统道碴层的轨道结构。这种轨道无散体道碴层,因此有时也称为整体道床轨道。无碴轨道消除了道碴道床的固有缺陷,线路稳固,轨道变形小,维修工作量少,在列车荷载作用下可长期保持轨面的平顺性,有利于高速及重载列车的运行,因而其发展速度较快。从总体结构来看,可把各种结构形式的无碴轨道归纳为两类：整体轨道和板式轨道。

轨距是铁路线路两根钢轨头部内侧之间,与线路中心线的垂直距离。轨距的大小与机车车辆轮对宽度、转向架的固定轴距等因素有关,并分别按直线、曲线轨距予以规定。

直线轨距：轨距是指两条平行钢轨的内测距离,可分为宽轨、标准轨和窄轨三类。世界各国铁路凡直线轨距为 1 435mm 的称标准轨距；大于 1 435mm 的称宽轨距,小于 1 435mm 的称窄轨距。中国大陆铁路主要采用标准轨距,中国台湾采用 1 067mm 的窄轨距,昆明至河口采用 1 000mm 窄轨距。另外,目前各国高速铁路都采用标准轨。

曲线轨距：机车车辆进入曲线轨道时,受到外轨钢轨的引导作用方沿着曲线轨道行驶,但仍然存在保持其原有行驶方向的惯性,因此在小半径曲线行驶时,为使机车车辆顺利通过曲线而不致被楔住或挤开轨道,减小轮轨间的横向作用力,以减少轮轨磨耗,轨距要适当加宽,加宽后的轨距即曲线轨距。

（3）无缝线路

无缝线路是指用焊接长轨条形式铺设的轨道。这种轨道铺设形式在减少钢轨热胀冷缩产生的温度应力的同时,减少了车轮与钢轨的冲击振动,降低了列车运行时的噪声,减少了轨道养护维修费用,延长了车轮和钢轨的使用寿命。

设计原理:将不钻孔、不淬火的标准钢轨,在基地工厂用气压焊或接触焊的办法,焊成 200~500m 的长轨,然后运到铺轨地点,再焊接成 1 000~2 000m 的长度,铺到线路上就成为一段无缝线路。如果没有加工、运输、施工上的困难,从理论上讲,"无缝线路"可以无限长。即使如此,温度应力也还是存在的,因此在铁路线上采用强大的线路阻力来锁定轨道,限制钢轨的自由伸缩,在我国主要采用高强螺栓、扣板式扣件或弹条扣件等对钢轨进行约束。另外,由于无缝线路中钢轨所承受的温度应力的大小和轨温的变化有直接关系,所以在锁定钢轨时必须正确、合理地选定锁定轨温,以保证无缝线路钢轨冬天不被拉断,夏天不致胀轨跑道,危及行车安全。就北京地区来说,最高轨温为摄氏 62.2℃,最低轨温为零下 22℃,中间轨温为 19.9℃。根据无缝线路强度和稳定性计算得出的结果,北京地区最佳锁定轨温为 24℃,实际允许锁定轨温为 19~29℃。

分类和结构:无缝线路的类型分为温度应力式和放散温度应力式两类,温度应力式为无缝线路的基本结构形式。目前,国际上各个国家所采用的均是温度应力式无缝线路。

①温度应力式无缝线路由焊接长钢轨及其两端若干根标准钢轨组成,用夹板及螺栓连接,其构造简单,铺设维修方便,但钢轨要承受很高的温度力,一般适用于常年轨温变化不大的地区。

温度应力式无缝线路包括伸缩区、固定区和缓冲区三部分。

伸缩区长度根据计算确定,一般为 50~100m。固定区长度根据线路及施工条件确定,最短不得短于 50m;缓冲区一般由 2~4 对标准轨或厂制缩短轨组成,有绝缘接头时为 4 对,采用胶结绝缘接头时为 3 对或 5 对。

②放散温度应力式无缝线路又分自动放散式和定期放散式两种。

自动放散式在焊接长钢轨两端设温度伸缩调节器,中间扣件扣紧程度由设计来确定,不设防爬器,焊接长轨条可以伸缩,随时释放温度力,一般在特大桥梁上或年轨温差很大的地区使用。在路基上铺设的自动放散式无缝线路,除在焊接长轨条两端连接钢轨伸缩调节器外,还没有清除列车作用下引起轨道爬行的弹簧复原装置。法国和前苏联曾试铺过这种无缝线路,但由于设备复杂,缺点很多,目前很少使用。

定期放散应力式无缝线路的结构形式与温度应力式相同,但缓冲区的钢轨不是标准轨,而是根据年轨温变化幅度大小设计一组一定长度的短轨,一般用于年轨温差很大的寒冷地区。中国东北的寒冷地区和前苏联都铺设有这种无缝线路。其做法是根据当地轨温变化条件,一般在冬季低温或夏季高温季节来临之前把钢轨内部的温度力放散,同时用另一长度的钢轨(冬季用较长的,夏季用较短的)来更换缓冲区的钢轨,调整长钢轨内部的钢轨温度力,以保证冬季低温时不拉断钢轨,夏季高温时不发生胀轨跑道。

6)铁路限界

为了确保机车车辆在铁路线上运行的安全,防止机车车辆撞击邻近线路的建筑物和设备,而对机车车辆和接近线路的建筑物、设备所规定的不允许超越的轮廓尺寸线,称为限界。铁路基本限界包括机车车辆限界和建筑接近限界。

(1)机车车辆限界

机车车辆限界,规定了机车车辆不同部位的宽度、高度的最大尺寸和底部零部件至轨面的最小距离,是机车车辆横断面的最大极限。机车车辆限界和桥梁、隧道等限界起相互制约作用,即机车车辆在装载货物状态下运行时,虽产生晃动和偏移也不至于和桥梁、隧道和线路上其他设备接触,以保证行车安全。

(2)建筑接近限界

建筑接近限界,是一个和线路中心线垂直的横断面,它规定了保证机车车辆安全通行所必需的横断面的最小尺寸。凡靠近铁路线路的建筑物及设备,其任何部分(和机车车辆有相互作用的设备除外)都不得侵入限界之内,如图3-7所示。

3.1.2 铁路车站及枢纽

1)铁路车站基础知识

铁路车站既是办理客、货运输的基地,又是铁路系统的一个基层生产单位。在车站上,除办理旅客和货物运输的各项作业以外,还办理和列车运行有关的各项工作。为了完成上述作业,车站上设有客货运输设备及与列车运行有关的各项技术设备,还配备了客运、货运、行车、装卸等方面的工作人员。

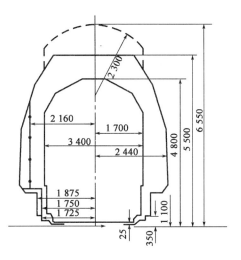

图 3-7 机车车辆和直线建筑接近限界图
（尺寸单位：mm）

(1)区间与分界点

为了保证行车安全和必要的线路通过能力,铁路上每隔一定距离(10km左右)需要设置一个车站,车站把每一条铁路线划分成若干个长度不同的段落,每一段落则称为区间,而车站就成为相邻区间之间的分界点。因此,区间和分界点是组成铁路线路的两个基本环节。

由于车站上除了正线以外,还配有其他线路(到发线、牵出线等),所以我们把各种车站称为有配线的分界点。此外,还有无配线的分界点,它包括非自动闭塞区段的两车站间设置的线路所和自动闭塞区段的两车站间划分为若干个闭塞分区处所设置的通过色灯信号机。

区段通常是指两相邻技术站间的铁路线段,它包含了若干个区间和分界点,区段的长度一般取决于牵引力的种类或路网状况。

由上述可知,区间也有不同的分类。车站与车站之间的区间称为站间区间,车站与线路所之间的区间称为所间区间,自动闭塞区段上色灯信号机之间的段落称为闭塞分区。

(2)车站分类

根据它们所担负的任务量和在国家政治上、经济上的地位,共分为六个等级,即特等、一、二、三、四、五等站。

按办理运输业务的种类,分为客运站、货运站和客货运站。

按办理技术作业的性质,分为编组站、区段站和中间站,区段站和编组站统称为技术站。

通常,一个车站专办一种业务或一类技术作业,但有很多车站兼办几种业务或技术作业。它既是铁路运输部门对外联系的纽带和服务窗口,又是铁路运输部门内部的基本生产单位。

(3)车站线路种类及线间距

车站线路种类:车站应设有正线,根据车站作业的需要还需配置各种用途的站线。

正线:直接与区间连通的线路。

站线包括了到发线、牵出线、调车线、货物线及站内指定用途的其他线。

到发线:用于接发旅客列车与货物列车的线路。

牵出线:用于进行调车作业时将车辆牵出的线路。

货物线:用于货物装卸作业的货车停留线路。

调车线:用于车列解体和编组并存放车辆的线路。

站内指定用途的其他线路主要有机车走行线、车辆站修线、驼峰迂回线及驼峰禁溜线等。

线间距:是指两相邻线路中心线之间的距离。线间距应能保证行车和车站工作人员工作时的安全,它是根据铁路限界、线路是否通过装载超限货物的列车,以及股道是否装设信号机、水鹤等设备,并考虑留有适当的余地来确定的。

站内正线与到发线之间、正线和到发线与其他站线之间的最小线间距为5m。

相邻两股道均需通过超限货物列车、线间设有高柱信号机时,最小线间距应为5.3m。

此外,复线区间正线的最小线间距规定为4m,曲线部分的线间距应根据计算进行适当加宽。

(4)站界及警冲标

为了保证行车安全和分清工作责任,车站和它两端所衔接的区间应有明确的界限。在单线铁路上,以车站两端进站信号机柱的中心线为界,外方是区间,内方则属于车站范围,通常称为"站界"。在复线铁路上站界是按上下行正线分别确定的,即一端以进站信号机柱中心线,另一端以站界标中心线为界,如图3-8所示。

警冲标是信号标志的一种,设在两会合线线间距为4m的中间,用来指示机车车辆的停留位置,防止机车车辆的侧面冲撞。其形状及安装位置见图3-9。

图3-8 站界标志

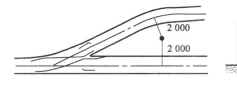

图3-9 警冲标(尺寸单位:mm)

2)中间站

(1)中间站的作用

中间站是在铁路区段中,为提高铁路区段通过能力,保证行车安全,并为沿线城乡居民及工农业生产服务而设的车站。它主要办理列车的到发、会让和越行,以及客货运输业务,如图3-10所示。

中间站设备规模虽然较小,但是数量很多,它遍布全国铁路沿线中、小城镇和农村,在发展地方工农业生产、沟通城乡物资交流中起着很重要的作用。中间站的设置位置,既要符合线路通过能力的要求,又要适当满足地方工农业生产发展的需要,并应考虑地形、地质等自然条件。

(2)中间站的主要作业

①列车的通过、会让和越行,在双线铁路上还办理调整反方向运行列车的转线作业;

②旅客的乘降和行李、包裹的承运,交付和保管;

图3-10 中间站——横林

③货物的承运、交付、装卸和保管;

④摘挂列车甩挂车辆的调车作业。

(3)中间站的主要设备

为完成上述作业,设有:

①列车到发线和货物装卸线,必要时还设有调车用的牵出线;

②为旅客服务的站房、站台,横越站台的天桥、地道或平过道和雨棚等;

③为货运服务的货物堆场、货物站台、仓库、雨棚、装卸设备及相关的办公房屋;

④通信及信号设备。

(4)会让站和越行站

在我国铁路上,还有数量不多的,主要用来提高线路通过能力而设置的车站,称为会让站和越行站。根据《铁路技术管理规程》规定,会让站和越行站均包括在中间站之内。中间站与会让站、越行站的主要区别是:它兼办零摘货物列车的车辆摘挂和取送作业。

会让站:设在单线铁路上,主要办理列车的到发和会让,也办理少量的客货运业务。因此,会让站应铺设到发线、旅客乘降设备,并设置信号及通信设备、技术办公用房,但没有专门的货运设备。在会让站上,既可以实现会车,也可以实现越行。先到的列车在本站停车,等待反方向的列车到达本站。两个列车互相交会,叫做会车;先到的列车在本站停车,等待后一个同方向的列车通过本站或到达本站停车后先开,叫做越行。

越行站:设在复线铁路上,主要办理同方向列车的越行业务。因此越行站应有到发线、旅客乘降设备、信号及通信设备、技术办公房屋等。

(5)中间站布置形式

中间站布置图形分为:①横列式,其特点是到发线横向排列,站坪短,工程费小,布置紧凑,使用灵活;②纵列式,其到发线沿正线方向错开呈纵向布置,需要较长的站坪,工程费用大,管理不便。中国铁路规定:中间站应采用横列式布置;特殊情况下,可采用纵列式或半纵列式布置。

3)区段站

区段站多设在中等城市和铁路网上牵引区段(机车交路)的起点或终点,是指解体与编组区段和沿零摘挂列车的车站,它是根据机车牵引区段的长度和路网的布局、规划设置的。区段站的主要任务是改编区段到发的车流,为邻接的铁路区段供应机车,或更换货运机车及乘务员,为无改编中转列车办理规定的技术作业,办理一定数量的列车编解作业和客货运业务,如图 3-11 所示。

图 3-11 区段站——苏州

(1)区段站的作业

区段站的作业和设备尽管在数量和规模上都不是最大的,但是作业和设备种类却是比较齐全的。

根据区段站所担负的任务,它要办理的作业可以归纳如下。

①客运业务:与中间站办理的客运业务基本相同,但数量较大。

②货运业务:与中间站办理的货运业务大致一样,但作业量要大。

③运转作业:与旅客列车有关的运转作业,主要办理通过旅客列车的接发作业,有的车站还办理局管内或市郊旅客列车的始发、终到作业及个别车辆的甩挂作业;与货物列车有关的运转作业,主要办理无改编中转列车的接发和有关作业,对区段列车和沿零摘挂列车,要进行解体和编组作业;同时还办理向货物、工业企业线取送作业车等,某些区段站还担当少量的始发直达列车的编组任务。

④机车业务:主要是换挂机车和乘务组,对机车进行整备、修理和检查等。

⑤车辆业务:办理列车的技术检查和车辆的检修任务。在少数设有车辆段的区段站上,还办理车辆的段修业务。

由上述可知,区段站所办理的作业,无论从数量上或种类上,都远较中间站繁多。而在所办理的解、编及中转列车中,又以无改编中转列车所占的比重为大。

(2)区段站的设备

①客运设备:主要有旅客站房、站台、雨棚及跨越线路设备等。

②货运设备:货场及其有关设备,如装卸线、货物站台、仓库及装卸机械等。

③运转设备:旅客列车到发线、货物列车到发线、调车线、牵出线(有时设简易驼峰),机车走行线等。

④机务设备:机务段或机务折返段。在机务段所在的区段站上,如采用循环运转制时,在到发场应设有机车整备设备。采用长交路轮乘制时可设置机车运用段或换乘点。

⑤车辆设备:包括车辆段、列车检修所和站修所等。

除上述设备外,还有信号、通信、照明、办公房舍等设备。

(3)区段站分类

①按作业量和作业性质分为:只担当供应列车机车及办理无调中转列车作业的无解编作业区段站;担当供应列车机车,办理无调中转列车作业,并办理区段、零摘列车和少量直通、直达列车改编作业的有解编作业区段站。

②按车站布置图形,分为横列式、纵列式和客货纵列式。

(4)区段站布置形式

①横列式(图 3-12 和图 3-13),上下行客货列车到发场和调车场横列布置。其主要优点有:站坪长度短,占地少,布置紧凑,设备集中,车站管理方便,对地形适应性强,便于今后发展。缺点有:如货场和工业企业线在旅客站房同侧时,取送车作业与正线有交叉干扰;单线铁路横

列式布置,下行列车机车出入段走行距离较远;双线铁路横列式布置,交叉干扰比较多,主要有:下行货物列车到达与上行旅客列车出发交叉;下行货物列车出发与上行旅客列车到达交叉。此外,还存在改编列车的转线和无改编列车的到发交叉,以及一个方向列车机车出入段走行距离远等缺点。

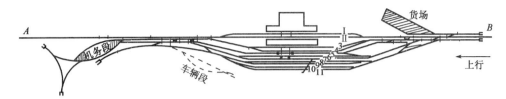

图 3-12 单线铁路区段站横列式布置图

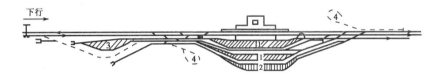

图 3-13 双线铁路区段站横列式布置图

②纵列式(图3-14),上下行两个方向到发场分设于正线两侧并逆行车方向全部错移。其主要优点有:不仅能减少双线铁路横列式区段站的客货列车的进路交叉,而且机车出入段走行距离较短,消除了下行改编列车的转线与列车到发的交叉。主要缺点有:一个方向的机车出入段与两条正线交叉;当只设一个调车场时,仍有一个方向改编列车到发与旅客列车到发交叉。另外,纵列式区段站的站坪长、占地较多、设备分散,管理不便。

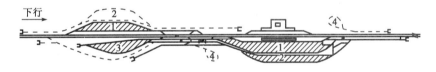

图 3-14 双线铁路区段站纵列式布置图

③客货纵列式布置一般是在改建既有横列式车站时,由于横向发展受到地形条件的限制,将原有车场改为旅客列车运转场,另建与其纵列的货物列车运转场而形成。

(5)区段站与中间站的比较

区段站与中间站的比较见表3-2。

区段站与中间站比较表　　　　表 3-2

站　　别	中　间　站	区　段　站
规模	较小	较大
作业	旅客、货物到发	旅客、货物到发,机车车辆整备
布置形式	横列式、纵列式	横列式、纵列式、客货纵列式
设备	客运、货运、通信设备等	较中间站多机务段、折返段、列检所等

4)编组站

编组站是铁路网上办理大量货物列车解体和编组作业,并设有比较完善的调车设备的车站,素有铁路货物列车"制造工厂"之称。一般还担当:直通货物列车无改编通过作业;本地区到发货车改编和取送作业;供应列车机车和调车机车的整备与修理作业;办理货车的技术检查和修理作业等。它通常设置在有大量货车中转的三条及以上铁路的交汇点,或有大量地方车流集中到发的工矿企业、港口、大城市所在地区。

(1) 编组站的技术作业

编组站的技术作业共分5类14项。

① 有调作业:指有改编列车的到达、解体、编组、出发作业。

② 无调作业:指无改编直通货物列车的到达、摘挂(当直通货物列车需变更列车质量或甩车修理时)、出发作业。

③ 地方车作业:指本地区到、发货车的改编、取送作业。

④ 机务作业:指对列车机车的摘(到达货物列车)挂(出发货物列车)、整备、检修作业。

⑤ 货车检查作业:办理货车的技术检查作业、修理作业。

(2) 编组站的技术设备

编组站为完成上述各项技术作业,设置的到达线(场)、出发线(场)、到达和出发作业共用的到发线(场)、解体和编组作业共用的调车线(场)、驼峰和编尾牵出线、机务段、车辆段等主要技术设备和设施。

(3) 编组站与区段站的区别

编组站和区段站同属技术站。从技术作业上看,编组站和区段站都要办理列车的接发、解编,机车的供应或换挂,列车的技术检查及车辆的检修等。但是,区段站主要是办理中转列车的作业,解体和编组的列车数量少,而且大多是区段列车或摘挂列车。而编组站的主要作业是大量办理列车的解体和编组,而且其中多数是直达列车和直通列车。

编组站通常设在几条主要干线的汇合处,也可以设在大量装卸作业地点的大城市、港口或大工矿企业附近。

编组站的设备,从种类上看,一般与区段站一样,也有旅客和货物运转、客货运业务及机务、车辆等设备,但位于大城市郊区的编组站,可能不设客、货运设备;在货物运转设备方面,作为编组站主要设备的调车场和调车设备的规模和能力比区段站大得多。

我国铁路现场对编组站图形有所谓"几级几场"的称呼。"级"是指车场排列形式,一级式就是车场横列,二级式就是到达、编组场纵列,而三级式即到达场、调车场、发车场顺序排列。"场"是指车场,站内有几个车场,就叫几场。

(4) 调车工作

调车工作是铁路运输生产过程的重要组成部分,是车站完成工作任务的重要环节之一,对技术站(尤其是编组站)来说,则是非常重要的生产活动。为提高调车作业效率,保证调车作业的安全,车站需要设置较为完善的调车设备,牵出线和驼峰是车站的主要调车设备。

① 牵出线调车

平面牵出线是车站的基本调车设备,基本上是设于平道上。调车时,车辆溜放的动力是调车机车的推力。牵出线一般设于调车场尾部,适合于车列的编组、转线,车辆的摘挂、取送等调车作业。

② 驼峰调车

驼峰:铁路驼峰系骆驼的峰背而得名。调车时,车辆溜放的动力是以本身的重力为主,调车机车的推力为辅。驼峰一般设在调车场头部,适合于车列的解体作业。在驼峰上进行货物列车解体时,调车机车先将车列推上峰顶,然后用3~5km/h的速度推送车列前进,主要借助车辆重力作用,使摘开车钩的车辆与车列脱钩自峰顶溜下,溜往调车场指定股道停车或与停留车连挂,以待集结、编组新的出发车列,如图3-15所示。

驼峰自动化是强化铁路编组站最有效的措施之一,也是编组站现代化的主要内容和重要标志。驼峰调车作业的自动化,不仅能提高驼峰作业效率和编组站的改编能力,而且能保证作业安全,改善劳动条件和减轻劳动强度。驼峰自动化主要包括:车辆溜放速度的自动调节和自动控制;车辆溜放进路的自动选排和自动控制;驼峰机车推送速度的自动调节和自动控制;摘解风管和提钩作业的自动化等。其中最主要和最关键的是车辆溜放速度的自动控制,它是驼峰自动化的核心内容。

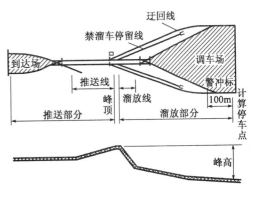

图3-15 驼峰组成图

驼峰的分类:驼峰按日均解体作业量分为三类,即大能力驼峰、中能力驼峰、小能力驼峰。

大能力驼峰:大能力驼峰日均解体车数4 000辆以上,调车线不少于30条,设有两条溜放线,应设有推峰机车遥控、钩车溜放速度和溜放进路自动控制系统,建在路网性和区域性编组站上。

中能力驼峰:中能力驼峰日均解体车数2 000~4 000辆,调车线在16条以上,设1~2条溜放线,且设有推峰机车遥控、钩车溜放速度和溜放进路自动控制系统,建在区域性或路网性编组站上。

小能力驼峰:小能力驼峰日均解体车数2 000辆以下,调车线5~16条,且设置溜放进路自动控制系统、推峰机车信号,有条件时可采用推峰机车遥控系统、钩车溜放速度自动或半自动控制系统。

5)铁路枢纽

(1)铁路枢纽的定义及主要功能

在铁路线路交会点或网端,由若干个车站、各种运输服务设施及进出站线路和联络线等组成的铁路运输综合体,称为铁路枢纽。它是铁路网的一个组成部分。

铁路枢纽的主要任务是承担客、货流的集散和中转,包括办理各种列车的到发、通过和改编,车流的交换,旅客乘降和换乘,以及货物的承运、交付、中转和换装等作业;沟通纵横交错的铁路线,使铁路网四通八达;它是铁路网的中枢,也是城市交通运输枢纽的重要组成部分,服务于城市、工矿企业和港埠,是铁路与城市和国民经济各部门联系的纽带。铁路枢纽是在铁路网和城市国民经济和社会发展中逐步建设形成的。各个铁路枢纽的结构、布局和设备,均有其自然特征、历史特点和发展条件,一般都经历由小到大,由简单到复杂,由不合理到合理的发展过程。

(2)主要设备

为了完成以上复杂而繁重的任务,枢纽内需要配备成套的技术设备,它们在统一指挥下协调工作。主要设备有:

①铁路线路,包括引入正线、联络线、环线、直径线、工业企业线等。
②车站,包括客运站、货运站、编组站、工业站、港湾站等。
③疏解设备,包括铁路线路与铁路线路的平面和立交疏解、铁路线路与城市公路的跨线桥和平交道口以及线路所等。
④其他设备,包括机务段、车辆段、客车整备所等。

(3) 枢纽分类
①按在路网上的地位和作用,分为路网性、区域性和地方性枢纽。
②按衔接线路、车站数量和规模,分为特大、大、中、小型枢纽。
③按主要服务对象,分为工业、港湾、综合性枢纽。
④按布置图形,分为一站、三角形、十字形、并列式、伸长式、尽头、环形、混合形枢纽。对于地方性铁路枢纽或次要铁路枢纽,也称为铁路地区。

(4) 枢纽的布置

铁路枢纽布置图形形成的因素比较复杂,即使同一因素出现在几个枢纽内时,对枢纽布置图的影响也各不相同。在规划和设计中,必须根据各个枢纽的具体条件,确定合理的布置图形。根据枢纽范围内专业车站和铁路线路在总图结构上的特征,并结合一定的车流条件,可有多种形式的枢纽图形。

下面以环形枢纽为例来说明枢纽的布置。

环形枢纽:用环形线将较多的引入线路连接成一个整体,各种专业站设置在环线上,或由环线伸入城市中心的尽头线上,或直径线的两端(图3-16)。

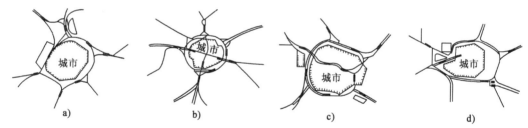

图3-16 环形枢纽

环形枢纽布置的主要优点是:可避免因引入线路多、接轨点过分集中而带来的各引入线路间客货列车到、发、通过的交叉干扰;专业站设置可较好地结合城市规划布点;通道灵活,便于各引入线路方向交换车流;可发挥环线平衡、调节各引入线路列车运行的作用,枢纽通过能力较大。为增加环形枢纽运行的灵活性和机动性,并缩短列车运行距离,更好地为旅客运输服务,可修建枢纽直径线(地上或地下)穿越城市中心,将两端的车站连通。环形枢纽布置的主要缺点是:修建环线的工程费较大;有的引入线客货列车必须沿环线迂回接入客运站和编组站,从而使列车运行里程增加。

3.1.3 铁路机车和车辆

铁路机车和铁路车辆是铁路运输移动设备,铁路机车是铁路运输的牵引动力,铁路车辆是运送旅客和货物的工具。

1) 铁路机车

机车是铁路运输的基本动力,由于铁路车辆自身都不具备动力装置,所以客货列车的运行和车辆在车站的解体编组等都需要机车牵引或推送。因此,为了完成客货列车的牵引和车站的调车工作,铁路必须保证提供足够数量、牵引性能良好的机车;同时,还必须加强对机车的保养与检修工作,正确组织机车的合理运用等。

(1)机车的分类

铁路采用的机车类型很多。从运用上分,有客运机车、货运机车和调车机车。客运机车要求速度高,货运机车需要牵引力大,调车机车要有机动灵活的特点。按牵引动力分,可分为蒸汽机车、内燃机车和电力机车。

①蒸汽机车

蒸汽机车主要由锅炉、汽机、走行部、车架和储存燃料和水的煤水车以及车钩、制动装置等部分组成,如图3-17所示。它是通过蒸汽机,把燃料的热能转换成机械能,并通过摇杆和连杆装置驱动车轮的机车。

蒸汽机车的应用,迄今已有170多年的历史。我国于1881年生产了第一台蒸汽机车,随着经济的增长和技术的进步,蒸汽机车已不能适应社会发展的需要,我国在1988年12月停止了干线蒸汽机车的生产。

蒸汽机车的优点是:构造简单、造价低廉、维修保养容易、使用成本较低。缺点为:热效率低、燃料消耗需要大量的上煤给水设备、乘务人员劳动强度大、对环境特别是城市周围环境污染明显。蒸汽机车的最高热效率只有8%~9%,而且在车站停车、在机务段整备、停留等仍需消耗燃料,所以实际热效率只有5%~7%。因此,在现代铁路运输中,蒸汽机车已经被其他新型机车所取代。

②内燃机车

内燃机车是以内燃机作为原动力的一种机车,如图3-18所示。内燃机车的热效率可达30%左右,是各类机车中热效率较高的一种。机车的整备时间短,持续工作的时间长,适用于长交路;用水量少,适用于缺水地区;初期投资比电力机车少,而且机车乘务员劳动条件好,便于多机牵引。但内燃机车最大的缺点是对大气和环境有污染。

图3-17 蒸汽机车

图3-18 内燃机车

内燃机车按传动方式的不同可分为电力传动内燃机车和液压传动内燃机车两种类型,铁路上采用的内燃机绝大多数是柴油机。内燃机车由柴油机、传动装置、辅助装置、车体走行部(包括车架、车体、转向架等)、制动装置和控制设备等组成。

内燃机车的工作原理是燃料在汽缸内燃烧,所产生的高温高压气体在汽缸内膨胀,推动活塞往复运动,连杆带动曲轴旋转对外做功,燃料的热能转化为机械功。柴油机发出的动力传输给传动装置,通过对柴油机、传动装置的控制和调节,将适应机车运行状况的输出转速和转矩送到每个车轴齿轮箱驱动轮,动轮产生的轮周牵引力传递到车架,由车架端部的车钩变为挽钩牵引力来拖动或推送车辆。

③电力机车

电力机车的牵引动力是电能,但机车本身没有原动力,而是依靠外部供电系统供应电力,并通过机车上的牵引电动机驱动机车运行,如图 3-19 所示。采用电力机车牵引的铁道称为电气化铁道。电气化铁道由牵引供电系统和电力机车两部分组成。

将电能从电力系统传送到电力机车的电力设备总称为电气化铁道的供电系统,发电厂发出的电流经升压变压器提高电压后,由高压输电线送到铁路沿线的牵引变电所,在牵引变电所里把高压的三相交流电变换成所要求的电流或电压后,再转送到邻近区间和站场线路的接触网上供电力机车使用。

图 3-19 电力机车

电力机车是靠其顶部升起的受电弓从接触网上取得电能后并转换成机械能使机车运行的。电力机车主要由车体、车底架、走行部、车钩缓冲装置、制动装置和一整套电气设备等组成。除电气设备外,其余部分都同交—直流电力传动内燃机车相似。

电力机车具有功率大、热效率高、速度快、过载能力强和运行可靠等主要优点,而且不污染环境,特别适用于运输繁忙的铁路干线和隧道多、坡度大的山区铁路。从世界各国铁路牵引动力的发展情况来看,电力机车已经成为主流发展方向。

④动车组列车

提高列车运行速度是增加铁路运能、提高铁路在客运市场占有率的最有效途径。长期以来,我国铁路客运列车一直沿用机车牵引客车运行的模式。而国内外高速铁路发展的经验表明,由于采用该模式运行时列车受黏着等因素影响,运行速度进一步提高的空间已不大;同时,列车高速运行带来的空气动力学等方面的问题也逐渐暴露,故该模式仅适用于最高运行速度不大于 200km/h 的旅客列车。

国内外高速列车一般采用动车组模式运营。动车组是将一定数量的动力车和拖车按照预定的参数组合在一起。实现了功率、速度和舒适性的提高,单位功率重量的降低以及电子技术的应用等,在发展市郊铁路与地下铁道过轨互通,构成高速铁路网中起到主力军的作用。

按驱动轴和驱动设备的布置可以把高速动车组分为动力集中型和动力分散型两种。

a. 动力集中型动车组

动力集中型动车组是指将列车电气和动力设备集中安装于位于列车端部的动力车上,仅动力车的轮对是动力轮对,动力车不载客或仅设置较小的客室,旅客主要集中于中间拖车的动车组。

动力集中型动车组的优势有:与传统列车模式相似,可按传统习惯进行运营和维修管理;故障相对集中在动力车上,便于保养;拖车不设置牵引电气和机械设备,拖车内噪声、振动小;动力车可以进行摘挂与转换,可以满足电气化区段与非电气化区段的直通运行需要。但动力集中型动车组也存在着一些固有缺陷,如:动力集中方式使列车相对载客量减少;动力车轴重与高速动车组小轴重和低轮轨动力作用的运行要求形成矛盾;黏着质量不及动力分散动车组,速度的进一步提高将受到功率和黏着的限制,列车动力制动性能欠佳等。

b. 动力分散型动车组

动力分散型动车组是将由电机驱动的动力轮对分散布置在列车的全部或部分轮对上,同时将列车的主要电气和机械设备吊挂在车辆下部,列车全部车辆可载客的列车模式,其代表是日本新干线、德国ICE3和我国"先锋"号动车组。

动力分散型动车组的优势为:黏着性能优于动力集中型动车组,可大大降低恶劣气象条件下其动轮空转的可能,避免损坏钢轨和轮对,同时也提高了电动车组的加速能力;动力分散电动车组还可充分利用列车载客;由于动力设备分散设置在各车体下,其动轴轴重小,可以减小车辆与轨道之间的动作用。但是,该模式造成了车下吊装设备影响车内舒适性、设备布置困难、设备工作环境差等问题。

由于更高的运行速度要求列车具有更大的牵引功率,对动力集中型动车组而言,增加动车单轴牵引功率与高速列车对车辆轴重的要求形成矛盾;同时,受动力车黏着性能的影响,动力集中型动车组启动加速性能、恶劣气候条件下运行性能和制动性能均无法满足列车高速运行的需要。因此,法国、德国在研制其第一代高速动车组时均选择了动力集中模式。但随着列车运行速度的提高,其高速动车组技术路线已开始向动力分散方向转移。

(2) 机车的检修和运用

机车的检修和运用是铁路运输工作的重要组成部分,也是机务部门的基本任务。质量良好地检修机车,确保机车的完好状态;经济、合理地运用机车,对完成铁路运输任务具有十分重要的意义。

① 机车检修

机车经过一定时期的运用,各部件都会发生磨耗、变形或损坏,为了使机车在良好的技术状态下稳定可靠地运行,延长使用期限,除了机车乘务员的日常检查和保养外,还必须进行有计划的检查和检修。世界各国铁路机车的检修制度不尽相同,但大多数国家的检修制度都以计划预防检修为主。中国铁路机车采用预防性的定期检修制,逐步实行状态修、换件修和主要零部件的专业化、集中修制。

② 机车运用

机车运用上的一个特点是,机车只要离开机务段,就要受车站有关人员的调度和指挥。所以机务部门和行车部门必须协调配合,才能安全、优质地完成运输任务。

a. 机车交路

机车固定担当运输任务的周转区段,即机车从机务段所在站到折返段所在站之间往返运行的线路区段,也称机车牵引区段。机车交路按乘务组工作时间可分为短交路、长交路及超长交路。内燃机车交路距离可达500~700km,有的甚至可达1 000km以上。

目前,我国铁路机车的运用主要有肩回运转制和循环运转制两种。

a) 肩回运转制

机车由机务段出发,从机务段所在站牵引列车到折返段所在站,进入折返段进行整备及检查,然后牵引列车返回机务段所在站,再进入机务段进行整备及检查。这种每往返一次,就要进入机务段一次的运用方式叫肩回运转制。采用这种运转制时,机车一般在1~2个牵引区段上往返运行。机车运用方式如图 3-20c)所示。

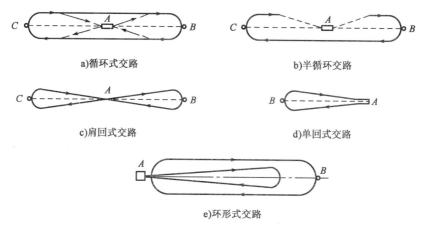

图 3-20 机车交路示意图

b)循环运转制

机车从机务段出发,在一个牵引区段(如 A—C 间)往返牵引列车后到机务段所在站(A 站)、机车不入段,只在到发线上进行整备作业,然后仍继续牵引区段(如 A—B 间)到折返段所在站(B 站),再从 B 站牵引列车返回 A 站。这样,机车在两个区段上牵引列车循环运转,平时不进机务段,直到定期检修到期才进入段检修,这种运用方式叫做循环运转制。机车运用方式如图 3-20a)所示。

采用肩回运转制时,机车要在段内进行整备,在车站不需另设整备设备。采用循环运转制时,由于机车很少进机务段,节省整备时间,机车交路可以延长,使内燃、电力机车的牵引性能充分发挥,从而提高机车运用效率,加速机车周转。但是,循环运转制一般只有在上下行都有大量不需要改编的中转列车经过机务段所在站时才能采用。

b. 乘务制度和乘务方式

机务段除为邻接区段提供质量良好的机车之外,还要负责计划和组织机车乘务员的乘务工作。同时要加强乘务员的思想品德教育和业务培训,提高乘务员的职业道德和技术水平,保证完成国家运输任务。现行的机车乘务制度基本上可以归纳为两类。

a)包乘制:每台机车配备 2~3 个固定的乘务组值乘;包乘制的主要优点是机车乘务员对自己驾驶的机车非常熟悉,有利于机车的操纵和维修保养。但是,机车运用和乘务员的组织工作比较复杂,常会因为安排不当或运行秩序被打乱而影响机车的运用效率。

b)轮乘制:机车由各个乘务组轮流值乘。机车乘务组值乘的机车不是固定的,这样可以有效地使用机车和合理安排乘务员的作息时间,以较少的机车或乘务组,完成较多的运输任务。当然,对乘务员的驾驶技术要求更高,对机车的质量和保养也要求更严。

乘务员换班方式有:外段立即折返、外段换班、中途站换班等。乘务员换班方式按照乘务员一次值乘机车连续工作时间确定。交路短时,可采用立即折返制;交路适宜,采用外段换班制;交路长时,采用中间换班制;交路很长时,可能要换班数次,接力值乘运行。

2)铁路车辆

铁路车辆是铁路用以运送旅客和货物的运载工具。它一般没有动力装置,必须把车辆连挂成列,由机车牵引才能沿线路运行。

(1)铁路车辆的分类

铁路车辆按用途可分为:客车、货车两大类,如图 3-21～图 3-25 所示。

图 3-21　客车

图 3-22　敞车

图 3-23　棚车

图 3-24　罐车

图 3-25　散装水泥专用车

铁路客车包括:运送旅客用的车辆,如硬座车(YZ)、软座车(RZ)、硬卧车(YW)、软卧车(RW);为旅客服务的车辆,如餐车(CA)、行李车(XL);特种用途的车辆,如邮政车(UZ)、公务车(GW)、卫生车(WS)、医务车(YI)、试验车(SY)、维修车(EX)、文教车(WJ)、空调发电车(KD)等。

铁路货车类型较多,随所装货物种类的不同而具有不同的车体,又可分为通用货车和专用货车。如敞车(C)、棚车(P)、平车(N)、罐车(G)、冷藏车(B)等称为通用货车;只适用于装运一种或少数几种性质相近货物的,如矿石车(K)、水泥车(U)、活鱼车(H)、特种车(T)、长大货物车(D)等称为专用货车。

按轨距不同分为准轨车、宽轨车和窄轨车;按产权所属关系分为部属车(所有权属于铁路部门的车辆)和企业自备车;按车轴具有的轴数分为四轴车、六轴车和多轴车;按制作材料分为钢骨车和全钢车等;按载质量分(主要针对货车)有50t、60t、75t、90t等多种。

(2)车辆基本构造

铁路车辆种类繁多,但其构造基本相同,大体均由车体、车底架、走行部、车钩缓冲装置、制动装置、车辆内部设备六部分构成。

①车体是容纳运输对象的地方,又是安装与连接其他组成部分的基础。

②车底架是承托车体的长方形构架,是车体的基础,如图3-26所示。

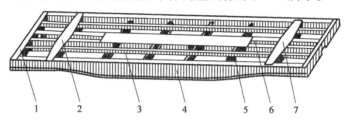

图3-26 C62B型敞车底架示意图
1-端梁;2、7-枕梁;3-纵梁;4-侧梁;5-横梁;6-中梁

③走行部是承受车辆自重和载重并引导车辆沿轨道行驶的部分。走行部大多采用转向架结构形式,以保证车辆运行质量,如图3-27所示。

④车钩缓冲装置由车钩及缓冲器等部件组成,装于车底架两端,其作用是将机车车辆连挂到一起,并传递纵向牵引力和冲击力,缓和机车车辆间的动力作用,如图3-28所示。

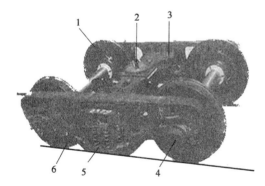
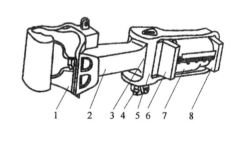

图3-27 转8A型转向架
1-轮对;2-下心盘旁承;3-摇枕;4-轴箱;5-摇枕弹簧;6-侧架

图3-28 车钩缓冲装置
1-钩舌;2-钩身;3-钩尾;4-钩尾销;5-钩尾框;6、8-从板;7-缓冲器

⑤制动装置是保证列车安全运行的最重要部分,使高速运行中的车辆能在规定距离内停车或减速。制动装置一般包括空气制动机、手制动机(脚制动机)和基础制动装置部分,如图3-29所示。

⑥车辆内部设备主要指客车上为旅客旅行所提供的必要设备,如客车上的座席、卧铺、行李架、给水、取暖、空调、通风、车电等装置。货车由于类型不同,内部设备也因此千差万别,但一般较为简单。

(3)铁路车辆的标记

车辆标记标明在铁路车辆的一定位置上,用以表示产权、类型、车号、基本性能、配属及使用中注意事项等。为满足使用、检修、管理、统计上的需要,每一铁路车辆应具有中华人民共和国国家标准《铁道车辆标记》(GB 7703.1—87)中所规定的各种标记。

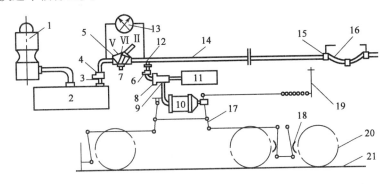

图 3-29 空气制动装置的组成

1-空气压缩机;2-总风缸;3-总风缸管;4-给风阀;5-自动制动阀;6-远心集尘器;7-制动阀排气口;8-三通阀;9-三通阀排气口;10-制动缸;11-副风缸;12-截断塞门;13-双针压力表;14-制动管;15-折角塞门;16-制动软管连接管;17-基础制动装置;18-闸瓦;19-制动机;20-车轮;21-钢轨

车辆标记主要包括路徽标记、配属标记、检修标记、车号标记、性能标记等。

路徽标记:凡中国铁道运输部所属机车及车辆均应涂打路徽标记。路徽上部表示人民,下部为钢轨截面图形,代表铁路,总的含义为人民铁路。

配属标记:表示车辆配属关系的标记。中国铁路规定所有客车和部分货车分别配属给各铁路局及其所属车辆段负责管理、使用和维修,并在车上涂打所配属的铁路局、段的简称。如"京局京段"表示北京铁路局北京车辆段。

检修标记:车辆根据运用年月或走行公里所进行的周期性检修的标记,包括厂、段修标记,辅修标记和轴检标记。

①厂、段修标记,分段修、厂修两栏,如图 3-30 所示。

上列标记中,第一栏为段修标记,第二栏为厂修标记;左侧为下次检修年月,右侧为本次检修年月及检修单位的简称。

②辅修及轴检标记,这两种检查是定期进行的。辅修周期为六个月;轴检须视轴承的不同形式规定周期,有三个月、六个月等,如图 3-31 所示。

图 3-30 厂、段修标记

图 3-31 辅修轴修标记

上例中的辅修标记表示这辆车在 9 月 15 日由丰台车辆段旅行辅修,下次辅修到期是次年的 3 月 15 日。轴检标记中表示的意思和它相似。下面两格留待下次检修时填写。

车号标记:客货车的车型车号标记由标示车辆种类的基本型号(表 3-3、表 3-4)、标示某类车辆不同形式的辅助型号和标示车辆制造顺序的车号(表 3-5、表 3-6)组成。

辅助型号代表车辆构造形式,用阿拉伯数字表示,如 C50 和 C62,其中拼音字母"C"是敞车的基本型号,50 和 62 分别表示载重为 50t 和 60t 的敞车;YZ22 中的"22"表示 22 型结构的硬座客车。

客车基本型号表　　　表 3-3

车　种	基本型号	车　种	基本型号
软座车	RZ	行李车	XL
硬座车	YZ	邮政车	UZ
双层软座车	SRZ	餐车	CA
双层硬座车	SYZ	公务车	GW
软卧车	RW	试验车	SY
硬卧车	YW	空调发电车	KD

货车基本型号表　　　表 3-4

车　种	基本型号	车　种	基本型号
棚车	P	长大货物车	D
敞车	C	毒品车	W
平车	N	家畜车	J
罐车	G	水泥车	U
冷藏车	B	粮食车	L
集装箱车	X	特种车	T
矿石车	K	守车	S

客车车号编码表　　　表 3-5

车　种	车号范围	车　种	车号范围
软座车	110000～119999	行李车	203000～209999
硬座车	320000～359999	邮政车	7000～8999
餐车	890000～899999	软卧车	550000～559999
硬卧车	660000～689999	空调发电车	990000～999999

货车车号编码表　　　表 3-6

车　种	车号范围	车　种	车号范围
棚车	3000000～3499999	长大货物车	5600000～5699999
敞车	4000000～4899999	毒品车	8000000～8009999
平车	5000000～5099999	家畜车	8010000～8039999
罐车	6000000～6309999	水泥车	8040000～8059999
冷藏车	7000000～7231999	粮食车	8060000～8064999
集装箱车	5200000～5249999	特种车	8065000～8074999
矿石车	5500000～5531999	守车	9000000～9049999

车号表示某种车型的顺序号码。客车按车种分别编号,货车按车种和标记载重分别编号。如客车中的硬座车号码在 320000～359999 之间;硬卧车在 600000～689999 之间;货车中的棚车在 3000000～3499999 之间;敞车在 4000000～4899999 之间。

性能标记:表示客货车辆性能和构造尺寸的标记。通常货车标在车体两侧,客车标在车体两端。主要内容有：

  a. 车辆载质量，车辆允许的最大装载质量。客车的载质量除旅客、行李外，还包括整备品及乘务人员的质量，以吨(t)为计量单位。

  b. 车辆自身质量，车辆自身质量，以吨(t)为计量单位。

  c. 车辆容积，货车内部可容纳货物的体积，以立方米(m^3)为计量单位。

  d. 车辆定员，以座位或铺位计算。

  e. 车辆全长，以车辆两端车钩舌内侧距离，以米(m)为单位。

  f. 车辆换长，是车辆换算长度标记。当车钩处于锁闭位置时，车辆两端车钩钩舌内侧面间距离(以 m 为单位)除以 11m 所得之值，为该车辆换算长度数值。计算公式如下：

$$换长 = \frac{两端车钩钩舌内侧面间距离(m)}{11(m)}$$

  换长是为了编组列车时统计工作的方便，将车辆全长换算成辆数来表示的长度，计算中保留一位小数，尾数四舍五入。

  (4) 车辆的技术经济参数

  车辆技术经济参数是表明车辆结构上和运用上某些特征的一些指标，对提高车辆的构造质量和研究使用效率，增加经济效益具有重要意义。除了自重、载重、容积等已在"车辆标记"部分做了说明外，还有如下几项。

  ①自重系数，是车辆自身质量与标记载质量的比值。自重系数小，说明机车对运送每一吨货物所做的功少，比较经济。因此降低车辆自身质量可保证铁路运输能力的提高，节省制造机车车辆的材料，节约机车所用能源，从而可以降低成本。提高车辆的载质量可以使自重系数降低。所以自重系数是衡量货车设计合理性的一个重要技术经济参数。

  ②轴重，是车辆总质量(自身质量与载质量之和)与轴数之比，即车辆每一轮对施加于轨道上的重力。目前，我国现有机车轴重一般不高于 25t，若采用 30t 轴重技术重新设计的重载机车，在相同功率情况下，其牵引力可比现有机车高出 20%，在不增加能耗的前提下提升经济效益，因此增加货车轴重和每延米载质量是提高货运能力的经济有效途径，也是世界各国铁路货物运输的共同发展趋势。

  ③单位容积，是车辆设计容积和标记载质量之比(单位为 m^3/t)，它是一个可以说明车辆载质量与容积能否达到充分利用的指标，可供铁路运输部门办理货物发送作业时参考。车辆容积和载质量的充分利用取决于单位容积的大小，因而单位容积就影响着运输成本以及车辆尺寸和造价。应该说，能使国民经济运输费用减少到最低的单位容积数值是最优的单位容积。

  ④每延米轨道载质量，是车辆总质量与车辆全长之比(单位为 t/m)，它是车辆设计中与桥梁、线路强度密切相关的一个指标，同时又是衡量能否充分利用站线长度，提高运输能力的一个指标。按照中国铁路桥梁设计规范，允许车辆每延米轨道载质量可取到 8t，线路允许载荷我国规定一般不超过 6.6t/m。在站线长度不变的情况下，提高每延米轨道载质量可以提高列车总质量，因而可以提高铁路的运输能力，延缓为提高铁路通过能力所花的费用。

  ⑤构造速度，车辆设计时根据安全及结构强度等条件所允许的车辆最高行驶速度。车辆实际行驶速度一般不允许超过构造速度。

  ⑥通过最小半径曲线，指配用某种形式转向架的车辆在站场或厂、段调车时所能安全通过的曲线最小半径。

(5)车辆检修

车辆在运用过程中,零部件会逐渐磨耗、腐蚀和损伤,为使车辆经常处于质量良好状态,确保行车安全并延长车辆使用寿命,对铁路车辆所进行的各种检查和修理工作。

中国铁路现在实行计划预防修理制度,按修理内容分为定期检修和日常维修两大类。

定期检修就是按照规定的期限,对整个车辆或某些部分进行全部或部分检修。定期检修能有计划地使车辆恢复运用性能,保持良好的技术状态,并保证在到达下一个定期检修以前,不出现重大故障;日常维修的任务是保证车辆在运用中有良好的技术状态,防止事故发生,确保行车安全。

3) 铁路列车

(1) 列车及车列的含义

铁路车辆按有关规定的编挂条件、质量和长度编组在一起,并配有机车、规定的列车标志、列车服务员和指定有列车车次时,称为列车。当车辆连挂成列但不完全具备列车条件时,则称之为车列。

单机、动车及重型轨道车,虽未具备列车条件,在运行中指定有列车车次时,亦可按列车办理。

(2) 列车的分类

列车按运输性质分为旅客列车、货物列车和客货混合列车。此外,还有指定用途的列车,如路用列车、救援列车、军用列车等。旅客列车按运行速度分为动车组列车、直通旅客列车、特快旅客列车、快速旅客列车、普通旅客列车(含普通旅客快车和普通旅客慢车);按运行距离分为行驶区段超过一个铁路局管辖范围的国际旅客列车、直通旅客列车,在一个铁路局管辖范围内行驶的管内旅客列车和城市附近行驶的市郊旅客列车。货物列车按其编成地点、运行距离和货车运用方式,分为始发直达列车、阶梯直达列车、循环直达列车、技术直达列车、直通列车、区段列车、摘挂列车和小运转列车等。

(3) 上(下)行列车

上行列车:开往首都及支线开往干线的列车,编为双号列车;反之为下行列车,编为单号列车。

3.1.4 铁路信号与通信设备

铁路信号设备是铁路信号、联锁、闭塞等设备的总称。它的主要作用是保证列车运行与调车工作的安全和提高铁路通过能力。

铁路信号,是向有关行车和调度人员发出的指示和命令。

联锁设备,用于保证站内行车和调车工作的安全和提高车站的通过能力。

闭塞设备,用于保证列车在区间内运行的安全和提高区间的通过能力。

1) 铁路信号设备

铁路信号用于向行车人员传达有关机车车辆运行条件、行车设备状态,以及行车有关指示和命令等信息。随着信号技术发展和先进设备的广泛采用,它在提高铁路运输能力,改善行车人员劳动条件,降低运输成本和促进铁路现代化发展等方面,均起到重要作用。

铁路信号是由信号设备(例如信号机、表示器和标志)所发出的信息,可从多个角度进行分类。

(1) 铁路信号的分类

铁路信号按感官可分为听觉信号和视觉信号两大类。

听觉信号是以不同声响设备发出不同强度、频率、音响长度和数目等特征表示的信号,例如用号角、口笛、响墩发出的声音及机车、轨道车鸣笛等发出的信号。视觉信号是以物体或灯光的颜色、形状、位置、数目或数码显示等特征表示的信号,例如,用信号机、机车信号、信号旗、信号牌、火炬等表示的信号。

铁路信号通常用不同的颜色来显示其意义。我国规定有红、黄、绿三种基本颜色。其代表的意义是:红色——停车;黄色——注意或减速行驶;绿色——按规定速度行驶。

按使用时间分为昼间信号、夜间信号和昼夜通用信号。

按本身所具有的特征分为手信号、移动信号和固定信号。手拿信号灯、旗或直接用手臂显示的信号称为手信号;在施工或维修区段线路旁临时设置的信号牌、灯称为移动信号;为指示列车运行和调车工作,将信号机安装在某一固定地点的称为固定信号。

除信号机外,在固定地点设置的信号机具还有各种信号表示器及信号标志。与信号机的作用不同,它们没有防护意义,只是用来表示某些与行车有关设备的位置,所处的状态,或表明信号显示的某种附加意义,以便引起司机和有关人员的注意。

(2) 信号标志

设在铁路沿线,用以表示所在地点的某种情况或状态,引起司机(包括有关行车人员)的注意和警觉,并采取必要措施确保行车安全的一种信号器具。常用的信号标志有:警冲标、站界标、预告标、司机鸣笛标、作业标等。

(3) 信号表示器

用以表示某些与行车有关设备的位置和状态,或表示信号显示的某些附加意义的铁路信号机具。与信号机不同的是,它没有防护(进路和区间等)意义。常用的有:道岔表示器、进路表示器、发车表示器、车挡表示器、调车表示器等。

(4) 固定信号机

铁路信号以视觉信号为主,其中固定信号是主要信号。

固定信号机按构造分为色灯信号机、臂板信号机和机车信号机三种类型;按用途又可分为进站信号机、出站信号机、通过信号机、进路信号机、遮断信号机、预告信号机、复示信号机、驼峰信号机及调车信号机等多种。

2) 联锁设备

(1) 联锁的含义

在铁路车站上,为了保证机车车辆和列车在进路上的安全,有效利用站内线路,高效率地指挥行车和调车,改善行车人员的劳动条件,利用机械、电气自动控制和远程控制、计算机等技术和设备,使车站范围内的信号机、进路和进路上的道岔相具有制约关系,这种关系称为联锁。为完成联锁关系而安装的技术设备称为联锁设备。铁路车站联锁简称联锁,是铁路信号设备的重要组成部分。车站联锁设备组成如图3-32所示。

(2) 联锁的基本要求

信号机、进路和进路上的道岔相互制约的要求是:

①进路上的有关道岔开通位置不对或敌对信号机未关闭时,防护该进路的信号机不能开放;

②防护该进路的信号机开放后,该进路上的道岔即不能扳动,其敌对信号机均不能开放;

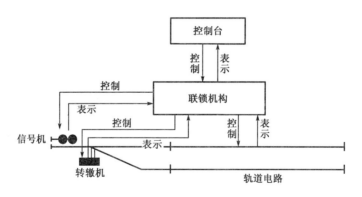

图 3-32 车站联锁设备组成框图

③主体信号机未开放时,预告信号机不能开放,正线上的出站信号机未开放时,进站信号机不能显示正线通过信号;

④列车或机车车辆驶入进路后,防护该进路的信号机立即关闭,禁止其他列车或机车车辆再驶入。

(3)联锁的分类

目前,我国使用的联锁设备按操纵的方式可以分为集中联锁和非集中联锁,按主要设备工作方式的不同可分为电锁器联锁、继电联锁和计算机联锁。其中,电锁器联锁是非集中联锁,继电联锁和计算机联锁是集中联锁。

(4)继电联锁

继电联锁是用电气方法通过信号楼内的控制台操纵车站内的色灯信号机和电动转辙机,使信号机、进路和道岔实现联锁并能监督列车运行和线路占用情况的设备。在继电联锁设备中实现联锁的元件是继电器。

继电联锁的作用原理是:信号操纵人员(信号员)利用控制台将控制信号机和电动转辙机开放或关闭的指令,通过连接继电器室内的电缆传送到继电器室内的继电器组合上,继电器组合上的继电器接收到指令(有或无电流)后,使继电器的衔铁被吸动或复原,继电器动作的信号经分线盘由电缆传送到相应的信号机和控制相应道岔动作的电动转辙机,使信号机处于开放或关闭状态,道岔处于定位或反位状态,从而使进路上的信号机、道岔与相应的进路实现联锁。

继电联锁的主要优缺点:

①由于采用了轨道电路,严格实现进路控制过程的要求,具有较完善的安全功能,基本上能防止因违章或操作失误而造成危及行车安全的后果。

②采用色灯信号机和电动转辙机,操作人员仅需在控制台上按压按钮就能办理或取消进路,而且采用逐段解锁方式时,还可大大缩短进路的建立和解锁时间,提高了车站咽喉的通过能力。

③进路的排列和解锁都是自动进行的,从而改善了和行车有关人员的劳动条件。但是,继电联锁的设备费用比较高,并要求车站上有可靠的交流电源。

(5)计算机联锁

计算机联锁是利用计算机对车站作业人员的操作命令及现场表示的信息进行逻辑运算,从而实现对信号机及道岔等进行集中控制,使其达到相互制约的车站联锁设备。它是一种由计算机及其他一些电子、电磁器件组成的具有故障—安全性能的实时控制系统。

①计算机联锁的硬件设备

计算机联锁硬件设备包括联锁计算机(完成联锁功能和显示功能)、安全检验计算机(用以检验联锁计算机的运行情况,发现故障可导向安全)、彩色监视器、微型集中操纵台、安全继电输入输出接口柜、计算机联锁专用电源屏以及现场信号机、转辙机、轨道电路等室外设备。

②计算机联锁软件设备

计算机联锁软件设备是实现进路、信号机和道岔相互制约的核心部分,由两部分组成:一是参与联锁运算的车站数据库;二是进行联锁逻辑运算,完成联锁功能的应用程序。车站数据库包括车站赋值表、车站联锁表、按钮进路表、车站显示数据等。软件设备一般应包括操作输入、状态输出、联锁处理、控制(命令)输出、表示输出、诊断与其他系统联系等模块。联锁处理模块是实现联锁的部分,它是整个软件的核心。

③计算机联锁操作

操作方法:计算机联锁的操作方法与继电联锁相似,由于它实现了从有接点到无接点的变革,操作人员办理进路时,只需先按压进路的始端按钮,再按压进路的终端按钮即可完成。此时计算机就执行操作输入程序和联锁处理程序。根据输入的按钮代码从进路矩阵中找出相应的进路,然后检查是否符合选路条件,只有完全满足选路条件后,程序才能转入选路部分。之后,先检查对应道岔是否在规定位置,再将需要变换位置的道岔转换位置,接着锁闭进路,并建立对应的运行表区。

在执行信号开放程序中,是根据运行表区内容,连续不断地检查各项联锁条件,条件满足后信号机才能开放。当列车进入信号机后方,信号机即自动关闭,随着列车的运行,进路可顺序逐段解锁。

④计算机联锁的特点

a. 采用计算机软硬件实现联锁逻辑关系,联锁设备动作速度快,信息量大,容易实现信号系统的自动控制和远程控制,可以扩大控制范围和增强控制功能。

b. 设备体积小,机件质量轻,可节省信号楼的建筑面积,降低材料消耗和工程造价,同时也便于安装调试和维修。

c. 操作简便,提高了办理进路自动化程度;减少有关行车人员之间的联络,防止误操作,提高了作业的安全和效率。

随着科学技术的进步,旧的联锁设备不断被安全可靠性更高、操纵和维护更简便、技术更先进的联锁设备所代替。从发展角度看,计算机联锁是发展的方向;从经济角度看,电气集中联锁在相当长的一段时间内仍被广泛采用。

3)闭塞设备

(1)闭塞的作用

闭塞设备是指为保证列车在区间内的运行安全,实现"一个区间(闭塞分区)内,同时只允许一个列车占用"而设置的铁路区间信号设备。

(2)闭塞的分类

行车闭塞法从时空上可分为:空间间隔法和时间间隔法。空间间隔法是把铁路区段划分为若干个区间,用区间把列车分隔开、规定在一区间内同时只容许一趟列车运行,是我国铁路广泛采用的闭塞方法。

根据闭塞的自动化水平可将区间闭塞分为人工闭塞、半自动闭塞和自动闭塞三类。

①人工闭塞

人工闭塞是以人工记录列车的运行位置和控制色灯信号机的闭塞方法。在发车前,接发车双方的车站或线路所共同确认闭塞区间是处于空闲状态,占用后将路签机、路牌、路票等记录本段区间被占用的信息通过电话、电报等手段通知接车的车站或线路所,根据列车占用区间凭证的类型分为电报闭塞和电话闭塞、电气路签和电气路牌闭塞。接车的车站或线路所有责任在列车到达后检查车辆到达编组是否完整,是否有部分车厢滞留在区间未到达,并阻止后续运行的列车及反向运行的列车进入这一区间。

②半自动闭塞

半自动闭塞是以人工确认区间空闲,发车后由轨道电路判断车辆进入区间后自动把区间设置为占用状态的闭塞方法,列车占用区间的行车凭证是出站信号机(线路所为通过信号机)的显示。半自动闭塞是我国铁路广泛采用的一种闭塞方式。

a. 半自动闭塞设备

采用半自动闭塞的区间两端车站上各设一台闭塞机,一段专用轨道电路和出站信号机,它们之间用通信线路相连接,用来控制出站信号机并实现相邻车站之间办理闭塞。闭塞机包括电源、继电器、操纵按钮、表示灯和电铃等;专用轨道电路应设在车站进站信号机内适当地点,用以监督列车的出发和到达,并使双方闭塞机的接发车表示灯有相应的表示;出站信号机是指示列车能否由车站开往区间的信号机,受半自动闭塞机的控制,只有当区间空闲,经过办理手续后,出站信号机才能开放,同时,它既要受闭塞机的控制,又要受车站联锁设备的控制,即受到双重设备控制。

b. 半自动闭塞工作情况概述

半自动闭塞工作时,在车站进站信号机内侧设有一小段专用轨道电路,它和闭塞机、出站信号机间也具有电气锁闭关系。出站信号机不能任意开放,它受闭塞机控制,只有区间空闲时,双方办理闭塞手续后(双线半自动闭塞为前次列车的到达复原信号)才能开放。列车出发离开车站时,出站信号机自动关闭,并使双方闭塞机处于"区间闭塞"状态,直到列车到达接车站办理到达复原时止。

c. 半自动闭塞的主要优缺点

半自动闭塞法办理手续简便,效率高,可比路签(牌)闭塞法提高区段通过能力,改善劳动条件。但区间轨道是否完整,到达列车是否完整,目前仍须通过人工检查才能确认。采用半自动闭塞时,由于出站信号机受到对方站闭塞机的控制,因而在保证行车安全方面有一定的优越性。但是,当铁路的运量不断增大,要求进一步提高区间通过能力时,半自动闭塞也有其自身的局限性;而且当区间线路发生故障,钢轨折断时,半自动闭塞设备也不能做出反应并由故障导向安全。

③自动闭塞

自动闭塞是指利用通过信号机把区间划分为若干个装设轨道电路的闭塞分区,通过轨道电路将列车和通过信号机的显示联系起来,使信号机的显示随着列车运行位置而自动变换的一种闭塞方式。

根据闭塞区间划分的方式可将移动闭塞分为固定闭塞、准移动闭塞和移动闭塞三类。

a. 固定闭塞

固定闭塞是根据列车运行及有关闭塞分区状态自动变换信号显示,而司机凭信号行车的闭塞方法。将一个站间划分为若干个闭塞分区,运行列车间的空间间隔分为几个闭塞分区,其数量依划分的速度级别而定。一般情况下,闭塞分区是用轨道电路或记轴装置来划分的,它具有列车定位和轨道占用检查的功能。

固定闭塞条件下,每个闭塞分区自动检测轨道情况,根据列车运行前方闭塞分区状态,自动发送与接收具有速差意义的信号码,信号机自动变换信号显示,给出"行车凭证",信号机的显示具有速差意义,司机凭地面信号行车。

b. 准移动闭塞

准移动闭塞是在装备车载防护设备的前提下才用的一种闭塞方法。

准移动闭塞仍采用闭塞分区,闭塞分区可以采用轨道电路或计轴装置来划分,它在控制列车的安全间隔上比固定闭塞进了一步。它通过采用报文式轨道电路辅之环线或应答器来判断分区占用并传输信息,信息量大;可以告知后续列车继续前行的距离,后续列车可根据这一距离合理地采取减速或制动,列车制动的起点可延伸至保证其安全制动的地点,从而可改善列车速度控制,缩小列车安全间隔,提高线路利用效率。但准移动闭塞中后续列车的最大目标制动点仍必须在先行列车占用分区的外方,因此它并没有完全突破轨道电路的限制。

c. 移动闭塞

移动闭塞是准移动闭塞的一种特殊方式,不设轨道占用检查设备和轨旁信号机,采取无线通信方式来实现列车定位和轨道占用检查功能,闭塞分区和轨道信号机是以计算机技术虚拟设定的,但从操作到运输管理等,都等效于准移动闭塞方式。

移动闭塞技术相较准移动闭塞则在对列车的安全间隔控制上更进了一步。它通过车载设备和轨旁设备不间断的双向通信,控制中心可以根据列车实时的速度和位置动态计算列车的最大制动距离。列车的长度加上这一最大制动距离并在列车后方加上一定的防护距离,便组成了一个与列车同步移动的虚拟分区。由于保证了列车前后的安全距离,两个相邻的移动闭塞分区就能以很小的间隔同时前进,这使列车能以较高的速度和较小的间隔运行,从而提高运营效率。移动闭塞系统中,列车和轨旁设备必须保持连续的双向通信。列车不间断向轨旁控制器传输其标识、位置、方向和速度信息,轨旁控制器根据来自列车的信息计算、确定列车的安全行车间隔,并将相关信息(如先行列车位置,移动授权等)传递给列车,控制列车运行。

移动闭塞通过无线通信、列车定位技术、自动超速防护等控制手段将列车的运行间隔控制在合理范围内,可大幅度提高列车运行密度和减少列车跟踪运行的距离,提高运力,在轨道交通的发展中起到了重要的作用。

3.2 公路运输设施

公路运输设施主要包括公路运输线路、汽车及公路运输场站等。

3.2.1 公路运输线路

1)公路运输线路概述

(1)公路分级

根据公路的作用和使用性质,公路可划分为:国家干线公路(国道)、省级干线公路(省道)、县级干线公路(县道)、乡级公路(乡道)、村级公路(村道)和专用公路。

根据功能和适应的交通量,公路可分为高速公路、一级公路、二级公路、三级公路、四级公路五个等级。各级公路适应交通量和其他特征见表3-7。

各级公路特征   表3-7

等级	高速	一级	二级	三级	四级
AADT(辆/d)	≥25 000	15 000~55 000	5 000~15 000	2 000~6 000	≤2 000
出入口控制	完全控制	部分控制	不控制	不控制	不控制
设计年限	20	20	15	10	10

2011年全国各级公路里程见表3-8。

2011年全国公路分类里程   表3-8

按作用和使用性质划分					
公路类型	国道	省道	县道	乡道	村道	专用公路
公路里程(万km)	16.94	30.40	53.36	106.60	196.44	6.9
按功能和适应交通量划分					
公路类型	高速	一级	二级	三级	四级	等外公路
公路里程(万km)	8.49	6.81	32.05	39.36	258.64	65.28

公路的主要技术指标有:

①计算行车速度

计算行车速度即设计车速,是表明公路等级与使用水平的控制性指标,是公路几何设计所采用的车速。

②行车道宽度

公路上供车辆行驶的路面面层的宽度,一般指行车道宽度。

③路基宽度

在一个横断面上两路肩外缘之间的宽度。

④极限最小平曲线半径

在平面线形中,路线转向处曲线的总称,包括圆曲线和缓和曲线,称作平曲线。

⑤停车视距

汽车行驶时,驾驶员自看到前方障碍物时起,至到达障碍物前安全停止,所需的最短距离。

⑥最大纵坡

根据公路等级与自然条件等因素所限定的路线纵坡最大值。最大纵坡是公路纵断面设计的重要控制指标,直接影响路线的长短、使用质量、运输成本和工程造价。

⑦桥涵设计车辆荷载及桥面车道数

由国家标准规定作为桥涵设计依据的若干等级标准车辆和车队,分为计算荷载(汽车荷载)和验算荷载(履带车和平板挂车)。

各级公路主要技术指标汇总如表3-9所示。

第3章 各种运输方式运输设施

各级公路技术指标 表3-9

公路等级	高速公路		一级公路		二级公路		三级公路		四级公路	
地形	平原微丘	山岭重丘	平原微丘	山岭重丘	平原微丘	山岭重丘	平原微丘	山岭重丘	平原微丘	山岭重丘
计算行车速度(km/h)	120	80	100	60	80	40	60	30	40	20
行车道宽度(m)	4×3.75	4×3.75	4×3.75	4×3.5	9	7	7	6	3.5	
路基宽度(m)	27.5	24.5	25.5	22.5	12	8.5	8.5	7.5	6.5	
极限最小平曲线半径(m)	650	250	400	125	250	60	125	30	60	15
停车视距(m)	210	100	160	75	110	40	75	30	40	20
最大纵坡(%)	3	5	4	6	5	7	6	8	6	9
桥涵设计车辆荷载	汽车—超20级,挂车—120		汽车—超20级,挂车—120;汽车—20级,挂车—100		汽车—20级,挂车—100		汽车—20级,挂车—100;汽车—15级,挂车—80		汽车—10级,挂车—50	
桥面车道数	4		4		2		2		2或1	

（2）公路的编号

公路路线编号由一位公路管理等级代码和三位数字构成。

①国道按首都放射、北南纵线、东西横线分别顺序编号。以首都为中心的放射线由一位标识码1和两位路线顺序号构成；由北向南的纵线由一位标识码2和两位路线顺序号构成；由东向西的横线由一位标识码3和两位路线序号构成。例：G1××指首都放射线，G2××指南北纵线，G3××指东西横线。

②省道在各省、自治区、直辖市界内按省会（首府）放射线、北南纵线、东西横线分别顺序编号。例：S1××指省会（省府）放射线，S2×××指南北纵线，S3××指东西横线。

X×××——县公路编号；

Y×××——乡公路编号；

Z×××——专用公路编号；

Q×××——其他公路编号。

（3）公路组成

公路是建筑在大地上的一条线形的带状空间结构物，它主要承受各种汽车车轮荷载的重复作用和经受各种自然因素的长期影响。因此，公路不仅要有平顺的线形、缓和的纵坡，而且还要有坚固稳定的路基、平整和抗滑性好的路面、牢固可靠的桥涵以及必要的防护工程和附属设施，以满足公路交通的要求。

公路工程由路线工程和结构工程两大部分组成。

①路线组成

公路路线即公路的中心线。公路为平面上有曲线、纵面上有起伏的立体空间线形。平面线形由直线和平曲线组成,而平曲线又包括圆曲线和缓和曲线。纵面线形由直线坡段和竖曲线两大部分组成。

公路路线的平面、纵断面和横断面是公路的几何组成部分。

②结构组成

公路的结构组成主要包括:路基、路面、桥涵、隧道、排水工程(边沟、截水沟、排水沟、跌水、急流槽、盲沟、过水路面、渗水路堤、渡水槽等)、防护工程(护栏、挡土墙、护脚等)、路线交叉工程及公路沿线设施。高等级公路为进行交通组织,保证交通安全,提高服务质量,发挥公路效能,还设置了较完善的公路安全设施、管理服务设施、通信系统、监控系统、收费系统、供电照明系统、环境绿化工程等。

a. 路基

路基是公路的重要组成部分,是线形构造物的主体。路基是路面的基础,它与路面共同承受车辆荷载的作用,所以,路基必须具有足够的强度和整体稳定性。由于路基通常由天然土石材料修筑而成,因此要求路基应具有足够的水稳定性。路基构造的基本形式如图3-33所示。

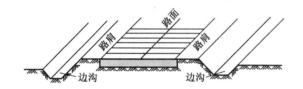 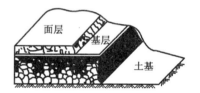

图3-33 路基与路面

b. 路面

路面是公路与汽车车轮直接接触的结构层,主要承受车轮荷载及磨损。它是用各种不同的材料铺筑于路基顶面的单层或多层结构(图3-33);因此,要求路面具有足够的强度、稳定性、平整度和粗糙度,以利车辆在其表面安全而舒适地行驶。路面工程的质量直接影响公路的使用性能和服务质量。

c. 桥梁、涵洞

公路路线常常需要跨越大小不同的障碍物(如河流、山谷、铁路、公路),故需要修筑桥梁和涵洞。我国《公路工程技术标准》(JTG B01—2003)(以下简称《标准》)规定:凡单孔跨径大于等于5m或多孔跨径总长大于等于8m者,都称之为桥梁,当小于上述值时则称为涵洞,如图3-34所示。

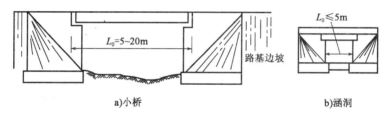

图3-34 桥梁与涵洞

d. 隧道

山区公路,路线往往要翻越垭口或穿越山梁,为了获得较高的路线线形标准,减少过大的土石方开挖工程量,往往以隧道方式通过,如图3-35所示。隧道在施工技术和工程造价上比一般路基要高一些,但它可以避免路线在平面上绕行,改善平面线形,减缓纵坡,缩短路线里程,提高路线标准,降低运输成本。山区高等级公路常常选取隧道方案。

除上述各种基本构造物外,为了保证行车安全、舒适和公路美观,公路的组成还包括交通安全设施、交通管理设施、防护设施、停车设施、公路养护和营运房屋等设施及公路绿化等。

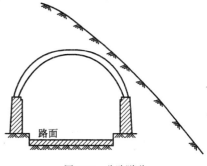

图3-35 公路隧道

2) 公路几何设计要素

公路几何设计要素包括:公路的平面、纵断面、横断面和行车视距等。

(1) 平面线形设计

① 公路平面线形的组成

公路的中心线在水平面上的投影称为公路路线的平面。公路平面线形受地形、地质、地物等障碍的限制而转折时,在公路转折处,就需要设置曲线来连接相邻两直线。因此,公路平面线形是由直线和平曲线组合而成的。而平曲线又分为曲率半径为常量的圆曲线和曲率半径为变量的缓和曲线两种。

《标准》规定:高速公路和一级公路、二级公路、三级公路平面线形要素包括直线、圆曲线、缓和曲线三种,而四级公路平面线形要素包括直线、圆曲线两种。公路路线的平面组成形式如图3-36所示。

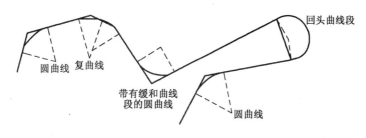

图3-36 公路线形的平面组合

② 直线

直线是平面线形中的基本线形。直线路段的长度应根据路线所处地段的地物、地貌,并结合土地利用、驾驶员的视觉、心理状态以及保证行车安全等合理布设。直线的最大长度及曲线间直线的最小长度一般规定为设计车速的若干倍:直线最大长度为20倍;关于直线最小长度,对于同向曲线一般为6倍,在特殊路线则为2.5倍,对于反向曲线则为2倍。

③ 圆曲线

圆曲线是平面线形中最常用的基本线形。它在路线遇到障碍或地形需要改变方向时设置。各级公路不论转角大小,均应设置圆曲线。圆曲线的主要技术指标就是圆曲线半径。半径一旦确定,则圆的大小和曲率就完全确定了。

汽车以一定的速度 v 沿着半径为 R 的圆曲线行驶时,受到离心力 $C=mv^2/R$ 的作用(图3-37),可能会使汽车有向外滑移或倾覆的危险,为了保证汽车在曲线上的行车安全、舒适,必须对离心力加以限制。限制离心力的方法之一是降低车速,但是公路等级既定,计算行车速度为定值,不能改变;另一个方法则是对半径的限制,半径越大,离心力就越小,汽车在曲线上行驶就越稳定。

因此,为了保证汽车在圆曲线上行驶的稳定性,要求圆曲线半径不宜过小。《标准》规定了三种类型的最小半径,即极限最小半径、一般最小半径、不设超高的最小半径,见表3-10。

圆曲线最小半径　　　　　　　　　　　　　　　　　表3-10

设计速度(km/h)		120	100	80	60	40	30	20
一般值(m)		1 000	700	400	200	100	65	30
极限值(m)		650	400	250	125	60	30	15
不设超高的最小半径(m)	路拱≤2.0m	5 500	4 000	2 500	1 500	600	350	150
	路拱>2.0m	7 500	5 250	3 350	1 900	800	450	200

a. 极限最小半径是指圆曲线半径采用的最小极限值。当受地形条件限制或其他条件限制时方可采用,一般尽可能不采用或少采用极限最小半径。

b. 一般最小半径是指在一般情况下能安全、经济、舒适地行驶的圆曲线最小半径。它介于极限最小半径与不设超高的最小半径之间。

c. 不设超高的最小半径是指在满足设计速度的条件下,汽车能在双向路面横坡的外侧安全、经济、舒适地行驶的圆曲线最小半径。

④公路超高

a. 超高横坡度

当圆曲线半径小于不设超高的最小半径时,为了使汽车能安全、稳定、满足设计行车速度和经济、舒适地通过圆曲线,必须将圆曲线部分的路面做成与内侧路面同坡度的单向横坡,这单向横坡称为超高横坡度,用 i 表示。其目的是为了使汽车在圆曲线上行驶时能获得一个向圆曲线内侧的横向分力,用以克服离心力,减小横向力。由于从圆曲线起点至圆曲线终点的半径是不变的,故 i 从圆曲线起点至圆曲线终点也是一个不变的定值,这个圆曲线上的超高定值,称为该圆曲线的全超高横坡度,如图3-38所示。

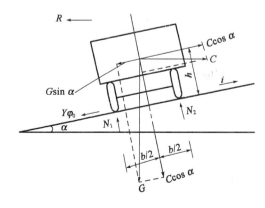

图3-37　汽车在弯道内侧行使的受力图

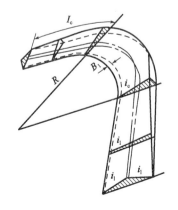

图3-38　圆曲线上的超高设置

超高横坡度应按公路等级、设计速度、圆曲线半径,并结合路面类型、车辆组成和自然条件等情况确定。考虑在圆曲线上行驶的车辆可能以低速行驶,甚至完全停止在圆曲线上,如果这时超高横坡度太大,汽车就有向内侧滑移的可能,特别是在冬季结冰的公路上这种可能性更大,所以以圆、曲线上的超高不能太大。我国《标准》规定了各级公路圆曲线部分的最大超高值,见表3-11。

圆曲线最大超高值(%)　　　　　　表3-11

公　路　等　级	高速公路、一级公路	二、三、四级公路
一般地区	10 或 8	8
积雪冰冻地区	6	

当计算超高横坡度小于路拱坡度时,应设置等于路拱坡度的超高。

b. 超高缓和段长度

全超高横断面应设置在圆曲线范围内。当由直线段的双坡横断面变为圆曲线段的单坡横断面时,为了行车的平顺和线形的美观,中间需要设置一段逐渐过渡段,称为超高缓和段。

在超高缓和段上设置超高时,路面是绕一条固定不动的轴线向前推进并旋转变化的。由于在超高缓和段上逐渐超高,引起行车道外侧边缘线或内侧边缘线的纵坡度逐渐增大或减小,使边缘线纵坡与旋转轴线设计纵坡(即原路线设计纵坡)不一,这个由于超高而引起的旋转轴线与行车道(设路缘带时为路缘带)外侧边缘线之间的相对坡度称为超高渐变率。

⑤公路加宽

a. 设置加宽的原因

当汽车在平曲线上行驶时,各个车轮的轨迹半径是不同的,如图3-39所示。后轴内侧车轮的行驶轨迹半径最小,前轴外侧车轮的行驶轨迹半径最大。驾驶员在圆曲线部分操纵汽车使前轮轮轴中心沿着车道中线行进,后轮轮轴中心就会向内侧偏移,后轴内轮常超出车道内侧边缘。圆曲线半径越小,或汽车轴距越长,后轮的偏移值越大。

由此可知,在弯道上行驶的汽车所占的路面宽度要比在直线上所占的路面宽度大些,为了使汽车及挂车的后轮能够在坚实的车道上行驶,公路设计时,将圆曲线内侧的路面适当予以加宽,称为圆曲线加宽。

b. 圆曲线上全加宽值的确定

在圆曲线上,其曲线半径为定值。一般情况下,汽车从圆曲线起点至圆曲线终点的车轮转向角也是保持不变的,则圆曲线起点至圆曲线终点的路面加宽也就是一个不变的定值,这个定值称为圆曲线上的全加宽值,简称加宽值,如图3-40所示。

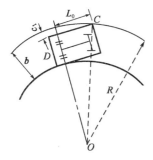

图3-39　平曲线上汽车行驶轨迹

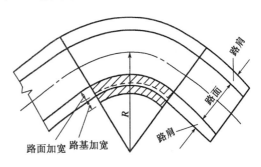

图3-40　圆曲线上的全加宽

圆曲线上的路面全加宽值,是根据会车时两辆汽车之间及汽车与路面边缘之间所需的间距决定的,它与圆曲线半径、车型和行车速度等因素有关。

⑥缓和曲线

缓和曲线是道路平面线形要素之一,它是设置在直线与圆曲线之间或半径相差较大的两个转向相同的圆曲线之间的一种曲率连续变化的过渡曲线。它是协调平面线形的主要线形要素,如图 3-41 所示。

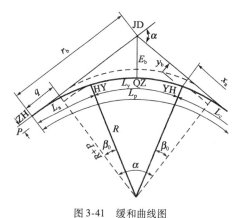

图 3-41 缓和曲线图

a. 设置缓和曲线的目的

a)有利于驾驶员操纵转向盘;

b)离心加速度逐渐变化,使旅客感觉舒适;

c)完成超高和加宽的过渡,即行车道的超高或加宽应在缓和曲线内逐渐过渡到圆曲线部分的全超高或全加宽;

d)与圆曲线配合得当,增加线形美观。

由上可知,缓和曲线既能满足转向角和离心力逐渐变化的要求,同时又能在缓和曲线内完成加宽与超高的逐渐过渡,它比加宽缓和段及超高缓和段更加完美。故《标准》规定,三级(含三级)以上的公路,为改善行车条件,均需设缓和曲线。加宽缓和段和超高缓和段只有在四级公路上才能代替缓和曲线。

b. 缓和曲线的最小长度

由于车辆要在缓和曲线上完成由直线段平顺地过渡到圆曲线段,所以要求缓和曲线有足够的长度,以使驾驶员能从容地操纵转向盘,乘客感觉舒适,线形美观流畅,圆曲线上的加宽和超高的过渡也能在缓和曲线内完成。因此,应对缓和曲线的最小长度加以限制。

缓和曲线最小长度可从以下几个方面考虑:

a)乘客感觉舒适。汽车行驶在缓和曲线上,其离心加速度 a_s 将随着缓和曲线曲率的变化而变化,若变化太快,会使旅客有不舒适的感觉,我国公路设计中采用 $a_s = 0.6 \text{m/s}^2$。

b)行驶时间不过短。为防止产生行车事故,应使车辆在缓和曲线上的行驶时间不过短。在缓和曲线上行驶时,驾驶员操纵转向盘最合理的行程时间经实验测定为 3~5s,我国采用 3s。

c)超高渐变率适中。考虑了上述影响缓和曲线长度的各项因素,我国《标准》制定了各级公路缓和曲线最小长度,见表 3-12。

缓和曲线最小长度　　表 3-12

设计速度(km/h)	120	100	80	60	40	30	20
最小长度(m)	100	85	70	60	40	30	20

在确定缓和曲线最小长度时,应注意:

a)缓和曲线长度应随圆曲线半径的增大而增大。

b)当圆曲线部分按规定需要设置超高时,缓和曲线长度还应大于超高过渡段长度。

(2)纵断面线形设计

①纵断面线形的组成

由于地形、地物、地质、水文等因素的影响,公路路线在平面上不可能从起点至终点均为一条直线,在纵断面上也不可能从起点至终点均为一条水平线,而是有起伏的空间线。公路的纵断面即沿着中心线竖直剖切公路,并沿路线长度方向展开成平整的竖面,称为路线纵断面。

公路纵断面线形就是根据汽车的动力性能,公路的性质、等级、交通组成及当地的气候、地形、地质、水文、土质条件,考虑路基稳定、排水及工程量等的要求,来研究和确定这条空间曲线在纵断面方向上的最佳布置方案。公路纵断面线形直接影响行车安全与速度、工程造价、营运费用和乘客的舒适程度,它是公路线形设计的主要内容之一。

在纵断面图上(图3-42),有两条主要的线:一条是地面线,它是根据中线上的各个桩号高程而点绘的一条不规则折线,它基本上反映了沿着路中线地面的起伏变化情况;另一条是设计线,它是根据公路等级、汽车的爬坡性能、地形条件、路基临界高度及视觉等方面的要求,并通过技术、经济以及美学,多方比较后定出的一条规则形状的几何线。

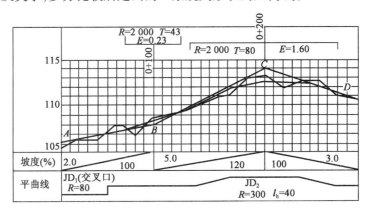

图3-42 路线纵断面

纵断面设计线是由直线段(匀坡线)和竖曲线组成的。坡线的坡度即路线纵向坡度,简称纵坡,用符号 i 表示,其值以高差 h 与水平距离 l 之比的百分数来表示,即 $i=h/l\%$。理想的纵坡度应当是均匀平缓的纵坡,各种车辆都能最大限度地接近设计速度行驶。但这样的设计往往受到地形和投资的限制,而且线形与周围景观也难以协调,这是纵断面设计需要解决的主要问题。

②坡度大小选择

a.最大纵坡

最大纵坡是指在纵断面设计中,各级公路允许采用的最大纵坡值。它是路线纵断面设计中的一项重要控制指标,特别是山岭区,最大纵坡直接影响着公路路线的长短、公路的使用质量、行车安全及运输成本和工程造价。

在确定公路的最大纵坡时,应综合考虑汽车的动力特性、公路的等级、自然条件,并应保证车辆安全行驶及工程运营经济等因素。

我国《标准》规定的各级公路的最大纵坡值见表3-13。

公路最大纵坡值　　　　　表3-13

设计速度(km/h)	120	100	80	60	40	30	20
最大纵坡(%)	3	4	5	6	7	8	9

a)当高速公路受地形条件或其他特殊情况限制时,经技术经济论证,其最大纵坡值可增加1%。

b)公路改建中,设计速度为40km/h、30km/h、20km/h的,利用原有公路的路段,经技术经济论证,其最大纵坡值可增加1%。

c)位于市镇附近非机动车交通比例较大的路段,纵坡可根据具体情况适当放缓,平原、微丘区宜不大于2%~3%;山岭、重丘区宜不大于4%~5%。

d)位于海拔2 000m以上或积雪冰冻地区的四级公路,其最大纵坡不应大于8%。

e)在海拔3 000m以上的高原地区,因空气稀薄而使汽车发动机功率降低,相应地降低了汽车的爬坡能力。此外,在高原地区行车,汽车水箱的水容易沸腾,冷却效果变差。故《标准》规定:在海拔3 000m以上的高原地区,各级公路的最大纵坡应按表3-14的规定折减。最大纵坡折减后,若小于4%,则应采用4%。

最大纵坡折减值 表3-14

海拔高度(m)	3 000~4 000	4 000~5 000	5 000以上
纵坡折减(%)	1	2	3

b. 最小纵坡

规范对最大纵坡加以限制,并不等于说纵坡越小越好。为了保证挖方路段、设置边沟的低填方路段和横向排水不畅路段的排水,以防止积水渗入路基而影响路基的稳定性,一般在这些路段避免采用水平纵坡,否则将导致边沟采用排水纵坡而使边沟挖得过深。所以《标准》规定:在各级公路的长路堑路段,以及其横向排水不畅的路段,均应采用不小于0.3%的纵坡。当必须设计平坡或小于0.3%的纵坡时,其边沟应作纵向排水设计。

③坡道长度

a. 最短坡长限制

为保证汽车行驶的安全与平顺,其纵坡坡长不宜过短。最短长度以不小于设计速度行驶9~12s的行程为宜。我国《标准》对各级公路的最短坡长规定见表3-15。

各级公路最短坡长 表3-15

设计速度(km/h)		120	100	80	60	40	30	20
最小坡长(m)	一般值	400	350	250	200	160	130	80
	最小值	300	250	200	150	120	100	60

b. 最大坡长限制

大量资料表明,当连续纵坡大于5%的坡段过长,会产生下列危害:汽车需克服升坡阻力而降低车速,提高动力因数而造成水箱开锅,产生气阻,致使汽车爬坡无力,甚至熄火。下坡时制动次数太多,易造成车祸,故《标准》规定各级公路不同的纵坡的最大坡长应满足表3-16的要求。

④竖曲线半径

纵断面上相邻两条坡度线相交处,会出现变坡点和变坡角。在变坡处,用一段曲线予以连接,以利于车辆平顺行驶,这就是竖曲线,如图3-43所示。

凸形竖曲线半径的选定应能提供汽车行驶所需要的视距,以保证汽车能安全、迅速地行驶。

不同坡度的最大坡长 表3-16

设计速度(km/h) 最大坡度(m) 纵坡坡度(%)	120	100	80	60	40	30	20
3	900	1 000	1 100	1 200	—	—	—
4	700	800	900	1 000	1 100	1 100	1 200
5	—	600	700	800	900	900	1 000
6	—	—	500	600	700	700	800
7	—	—	—	—	500	500	600
8	—	—	—	—	300	300	400
9	—	—	—	—	—	200	300
10	—	—	—	—	—	—	200

凹形竖曲线主要是为了缓和行车时汽车的颠簸和振动而设置。汽车沿凹形竖曲线路段行驶时,在重力方向会受到离心力的作用而发生颠簸和引起弹簧负荷增加。因此,凹形竖曲线最小半径及最小长度的主要控制因素是使离心力不致过大。

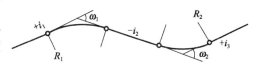

图3-43 竖曲线的形式

《标准》将竖曲线半径分为极限最小半径与一般最小半径两种。极限最小半径是汽车在纵坡变更处行驶时,为缓和冲击和保证视距所需的最小半径计算值,该值在受地形等特殊情况约束时方可采用。

《标准》规定:各级公路竖曲线最小半径见表3-17,通常采用的值应大于或等于一般最小半径值。

竖曲线最小半径 表3-17

设计速度(km/h)		120	100	80	60	40	30	20
凸形竖曲线半径(m)	一般值	17 000	10 000	4 500	2 000	700	400	200
	极限值	11 000	6 500	3 000	1 400	450	250	100
凹形竖曲线半径(m)	一般值	6 000	4 500	3 000	1 500	700	400	200
	极限值	4 000	3 000	2 000	1 000	450	250	100

(3)横断面设计

公路中心线法线方向的剖面图称为公路横断面图,简称横断面,如图3-44所示。公路横断面设计即根据行车对该公路的要求,结合当地的地形、地质、气候、水文等自然因素,确定公路横断面的形式、各组成部分的位置和尺寸。横断面设计的目的是保证公路具有足够的断面尺寸、强度和稳定性,使之经济合理,同时为路基土石方工程数量计算、公路的施工和养护,提供依据。

通常横断面设计是在平面设计、纵断面设计完成后进行的。

公路横断面一般包括路面、路基(边坡)、路肩、中央分隔带、人行道以及在用地范围内设置的标志、照明设备、防护栏和取土坑、弃土堆、树木等整个断面。

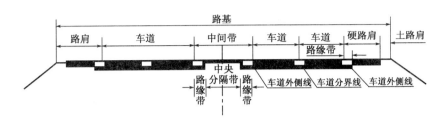

图 3-44 公路横断面图

①行车道

行车道宽度与汽车宽度、汽车行驶速度、交通量、交通组成等因素有关,一般应有能满足对向车辆错车、超车或并列行驶所必需的余宽,通常变动于 3.5~3.75m 范围内,大部分情况采用后者,山岭、重丘地区才采用低值。

车道数取决于设计交通量和车道的通行能力,对于高速公路和一级公路,一般采用四车道。设计交通量超过其通行能力时,可按双数增加;二级和三级公路一般为两个车道,四级公路则采用单车道,而间隔适当距离设置错车道。

②中间带

高速和一级公路应设置中间带,以分隔往返车流,保证安全,减少事故,提高通行能力。中间带由两条分设在各个方向行车道左侧的路缘带以及中央分隔带组成。

③路肩

行车道的两侧需设置路肩,以保持行车道的功能和临时停车使用并作为路面的横向支承。

(4)行车视距

驾驶员在行车过程中,从发现前方障碍物后而进行制动或绕避时,车辆所行驶的最小长度,称为行车视距。它是保证汽车运行安全所必须考虑的设计因素。行车视距有如下 3 种。

①停车视距:汽车行驶时,驾驶员自看到前方障碍物时起至到达障碍物前安全停车止所需的最短行车距离。分析时,驾驶员的视线高度为 1.2m,障碍物的高度为 0.1m,如图 3-45 所示。

②会车视距:两辆对向行驶的汽车能在同一车道上及时制动所必需的距离。规定会车视距为停车视距的 2 倍,如图 3-46 所示。

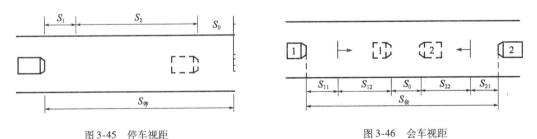

图 3-45 停车视距　　　　　　　　图 3-46 会车视距

③超车视距:在双车道公路上,后车超越前车时,从开始驶离原车道之处起,至可见逆行来车并能超车后安全驶回原车道所需的最短距离,其视高 1.2m,物高 1.2m,如图 3-47 所示。

3)公路主要结构物

公路结构物主要包括路基和路面。

(1) 路基

路基指路面下的土基,是公路的重要组成部分。它是按照路线位置和一定的技术要求修筑的带状构造物,承受由路面传播下来的荷载。路基必须具有足够的强度、稳定性和耐久性。路基由石质和石质材料组成,横断面形式可分为路堤、路堑和半填半挖三种基本类型。

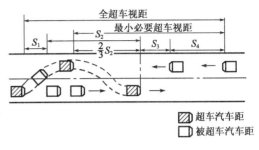

图 3-47 超车视距

① 路堤

路堤是高于原地面的填方路基,其断面由路基顶宽、边坡坡度、护坡道、取土坑或边沟、支挡结构、坡面防护等部分组成,如图 3-48 所示。

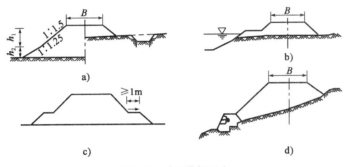

图 3-48 路堤横断面图

② 路堑

路堑指全部由地面开挖出的路基,有全路堑、半路堑(又称台口式)和半山岬三种形式。其断面由路基顶宽、边沟、排水沟、截水沟、弃土堆、边坡坡度、坡面防护、碎落台等部分组成,如图 3-49 所示。

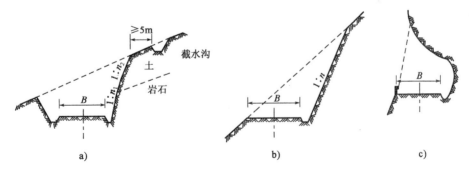

图 3-49 路堑横断面图

③ 半填半挖

半填半挖指横断面上部分为挖方,下部分为填方的路基,通常出现在地面横坡较陡处,它兼有上述路堤和路堑的构造特点和要求。

(2) 路面

在路基表面上用各种不同材料分层铺筑而成的结构物,供车辆在其上以一定的速度安全舒适地行驶,如图 3-50 所示。

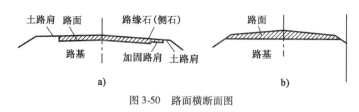

图 3-50 路面横断面图

良好的路面必须具备:

a.足够的强度,以支承行车荷载,抵抗车辆对路面的破坏和过大的变形;

b.较高的稳定性,使路面强度在使用期内不致因水文、温度等自然因素的影响而产生幅度过大的变化;

c.一定的平整度,以减小车轮对路面的冲击力,保证车辆安全舒适地行驶;

d.适当的抗滑能力,避免车辆在路面上行驶和制动时发生溜滑。

① 路面等级

路面按其使用品质、材料组成和结构强度的不同分为四个等级。

a.高级路面:包括用水泥混凝土、沥青混凝土、厂拌沥青碎石、整齐石块或条石面层铺筑的路面。这种路面强度高、寿命长,能适应较大的交通量和较高的行车速度,路面养护费少,运输成本低,但基建投资较大,一般用于高速公路和一、二级公路。

b.次高级路面:包括用沥青灌入式、路拌沥青碎(砾)石、沥青表面处治、半整齐石块等面层铺筑的路面,强度和使用寿命较高级路面差,造价较高级路面低,一般用于二、三级公路。

c.中级路面:包括用碎石、砾石(泥结或级配)、不整齐石块、其他材料等面层铺筑的路面,强度较低,使用期较短,易扬尘,须经常养护,补充材料,造价较低,运输成本较高,一般用于三、四级公路。

d.低级路面:包括用各种粒料加固土及其他各种当地材料加固土等面层铺筑的路面,如炉渣土、砾石土和砂砾土等,强度低,须经常养护,运输成本高,一般用于四级公路。

② 路面类型

按其力学特性可分为两大类。

a.柔性路面,包括用各种基层(水泥混凝土除外)和各种沥青面层、碎(砾)石面层、石块面层组成的路面。在行车荷载作用下产生的弯沉变形较大。

b.刚性路面,即水泥混凝土路面。这种路面的刚度大,板体性强,在行车荷载作用下产生的弯沉变形很小,扩散荷载能力好。

(3)路面结构组成

路面结构一般由面层、基层与垫层组成,如图 3-51 所示。

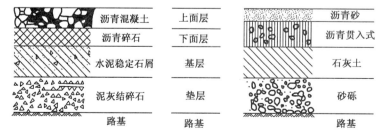

图 3-51 路面结构层图

①面层

面层是直接承受车轮荷载反复作用和自然因素影响的结构层,它应具有足够的强度、良好的温度稳定性、耐磨、抗滑和平整。面层可由一层或数层组成。

②基层

基层是设置在面层之下,并与面层一起将车轮荷载的反复作用传播到基层、垫层、土基,是起主要承重作用的层次,它应具有足够的强度和刚度。基层有时设两层,分别称为上基层、下基层。

③垫层

垫层是设置在下基层与土基之间的结构层,起扩散荷载应力、排水、隔水、防冻、防污等作用。

4) 公路沿线设施

(1) 公路沿线设施的种类

公路沿线设施是公路交通安全、管理、服务、环保等设施的总称,其范围包括:交通安全设施、交通管理设施和服务设施。公路沿线设施是公路的组成部分,它对提高公路的服务性能、保障行车安全和交通畅通具有十分重要的意义。

(2) 交通安全设施

交通安全设施是用来标明公路边缘及线形,诱导驾驶员的视线,防止车辆驶出路外,保证行人安全以及起隔音、遮光等作用,并且保证公路交通安全,提高公路服务质量的安全设施。它主要包括安全护栏、标柱、隔离设施、防眩设施、视线诱导设施、照明设施、平曲线反光镜、安全岛、人行天桥、人行地道、分隔带等。

①安全护栏

安全护栏是诱导驾驶员视线、防止运行中失控车辆驶出路外或驶入对向车道、人行道,以增加驾驶员和乘客的安全感,减轻车辆、乘客和构造物的损坏程度,控制行人随意横穿公路,保障行人安全的设施。

安全护栏按护栏设置位置的不同可分为路侧护栏、中央分隔带护栏和桥梁护栏等;按护栏受力特点的不同分为刚性护栏、半刚性护栏和柔性护栏。

②隔离设施

隔离设施主要是指隔离栅或称防护栅,是对高速公路、一级公路进行隔离封闭的人工构造物。其目的是为了防止行人、牲畜、非机动车等进入、穿越高速公路、一级公路或其他禁入区域,防止非法侵占公路用地的设施。

隔离设施一般有金属网、钢板网、刺铁丝网和常青绿篱等几种形式。隔离栅的形式选择必须考虑隔离栅的性能、经济性、美观、与公路周围环境的协调、施工条件以及养护维修等因素。

③视线诱导设施

视线诱导设施是指沿车道两侧设置的,用以指示道路间、车行道边界及危险路段位置的设施的简称,包括路边缘轮廓标、分流诱导标、合流诱导标、指示性线形诱导标、警告性线形诱导标、标柱等。

④防眩设施

防眩设施是设置于道路中央,以防止夜间行车不受对向车辆前照灯灯光眩目的构造物。防眩措施一般采用防眩板(网)、种植植物(灌木)两种形式。

(3)交通管理设施

公路交通管理设施是保证车辆高速、安全行驶的必要条件。公路管理的好坏,对发挥公路运输效率及确保行车安全影响极大。因此,各级公路应按规定设置必要的交通管理设施。交通管理设施主要包括交通标志、交通标线和标记、交通监控设施、收费设施等。

交通管理设施要与有效的管理手段相配合,才能充分发挥其效能和作用。

①道路交通标志

道路交通标志是用图形符号、颜色和文字向交通参与者传递特定信息,用于管理交通、保证公路交通安全、协助车辆顺利通行的交通设施。

交通标志包括主标志和辅助标志两大类。主标志包括警告标志、禁令标志、指示标志和指路标志;辅助标志为附设于主标志下起辅助说明作用的标志,可分别表示时间、车辆种类、区域或距离、警告禁令理由等。

②道路交通标线

道路交通标线是由标画于路面上的各种线条、箭头、文字、立面标记、突起路标和轮廓标等所构成的交通安全设施。其作用是配合标志牌对交通进行有效的管制和引导,指引车辆分道行驶,以达到通畅和安全的目的。标线可以与标志配合使用,也可单独使用。

道路交通标线按功能不同分为指示标线、禁止标线和警告标线三类;按设置方式的不同可分为纵向标线、横向标线及其他标线。

③其他交通管理设施

a. 交通监控设施

交通监控是现代化交通管理系统中不可缺少的环节。它可获悉公路上发生的偶然事件,以帮助公路管理人员及时采取措施疏导交通,保证交通正常运行。目前已使用的交通监控设施有:交通流检测器、电视监控、电话等。

b. 收费设施

公路收费设施除收费站建筑以外,还包括:收费车道设备、车道控制计算机系统、终端、电动栏杆和车辆检测器等。此外,收费设施还有票据打印机、票额显示器、通话设备、信号灯、报警装置等。

(4)服务设施

①服务设施

所谓服务设施是指设置在公路上,为公路使用者提供服务的服务区。高速公路应根据交通量大小、路段的长度、沿线的景观及地形情况,选择适当地点设置服务区,并合理确定服务区的功能和规模。一级公路、二级公路可视实际需要设置简易的服务设施。

根据服务设施的等级可以划分为综合性服务站、小型休息点和停车场三类。

综合性服务站是服务项目比较齐全的地方,它包括停车场、加油站、修理场、餐厅、旅馆、邮电、通信、休息室、公共厕所、小卖部等;小型休息点多数是以加油站为主,附设有公共厕所、电话、小块绿地、小型停车场等;停车场是专为旅客、驾驶员休息、观赏景点或车辆临时检修而设置的。

②公路管理房屋

公路管理房屋包括生产、生活用房及场地,如办公楼、宿舍楼、职工食堂、锅炉房(浴室)、车库、配(发)电房、水塔、泵房、污水处理房等。它应以布局合理、设施适用、环境整洁、方便生产与生活为原则,根据不同等级公路管理工作的具体内容、劳动组织、机械配备等,在适宜的地点设置。

3.2.2 汽车

1)汽车的发展历程

(1)世界汽车发展历程

①世界上的第一辆汽车

世界公认德国人卡尔·本茨是现代汽车的发明者,这是因为他于1886年1月29日申领到德国皇家颁发的专利证书。其实在同年,另一位德国工程师戈特里布·戴姆勒也发明了四轮汽车(图3-52),且与现代汽车外观更为接近。

②汽车工业发展的第一个黄金时代

1914年是汽车工业史上的一次变革,美国福特汽车公司的汽车流水装配线正式投产,年生产福特T型车30万辆,相当于当时全美300多厂家生产的总和,由此开始了汽车大生产的历史。

福特汽车的生产方式主要包含两项技术成果。第一是开发大众化轿车的决策,这一决策思想为轿车能真正成为大众代步交通工具作出了决定性的贡献。其次是嫁接了机械制造的标准化思想和流水化生产组织方式。福特T型车成为世界上以标准化思

图3-52 戈特里布·戴姆勒的汽车

想和流水化组织生产的大众化车辆,具有性能良好、规格统一、便于维修、成本低廉等优势。

③汽车工业发展的第二个黄金时代

由于欧洲和日本的汽车工业在两次世界大战中受到很大影响,没有形成大的汽车生产能力,直到20世纪60年代才有了改变。

1954年英国工业恢复后,汽车产量才超过年产百万辆大关,法国于1958年,德国于1956年达到年产百万辆,日本在1963年才超过百万辆。其中,德国人波尔舍博在1938年设计的伏克斯瓦根甲虫型汽车,成为当时世界上最畅销的汽车。

④汽车技术全球扩散时期

1973年发生石油危机,美国汽车工业受到很大的冲击,而日本似乎对此早有察觉,大量研制生产小型节油汽车,终于在1980年跃过1 100万辆大关,成为当年世界第一汽车大国。20世纪90年代,日本经济泡沫破裂,经济低迷,汽车工业也大受影响,美国汽车商通过兼并重组,恢复元气,重新夺回世界第一的宝座。

世界汽车生产目前是三足鼎立的局面,北美、欧洲共同体和日本汽车产量各自均为千万辆级,传统市场逐渐走向饱和,整个西方汽车工业开始向全世界寻求新市场。于是出现了汽车生产厂向第三世界转移,汽车技术向全球扩散的局面,在这一趋势下,第二批汽车生产大国开始出现。

(2)我国汽车的发展

①我国古代的车辆

人类历史上的第一部车是中华民族的祖先发明的。据史料记载,在公元前2000多年的夏

初大禹时代,有一个叫奚仲的人,他发明的车由两个车轮架起车轴,车轴固定在带辕的车架上,车架附有车箱,用来盛放货物。这就是世界上的第一辆车。

最初的车辆,都是由人力来推动的,称为人力车。后来人们开始用牛、马拉车,称为畜力车。

在历代车辆发展过程中,有重要技术价值的还要数指南车和记里鼓车。

在三国时期,有一位技术高明的大技师马钧发明了指南车。指南车是一种双轮独辕车,车上立一个木人伸臂南指。只要一开始行车,不论向东或向西转弯,木人的手臂始终指向南方。

记里鼓车是早在公元3世纪时,中国最先发明的记录里程的仪器,可惜最初结构已失传,到宋代才由燕肃重新制造成功。

指南车和记里鼓车都是利用齿轮传动原理来进行工作的。它的出现,体现了700多年前我国车辆制造工程技术已达到的高度水平,是我国古代技术的卓越成就。

②我国汽车的发展

a.新中国成立前我国汽车工业的发展

a)我国最早进口的汽车

我国最早进口汽车是在1901年(清光绪二十七年),匈牙利人李恩时(Leine)将两辆汽车带入上海。一辆是凉篷式汽车,另一辆是折叠式软篷,前排为双轮座席,车轮是木制的,外面包上实心橡胶轮胎。采用转向盘、转向带和梯形结构控制行驶方向,照明用煤油灯。这两辆车在上海招摇过市,引起轰动。

b)我国自己生产的第一辆汽车

我国的第一辆汽车于1929年5月在沈阳问世,由辽宁迫击炮厂制造。由民生工厂从美国购进"瑞雪"号整车一辆,作为样板车。将整车拆卸,然后除发动机后轴、电气装置和轮胎等用原车零件外,对其他零件重新设计制造,历时两年,于1931年5月终于试制成功我国第一辆汽车,命名为民生牌75型汽车,开辟了中国自制汽车的先河。

b.新中国成立后我国汽车工业的发展

新中国成立后我国汽车工业的发展历程可分为创建、成长、全面发展和高速增长四个阶段。

a)创建阶段(1949~1965年)

新中国成立后,第一代国家领导人亲自筹划建立中国自己的汽车工业。1949年10月,中央重工业部成立,重工业部机器工业局开始着手新中国汽车工业的筹建工作;1950年,建设一座现代化的载货汽车工厂被列入前苏联援助中国的重点工业项目之一;1953年7月,第一汽车制造厂在吉林省长春市奠基;1956年7月,国产第一辆解放牌4t载货汽车在第一汽车制造厂诞生;1958年3月,南京汽车制配厂试制成功3辆跃进牌载货型NJ130 2.5t汽车;同年9月,上海汽车装配厂试制成功第一辆凤凰牌轿车;1960年4月,济南汽车制造厂试制出2辆8t重型黄河牌JN150型汽车。截至1965年,我国汽车工业形成"一大四小"5个汽车制造厂,年生产能力近6万辆,9个车型品种。1965年年底,全国民用汽车保有量近29万辆,其中国产汽车17万辆("一汽"累计生产15万辆)。

这15年的发展,使我国汽车工业的雏形基本形成。

b)成长阶段(1966~1980年)

在这个特定历史阶段,主要是建设"三线"汽车厂,以中、重型载货汽车和越野汽车为主,同时发展矿用自卸车。由于备战,国家确定在"三线"的山区建设以生产越野汽车为主的第二汽车制造厂(简称"二汽")、四川汽车制造厂和陕西汽车制造厂。20世纪60年代后期,我国提出调动地方生产积极性,建设地方工业体系的方针。到1980年,全国汽车生产厂家共56家,汽车生产行业企业总数2 379家。在此期间,一汽、南汽、上汽、北汽和济汽,五个老厂进行技术改造,扩大生产能力,并承担包建和支援三线汽车厂的任务;地方发展汽车工业,几乎全部仿制国产车型;改装车生产向多品种、专业化发展,生产厂点近200家。1980年汽车年产量为22.2万辆,是1965年产量的5.48倍;1966~1980年,我国生产各类汽车累计163.9万辆;1980年,全国民用汽车保有量169万辆,其中载货汽车148万辆。

这15年中,我国汽车工业生产能力有所提升,为进入全面发展阶段奠定了良好的基础。

c) 全面发展阶段(1981~1998年)

在改革开放方针指引下,汽车工业进入全面发展阶段,我国把汽车工业作为我国发展国民经济的支柱产业,针对汽车工业"缺重少轻,轿车几乎是空白"的不利局面,又把轿车工业作为我国汽车工业发展的重点。从20世纪80年代中期开始,我国确定建立"三大:一汽、上海、二汽";"三小:天津、北京、广州"轿车生产基地,并正式将轿车项目列入国家重点支持项目,中国汽车工业开始了战略转移。1984年初,中美合资北京吉普汽车有限公司成立,开始了我国合资生产整车的时代,上海大众、一汽大众、神龙公司、上海通用等一个个大型中外合资轿车企业迅速崛起,并成为中国轿车工业的主力军。

1994年,我国颁布了中国第一部《汽车工业产业政策》,中国汽车业从此进入了快速发展时期。1998年,全国汽车年产量为162.8万辆,全球排名第10位。2000年,全国汽车生产跨越200万辆(207.7万辆),全球排名第8位;商用车生产146.5万辆,全球排名第3位;轿车生产61.3万辆,全球排名第13位;同时,汽车产品结构进一步优化,形成"一汽"、"东风"、"上海"等3个大型企业集团为龙头和16个重点企业集团(公司)为主力军的汽车工业新体制。

在此期间,中国汽车工业从原来的各自建立的散乱差局面转变成现在的以大集团为主的规模化、集约化的产业新格局,是我国汽车工业发展的关键时期。

d) 高速增长阶段(1999年至今)

在此期间,我国的汽车工业尤其是轿车工业技术进步的步伐大大加快,新车型层出不穷;科技新步伐加快,整车技术特别是环保指标大幅度提高,电动汽车开发初见成效;与国外汽车巨头的生产与营销合作步伐明显加快,引进国外企业的资金、技术和管理的力度不断加深,企业组织结构调整稳步前进。

进入21世纪后,我国汽车产销量快速增长,我国汽车工业进入大发展时期,全国建立了600多家中外合资汽车企业,累积了两百多亿美元资本,占全国汽车工业资本的40%以上。中国汽车行业高速发展,近十多年来汽车产销量以每年15%的速度增长,是世界平均速度的10倍,中国已成为世界汽车生产大国之一。2008年,我国汽车产销量分别为934.51万辆和938.05万辆。2009年,我国国产汽车产销分别为1 379.10万辆和1 364.48万辆,首次成为世界汽车产销第一大国。2012年,全国汽车产量为1 927.18万辆,已连续三年超过1 800万辆,连续四年蝉联世界第一,汽车工业已进入总量较高的平稳发展阶段。

2) 汽车的分类与型号

(1) 汽车分类

现代汽车种类繁多,分类方法各有不同。按汽车的用途来分,可分为载客车、载货车、特种车、牵引车和挂车等类型。

①载客车:专门用作人员乘坐的汽车,按其座位多少又可分为轿车和客车。

a. 轿车:除驾驶员外乘坐2~8人的小型客车。通常轿车按发动机的汽缸工作容积大小分为微型(1.0L)、轻型(1.0~1.6L)、中型(1.6~2.5L)和大型(>2.5L)。轿车也可按车身形式分为单厢式、两厢式和三厢式等,如图3-53所示。

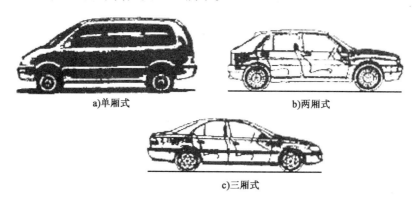

图3-53 轿车按车身分类

b. 客车:除驾驶员外乘坐9人以上的载客车为客车。客车有单层和双层形式,客车按用途可分为旅行客车、城市客车、长途客车和游览客车等;通常客车按总长度分为轻型(<6m)、中型(6~9m)、大型(9~12m)和铰接通道式车(>14m);按总质量分成轻型(<4t)、中型(4~11t)、大型(11~16t)、铰接通道式车(>18t)。

②载货车:主要用于运送货物,也可牵引挂车的汽车。货车按最大总质量分成微型(<1.8t)、轻型(1.8~6t)、中型(6~14t)、重型(>14t)不同类型。

③特种车:特种车即变型车,这类车辆是在汽车底盘上安装了专用设备或车身,专供完成特种任务的汽车。特种车可分为特种轿车(如检阅车、指挥车等)、特种客车(如救护车、监察车等)、特种货车(如罐车、自卸车、冷藏车等)和特种用途车(如建筑工程车、农用汽车等)。

④牵引车和挂车:牵引车是专门或主要用于牵引挂车的汽车,可分为全挂牵引车和半挂牵引车。

全挂牵引车采用牵引杆来牵引挂车,一般都装有辅助货台,可作普通货车使用。半挂牵引车专门用于牵引半挂车,通常装有牵引座。

挂车本身没有自带动力及牵引装置,由汽车牵引组成汽车列车,用以载运人员或货物。挂车分为全挂车、半挂车和特种挂车等。

所谓汽车列车是指一辆汽车(包括牵引车、普通汽车等均可)与一辆或一辆以上挂车的组合。根据组合方式的不同,汽车列车又分为全挂汽车列车、半挂汽车列车和双挂汽车列车,如图3-54所示。

(2)汽车的型号表示

为了便于汽车的生产、使用、维修和管理,各种类型的汽车可以用简单的代号来表示其厂牌、用途和基本性能特征,遵循《汽车产品型号编制规则》(GB 9417—88)中的规定。

汽车产品编号由企业代号、车辆类别代号、主参数代号、产品序号组成,必要时可附加企业自定代号。对于专用汽车及半挂车还应附加专用汽车分类代号,如图3-55所示。

①企业代号一般由企业名称头两个汉字的第一个拼音字母表示(第一汽车集团公司除外)。

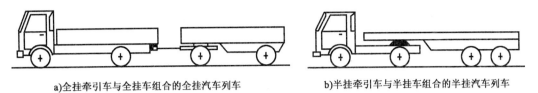

a) 全挂牵引车与全挂车组合的全挂汽车列车　　b) 半挂牵引车与半挂车组合的半挂汽车列车

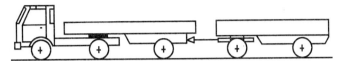

c) 半挂牵引车与一辆半挂车和一辆全挂车组合的双挂汽车列车

图 3-54　汽车列车分类

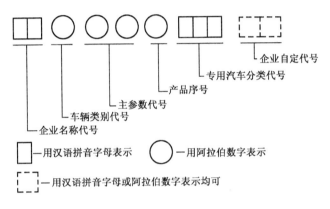

图 3-55　汽车分类代号

② 国产汽车类别代号如表 3-18 所示。

汽车类别代号　　表 3-18

车辆类别代号	车辆种类	车辆类别代号	车辆种类	车辆类别代号	车辆种类
1	载货汽车	4	牵引汽车	7	轿车
2	越野汽车	5	专用汽车	8	
3	自卸汽车	6	客车	9	半挂车及专用挂车

③ 主参数代号。货车、越野汽车、自卸汽车、牵引汽车及半挂车均用车辆总质量（t）表示；客车用车辆长度（m）表示，小于 10m 时，应精确到小数点后一位，并以其值的 10 倍数来表示；轿车用发动机排量（L）表示，精确到小数点后一位，并以其值的 10 倍数表示。

④ 专用汽车分类代号。X 代表厢式汽车，G 代表罐式汽车，Z 代表专业自卸汽车，C 代表仓栅式汽车，T 代表特种结构汽车等。第二、三格为表示其用途的两个汉字的第一个拼音字母。如 CA1091 表示中国第一汽车集团公司所产 9.3t 货车（第二代）；而 SQ5090GSY 则表示由石家庄市汽车制造厂所产的总质量为 9t，并用于运送食品、液体的罐式专用汽车。

3）汽车的基本构造与主要参数

(1) 汽车的基本构造

汽车是由上万个零部件组成的结构复杂的机动交通工具，根据其动力装置、运送对象和使用条件的不同,汽车的总体构造有较大差异,但基本结构都大致由发动机、底盘、车身和电气设备四个部分组成。普通货车总体构造的基本形式见图3-56。

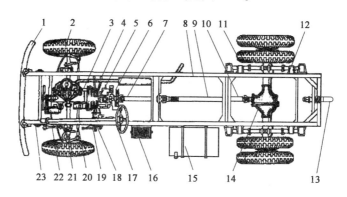

图3-56 普通货车总体构造

1-前保险杠;2-转向车轮;3-发动机;4-离合器;5-变速器;6-驻车制动器;7-中间传动轴;8-车架;9-传动轴;10-万向节;11-驱动车轮;12-后钢板弹簧;13-牵引钩;14-后桥;15-汽油箱;16-蓄电池;17-转向盘;18-制动踏板;19-离合器踏板;20-启动机;21-前桥;22-发电机;23-前钢板弹簧

①发动机

发动机是汽车的动力装置,它将其他形式的能量转化为机械能,通过底盘的传动系统驱动汽车行驶。目前汽车发动机广泛采用的是往复活塞式内燃机,它一般是由曲柄连杆机构、配气机构、燃油供给系统、润滑系统、冷却系统、点火系统(汽油发动机采用)和启动系统组成。柴油内燃机则由除点火系统以外的两大机构和四大系统组成。

②底盘

底盘的作用是支撑、安装汽车发动机及其各部件总称,形成汽车的整体造型,并接受发动机传来的动力,使汽车产生运动,保证正常行驶。底盘由传动系、行驶系、转向系和制动系四部分组成。

传动系是将发动机发出的动力传递到驱动车轮,主要由离合器、变速器、万向节、传动轴和驱动桥等组成;行驶系接受传动系传来的动力,通过驱动轮与路面的作用产生牵引力,使汽车正常行驶,由车架、车桥、悬架和车轮等组成;转向系是用来改变或恢复汽车行驶方向的机构,主要由转向操纵机构、转向器和转向传动机构组成;制动系是使汽车进行一定程度的强制制动的装置,由制动操纵机构和制动器等部分组成。

③车身

车身安装在底盘的车架上,用以驾驶员、旅客乘坐或装载货物。轿车和客车车身一般是整体壳体,有承载式车身和非承载式车身之分。具有承载式车身的轿车和客车,不需再安装车架,它本身就起着承受汽车载荷的作用;非承载式车身则只起车身作用,不能承受汽车载荷,因此它必须支撑在车架上。

车身应具有隔音、隔振和保温等功能,制造工艺性和密封性要好,应能为乘员提供安全而舒适的乘坐环境。其外形应能保证汽车在高速行驶时空气阻力小,且造型美观,并能反映当代车身造型的发展趋势。

④电气设备

汽车电气设备由电器设备和电子设备两部分组成。汽车电器设备由电源(蓄电池、发电机)、汽油机点火设备、发动机启动电动机、照明与信号设备、仪表、空调、刮水器、收录机、门窗玻璃电动升降设备等组成。汽车电子设备包括电控燃油喷射及电控点火、进气、排气、怠速、增压等装置,变速器的电控自动换挡装置,制动器的制动防抱死装置(ABS),车门锁的遥控及自动防盗报警装置等。

上述是汽车的基本构造,为了适应不同使用要求及改善汽车某些方面的使用性能,汽车的构造和布置形式也可作某些变动。例如,为了提高汽车的通过性能,越野汽车做成四轮驱动,这时所有车桥都成为驱动桥,并在传动系中相应地增设分动器等总成。又如,为了提高汽车的载质量,在现有道路允许轴载荷的限制下,载重除前后桥外,还加设支持桥。当载质量小时,支持桥被提升机构吊起来,全车仅由两桥支承;当载质量大时,支持桥落下,全车由三桥支承。

(2)汽车的主要技术参数

汽车的主要技术性能通常用下列参数来表示,如图3-57所示。

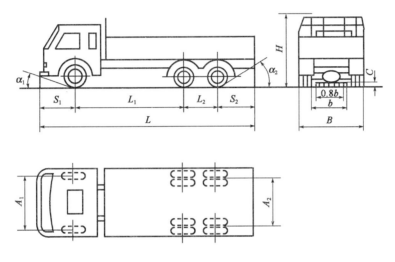

图3-57 汽车主要参数

①汽车的容载与质量性能指标

a. 空车质量,是指标准装备的汽车质量,即完整的发动机、底盘、车身、全部电气设备和车辆正常行驶所需要的辅助设备的质量,以及加足燃料、润滑油料、冷却液和随车工具、备用车轮及备品等的质量之和。

b. 载质量,是指汽车上所允许的额定装载量,通常货车以"t"表示;客车以"座位数"或"人数"表示。

c. 最大总质量,指汽车满载时的总质量。

d. 最大轴载重,指汽车单轴所承载的最大总质量。

②汽车的通过性

a. 最小离地间隙 C,指车辆满载时中间区域下部的最低点到地面之间的距离,用以表明汽车在道路不平处可以无碰撞越过的高度。而汽车中间区域是指汽车外形轮廓投影到与汽车纵向对称平面垂直的铅平面上,汽车与同一轴两端车轮(包括复式车轮)内线所在平面之间距离 b 的80%,即 0.8 区域内。

b. 接近角,指汽车前端最突出点向前轮引的切线与地面的夹角。

c. 离去角,指汽车后端最突出点向后轮引的切线与地面的夹角。

d. 最小转弯半径,指汽车在转弯时,转向盘转到最大极限位置时,外侧前轮所滚过的轨迹半径,以表明汽车在行驶中的灵活程度。

③汽车的动力性

a. 最高车速,指汽车在平坦公路上行驶时能达到的最大速度。

b. 爬坡能力,指汽车的最大爬坡能力,一般指汽车在满载和Ⅰ挡状态下能爬上的最大坡度的倾斜角度。

c. 加速时间,汽车在各种使用条件下迅速增加行驶速度的能力。加速性能越好,平均车速就越高,动力性就越好。常用原地起步加速时间和超车加速时间来表示汽车的加速性能。

原地起步加速时间指汽车由Ⅰ挡或Ⅱ挡起步,并以最大的加速强度逐步换挡至最高挡后到某一预订的距离或车速所需要的时间;超车加速时间指用最高挡或次高挡由某一较低车速全力加速至某一较高车速所需要的时间。

④汽车的制动性

a. 制动效能,是指迅速减速直至停车的能力。在良好路面上,汽车以一定初速度制动到停车,所产生的制动减速度、制动距离和制动时间都是最基本的制动性评价指标。

b. 制动效能恒定性,主要是指抗热衰性,即在高速制动或下长坡连续制动时制动效能的稳定程度。

c. 制动方向的稳定性,是指汽车在制动时按照指定轨迹行驶的能力,即不发生跑偏、失去转向能力或侧滑的现象。

⑤汽车的燃料经济性

燃料经济性评价指标,常用一定工况下汽车行驶百公里的燃料消耗量或一定燃料能够使汽车行驶的里程量来衡量。

等速行驶百公里燃油消耗量是常用的一种评价指标,指汽车在一定载荷(我国规定轿车为半载,货车为满载)下,以最高挡在水平良好的路面上等速行驶 100km 的燃油消耗量。

3.3 水路运输设施

水路运输设施主要包括港口、航道、航标及船舶等。

3.3.1 港口

港口是具有一定面积的水域和陆域,供船舶出入和停泊、货物和旅客集散的场所。港口具有水陆联运设备和条件,是水陆交通的集结点和枢纽,工农业产品和外贸进出口物资的集散地。由于港口是联系内陆腹地和海洋运输的一个天然界面,因此,人们也把港口作为国际物流的一个特殊结点。

1)港口的分类和功能

(1)港口分类

港口按功能、用途,可分为商港、渔港、工业港和军港;按地理位置,可分为河口港、海港、河港和运河港。

①河口港

河口港位于河流入海口或受潮汐影响的河口段内,可兼为海船和河船服务,一般有大城市作依托,水陆交通便利,内河水道往往深入内地广阔的经济腹地,承担大量的货流量,故世界上许多大港都建在河口附近,如鹿特丹港、伦敦港、纽约港、列宁格勒港、上海港等。河口港的特点是,码头设施沿河岸布置,离海不远而又不需建防波堤,如岸线长度不够,可增设挖入式港池。

②海港

海港位于海岸、海湾或泻湖内,也有离开海岸建在深水海面上的。位于开敞海面岸边或天然掩护不足的海湾内的港口,通常须修建相当规模的防波堤,如大连港、青岛港、连云港、基隆港、意大利的热那亚港等。供巨型油轮或矿石船靠泊的单点或多点系泊码头和岛式码头属于无掩护的外海海港,如利比亚的卜拉加港、黎巴嫩的西顿港等。泻湖被天然沙嘴完全或部分隔开,开挖运河或拓宽、浚深航道后,可在泻湖岸边建港,如广西北海港。也有完全靠天然掩护的大型海港,如东京港、香港港、澳大利亚的悉尼港等。

③河港

河港位于天然河流或人工运河上的港口,包括湖泊港和水库港。湖泊港和水库港水面宽阔,有时风浪较大,因此同海港有许多相似处,如往往需修建防波堤等。苏联古比雪夫、齐姆良斯克等大型水库上的港口和中国洪泽湖上的小型港口均属此类。

④运河港

运河港位于运河上,如我国徐州港、扬州港、万寨港等。

(2)港口功能

港口的主要功能是集散旅客与货物。因此,港口一方面要有良好的水域,保证进出港船舶航行安全;另一方面要有功能齐全的陆上设施与机制健全、运行灵活的管理机构,以保证高效、安全的集散旅客与货物。具体来说,港口具有如下功能。

①运输、中转和集散的功能

港口是远洋运输的起点与终点,而海上运输占国际贸易运输的比例在75%以上,因而港口在整个运输链中总是货物的主要集散地。

②工业的功能

港口往往是生产要素的最佳结合点。许多重大型企业为了降低原材料和产品进出的流通成本,通常都将生产、销售基地建在港口附近地区。

③商业贸易的功能

港口是最重要的信息中心,"港口是国民经济的晴雨表"。对贸易而言,港口是不同贸易运输方式汇集的最关键的环节。现代技术特别是现代信息技术与自动化技术可为港口提供良好的控制与管理,使其更好地成为海港与内陆腹地联系的中枢。

④国防军事的功能

商港在和平时期是水陆运输枢纽,而在战争时期则是敌人破坏的主要对象之一。事实上一旦战争发生,经常将商港改为军用港。

2)港口选址的基本要求

从平面布局来看,选择到一个良好的港址是非常不容易的。目前,港口位置一般需满足下列要求。

(1) 船舶航行方面的要求

因为港口主要是为船舶服务的，所以这项要求具有决定性的意义。

①船舶能安全方便地进出港口，安全顺利地在港内运转和锚泊。

②港口水域和航道，经过适当疏浚后就能达到需要的水深，同时要求地址稳定，回淤影响小。

③港口水域要有良好的掩护条件，防淤、防浪，减少水流和流冰的影响。

(2) 港口经营管理方面的要求

①有足够的陆域面积，或有回填陆域的可能性，以便港口作业区域和陆域上的各种建筑物能合理的规划与布置，有远景发展需要的水域和陆域面积。

②有广阔的经济腹地，以保证有足够的货源，且港口的位置适合于经济运输，即使货物总运费最省。

③能方便地布置陆上各种运输线路，与生产和消费地点要有尽可能短的运距。

(3) 港口建筑方面的要求

为了保证筑港顺利进行，节约港口基本建设投资和今后的长期维修费用，应尽可能做到：

①港址的自然条件应使得建筑工程量最小，工程造价最低。

②具有良好的建筑施工条件，有为施工船舶防浪、避风的水域，充足的水源和电源以及工人住宅区。

③建筑材料运距最短和费用最低。

(4) 港口与城市配置方面的要求

这里所指的城市包括居民点和工业企业集中地。因为港口的配置与发展是与城市的发展分不开的，它对港口的使用和建设具有重要意义。

①港址必须符合城市整体规划的利益，如不能影响城市交通，并尽量留出岸边以供城市居民需要的海滨公园、海滨浴场使用等。

②水陆联运换装中心作业也应放在城市中心区范围以外，此类货物大多只是在港口转运，而不供应给本地使用，因此在城外作业更为有利，以减少市内交通压力和环境污染。

③港口位置应不影响城市的安全与卫生，特别是危险品作业应远离市区。

除上述四大方面外，港口布局还应考虑国防上的要求。因为商港在和平时期是水陆运输枢纽，而在战争时期则是敌人破坏的主要对象之一。

3) 港口的主要设施

港口的主要设施包括港口水域设施、港口陆上设施及港口水工建筑物。某海港的平面布置见图3-58。

(1) 港口水域设施

港口的水域包括港池、航道与锚地。

①港池

港池一般指码头附近的水域。它需要有足够深度与宽广的水域，供船舶靠离操作。

对于河港或与海连通的河港，一般不需要修筑防浪堤坝，如上海黄浦江内的各港区和天津海河口的港口。对于开敞海岸港口，如烟台、青岛、大连等，为了阻挡海上风浪与泥沙的影响，保持港内水面的平静与水深，必须修筑防波堤。防波堤的形状与位置根据港口的自然环境确定。港池要保持足够的水深，以保证吃水最大的进港船舶靠泊；港池要有足够宽广的水域，使船舶有足够的操纵余地。

②锚地

锚地是供船舶抛锚候潮、等候泊位、避风、办理进出口手续、接受船舶检查或过驳装卸等停泊的水域。锚地要求有足够的水深,使抛锚船舶即使由于较大风浪引起升沉与摇摆时仍有足够的富余水深。

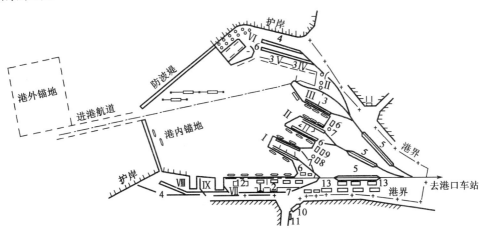

图 3-58 海港平面布置图

Ⅰ-件杂货码头;Ⅱ-木材码头;Ⅲ-矿石码头;Ⅳ-煤炭码头;Ⅴ-矿物建筑材料;Ⅵ-石油码头;Ⅶ-客运码头;Ⅷ-工作船码头及航修站;Ⅸ-工程维修基地;1-导航标志;2-港口仓库;3-露天货场;4-铁路装卸线;5-铁路分区调车场;6-作业区办公室;7-作业区工人休息室;8-工具库房;9-车库;10-港口管理局;11-警卫室;12-客运站;13-储存仓库

锚地的底质一般为平坦的沙土或亚泥土,使锚具有较大的抓力,而且远离礁石、浅滩等危险区。锚地离进出口航道要有一定距离,以不影响船舶进出为准,但又不能离进出口航道太远,以便于船舶进出港操作。过驳装卸的锚地不仅要考虑锚泊大船本身的旋回余地,还要考虑过驳小船与装卸作业的安全。锚地水域面积的大小根据港口进出船舶艘次与风浪、潮水等统计数据而定。

③航道

在此,航道指的是船舶进出口航道。为保证安全通航,必须有足够的水深与宽度,不能弯曲度过大。为了避免搁浅、擦浅而造成船舶、生命财产损失与环境污染,船舶在航行时必须在龙骨基线以下保持足够的富余水深。

船舶航行时留有富余水深的原因有两个:a. 实际水深与预报水深不一致;b. 船舶运动时吃水增加。在考虑船舶富余水深的同时,除上述因素外,还需考虑船舶所装货物的危险程度、海底底质等因素,如对油轮、液化气或其他危险品货物的运输船舶,必须适当增加富余水深,以确保船舶安全与水域环境不受污染。如海底为坚硬岩石,则富余水深要留得多一些;而海底为淤泥,富余水深可留得少一些。

确定航道宽度要考虑下列因素:船舶航行时由于风、流的影响,航迹带要比船宽大,一般为 2.0~4.5 倍船宽。若是双向航道,船舶对遇、追越或平行航行均存在船间效应,其中包括不同的相对位置,产生不同的吸力、排斥力、向内力矩与向外力矩。这种力与力矩也经常是造成船舶碰撞的原因。为此,在设航道宽度要增加一个船宽。船舶贴近航道边航行时,由于岸壁效应而产生吸力。富余水深小,吸力大;船舶方形系数大,吸力大。

根据上述三因素,典型的双向航道为通航船舶宽度的8倍,单向航道为通航船舶宽度的5倍。从航行安全考虑,航道弯度即航道转向角一般不大于30°,转弯半径不小于通航船舶船长的3~5倍,两次转向之间的直航距离要大于通航船舶船长的6倍。如果通航船舶的船速较大,风压与流速较大,则转弯半径与直航距离都要增加。除了上述估算结果得出的标准外,还要考虑通航船舶载货的危险程度。

(2)港口陆上设施

为保证船舶货物的流通,港口要有配套的铁路、道路、货物仓库与堆场,港口机械、给排水与供电系统等陆上设施。

①港口铁路

由于我国海港集中在东部沿海,腹地纵深大,铁路运输是货物集疏的重要手段。合理配置港口铁路,对扩大港口的通过能力具有重要意义。

完整的港口铁路应包括港口车站、分区车场、码头和库场的装卸线,以及连接各部分的港口铁路区间正线、联络线和连接线等。港口车站负责港口列车到发、交接、编解集结;分区车场负责管辖范围内码头、库场的车组到发、编组及取送;港口铁路区间正线用于连接铁路网接轨站与港口车站;装卸线承担货物的装卸作业;联络线连接分区车场与港口车站;连接线连接分区车场与装卸线。

②港口道路

港口道路可分为港内道路与港外道路。港内道路由于要通行重载货车与流动机械,因此对道路的轮压、车宽、纵坡与转弯半径等方面都有特殊要求。港内道路行车速度较低,一般为15km/h左右。港外道路是港口与城市道路与公路连接的通道。若通行一般的运输车辆,其功能及技术条件与普通道路相同。

③仓库和堆场

a.仓库

港口是车船换装的地方,也是货物的集散地。出口货物需要在港口聚集成批等候装船;进口货物需要检查、分类或包装,等候散发与转运。因此,港口必须具有足够容量的仓库与堆场,以保证港口的吞吐能力。

按仓库所在位置分为前方仓库和后方仓库。前方仓库位于码头的前沿地带,用于临时存储准备装船与从船上卸下的货物;后方仓库用于较长期存储货物,位于离码头较远处。

按结构与用途划分,港口仓库可分为普通仓库和特种仓库(筒仓、油罐等)。普通仓库用于堆放杂货,也有堆放粮食或化肥等散装货物。筒仓主要用于存储散装水泥与粮食等。油罐主要用于存储油类等液体货物。随着海上油田的开采,还出现了大型海上油库。

b.堆场

根据码头作业的情况和使用经验,将堆场分成三个区域:码头前沿区、前方堆场和后方堆场。前沿区一般情况下仅作为流动起重运输机械、门机和火车的通道和货物的倒载场地。前方堆场,对于有门机的码头,按门机吊臂可伸到的范围确定宽度,一般为18~23m。后方堆场指上述区域以外的堆场。

④港口机械

港口装卸机械是完成港口货物装卸的重要手段,用于完成船舶与车辆的装卸,货物的堆码、拆垛与转运等。

港内流动装卸机械有较大型的轮胎起重机、履带式起重机、浮式起重机、各种装卸搬运机械,如叉式装卸车、单斗车、索引车等;固定装卸机械,有门座起重机,岸边起重机,集装箱起重机等;各种连续输送机械,如带式输送机,斗式提升机、气力输送机和螺旋输送机等。

随着水上交通运输的发展,为适应船舶与码头大型专业化发展的需要,港口机械的大型、高速专业化是其发展方向。但有时为了克服单一效能的专用码头和设备不能充分发挥其效率的缺点,也出现了以集装箱作业为主的多用途门座起重机、多用途装卸桥等。此外,装卸机械与一般工业发展一样,标准化、系列化、自动化、安全可靠与减少污染均是发展方向。堆货场地可分为件杂货堆场与散货堆场,集装箱码头堆场可作为件杂货堆场的特例,其特点是载荷大,场地基础需要加固处理。

⑤港口给水与排水系统

港口给水系统是为船舶和港口的生产、生活、环境保护与消防提供用水,根据不同用途的需要提供不同的水量、水压与水质。

港口排水系统的任务是及时排除港区的生产水、生活污水及地面雨水,对有害的污水必须进行净化处理,达到环境保护的要求后才能排放,以防止对环境水域的污染。

⑥港口供电

港口供电的对象主要是装卸机械、维修设备、港口作业的辅助设施、照明、通信与导航设施等。

⑦船舶基地

为了保证港口的生产与安全,需要有各种辅助船舶,如拖轮、供水船、燃料供应船、起重船、垃圾船、巡逻艇、搜救船等。

⑧港口通信与助航设施

港口通信系统是保证港口与船舶高效与安全生产的重要手段,目前已广泛应用的有各类有线、无线通信与计算机网络通信等手段,主要用于港口生产、调度、安全保障等方面。

(3)港口的水工建筑物

港口的水工建筑物大部分处于水中,或经常与水接触,特别是遭受海水的侵蚀等有害作用,因此对它们的结构和材质有特殊要求,希望这类建筑物能异常坚固又经久耐用。

根据各种不同的用途,港口的水工建筑物大体可分成防护建筑物、码头建筑物以及护岸建筑物三大类。

①防护建筑物

防护建筑物多数用在海港,以防止波浪对港内的冲击,防止泥沙、流冰进入港内,这种建筑物常建在水域外围的深海中,要经受巨大的波浪振动和冲力,因此需要既稳重又坚固,以便能阻挡深水波浪的作用。

在港口工程中常见到的外海防护建筑物(外堤),按构造形式可分为斜坡式、直立式、混合式、透空式、浮式堤、压气式防护建筑物等6种。

②码头建筑物

码头是港口的主要组成部分,码头建筑物也是港口的主要水工建筑物。

现代码头的典型样式如图3-59所示。它大致由主体结构和附属设备两部分组成:主体结构的上部有胸墙、梁、靠船构件等;下部有墙身、基础或板桩、桩基等。

就结构而言,码头可分为砌块岸壁式、沉箱整体式、高桩板梁式和板桩式四种。

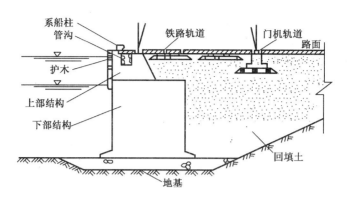

图 3-59 码头的结构形式

③护岸建筑物

港口陆域和水域的交界地带,除停靠船舶的码头岸线外,其他未被利用的天然岸坡因经常遭受潮汐、水流和波浪的作用,若边坡土质比较松软,很容易被冲刷而引起坍塌。由于对岸边的破坏,影响陆域及其上建筑物的安全,同时也会影响水域的深度,因此要对这种岸边进行加固,这就是护岸建筑物的作用。

最常见的护岸建筑物有护坡和护墙两种。

4)港口的通过能力

(1)港口通过能力的概念

港口通过能力是港口企业的生产能力。它是在外部环境条件为一定时,港口各项生产要素和经营管理条件综合作用的结果。它分为理论通过能力、营运通过能力和后备通过能力。

①理论通过能力

理论通过能力是港口最大的通过能力。它是指港口在一定时期(通常是一年)内,在港口设施为既定和劳动力为一定时,在一定的组织管理条件下,最大限度利用港口各生产要素所能装卸的一定结构的货物的自然吨数。它由营运通过能力和后备通过能力所组成。

②港口营运通过能力

港口营运通过能力是港口的实际通过能力。它是港口编制年度生产计划和短期作业计划的基础。其定义是:港口在一定时期(通常是一年)内,在港口设施和劳动力为既定时,在一定的组织管理条件下,港口各生产要素在得到合理利用时所能装卸的一定结构的货物吨数。与理论通过能力的区别在于生产要素的利用程度不同。

③后备通过能力

后备通过能力则是应付运输工具或货物密集到港时的那部分生产能力,在非高峰时则以闲置状态存在着。

(2)影响港口通过能力的主要因素

港口通过能力通常是指货类结构一定时的通过能力。影响港口通过能力的因素主要由以下几个方面。

①货类结构及其时空分布

在港口生产要素一定的前提下,不同时期通过能力的变化,主要是货类结构的变化所引起的,货类对通过能力的影响主要表现为货物种类、批量、单件质量、运输形式(如散装、包装等)

以及货物在流向和时间上的分布特征等。

②港口设施

港口设施和设备是港口企业进行生产活动的物质基础,其数量和规模、性能和技术状态是影响港口通过能力的主要因素。

进港航道的水深、宽度、曲率半径及其可利用的潮位将限制进港船舶的最大尺度和来港船舶的艘数;锚地的规模、水深、掩护程度及其距港池或装卸泊位的距离决定着港口水上过驳能力、船舶让挡时间以及内河港口对船队的编解能力;泊位的数量、结构、水深及装备情况,包括岸壁机械的数量、技术性能和技术状态,决定着通过能力;仓库和堆场的面积及其布置,仓库的结构特征,进出库场的方便程度和库场使用的机械,不仅决定着库场的能力,而且决定着装卸效率,它们是影响港口通过能力的主要因素。

③港口总体布置

港口的总体布置对通过能力的影响主要表现在码头的布置,码头前沿、堆场和仓库的相对位置;水域、陆域面积是否满足需要;港内外交通的方便程度。此外,有水水中转的港区,船舶之间的换装是否方便等,也会影响通过能力。

④装卸水平

装卸工人和机械司机的技术水平、数量和积极性的发挥程度通过设备在时间上的利用程度以及装卸效率的高低体现出来。此外,装卸工人与司机的劳动组织形式,如轮班制度及工组的组成等,对港口通过能力也有影响。

⑤自然条件

港口的自然条件,如风、雨、雾、气温、水深,都会对港口通过能力产生影响。如有些货种雨天不能装卸;遇有大雾船舶不能进出港,使港口无法作业等。

此外,港口的经营管理水平以及港口系统和外部环境之间的协调发展程度等,对港口通过能力也起着重大的作用。

(3)港口通过能力的计算

由于港口各环节的功能不同,计算单位也不一样,在计算港口通过能力时,首先要分别计算各环节的能力,然后再把它们化为自然吨进行平衡,从而确定港口综合通过能力。

①各环节能力

a. 泊位装卸能力

泊位装卸能力用装卸船舶的货物吨数表示,计算公式为:

$$P_{by} = P_{bl} \times K_{hb} \tag{3-1}$$

式中:P_{by}——以装卸吨数表示的泊位营运装卸能力,t;

P_{bl}——以装卸吨数表示的泊位理论装卸能力,t;

K_{hb}——合理泊位利用率。

泊位理论装卸能力用下式计算:

$$P_{bl} = N_n \times \overline{Q}_c \tag{3-2}$$

式中:N_n——全年所能装卸船舶艘数,艘;

$\overline{Q}_c$——每艘船平均在港装卸货物吨数,t。

泊位全年所能装卸船艘数可用下式计算:

$$N_n = \frac{T_n}{t_z + t_r} \tag{3-3}$$

式中：T_n——泊位全年工作天数，指泊位全年可用以停泊船舶的天数；

t_r——船舶让挡时间，指一般船舶离开泊位后，下一艘船舶开始靠泊以前，因技术原因必需的间隔时间；

t_z——船舶占用泊位时间，指船舶开始靠码头到船舶离开码头的延续时间。

以上计算的泊位装卸能力是在单一货种、单一船型的情况下进行的。由于不同货种、不同流向或不同船型，计算所用的参数不一样。因此，泊位理论装卸能力应先分货种、分流向和船型分别计算，然后再按下式计算泊位的综合理论通过能力：

$$P_{blz} = \frac{1}{\sum \dfrac{\alpha}{P}} \tag{3-4}$$

式中：α——分货种、分船型、分流向的货物吨数占该泊位装卸货物总吨数的比重；

P——与 α 对应的泊位理论装卸能力。

b. 库场堆存能力

库场堆存能力是指库场在计算期内可以堆存的货物数量。它以货物堆存吨数表示，计算公式为：

$$P_{ccd} = A_{ccz} \times K_{zl} \times \overline{P}_d \times T_{dc} \times P_{ccy} \div \overline{T}_{dc} \tag{3-5}$$

式中：A_{ccz}——库场总面积，指仓库或堆场地面总面积，m^2；

K_{zl}——库场总面积利用率，指库场有效面积与总面积的比值；

$\overline{P}_d$——单位面积堆存定额，指同一时间内平均每平方米有效面积上所能堆存的货物吨数，t/m^2；

T_{dc}——库场年工作天数，它等于港口年营运期减去仓库和堆场因为修理不能堆存货物的时间；

P_{ccy}——库场运用率，指平均每天在库场内堆存货物的数量和库场容量之比；

$\overline{T}_{dc}$——平均堆存期，指平均每吨货物在库场内堆存的天数。

计算库场通过能力时，仓库和堆场能力要按泊位分别计算。在同一库场堆存若干种不同货物时，要先分货种计算库场的堆存能力，然后用调和平均的方法计算平均的堆存能力。

c. 铁路线装卸能力

铁路线装卸能力是指计划期内在铁路装卸线上可以装卸火车车辆的货物吨数，它以铁路作业吨表示，计算公式为：

$$P_{zxx} = N_{tc} \times N_{cc} \times \overline{Q}_c \times T_{zxx} \times K_{hx} \tag{3-6}$$

式中：N_{tc}——装卸线可以同时进行装卸及等待装卸的车辆数；

N_{cc}——装卸线每昼夜最大可能的取送车次数；

$\overline{Q}_c$——平均每车载货数量；

T_{zxx}——装卸线每年可以进行装卸作业的天数；

K_{hx}——装卸线合理利用率。

d. 工人装卸能力

工人装卸能力以一定时期内完成的操作吨表示，其计算公式为：

$$P_{rgc} = N_{gr} \times T_y \times (1 - K_1) \times K_{zc} \times K_{gl} \times (1 - K_f) \times T_b \times P_{gs} \quad (3-7)$$

式中：N_{gr}——在册工人数；

T_y——港口营运期，d；

K_1——装卸工人轮休率

K_{zc}——装卸出勤率；

K_{gl}——工时利用率；

K_f——辅助作业率，指装卸工人从事辅助作业工时与实际工作工时之比；

T_b——班制时间，指装卸工人出勤后每班最大可能的工作时间，h；

P_{gs}——工时效率，指每个装卸工人（不包括驾驶员及其助手）平均小时装卸的货物吨数，t/h。

e. 机械装卸能力

机械装卸能力以起运吨表示，计算公式为：

$$P_{jq} = N_j \times T_y \times N_b \times T_b \times K_{js} \times \overline{P}_{ts} \quad (3-8)$$

式中：N_j——装卸机械台数，仅指用于装卸作业的机械台数；

N_b——昼夜班次数；

K_{js}——机械使用率，指进行装卸作业的台数与企业实际按制度作业时间和台数乘积之比；

$\overline{P}_{ts}$——平均台时产量。

② 各环节能力的换算

港口综合通过能力在一般情况下指通过能力最小环节的通过能力。

港口各环节能力的含义分别为：泊位的能力是指可以装卸船舶的货物吨数；库场能力是指可以堆存的货物吨数；铁路装卸线的能力是指可以装卸火车的吨数等。为能确定综合通过能力，要把它们换算成装卸自然吨。

a. 泊位能力的换算

把它换算成装卸自然吨要经过两次变换。首先将其换算为可以完成的吞吐量的数量，即从船舶装卸的吨位中减去港内运输船舶装卸的数量；然后将在码头上直接换装的吨数计算为两个吞吐量，即：

$$P_{byt} = P_{by} \times (1 - K_b + K_{sz}) \quad (3-9)$$

式中：P_{byt}——泊位能承担的吞吐量；

K_b——驳运系数，即按库（场）驳运方案装卸的货物数量与船舶装卸吨数（包括驳船装卸）的比重；

K_{sz}——水水直接换装系数，即在码头上进行水水直接换装的货物数量占船舶装卸货物数量（包括驳船装卸吨数）的比重。

第二次变换是将吞吐量换算为装卸自然吨，即扣除水水中转时每自然吨多计算的一个吞吐量，公式为：

$$P_b = P_{byt} \times (1 - K_{ss} \div 2) \quad (3-10)$$

式中：P_b——泊位能承担的装卸自然吨；

K_{ss}——水水中转系数，指水水中转的吞吐量在吞吐量中所占比重。

b. 库场堆存能力的换算可按如下公式进行：

$$P_k = P_{kd} \times K_k; P_c = P_{cd} \div K_c \tag{3-11}$$

式中:P_k、P_c——仓库堆存能承担的自然吨数;

K_k、K_c——入库系数和入场系数,即经过仓库和堆存的货物吨数与装卸自然吨数之比。

c.铁路装卸线装卸能力的换算可按如下公式进行:

$$P_{zxx} = P_{zxxk} \div K_{tl} \tag{3-12}$$

式中:P_{zxx}——铁路装卸线所能承担的装卸自然吨;

P_{zxxk}——铁路装卸线所能承担的货物吨数;

K_{tl}——铁路运输系数,即通过铁路集疏运的吨数与装卸自然吨之比。

d.装卸工人装卸能力的换算可按如下公式进行:

$$P_{gr} = P_{grs} \div K_c \tag{3-13}$$

式中:P_{gr}——装卸工人能承担的装卸自然吨;

P_{grs}——装卸工人所能承担的货物吨数;

K_c——操作系数。

e.流动装卸机械起运能力的换算可按如下公式进行:

$$P_j = P_{jq} \div K_q \tag{3-14}$$

式中:P_j——流动装卸机械能承担的自然吨;

P_{jq}——流动装卸机械所能承担的货物吨数;

K_q——起运系数,指机械运量与装卸自然吨之比。

③确定综合通过能力

确定港口的综合通过能力,要根据各生产要素的共用程度确定平衡的范围,通常是按照泊位—装卸企业(或装卸区)—全港的顺序进行,即:

$$\begin{aligned} P_{zz} &= \min(P_b, P_{gr}, P_j) \\ P_q &= \min(\sum P_k, P_c, P_{zxx}) \\ P_g &= \min(\sum P_{bz}, \sum P_q, P_{gy}, P_j) \end{aligned} \tag{3-15}$$

式中:P_q——装卸企业综合通过能力;

P_g——全港综合通过能力;

P_{gy}——港内运输工具运输能力;

P_j——进港航道通过能力。

3.3.2 航道与航标

1)航道

(1)航道定义与分类

以组织水路运输为目的所规定或设置的船舶航行通道,称为航道。随着运输生产与科学技术的发展、船舶尺度的增大、船舶运行密度的增加和纵横水运网的逐步形成,现代水上航道已不仅是天然航道,而是包括人工运河、进出港航道以及保证航行安全的航行标志系统和现代通信导航设备系统在内的工程综合体。

①海上航道

海上航道属自然水道,其通过能力几乎不受限制。每一海区的地理、水文情况都反映在该区的海图上。船舶每次的运行都是根据海图,结合当时的气候条件、海况和船舶本身的技术性能进行计算并在海图上标出。经过人们千百年来的努力和探索,加上现代化导航技术的应用,全世界各国地区间的海上航道已基本为人们所了解和掌握。

②内河航道

内河航道大部分是利用天然水道加上引航的航标设施构成的。内河航道与海上航道相比,其通行条件是有很大差别的,反映在不同的通航水深(如各航区水深不同)、不同的通行时间(如有的区段不能夜行)有不同的通行方式(如单向或双向过船)等。因此,在进行综合规划时,还应考虑航道分级和航道标准化。航道分级有利于从安全角度对船舶进行管理;航道和过船建筑物的标准化则是实现船型及港口设备标准化、形成现代化高效运输系统的前提条件。同时,大多数内河自然水道还需考虑航运、发电、灌溉、防洪和渔业的综合利用与开发,所以在发展内河航运而涉及航道问题时,还应注意与其他国民经济部门协调配合。

③人工航道

人工航道是指人工开凿、主要用于船舶通航的河流,又称运河。人工航道一般都开凿在几条水系或海洋的交界处,可以使船舶缩短航行路程,降低运输费用,方便人们生产和生活,扩大船舶航行的范围,进而形成一定规模的水运网络。一些著名的国际通航运河对世界航运的发展和船舶尺度的限制影响很大,主要有苏伊士运河、巴拿马运河和基尔运河。我国有世界上最古老的人工运河——京杭大运河。运河全长1 794km,横跨北京、天津两市,直穿河北、山东、江苏、浙江4省,在内陆将海河、黄河、淮河、长江、钱塘江五大水系沟通,是我国国内水运的大动脉。正是由于这种特殊的重要作用,两千多年来人们一直在对大运河进行整治和扩建。

(2)航道的航行条件

因海上航道的通过能力一般不受限制,故着重于内河航道的航行条件。影响航道通行能力的主要因素有:航道的深度、宽度、弯曲半径、水流速度、潮汐及季节性水位变化,过船建筑物尺度以及航道的气象条件及地理环境。这些因素对港口建设、船型选择及运输组织往往具有决定性影响。为了保证船舶正常安全航行并获得一定的运输效益,航道必须具备一定的航行条件。

①有足够的航道深度

航道水深是河流通航的基本条件之一,它常常是限制船舶吨位和通过能力的主要因素。航道深度是指全航线中所具有的最小通航保证深度,它取决于航道上关键性的区段和浅滩上的水深。航道深浅是选用船舶吃水量和载质量的主要因素。航道深度增加,可以航行吃水深、载质量大的船舶,但增加航道深度,必然会使整治和维护航道的费用增高。因此,设计航道深度时,应全面考虑,可按下列公式计算:

$$最小通航深度 = 船舶满载吃水 + 富余水深$$

其中,富余水深应根据河床土质、船舶类型、航道等级来确定,一般沙质河床可取0.2~0.3m,砾石河床则取0.3~0.5m。

②有足够的航道宽度

航道宽度视航道等级而定。通常单线航行的情况极少,双线航行最普遍,在运输繁忙的航道上还应考虑三线航行。

$$所需航道宽度 = 同时交错的船队或船舶宽度之和 + 富余宽度$$

富余宽度一般采用同时交错的船队或船舶宽度总和的1.5~2.5倍。

③有适宜的航道转弯半径

航道转变半径是指航道中心线上的最小曲率半径。一般航道转弯半径不得小于最大航行船舶长度的 4~5 倍。若河流转弯半径过小,将造成航行困难,应加以整治。若受自然条件限制,航道转弯半径最低不得小于船舶长度的 3 倍,而且航行时要特别谨慎,防止事故。

④有合理的航道许可流速

航道许可流速是指航线上的最大流速。船舶航行时,上水行驶和下水行驶的航线往往不同。下水在流速大的主流区行驶,上水则尽量避开流速大的水区而在缓流区内行驶。船舶航行速度与流速的关系如下。

下驶时:

$$航速 = 船舶静水速度 + 流速$$

上驶时:

$$航速 = 船舶静水速度 - 流速$$

航道上的流速不宜过大,否则不经济。比较经济的船舶静水速度,一般在 9~13km/h,即 25~35m/s 之间。因此。航道上的流速以 3m/s 之内为宜。

⑤有符合规定的水上外廓

水上外廓是保证船舶水面以上部分通过所需要的高度和宽度。水上外廓的尺度按航道等级来确定,通常一、二、三、四级航道上的桥梁等建筑物的净空高度,取 20 年一遇的洪水期最高水位来确定;五、六级航道则取 10 年一遇的洪水期最高水位来确定。

航行对航道的上述要求中,最主要的是航道水深,因为无论江河湖海和水库,只要有足够的水深,船舶航行一般没有大的问题。对于上述这些自然条件,通常人为改变的部分较少,更多的还是尽量去适应,即在大多数情况下总是根据航道条件来设计港口,选择船舶和组织运输。

2) 航标

为了保证船舶的航行安全,每个港口、航线附近的海岸均设有航标等各种助航设施。

航标的主要功能是:

①定位,为航行船舶提供定位信息。

②警告,提供碍航物及其他航行警告信息。

③交通指示,根据交通规则指示航行方向。

④指示特殊区域,如锚地、测量作业区、禁区等。

(1) 按照设置地点,航标可分为沿海航标与内河航标。

①沿海航标建立在沿海和河口地段,引导船舶沿海航行及进出港口与航行。它分为固定航标和水上浮动航标两种。固定航标设在岛屿、礁石、海岸,包括灯塔、灯桩、立标;水上标志浮在水面上,用锚或沉锤、链牢固地系留在预定海床上的标志。水上标志包括灯船与浮标。

②内河航标是设在江、河、湖泊、水库航道上的助航标志,用以标示内河航道的方向、界限与碍航物,为船舶航行指示安全航道。它由航行标志、信号标志和专用标志三类组成。

(2) 航标按工作原理分类,有视觉航标(Visual aids to navigation)、音响航标(Audible aids to navigation)和无线电航标(Radio aids to navigation)三类。

①视觉航标是有目的建造的设施,它向船舶上经过培训的观察者传递信息以便助航。传递的过程称为发射海上信号(Marine Signalling)。视觉航标通常包括灯塔、立标、导标、灯船、浮标、日标牌和交通信号。

②音响航标是以音响传送信号,引起航行人员注意的助航标志。音响航标,在能见度不良的天气或在水中,发出具有一定识别特征的音响信号,使船舶知道其概略方位,起警告危险作用。音响航标包括气雾号、电雾号以及雾情探测器等。

③无线电航标是以无线电波传送信息供船舶测定船位的助航标志。利用无线电技术对运载体运动进行引导,称为无线电导航。一般认为无线电是航海导航的新技术。与视觉航标相比,无线电导航系统通常有更大的覆盖区,且如果足够数量的船舶载有相应的接收机时,它有较好的成本效益。

3.3.3 船舶

船舶是指能航行或停泊于水域进行运输或作业工具,按不同的使用要求而具有不同的技术性能、装备和结构形式。船舶在国防、国民经济和海洋开发等方面都占有十分重要的地位。

1) 船舶的分类

船舶有多种分类方法,可按用途、航行区域、航行状态、推进方式、动力装置和船体材料及船体数目等分类。作为军事用途的称为舰艇或军舰;而用于交通运输、渔业、工程及研究开发的称为民用船舶。民用船舶中,运输船舶的吨位(容积吨,$1t = 2.83m^3$)与艘数占首位。运送货物与旅客的船舶称为运输船,它是民用船舶中的主要部分。

(1) 客船

客船是用来载运旅客及其行李并兼带少量货物的运输船舶。凡搭载旅客超过12人的船舶,一般视为客船。客船多以定期方式经营,兼营邮件、行李及贵重物品。按航行的海区和适居性的要求,客船分为远洋客船、近海客船和内河客船等。远洋客船的排水量一般都在万吨级以上;近海客船的排水量为5 000~10 000t;沿海客船的排水量一般在5 000t以下;内河客船则更小些。

为了旅客的安全,客船上按规定应配备足够的救生设备,如救生艇、救生筏、救生圈和救生衣等。消防也有严格的规定,要求高的对客船上的舱室设备、家具和床上用品等须经防火处理。此外,客船上还要求装备完善而高效的通信设备、照明设备,有的还设有空调系统。有些客船为了减少在海洋中航行时的颠簸,船上还装有减摇水舱或防摇鳍等减摇设施。

客船外形美观、大方,多数首尾呈流线型。上层建筑庞大,有的多达7~8层甲板,一般内河客船也有5~6层甲板。上层建筑内除布置住舱外,还有供旅客用的餐厅、酒吧、舞厅、诊疗室、阅览室和卖品部等服务性舱室,有宽敞的甲板走廊供旅客活动,大型远洋客船还设置露天游泳池和室外运动场。

客船与其他交通工具相比,具有客运量大、费用低、安全度大、旅客占用的活动空间大等优点。但自远程大型航空客机迅速发展以来,航空客运已逐渐取代了远洋客船。现在一些豪华的远洋客船仅作为环球旅游之用了。目前客船适应市场需求正向游船、车客渡船方向发展。

(2) 客货船

客货船是兼载旅客或货物的船舶。有的以客运为主,有的以货运为主,但只要是客货舱必有一共同的特点,即必须兼顾客船或货船两方面的优点而避免其缺点,例如装卸设备必须使用电动,以免噪声使旅客不安;起重装卸机具必须完备良好,以确保装卸迅速,并严格控制船期;有完善的旅客生活起居设备;有合乎规定的救生、防水、防火及各种安全设施。

(3) 货船

货船是运送货物船舶的统称,一般不载旅客,若附载旅客,不超过12人。货船按运输货物种类的不同可以分为干货船和液货船。

①干货船

a. 杂货船

杂货船又分为普通型杂货船与多用途杂货船。由于杂货船运送的单件货物,最小的为几十公斤,最大的可达几百吨,它的航线遍布内河和大海,到达的港口也大小不等。排水量从几吨到1万~2万t。由于普通型杂货船装卸效率低,逐渐出现一些多用途船,它既可装杂货,又可装散货、集装箱、甚至滚装货,以提高揽货能力与装卸效率,提高营运经济性。

b. 散货船

散货船是专门运输谷物、矿砂、煤炭及散装水泥等大宗散装货物的船舶。它具有运货量大,运价低等特点,目前在各类船舶的总吨位中占据第二位。

散货船的特点:单层甲板,尾机型,船体肥胖,航速较低,因常有专用码头装卸,船上一般不设装卸货设备。

由于散货船常为单程运输,为使船舶有较好的空载性能,压载水量较大,常在货舱两侧设有斜顶边水舱,在底部有斜底边舱。

c. 专用货船

a) 集装箱船

集装箱船是载运规格统一的标准货箱货船。集装箱船具有装卸效率高,经济效益好等优点,因而得到迅速发展。集装箱运输的发展是交通运输现代化的重要标志之一。

根据国际标准化组织(ISO)公布的统一规格,集装箱一般都使用20ft和40ft两种,它们的长、宽、高分别为(8ft×8ft×20ft)和(8ft×8ft×40ft)两种,20ft的集装箱被定为统一标准箱(简称为TEU)。

集装箱船的特点是船型尖瘦(方型系数小),舱口尺寸大,便于装卸。舷边双层壳舱可分上下两层,供压载用。通常船上无装卸设备,由码头装卸,以提高装卸效率。由于甲板上装集装箱,船舶重心高,受风面积大,常需压载,以确保稳性。

b) 滚装船

滚装船类似于汽车与火车渡船,它将载货的车辆连货带车一起装船。到港后一起开出船外。这种船适用于装卸繁忙的短程航线,也有向远洋运输发展的趋势。

滚装船具有多层甲板,主甲板下通常是纵通的无横舱壁的甲板间舱,甲板间舱高度较大,适用于装车;首尾设有跳板,供车辆上下船用;船内有斜坡道或升降机,便于车辆在多层甲板间舱行驶;主甲板以下两舷多设双层船壳;机舱位于尾部,多采用封闭式;从侧面看,水上部分很高,没有舷窗。

c) 载驳船

载驳船也叫子母船,由一大型机动船运载一批驳船(子船),驳船内装货或集装箱。

母船到锚地时,驳船队从母船卸到水中,由拖船或推船将其带走;母船则再装载另一批驳船后即可开航。驳船的装卸方式有三种:利用尾部门式起重机、尾部驳船升降平台或浮船坞原理装卸驳船。

d) 冷藏船

冷藏船是运送冷冻货物的船。它的吨位较小,航速较高,一般在22节(knot)以上。船上设置冷藏舱,对制冷、隔热有特殊要求。

②液货船

运送散装液体的船统称为液货船,如油船、液体化学品船和液化气船等。由于液体散货的理化性质差别很大,因此运送不同液货的船舶,其构造与特性均有很大差别。

a. 油船

油船一般只有一层甲板。由于防污染的要求,国际海事组织已明确规定从1996年6月6日以后交付使用的载质量为5 000t以上的油船,要求双壳与双层底。载重吨位在600~5 000t的要求双层底,每舱容积不超过700m³。油船的机舱、住舱及上层建筑均在尾部,以便防火与输油管道布置。露天甲板上有纵通全船的步桥。

油船没有大货舱口,只有油气膨胀舱口,并设有水密舱口盖。油舱载重吨位是各类船舶中最大的,最大的达55万t。装原油的船舶载质量一般比装成品油的大。

b. 液体化学品船

液体化学品船是专门运输有毒、易挥发及属危险品的化学液体的船舶。除双层底外,货舱区均为双层壳结构,货舱有透气系统和温度控制系统,根据需要还设有惰性气体保护系统。货舱区与机舱、住舱及淡水舱之间均由隔离舱分隔开来,根据所运载货物的危害性,液体化学品船分为Ⅰ、Ⅱ、Ⅲ级。Ⅰ级船危害性最大,其货舱容积要小于1 250m³;Ⅱ级船则要小于3 000m³;Ⅲ级装危险性较小的液体化学品。

c. 液化气船

液化气船分为液化石油气船、液化天然气船和液化化学气船。

采用常温加压方式运输的液化气体,装载于固定在船上的球形或圆筒形的耐压容器中;采用冷冻方式运输的液化气体,装入耐低温的特种钢材制成的薄膜式或球式容器内,外面包有绝热材料,并装有冷冻系统。加压式适用于小型船舶,载质量在4 000t以上的船舶以冷冻方式运输较多。此外,还有一种低温低压式液化气船,又称半冷冻式液化气船,它是采用在一定压力下使气体冷却液化的原理制成。

2)船舶的基本构造

船舶是由许多部分构成的,按各部分的作用和用途,可综合归纳为船体、船舶动力装置、船舶舾装三大部分。

(1)船体

船体是指主甲板以下部分,它是一个直接承受静水压力、浮力、波压力、冲击力、货载及本身质量等各种外力的空间结构。

为了使船舶行驶时所受的阻力最小,船体做成流线型曲面,船体两端多为尖楔形或匙形。船体前端叫船首,后端叫船尾。一般货船的中部较肥,首尾端较瘦。船体中部的舱容大,适宜于作货舱和机舱。首尾端常用作压载水舱和放置锚链或舵机等。船体左右两侧叫船舷。船体顶盖为一全通连续甲板,称为主甲板。主甲板架在横梁上,它是承载船舶纵向强度的重要构件,同时也支撑压在甲板上的负荷。

船体可分为主体部分和上层建筑部分。

主体部分一般指上甲板以下的部分,它是由船壳(船底及船侧)和上甲板围成的具有特定形状的空心体,是保证船舶具有所需浮力、航海性能和船体强度的关键部分。船体一般用于布置动力装置、装载货物、储存燃油和淡水,以及布置其他各种舱室。

上层建筑位于上甲板以上,由左、右侧壁,前、后端壁和各层甲板围成,其内部主要用于布置各种用途的舱室,如工作舱室、生活舱室、储藏舱室、仪器设备舱室等。上层建筑的大小、层楼和形式因船舶用途和尺度而异。

(2) 船舶动力装置

船舶动力装置包括:推进装置——主机经减速装置、传动轴系以驱动推进器(螺旋桨是主要的形式);为推进装置运行服务的辅助机械设备和系统,如燃油泵、滑油泵、冷却水水泵、加热器、过滤器、冷却器等;船舶电站,它为船舶的甲板机械、机舱内的辅助机械和船上照明等提供电力;其他辅助机械和设备,如锅炉、压气机、船舶各系统的泵、起重机械设备、维修机床等。通常把主机(及锅炉)以外的机械统称为辅机。

(3) 船舶舾装

船舶舾装包括舱室内装结构(内壁、天花板、地板等)、家具和生活设施(炊事、卫生等)、涂装和油漆、门窗、梯和栏杆、桅杆、舱口盖等。

3) 船舶的主要性能

船舶的主要性能有浮性、稳性、抗沉性、快速性、耐波性、操纵性和经济性等。

(1) 浮性是指船在各种装载情况下,能浮于水中并保持一定的首、尾吃水和干舷的能力。根据船舶的重力和浮力的平衡条件,船舶的浮性关系到装载能力和航行的安全。

(2) 稳性是指船受外力作用离开平衡位置而倾斜,当外力消失后,船能回复到原平衡位置的能力。一般水面船舶的稳性主要是指横倾时的稳性。船宽、水线面系数、干舷、重心高度、水面以上的侧面积大小和高度,以及船体开口密封性的好坏等,是影响船舶稳性的主要因素。

(3) 抗沉性是指船体水下部分如发生破损,船舱淹水后仍能浮而不沉和不倾覆的能力。中国宋代造船时就首先发明了用水密隔舱来保证船舶的抗沉性。船舶主体部分水密分舱的合理性、分舱甲板的干舷值和完整船舶稳性的好坏等,是影响抗沉性的主要因素。

(4) 快速性是表征船在静水中直线航行速度,与其所需主机功率之间关系的性能。它是船舶的一项重要技术指标,对船舶使用效果和营运开支影响较大。船舶快速性涉及船舶阻力和船舶推进两个方面。合理地选择船舶主尺度、船体系数和线形,是降低船舶阻力的关键。

(5) 耐波性指船舶在波浪中的摇荡程度、失速和甲板溅浸(上浪、溅水)程度等。耐波性不仅影响船上乘员的舒适和安全,还影响船舶安全和营运效益等,因而日益受到重视。船在波浪中的运动有横摇、纵摇、首尾摇、垂荡(升沉)、横荡和纵荡六种。几种运动同时存在时便形成耦合运动,其中影响较大的是横摇、纵摇和垂荡。溅浸性主要是由于纵摇和垂荡所造成的船体与海浪的相对运动,增加干舷特别是首部干舷、加大首部水上部分的外飘,是改善船舶溅浸性的有效措施。

(6) 操纵性指船舶能按照驾驶者的操纵保持或改变航速、航向或位置的性能,主要包括航向稳定性和回转性两个方面,是保证船舶航行中少操舵、保持最短航程、靠离码头灵活方便和避让及时的重要环节,关系到船舶航行安全和营运经济性。

(7) 经济性是指船舶投资效益的大小。它是促进新船型的开发研究、改善航运经营管理和造船工业发展的最活跃因素,日益受到人们重视。船舶经济性属船舶工程经济学研究的内容,它涉及使用效能、建造经济性、营运经济和投资效果等指标。

4) 船舶的主要参数

(1) 船舶的主要尺寸

船舶的主要尺度是表示船体外形大小的基本量度,有船总长 L、型宽 B、型深 H 和吃水 T。

①船总长 L，指船舶首端至尾端的最大水平距离。

②型宽 B，指沿船体设计水线两侧舷板的最大水平距离，一般在船长的中点处。

③型深 H，指在船长中点处，沿舷侧自龙骨（即船中底纵梁）上缘至上甲板下缘的垂直距离。

④吃水 T，指在船长中点处，自龙骨外缘至设计水线的垂直距离。

(2) 船舶的质量性能

运输船舶的质量性能包括船舶的排水量利载质量，计量单位以吨(t)表示。

①排水量，指船舶浮于水面所排开水的质量，它亦等于船上的总质量。排水量又可根据不同装载状态分为空船排水量和满载排水量。

②载质量，是指船舶所允许装载的质量。载质量有总载质量和净载质量之分。

总载质量，指在任一水线下，船舶所允许装载的最大质量。它包括货物或旅客、燃料、淡水、粮食和供应品、船用备品、船员和行李以及船舶常数等质量的总和。

船舶净载质量等于相应吃水时的船舶排水量减去空船质量。船舶净载质量等于船舶总载质量减去燃料、淡水、粮食和供应品、船用备品、船员和行李以及船舶常数后的质量。

③船舶的容积性能

船舶容积性能包括货舱容积和船舶登记吨位，货舱容积的计量单位以立方米或立方英尺表示，登记吨位的计量单位是以立方米或立方英尺折算的"登记吨"表示。

a. 货舱容积，指船舶货舱实际能够容纳货物的空间。货舱容积根据装运货物方法不同分为散装舱容和包装舱容两种。

舱容系数是船舶的重要容积性能，也是反映载货性能（指适于装重货或轻货）的重要技术指标，计算式为：

$$船舶舱容系数 = \frac{货舱容积}{船舶净载质量}(m^3/t)$$

b. 船舶登记吨位

登记吨位是指按吨位丈量规范所核定的吨位。它是为船舶注册登记而规定的一种以容积折算的专门吨位。船舶投入营运以前，根据国家规定须对船舶进行丈量以确定其登记吨位。每艘船舶经过丈量核算后，均将结果记入"吨位证书"内。

船舶登记吨位分为总吨位和净吨位两种。总吨位 GT，主要用于表示船舶大小，是国家统计船舶数量的单位，也是计算造船、买卖船舶和租船费用，计算海损事故赔偿的基准以及计算净吨位的依据等。净吨位 NT，是计算船舶向港口交纳各种费用和税收（如停泊费、引航费、拖带费及海关税等）的依据。

3.4 航空运输设施

航空运输设施主要包括机场和飞机等。

3.4.1 机场

机场是用于飞机起飞、着陆、停放、维护和组织安全飞行的场所。机场分军用和民用两大类。大型民用机场又称航空港。

飞机最初出现的时候，尚无机场的概念，当时只要能找到一块平坦的土地或草地，能承受不大的飞机质量，就可以让飞机在上面起降了。1910年德国出现了第一个机场，这个机场只是一片有专人管理的草地，并有简易的帐篷存放飞机。

1919年后欧洲开始建立最初的民用航线。随着民用航空运输和军用航空的发展，机场大量建设起来。特别是在1920～1939年间，欧美国家的航线大量开通，同时为了和殖民地联系，开辟了跨洲的国际航线，如英国开通了到印度和南非的航线，荷兰开通了由阿姆斯特丹到雅加达的航线。航空技术对机场的要求也越来越高，同时在机场建设中出现了各种问题，如航管、通信的要求，跑道强度的要求，旅客数量对民用机场的要求等。20世纪50年代中期，国际民航组织为全世界的机场和空港制定了统一标准和推荐要求。

20世纪60年代末，随着大型喷气运输飞机的投入使用，飞机日益成为大众化的交通工具，航空运输成为地方经济发展的一个不可缺少的组成部分。民用机场成为城市发展水平的一个重要标志。跑道、滑行道和停机坪都要加固或延长；候机楼、停车场、进出机场的道路、飞机噪声对居民的干扰，使得机场的建设成为一个系统工程，应纳入城市发展的总体规划中。

1) 机场的分类

(1) 按照航程性质划分，可以分为国际航线机场（国际机场）和国内航线机场（国内机场）。

国际机场有国际航班进出，并设有海关、边防检查、卫生检疫和动植物检疫机构。国内机场是专门供国内航班机场使用的机场。我国的国内机场包括"地区航线机场"。地区航线机场是指我国内地城市与港、澳等地区之间定期或不定期航班飞行使用的机场，并设有相应的类似国际机场的联检机构。

(2) 按照机场在民航运输网络系统中所起作用划分，可以分为枢纽机场、干线机场和支线机场。

国内、国际航线密集的机场称为枢纽机场。在我国内地，枢纽机场仅北京、上海、广州三大机场。干线机场是指各直辖市、省会、自治区首府以及一些重要城市或旅游城市的机场，共有30多个。干线机场连接枢纽机场，空运量较为集中，如济南机场，昆明机场等。而支线机场则空运量较少，航线多为本省区内航线或邻近省区支线，如无锡机场等。

(3) 按照机场所在城市的性质、地位划分，可以分为Ⅰ类机场、Ⅱ类机场、Ⅲ类机场和Ⅳ类机场。

Ⅰ类机场即全国经济、政治、文化大城市的机场，是全国航空运输和国际航线的枢纽，运输业务繁忙，除承担直达客货运输外，还具有中转功能。北京、上海、广州三城市的机场均属于此类机场，亦为枢纽机场。

Ⅱ类机场即省会、自治区首府、直辖市和重要的经济特区、开放城市和旅游城市，或经济发达、人口密集城市的机场，可以建立跨省、跨地区的国际航线，是区域或省区内民航运输的枢纽，有的可以开辟少量国际航线，亦为干线机场。

Ⅲ类机场，即国内经济比较发达的中小城市，或一般的对外开放城市和旅游城市的机场，除开辟区域和省内支线外，可与少量跨省区中心城市建立航线，故也可以称为次干线机场，如青岛、温州、三亚等机场。

Ⅳ类机场即省、自治区内经济比较发达的中小城市和旅游城市，或经济欠发达、但地面交通不便城市的机场。航线主要是在本省区内或连接邻近省区。这类机场也可称为支线机场。

(4)按照旅客乘机目的划分,可以分为始发/终程机场,经停机场和中转机场。

始发/终程机场,始发和终程旅客占旅客的大多数,始发和终程飞机掉头回程架次比例很高。目前国内机场大多属于这类机场。

经停机场往往位于航线的经停点,没有或很少有始发航班飞机,只有比例不大的始发和终程旅客,绝大多数是过境旅客,飞机一般停驻时间很短。

中转机场中,有相当大比例的旅客下飞机后,立即转乘其他航线的航班飞机飞往目的地。

除了以上所述四种划分机场类别的标准外,从安全飞行角度考虑还须确定备降机场。备降机场是指在飞行计划中事先规定的,当预定着陆机场不宜着陆时,飞机可以前往着陆的机场。在我国,备降机场是由民航总局事先确定的。起飞机场也可以是备降机场。

2)机场的组成

机场主要由飞行区、航站区及进出机场的地面交通系统构成,如图3-60所示。

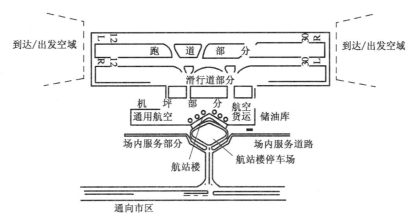

图 3-60 机场平面示意图

(1)飞行区

跑道、滑行道和机坪三者合在一起称为飞行区。飞行区是机场内用于飞机起飞、着陆和滑行的区域,通常还包括用于飞机起降的空域在内。飞行区由跑道系统、滑行道系统和机场净空区构成。相应设施有:目视助航设施、通信导航设施、空中交通管制设施以及航空气象设施。

(2)航站区

航站区是飞行区与机场其他部分的交接部。航站区包括:航站楼、货运站、站前停车设施(停车场或停车楼)等。

(3)地面交通系统

进出机场的地面交通系统通常是公路,也包括铁路、地铁(或轻轨)和水运码头等。其功能是把机场和附近城市连接起来,将旅客和货邮及时运进或运出航站楼。进出机场地面交通系统的状况直接影响空运业务。

(4)机场的其他设施

地面保障设备包括机械的、电气的、液压的以及特种气体的设备等。为了给飞机添加燃油,有加油线固定的加油装置和机动加油车;有为飞机液压系统补充液压油和对液压系统进行地面试验的液压油车。所谓地面液压试验是指收放起落架、襟翼和减速板等。机场还设有制冷站、制氧站,冷气和氧气分别由机动的冷气车、氧气车向飞机填充。为了处理可能发生的意外事故,机场还配有消防车、抢救车、救护车和便携式消防器材等。

飞行区、航站楼和货运站是机场主要功能的体现。机场的主要功能,用八个字通俗地概括,就是:"起降飞机,接送客货"。为了实现这些功能,单靠这三个部分是远远不够的,还必须有一系列的配套设施。机场区域里就有很多不隶属于机场本身,但是与飞机、飞行密切相关的设施,包括空中交通管理系统的控制塔台和相关的设施,航空公司的客货运输服务以及维修设施,油料供应设施,以及海关、进出境管理、检验检疫部门的设施。这些设施相互关联,相互衔接,形成了一整套的流程,有机地组成了机场这一复杂的系统。

3) 机场的等级划分

机场可以根据跑道的性能、跑道导航设施、航站业务量规模、民航运输机场规划及机场的救援和消防分为不同的等级。

(1) 飞行区等级

跑道决定了机场的等级标准,跑道及其相关设施的修建、标识等是有严格规定的。跑道的性能及相应的设施决定了什么等级的飞机可以使用这个机场,机场按这种能力分类,称为飞行区等级。

飞行区等级用两个部分组成的编码来表示,第一部分是数字,表示飞机性能所相应的跑道性能和障碍物的限制。第二部分是字母,表示飞机的尺寸所要求的跑道和滑行道的宽度。

因而对于跑道来说,飞行区等级的第一个数字表示所需要的飞行场地长度,第二位的字母表示相应飞机的最大翼展和最大轮距宽度,对应关系见表3-19。

飞行区等级划分表 表3-19

第 一 位 数 字		第 二 位 字 母		
数字	飞行场地长度(m)	字母	翼展(m)	轮距(m)
1	$L<800$	A	$WS<15$	$T<4.5$
2	$800 \leqslant L<1\,200$	B	$15 \leqslant WS<24$	$4.5 \leqslant T<6$
3	$1\,200 \leqslant L<1\,800$	C	$24 \leqslant WS<36$	$6 \leqslant T<9$
4	$L \geqslant 1\,800$	D	$36 \leqslant WS<52$	$9 \leqslant T<14$
		E	$52 \leqslant WS<65$	$9 \leqslant T<14$
		F	$65 \leqslant WS<80$	$14 \leqslant T<16$

目前,我国大部分直辖市、省级行政中心城市机场以及厦门高崎、大连周水子、宁波栎社、青岛流亭、珠海三灶、三亚凤凰、桂林两江等机场均为4E以上飞行区级别。北京首都国际机场、上海浦东国际机场、广州白云国际机场、昆明长水国际机场、成都双流国际机场、武汉天河国际机场、天津滨海国际机场、重庆江北国际机场、杭州萧山国际机场、深圳宝安国际机场、西安咸阳国际机场、桂林两江国际机场等拥有目前最高飞行区等级4F。

(2) 跑道导航设施等级

跑道导航设施等级按配置的导航设施能提供飞机以何种进近程序飞行来划分。

非仪表跑道——供飞机用目视进近程序飞行的跑道,代字为V。

仪表跑道——供飞机用仪表进近程序飞行的跑道,可分为:

①非精密进近跑道——装备相应的目视助航设备和非目视助航设备的仪表跑道,能满足以对直接进行提供方向性引导,代字为NP。

②Ⅰ类精密进近跑道——装备仪表着陆系统和(或)微波着陆系统以及目视助航系统,能供飞机在决断高度低至60m和跑道视程低至800m时着陆的仪表跑道,代字为CAT Ⅰ。

③Ⅱ类精密进近跑道——装备仪表着陆系统和(或)微波着陆系统以及目视助航设备,能供飞机在绝对高度低至30m和跑道视程低至400m时着陆的仪表跑道,代字为CAT Ⅱ。

④Ⅲ类精密进近跑道——装备仪表着陆系统和(或)微波着陆系统的跑道,可引导飞机直至跑道,并沿道面着陆及滑跑。

目前,我国民用机场尚无Ⅲ类精密进近跑道;Ⅱ类精密进近跑道也不多(如北京首都机场、上海浦东机场);多是Ⅰ类精密进近跑道。

4) 机场的选址

机场位置的选定,是一种专门的技术,它与道路交通的管理与规划一样,需要考虑很多相互关联、相互制约的因素,找出这些因素的最佳组合,更充分地发挥机场的作用。

机场选址一般需要考虑以下几方面的因素:

(1) 机场周围不能有超过标准高度限制的障碍物。这是为了保证飞机的正常起飞,降落的安全,被称为机场的净空要求。所以,机场一般设置在远离市区的地方。同样的,候机楼也必须满足净空要求,所以一般不超过地面两层楼高。

(2) 机场的土地必须广阔而平坦。同时,必须有合适的地质条件,以便承载各种建筑物和飞机频繁起降对地面的不断冲击。

(3) 机场的位置必须能够容忍飞机运行时的噪声。飞机起降时的噪声大约在140dB,对人体健康和周围生态环境会造成危害。因此,为了避免飞机噪声影响居民,同时,也防止高层建筑影响机场的净空,机场与市中心应有一定距离。如北京首都国际机场距离天安门广场27.4km,武汉天河国际机场距离市中心26km,南京禄口国际机场距离市中心37.8km。

(4) 机场周围的气象条件。机场所在地必须风向稳定,侧向风不能频繁。侧向风是影响飞机起飞和降落安全的最不利气候因素。

此外,水、电、气的供应,废水、垃圾的处理等,也都是机场选址需要考虑的因素。

3.4.2 民用飞机

1) 民用飞机的基本要求

安全、经济、舒适是对用于航班的民用飞机的基本要求。

(1) 安全性

对于民用飞机,从设计、制造一直到使用,都有一整套强制性的规定,而且还有一整套的检查方法,保证这些规定的实施从而保证安全。

另外,民用飞机必须采用成熟的技术。民用飞机是高新技术的综合产物。为了不断改进飞机的性能,要不断采用新的技术。这些高新技术,一定要经过实际应用的考验。而这些实际应用,多半是在军用飞机上实现的。

(2) 经济性

所谓民用飞机的经济性,就是指要努力降低飞机每客公里或吨公里(把每个旅客或每吨载质量运输1km)的运行成本。对航空运输产业来说,降低运行成本要考虑的是:①购置飞机的资金;②飞机所消耗的燃油费用;③飞机的保养费用。这三个方面都必须设法降低,这样民用航空运输才更有竞争力。

(3)舒适性

随着航空运输业竞争的日趋激烈,民用飞机舒适程度的重要性也日益突出。民航飞机由于其自身原因,仍存在这一些需要改进的地方。如降低座舱里的噪声,遇到强气流时机舱的强烈振动,以及当飞行高度变化或外界气压变化时,客舱内的气压变化等。发展航空新技术是解决这些问题的有效手段。

2)民用飞机的分类

民用飞机是航空器的一种,航空器分为轻于空气和重于空气两大类。

(1)轻于空气的航空器——气球和飞艇

气球和飞艇的飞行是靠空气的浮力或空气的静力。根据"阿基米得"原理,气球和飞艇能升空是因为它们排开的空气质量等于或大于它们自身的质量。气球是没有动力驱动的、轻于空气的航空器,它是一个轻质密封气囊,充入热空气或轻气体,依靠风力推进。飞艇又称可操纵气球,既可在垂直方向作升降操纵,又可在水平方向操纵。操纵方法是靠发动机和螺旋桨推动前进,并靠方向舵来控制方向;另外,由水平安定面来保持纵向稳定。飞艇一般为椭圆形气囊,下挂吊舱,舱中可载人或货物。

(2)重于空气的航空器

重于空气的航空器能升空是因为气流通过机翼时产生的升力克服自身的重力。它包括如下几种。

①滑翔机

滑翔机有机翼、机身、尾翼和起落装置,是一种没有动力驱动的、重于空气的航空器。滑翔机升空以后靠自身重力进行滑翔飞行。滑翔机是训练飞行员的良好工具,也可以用于体育运动。

②直升机

直升机是一种重于空气而有动力驱动的航空器,飞行时由一个或多个在基本垂直的轴上自由转动的旋翼上的空气反作用力支持在空中。直升机的飞行具有独特的方式,能垂直起落,在空中悬停和定点转弯,还能在空中前进、左右横行甚至倒退。因此,直升机可用于海上石油勘探平台作业、运输旅客、货物和邮件等。

③飞机

飞机是由动力装置产生前进动力,由固定翼产生升力,在大气层中飞行的重于空气的航空器。飞机是目前最主要的,应用最广泛的航空器。飞机按其用途可分为军用飞机和民用飞机。

民用飞机包括用于商业飞行的运输机和通用航空中使用的各种飞机。运输机包括旅客机、货机和客货混装的飞机。通用航空中使用的飞机在性能、质量方面的差异很大,应用领域广泛,其中包括公务飞机、农用飞机、多用途轻型飞机等。

按飞机的航程不同可分为三类。

远程(大型,航程7 000~10 000km),如波音747、777系列,空中客车A-340系列。

中程(中型,航程在7 000km左右),如波音737、757、767系列,空中客车A-320系列。

近(短)程(轻型,航程为2 000km左右),如我国研制生产的运-7支线客机,荷兰研制的福克(Fokker)100型飞机。

短程飞机一般用于支线飞行,所以又称支线飞机;中、远程飞机多用于国内干线和国际航线,因此又称干线飞机。

按服务的航线性质分为：

干线客机，用于国际航线和国内大城市间的航线上，多使用中、远程的高亚声速旅客机，如波音 747-777 系列。

支线客机，用于地区航线，航行于小城市之间或把旅客从小城市运往连接干线的大城市，一般使用近程旅客机，如前苏联研制的雅克(YAK)-42 型飞机。

此外，民用飞机还可按其组成部分的结构、形状、数量及其相互之间的相对位置进行分类，如单翼机、双翼机，螺旋桨飞机、喷气式飞机，双发飞机、四发飞机等；也可按其起飞着陆地点不同分类，如水上飞机和超音速飞机；亚音速飞机又进一步分为低速飞机(飞行速度在 400km/h 以下)和高亚音速飞机，目前使用的喷气式客机大多属于高亚音速飞机。大多数客机的客舱内只有一个旅客过道，若客舱内有两个旅客过道，则称其为宽体(双通道)客机。

3）飞机的组成

飞机是一个庞大而复杂的、驶离地面的飞行器系统，是人类制造的最复杂的产品之一。飞机自诞生以来，结构形式虽然在不断变化，但到目前为止，除了极少数特殊形式的飞机之外，大多数飞机都是由机翼、尾翼、机身、起落架、动力装置和机载设备等几个部分组成，如图 3-61 所示。

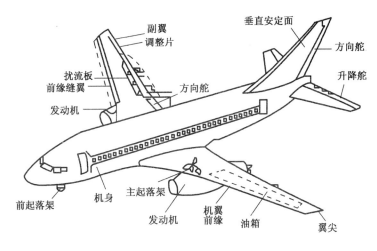

图 3-61　飞机结构图

(1) 机翼

机翼的主要功用是产生升力，以支持飞机在空中飞行，它还起一定的稳定和操纵作用。通常在机翼上还装有副翼、襟翼、起落架、武器及副油箱等。机翼的平面形状多种多样，常用的有矩形翼、梯形翼、后掠翼、三角翼、双三角翼、箭形翼、边条翼等。现代飞机一般都是单翼机，但历史上也曾流行过双翼机、三翼机和多翼机。根据单翼机机翼与机身的连接方式，可分为下单翼、中单翼、上单翼和伞式上单翼（即机翼在机身的上方，由一组撑杆将机翼和机身连接在一起）。

(2) 尾翼

尾翼是安装在飞机后部，起稳定和操纵作用的部件。尾翼一般分为垂直尾翼和水平尾翼。垂直尾翼简称垂尾，它由固定的垂直安定面和可动的方向舵组成，它在飞机上主要起稳定和操纵方向的作用。根据垂尾的数目，飞机可分为单垂尾、双垂尾、三垂尾和四垂尾飞机。水平尾翼简称平尾,它由固定的水平安定面和可动的升降舵组成,在飞机上主要起纵向稳定和俯仰操纵的作用。

有的飞机为了提高俯仰操纵效率,采用的是全动平尾,即平尾没有水平安定面,整个翼面均可偏转。有一些飞机采用无平尾或前置鸭翼、V形尾翼等。有一种特殊的V形尾翼,它既可以起垂直尾翼的作用,也可以起水平尾翼的作用。水平尾翼一般位于机翼之后,但也有的飞机把"水平尾翼"放在机翼之前,这种飞机称为鸭式飞机。此时,将前置"水平尾翼"称之为"前翼"或"鸭翼"。没有水平尾翼(甚至没有垂直尾翼)的飞机称为无尾飞机。这种飞机的俯仰操纵、方向操纵、滚转操纵均由机翼后缘的活动翼面或发动机的推力矢量喷管控制。

(3)机身

机身用来装载人员、物资和各种设备,它还把飞机其他部分连接起来组成一个整体。早期飞机仅有一个连接各部件的构架,这样的机身目前在初级滑翔机和超轻型飞机上还可见到。后来为了减少阻力,发展成为流线外形的机身,并用以装载货物、人员和设备等体积较大的承载物。如果飞机足够大,能将人员、货物、燃油等全部装在机翼内部,则可以取消机身,成为机翼式飞机,简称飞翼。

(4)起落架

飞机的着陆装置又称起落架。位于飞机头部的起落架称为前起落架,中部为主起落架。飞机起飞后,前起落架收入机身,主起落架收进机翼或机身,目的是减少飞行时的阻力,并且保护起落架。起落架一般由减振器、支柱、机轮、制动装置和收放作动筒组成。减振器的作用是吸收并耗散飞机着陆和地面滑跑时的撞击以减少作用在结构上的荷载。

(5)动力装置

动力装置包括产生推力的发动机和保证发动机正常工作所需的附件,其中包括发动机的启动、操纵、固定、燃油、滑油、散热、防火、灭火、进气和排气等装置。

(6)机载设备

机载设备包括飞行仪表、通信、导航、环境控制、生命保障、能源供给等设备,以及与飞机用途有关的一些机载设备,如客机的客舱生活服务设施等。

4)飞机系统

飞机系统是根据飞机飞行中的主要功能来进行划分的,主要有飞机的通信系统、操纵系统、液压传动系统、燃油系统、空调系统、防冰系统等。

通信系统的主要用途是使飞机在飞行的各阶段中和地面的航行管制人员、维修人员等相关人员保持双向的语音和信号联系,当然这个系统也提供了飞机内部人员之间和与旅客的联络服务。

飞机操纵系统用于飞机驾驶员在驾驶舱内发出的操纵动作指令,驱动舵面或其他有关装置,以改变和控制飞行姿态。

飞机采用液压系统来传动和控制操纵系统和起落架系统等。

燃油系统用于储存飞机所需的燃油,并保证在飞机一切可能的飞行姿态和工作条件下,按照要求的压力和流量连续可靠地向发动机供油。此外,燃油还可以用来冷却飞机上的有关设备和平衡飞机。飞机所用的燃油为高质量的航空煤油。

由于现代化大、中型旅客机的巡航高度都在7 000~10 000m,高空飞行时的低压、缺氧和低温使人体难以忍受,因此现代飞机都采用了气密座舱加座舱空气调节系统。座舱空气调节系统能在飞行高度范围内向座舱供给一定压力、温度的空气,并按需要调节,保证机上人员的舒适和安全。

飞机在高空飞行时,大气温度都在0℃以下,飞机的迎风部位,如机翼前缘、尾翼前缘、驾驶舱挡风玻璃、发动机进气道等,都容易结冰。现代飞机都有防冰系统,以防止结冰给飞机飞行带来危害。

5)飞机的飞行过程

飞机的飞行过程一般可分为起飞、巡航和降落三个主要阶段,如图3-62所示。

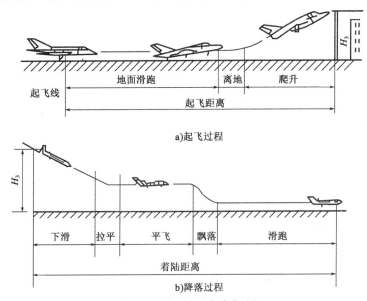

图3-62 飞机的起飞与降落过程

(1)起飞阶段

起飞过程大体上可以分成三个阶段。第一阶段是滑跑。准备起飞的飞机,进入机场跑道后,增升装置已经置于起飞装置上待命。当机长收到起飞指令后,就把发动机的推力增加到起飞推力,使飞机在跑道上加速滑跑。对于民用飞机来说,这是发动机的最大使用推力,目的是使飞机获得尽量大的加速度,使飞机在尽量短的时间内由静止达到较高的速度,以便得到必要的升力。当飞机的升力达到所需要的程度时,飞行员拉起机头,先使前轮离地。这时的飞机速度,叫做抬前轮速度。

当飞机的速度达到抬前轮速度之前,有一个规定的"决断速度",也就是说,在飞机速度小于它时,飞机可以中断起飞,通过减速、滑跑,飞机可以安全地停在跑道上,而不至于冲出跑道。反过来,当飞机出现故障要求中止起飞时,飞机速度已经超过决断速度,那么飞机就只能继续起飞,并按照规定执行一个完整的起落航线后,才可以着陆。

接着,飞机进入起飞的第二阶段:离地。前轮脱离地面后,主轮在跑道上继续滑跑,速度不断增大。当升力达到足够大的时候,飞机主轮离地,完成了整个离地过程。

飞机离地后,进入第三阶段:爬升。爬升到一定高度后,飞机将收起起落架,逐渐过渡到水平飞行的巡航阶段。

(2)巡航阶段

巡航阶段是飞行中最长的阶段,也是最安全的阶段,因为这时飞机在离地约10 000m的恒温层飞行,不受气象条件制约,飞行平稳舒适。现代化的客机,完全可以通过先进的自动驾驶仪装置来控制飞机,耗油量也达到最小。

(3)降落阶段

飞机进入着陆阶段后,首先处于下滑状态,选用合适的下滑速度和下滑角度。飞机沿着近似于直线的航迹下滑。到离地 10m 左右时,飞机被拉平,由下滑状态转入水平状态。飞机的速度逐渐减小,当速度降低到不能继续维持平飞的时候,飞机进入漂浮状态,逐渐下沉,直到主轮接地。主轮接地时的飞机速度,称为着陆速度。紧接着,飞机前部下降,直到前轮落地。一旦前轮落地,飞机将打开反推力装置和制动装置,使飞机在很短的时间内将速度降到最低,转入滑行道。

飞机都应该尽量逆风起飞和着陆,因为侧向风会导致飞机偏离航向,引起事故。

6)飞机的主要性能

不同用途的飞机,对飞机性能的要求有所不同。对现代民用飞机而言,主要考虑以下性能指标。

(1)速度性能

飞机优于其他运输工具的主要特点之一是速度快。标志飞机速度性能的指标是飞机最大的平飞速度。

飞机的飞行速度增大时,飞机的阻力就增大,克服阻力需要的发动机推力也应增大。当飞机作水平直线飞行,飞机的阻力与发动机的最大可用推力相等时,飞机能达到的最大飞行速度就是飞机的最大平飞速度。

由于飞机的阻力和发动机的推力都与高度有关,所以飞机的最大平飞速度在不同的高度上是不相同的。通常在 11km 左右的高度上,飞机能获得最大的平飞速度。

飞机不能长时间地以最大平飞速度飞行,否则会损坏发动机,消耗的燃油也太多。所以,对需作长途飞行的运输机而言,更注重的是巡航速度。所谓巡航速度,是指发动机每公里消耗燃油最少情况下的飞行速度。也就是说,飞机以巡航速度飞行时,最为经济,航程最远或航时最长。

(2)爬升性能

民用飞机的主要爬升性能是指飞机的最大爬升速率和升限。飞机的爬升受到高度的限制,因为高度越高,发动机的推力就越小。当飞机达到某一高度,发动机的推力只能克服平飞阻力时,飞机就不能再继续爬升了,这一高度称为飞机的理论升限。通常使用的是实用升限,所谓实用升限是指飞机还能以每秒 0.5m 的垂直速度爬升时的飞行高度,这也称为飞机的静升限。

(3)续航性能

民用飞机的续航性能主要指航程。航程是指飞机起飞后,爬升到平飞高度平飞,再由平飞高度下降落地,且中途不加燃油和滑油,所获得的水平距离的总和。

飞机的航程不仅取决于飞机的载油量和飞机单位飞行距离耗油量,而且与业务载质量有关。飞机最大载油量和飞机单位飞行距离耗油量最小的情况下飞行所获得的航程就是飞机的最大航程;由于飞机的满燃油质量与最大业务载质量的总和通常大于飞机的最大起飞质量,所以为了达到这一飞行距离就不得不牺牲部分业务载质量。同样,飞机欲以最大业务载质量飞行,通常要牺牲部分航程。

(4) 起降性能

飞机的起降性能包括飞机起飞离地速度和起飞滑跑距离、飞机着陆速度和着陆滑跑距离。在地面滑跑的飞机,当其前进速度所产生的升力略大于飞机的起飞质量时,飞机就能够离陆了。但在正常起飞时,为了保证安全,离陆速度要稍大于最小平飞速度(飞机能够保持平飞的最小速度)。

离陆距离也称起飞距离,由起飞滑跑距离和起飞爬升距离组成。飞机从松开制动器沿跑道向前滑跑至机轮离开地面所经过的距离称为起飞滑跑距离。从机轮离开地面到升高至规定的安全高度,飞机沿地平线所经过的距离称为起飞爬升距离。飞机的离陆距离希望尽可能地短,这样可以在较短的跑道上起飞。飞机发动机的推力越大、最小平飞速度越小,其离陆距离也就越短。

飞机的着陆过程也希望着陆的速度尽可能地小。着陆过程的速度分着陆进场速度和着陆接地速度。着陆进场速度是指飞机下滑至安全高度进入着陆区时的速度,着陆接地速度有时也简称为着陆速度。

着陆距离可分成着陆下滑距离和着陆滑跑距离。着陆滑跑距离取决于飞机的着陆接地速度和落地后的减速性能。现代民用飞机除了在机轮上安装制动外,通常还采用减速板、反推力装置等来缩短着陆滑跑距离。

7) 民用飞机的适航管理

航空器在进行运输及其他航空作业时,必须满足各种气象、地形、距离、荷载、飞行高度、空中交通规则等各方面的要求,才能保证安全,及时和经济地运送旅客和货物。

为了保障安全,航空器首先要具备相应的适航性能。适航性是指航空器在预期的运行时,应具备的安全性和物理完整性品质,这种品质使航空器始终处于符合其型号设计及安全运行的状态。

(1) 适航管理的含义

航空器的适航性工作称为适航管理。民用航空器的适航管理是以保证民用航空器的安全性为目标的技术管理,是政府适航部门在制定了各种最低安全标准的基础上,对民用航空器的设计、制造、使用和维护等环节进行科学、统一的审查、鉴定、监督和管理。

(2) 适航管理的主要工作内容

适航管理工作主要包括:

①制定各类适航标准、程序、指令等,这是适航管理的基础。

②民用航空器的型号合格审定,颁发型号合格证书。一种新型号的客机出厂,只有获得了适航性证书后,方能进入航空市场进行运营。

③对维修企业进行审定发给维修许可证,这是为了使航空器的适航性始终得到良好的保证。

④对安全问题和事故进行调查,对违章和不符合适航标准的情况采取措施。

3.5 管道运输设施

管道运输系统与其他运输系统具有很大的差异性,其中最主要的差别在于:管道运输系统中运输工具都是固定的,不需要凭借运输工具的移动来完成运输任务,因此,管道运输系统所需的基本设施也异于其他运输系统。

管道运输系统的基本设施包括管道、储存库、压力站(泵站)和控制中心。但是不同类型的管道运输,其设施又有所不同,具体分为输油管道、输气管道和固体料浆管道。

3.5.1 输油管道运输

1)输油管道系统的组成

长距离输油管道由输油站和管线两大部分组成,如图3-63所示。输送轻质油或低凝点原油的管道不需加热,油品经一定距离后,管内油温等于管线埋深处的地温,这种管道称为等温输油管,它无须考虑管内油流与周围介质的热交换。对易凝、高黏油品,不能采用这种方法输送,因为当油品黏度极高或其凝固点远高于管路周围环境温度时,每公里管道的压降将高达几个甚至几十个大气压,这种情况下,加热输送是最有效的办法。因此,热油输送管道不仅要考虑摩阻的损失,还要考虑散热损失,输送工艺更为复杂。

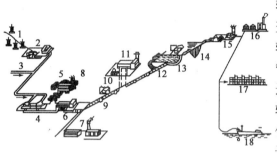

图3-63 长距离输油管道组成
1-井场;2-输油站;3-来自油田的输油管;4-首站罐区和泵房;5-全线调度中心;6-清管器发放室;7-首站锅炉室;8-微波通信塔;9-线路阀室;10-维修人员住所;11-中间输油站;12-穿越铁路;13-穿越河流;14-跨越工程;15-车站;16-炼油厂;17-火车装油线桥;18-油轮码头

(1)输油站

输油站包括首站、末站、中间输油站等。输油管道的起点称为首站,其任务是集油,经计量后加压向下一站输送,故首站的设备除输油机泵外,一般有较多的油罐。输油管道沿途设有中间输油站,其任务是对所输送的原油加压、升温,也俗称中间泵站,主要设备有输油泵、加热炉、阀门等设备。输油管道末站接收输油管道送来的全部油品,供给用户或以其他方式转运,故末站有较多的油罐和准确的计量装置。

(2)管线

输油管道的线路(即管线)部分包括:管道、沿线阀室、穿越江河、山谷等的设施和管道阴极防腐保护设施等。为保证长距离输油管道的正常运营,还设有供电和通信设施。

2)输油管道的主要设备

输油管道由离心泵与输油泵站、输油加热炉、储油罐、管道系统、清管设备、计量及标定装置等六部分构成。

(1)离心泵与输油泵站

①离心泵

泵是一种将机械能(或其他能)转化为液体能的液力机械,它也是国内外输油管线广泛采用的原动力设备,是输油管线的心脏。泵的种类较多,按工作原理,可将其分为叶片式泵(如离心泵、轴流泵等)、容积式泵(如齿轮泵、螺杆泵等)和其他类型泵(如射流泵、水锤泵等)三类。大型的输油泵可采用多级离心泵串联工作,每级的扬程可高达500~600m。国内铁大线采用的KS型单级离心泵扬程达190m,排量达3 000m^3/h。

离心泵的种类也很多,按泵轴位置可分为卧式泵、立式泵;按叶轮级数可分为单级泵与多级泵;按压力可分为低压泵与高压泵;按用途可分为井用泵、电站用泵、化工用泵、油泵等。

离心泵通过离心力的作用完成介质的输送任务,其结构如图3-64所示。当泵内充满液体时,叶轮旋转产生离心力,叶轮槽中的液体因此被甩向外围而流进泵壳,使叶轮中心压力降低并低于水池液面压力,液体在此压力差下由吸入池流进泵壳,通过泵的不断吸入和压出,完成液体输送。

从结构上看,离心泵由吸入机构、过流部件、导流机构、密封部件、平衡部件、支承部件及辅助机构部分组成。吸入机构与导流机构组成泵壳;过流部件的轴、叶轮、轴套及轴上的部件组成了泵的转子部分。

蜗壳式泵体与泵盖组成泵壳,它是液体的导入机构。蜗壳应有足够的强度和刚度,流道的铸造要光洁,连接处不能有错缝。这种泵壳的导流机构中,液体流断面由小到大呈螺旋形,故称蜗壳式。壳体的上半部称泵体,下半部称泵盖。

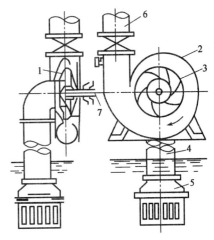

图3-64 离心泵基本构造
1-叶轮;2-泵壳;3-叶片;4-吸入管;5-底阀;6-压出管;7-泵轴

对转子部分来说,其关键是要减少振动,保证转子平衡。一般平衡轴向力的机构和机械密封的组合件等均套装在轴上。由不平衡重量产生的离心力不应超过转子重量的2%～3%。叶轮除考虑机械强度外,还要考虑耐磨和耐腐蚀性能。

离心泵应具有良好的密封性能,包括转子轴伸部分与固定壳体间的密封(也称轴端密封)和泵内高低压腔的密封。

目前,国内输油管道采用的输油泵主要有:400KD型、DKS型、KS型、SH型、D(DA)型、Y(YS)型、DY型等。拖动离心泵的原动机一般是电动机、柴油机和燃气轮机。电动机价廉,轻便,体积小,效率高,维护管理方便,工作平稳,易于控制,安全性能亦好,应用最广泛。

②输油泵站

输油泵站设于首站和中间输油站,它的基本任务是供给油流一定的能量(压力能或热能),将油品输送到终点站(末站)。输油泵站包括生产区和生活区两部分,生产区又可分为主要作业区和辅助作业区。主要作业区的设备或设施包括输油泵房、总阀室、清管器收发装置、计量间、油罐区、油品预处理装置(多设于首站)、加热炉或换热器组等;辅助作业区包括供电系统、供热系统、供水系统、排污与净化系统、车间与材料库、机修间、调度及监控中心、油品化验室与微波通信设备等。生活区指供泵站工作人员及家属居住用的设施。

③泵站数的确定

要经济、安全地将规定输量的油品从起点输送到终点需要消耗的压力常达几百个大气压,它也需要在沿线设置若干个泵站来提供压力能。确定泵站数量的原则是各泵站提供的总扬程与消耗的总能量平衡。全线采用不同方式("从泵到泵"或"旁接油罐")输送油品时,可通过图解法或特性曲线求得。

油品输送有不同的工艺,如等温输送、加热输送等。在加热输送过程中,既存在摩阻损失,又存在热能损失。加热输送的方法有直接加热和间接加热两种。直接加热是利用加热炉直接给油品加热,一般长输管道上每隔几十公里建一个加热站,每站安装若干台加热炉。间接加热是利用热源(如热煤炉)先加热载热体(如某种性质稳定的有机载体,也称热媒),载热体再通过一定装置(如热交换器)加热油品。等温输油管道通常按全年平均温度时的油品黏度来确定泵站数。当地温高于平均地温时，输油量增大；低于平均地温时，输油量减少。在实际设计中，出站温度通常设定一个最高限定值，油品的比热容也需分段选取，通过对管道的分段降温和热负荷测算来确定合理的站间距。

(2) 输油加热炉

在原油输送过程中对原油采用加热输送的目的是使原油温度升高，防止输送过程中原油在输油管道中凝结，减少结蜡，降低动能损耗。通常采用加热炉为原油提供热能。

加热炉一般由四个部分组成，即辐射室(炉膛)、对流室、烟囱和燃烧器(火嘴)；加热方法有直接加热和间接加热两种方式。直接加热方法是使原油在加热炉炉管内直接加热，即低温原油先经过对流室炉管被加热，再经辐射室炉管被加热到所需要的温度。直接加热炉的工作流程如图3-65所示。

辐射室为炉内前墙与挡火墙间的空间。从燃烧器内喷出的燃料在辐射室内燃烧，由于火焰温度可达1500~1800℃，故不能直接冲刷炉管，热量主要以辐射方式传送。加热炉热负荷的70%左右在辐射室内传递。火焰放出一部分热量后成为700~900℃的烟气进入对流室，再以对流方式将另一部分热量传给对流室炉管内流动着的原油。对流室一般比辐射室小，但较窄较高，可设多排蒸汽管或热水管，燃烧产生的高温火焰以辐射换热方式使热量通过辐射室炉管传给管内流动着的原油。辐射室的侧壁、底部或顶部安装有燃烧器(俗称火嘴)，可提供燃烧用的燃料和空气。火嘴是加热炉中的主要部件。输油用加热炉中常用的火嘴为以原油

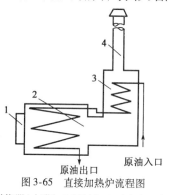

图3-65 直接加热炉流程图
1-燃烧器(火嘴)；2-辐射室；3-对流室；4-烟囱

为燃料的燃油型火嘴，原油以雾化形式从火嘴喷出。最后，烟气携带相当数量的热量经烟囱排入大气。有时对流室与烟道间可设热水炉，其热水可供站内管道伴热、油罐加热或生活采暖。

目前，我国用得较多的是管式加热炉，它操作方便，成本低，可以连续、大量地加热原油(重质油)，获得了广泛的应用。管式加热炉有多种炉型，如石油工业早期使用的、较为简单的箱式炉(方箱炉)以及斜顶炉、立式炉、圆筒炉、间接式加热炉等。箱式炉结构简单，操作容易，取材方便，但占地大，施工周期较长，效率较低。斜顶炉有单斜顶和双斜顶之分，它为补足方箱炉膛中气体充满度不佳的缺陷而将炉顶改为倾斜方向，改善了箱式炉炉内受热不够均匀的问题。圆筒炉是输油管道上常用的另一种加热炉，有卧式和立式两种。其结构较紧凑，可减少占地面积和钢材耗用量，且烟气由下向上，流向合理，热效率较高，但不太适合野外分散的施工作业，多在炼油厂使用。

(3) 储油罐

储油罐是19世纪60年代发展起来的一种储存石油及其产品的设备。储油罐按建造方式可分为地下储油罐(罐内油品最高液面比邻近自然地面低0.2m以上者)、半地下储油罐(储油罐高度的2/3左右在地下)和地上储油罐(储油罐底部在地面或高于地面者)三种，按建造材料分为金属储油罐、非金属储油罐；按罐的结构形式分为立式圆柱形储油罐、卧式储油罐、双曲率形储油罐三类。在立式圆柱形储油罐中，非金属储油罐有砖砌储油罐、预应力钢筋混凝土储油罐等，金属储油罐则有锥顶储油罐[图3-66a)]、悬链式无力矩顶储油罐[图3-66b)]、拱顶

储油罐、浮顶储油罐及套顶储油罐等类型。

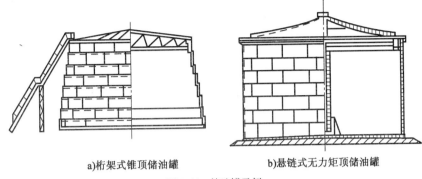

a) 桁架式锥顶储油罐　　b) 悬链式无力矩顶储油罐

图 3-66　储油罐示例

一般地,应用较广的是钢质金属储油罐,其使用安全可靠,经久耐用,施工方便,投资省,可储存各种油品。非金属储油罐大都建造在地下或半地下,用于储存原油或重油,容积较小,易于搬迁,油品蒸发比钢罐低,抗腐蚀能力亦比金属罐强;其缺点是易渗漏,不适合储存轻质油品,且当罐底发生不均匀沉陷时易产生裂纹,难以修复。

(4) 管道系统

输油系统一般采用有缝或无缝钢管,大口径者可采用螺旋焊接钢管。无缝钢管壁薄、质轻、安全可靠,但造价高,多用于工作压力高、作业频繁的主要输油管线上。无缝钢管的规格标称方法是:外径×壁厚,如 4 108 × 4 表示外径为 108mm、壁厚为 4mm 的无缝钢管。无缝钢管常用碳素结构钢轧制,常用 10 ~ 45 号钢,长度在 4 ~ 12m,承受压力在 200 ~ 400N/cm²。

焊接钢管又称有缝钢管,是目前输油管路的主要用管。制造材料多为普通碳素钢和合金钢,制造工艺有单面焊和双面焊两种,一般可耐压 300 ~ 500N/cm²。其规格标称方法采用公际口径的毫米或英寸数,如 Dg100 表示公称直径为 100mm 的管(即 4in 管)。

在管道铺设过程中要注意选择合适的方案。一般地,为防止管道受地面上各种负荷可能引起的损害,保证管道在热应力下的稳定性,管道埋深应不小于 0.8m,在穿越河流、铁路与公路干道时应更深些;同时应略低于冰冻线处,这对等温输送管道尤为重要。在地下水位较低、施工方便的高寒地区,可取较大的埋深;而对地下水位较高、土壤腐蚀性强的地段,应考虑将管道铺设在地下水位以上。

(5) 清管设备

油品在运输过程中,管道结蜡使管径缩小,造成输油阻力增加、能力下降,严重时可使原油丧失流动性,导致凝管事故。处理管道结蜡有效而经济的方法是机械清蜡,即从泵站收发装置处放入清蜡球或其他类型的刮蜡器械,利用泵输送原油在管内顶挤清蜡工具,使蜡清除并随油输走。进行管道清蜡要求不导致管道明显变形,且清蜡工具易通过;同时,清蜡器具应有足够强度,在清蜡过程中不易变形和损坏。

清管器按功能可分为清蜡、封堵、检测三类。前两类清管器按结构也可分为皮碗式、球式、泡沫式和机械清管器四种。我国目前普遍应用的有机械清管器和泡沫清管器两类。机械清管器构造如图 3-67 所示,它刮

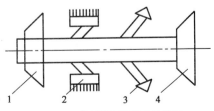

图 3-67　机械清管器构造示意图
1—前皮碗;2—钢刷;3—刮板;4—后皮碗

蜡效果好,使用寿命长,但遇到变形的管道和障碍物时通过能力较差,且较笨重。泡沫清管器的优缺点则与机械式相反,通常用于估计有较大变形的管道。

国外近年研制成了一些新型的清管器,如英国气体公司研制的"智能"检测清管小车,可在不影响管线运行的条件下使用,并可检测出有意义的缺陷,指出假的缺陷、缺陷程度及其位置。

(6) 计量及标定装置

为保证输油计划的完成,加强输油生产管理,长输管线上必须对油品进行计量,以及时掌握油品的收发量、库存量及耗损量。现代管道运输系统中,流量计已不仅仅是一个油品计量器,它还是监测输油管运行的中枢。如通过流量计调整全线运行状态、校正输油压力与流速、发现泄漏等。输油管道上常用的流量计有容积式流量计和涡轮流量计两种,实际中应根据所输油品性质、流速与流量范围、计量要求(如精度等)与仪表安装要求(温度与压力等环境条件等)来选择。计量系统包括流量计、过滤器、温度及压力测量仪表、标定系统及排污管等五个部分。一般来说,流量计只能测体积,大庆油田安装了一套我国自行研制出的原油计量装置,能同时报出体积、质量、原油中的含水率等重要数据,且系统精度在0.4%以内。

3.5.2 输气管道运输

我国是世界上最早使用管道输送天然气的国家之一。1600年左右,竹管输气已有很大发展。但第一条现代意义的输气管道却是1963年在四川建成的管径426mm、长度55km的巴渝管线。从全世界来看,18世纪以前主要是用木竹管道输送,1880年首次出现蒸汽机驱动的压气机,19世纪90年代钢管出现后,管道运输进入工业性发展阶段。美国、西欧、加拿大及前苏联国家均建成了规模较大的输气管网甚至跨国输气管道。

1) 输气管道系统的组成

输气管道系统主要由矿场集气管网、干线输气管道(网)、城市配气管网以及与此相关的站、场等设备组成。这些设备从气田的井口装置开始,经矿场集气、净化及干线输送,再经配气管网送到用户,形成一个统一的、密闭的输气系统,如图3-68所示。

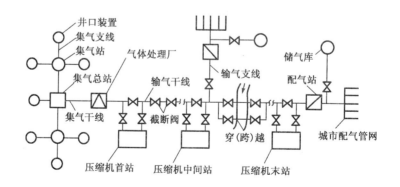

图3-68 输气系统组成

2) 输气管道的主要设备

输气管道由矿场集气、输气站、干线输气、城市配气四部分构成。

(1) 矿场集气

集气过程指从井口开始,经分离、计量、调压、净化和集中等一系列过程,到向干线输送为止。集气设备包括井场、集气管网、集气站、天然气处理厂、外输总站等。

一般气田的集气有单井集气和多井集气两种流程。单井集气方式下的每一口井场除采气树外,还有一套独立完整的节流(加热)、调压、分离、计量等工艺设施和仪表设备。多井集气方式下,主要靠集气站对气体进行节流、调压、分离、计量和预处理等工作,井场只有采气树;气体经初步减压后送到集气站,每一个集气站可汇集不超过10口井的气体。集气站将气体通过集气管网集中于总站,外输至净化厂或干线。多井集气处理的气体质量好,劳动生产率高,易于实现管理自动化,多用于气田大规模开发阶段。

单井集气与多井集气都可采用树枝形或环形集气管网。环形管网可靠性好,但投资较大。由于气井井口压力较高,集气管道工作压力一般可达 1×10^7 MPa以上。

(2) 输气站

输气站又称压气站。核心设备是压气机和压气机车间。任务是对气体进行调压、计量、净化、加压和冷却,使气体按要求沿着管道向前流动。由于长距离输气需要不断供给压力能,故沿途每隔一定距离(一般为110~150km)设置一座中间压气站(或称压缩机站),首站也是第一个压气站,当地层压力大至可将气体送到第二站时,首站也可不设压气机车间。第二站开始称为压气站,最后一站即干线网的终点,城市配气站。压气站也可按作用分为压气站、调压计量站、储气库三类。调压计量站多设在输气管道的分输处或末站,其作用是调节气体压力、测量气体流量,为城市配气系统分配气量并分输到储气库;储气库则设于管道沿线或终点,用于解决管道均衡输气和气体消费的昼夜及季节不均衡问题。

压缩机(或称压气机)是提高气体压力以输送气体的机器。它可分容积型和速度型两大类。前者通过压缩体积、增大密度来提高气体压力;后者则通过提高气体速度并使其从很高的速度降低,使动能转化为压力能。输气管线上的压缩机主要是容积型的活塞式往复压缩机和速度型的离心式旋转压缩机。

①往复式压缩机的优点是排出气体的压力稳定,调节性能好,效率高,对压缩机制造材料要求不高,但结构复杂,易损件多,运转中振动、噪声较大,多适用于升压要求高、输气量低的线路。

②离心压缩机的优点是结构紧凑,排气均匀、连续,可直接串联运行,振动小,易损件少,机内无须润滑油,不污染输送气体,转速高,节能,维修工作量小,但对流量小、压力要求高的输送要求难以满足,效率较低(近年来已有所改进,可达84%以上)。

在管径和流量不断增长的今天,离心压缩机发展很快,在输气干线上占据了绝对优势。活塞式压缩机中,活塞在汽缸中做往复运动对气体加压。离心式压缩机(图3-69)中,气体从轴向进入高速旋转的叶轮并被离心力甩出进入扩压器。

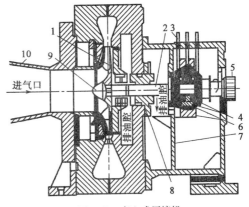

图3-69 离心式压缩机
1-工作叶轮;2-主轴;3-热电偶;4-油密封系统;5-齿轮联轴节;6-支承止推滑动轴承;7-隔板;8-支承轴承;9-整流罩螺母;10-进气短管

叶轮中，速度高、动能大的气体进入断面渐大的扩压器后速度降低，部分动能便变为压力能。接着气体通过弯道和回流器被第二级吸入，进一步提高压力。依次逐级压缩，直至获得所需压力。每级叶轮中，排气压力与进气压力之比称为叶轮的压力比。干线输气管上一个站的压缩比大致在 1.2～1.5。必要时可采用多台压缩机串联使用。

压气站站址应选择地面平坦、有缓坡、可排水、土壤承载能力不低于 0.12MPa、地下水位低、土壤干燥的地方。

(3) 干线输气

干线是指从矿场附近的输气首站开始到终点配气站为止的输气管道。

由于输气管道输送的介质是可压缩的，其输量与流速、压力有关。压气站与管路是一个统一的动力系统。压气机的出站压力就是该站所属管路的起点压力，终点压力为下一个压气站的进站压力。一般地，输气管线可以有一个或多个压气站。

当只有一个压气站时，系统工作点可由压气站及全线管路的工作特性来确定。不过，系统工作点并非是一成不变的，而是随压气站与管路工作特性、输气管线工作条件(如地温)变化而变化的。输气管与压缩机的选用要考虑使系统工作点在压缩机的高效区内，且工作点压力不超过管道工作的最大压力。

当全线有多个压气站时，在确定工作点之前应确定压气站数和站间距离。在生产中，由于各压气站需要消耗一定数量的天然气(动力与生活用气)，输气干线从起点到终点的压力是逐渐下降的。若沿线有分气或进气，则各压气站的流量也可能不同。全线所需要的压气站数和站间距应根据实际情况通过水力计算确定。压气站数可根据管线起终点最大供气量、压气站最大出站压力、全线管长、末段管线长度、压气机性能、输送介质等因素来初步确定，再根据地形、地址、水、电、交通等条件最终确定。一般地，压气站数与站址确定后，压缩机与管路工作点即可确定。工作点的流量应大于或等于输气管的任务输量，否则应调整布站。

一般来说，在各种影响因素中，管径 D 对流量 Q 影响最大，其他因素不变时，Q 与 D 的 2.53 次方成正比；管径增大 1 倍，流量可增加 4.776 倍；其他参数不变时，要增加同样多的流量，则管长要缩短为原来管长的 1/31，或平均温度下降到原来温度的 1/31。故加大管径是提高输量的最有效途径之一。影响输量的另一重要因素是压力，高压输气比低压输气有利，即在相同的压差下，同时提高起点和终点压力能提高输气量，提高起点压力或降低终点压力也能提高输气量；但前者效果更好。此外，温度的提高也有利于提高输气量。

总的说来，高压、大管径是长距离输气管道发展的方向。

(4) 城市配气

城市配气指从配气站(即干线终点)开始，通过各级配气管网和气体调压所按用户要求直接向用户供气的过程。配气站是干线的终点，也是城市配气的起点与枢纽。气体在配气站内经分离、调压、计量和添味后输入城市配气管网。城市配气管网按形式可分树枝形和环形两类，按压力则可分高压、次高压、中压和低压四级。由于不同级别的管网上管道等设施的强度不同，上一级压力的管网必须调压后才能输向下一级管网。城市一般均设有储气库，可调节输气与供气间的不平衡。例如，当输气量大于城市供气量时，储气库储存气体，否则输出气体。

(5) 增加输气管输气能力

输气管道在生产过程中常需要进行扩建或改造，目的在于提高输气能力并降低能耗。当输气管最高工作压力达到管路强度所允许的最大值时，可采用铺设副管、倍增压气站两种方法来提高输气能力。前者需要扩建原有压气站、增加并联机组;后者是通过在站间增建新的压气站、减少站间管路长度,从而获得输气管通过能力的提高。当其他条件不变,将站间距缩小到原来的一半可使输气能力增加到1.414倍。实际中采用何种方法,取决于新增输气量的大小。一般地,一定直径的输气管道有其合理输量范围,超过该范围时,铺设两条管线比一条更经济有利。

3.5.3 固体料浆管道运输

用管道输送各种固体物质的基本措施是将待输送固体物质破碎为粉粒状,再与适量的液体配置成可泵送的浆液,通过长输管道输送这些浆液到目的地后,再将固体与液体分离送给用户。目前浆液管道主要用于输送煤、铁矿石、磷矿石、铜矿石、铝矾土和石灰石等矿物,配制浆液主要用水,还有少数采用燃料油或甲醇等液体作载体。目前世界上规模最大的煤浆管道是美国1971年建成的、长439km的黑迈萨煤浆管道,管径有457mm和305mm两种,年输煤500万t。规模最大的矿浆管道是巴西的萨马科铁矿浆管道,全长400km。我国已在唐山建立了煤浆管道试验中心。

尽管有许多人认为管道输送固体物质是经济、可靠的方法之一,固体料浆管道的输送技术也确实有了较大的发展,但在固体料浆管道的优化设计与计算方法等方面还缺乏经过实践验证的、普遍适用的工艺技术。固体料浆管道的输送技术还在继续探索和发展之中。

1)固体料浆管道系统的组成

固体料浆管道的基本组成部分与输气、输油管道大致相同,但还有一些制浆、脱水干燥设备。以煤浆管道为例,整个系统包括煤水供应系统、制浆厂、干线管道、中间加压泵站、终点脱水与干燥装置。它们也可分为三个不同的组成部分:浆液制备厂,输送管道,浆液后处理系统。

2)固体料浆管道的主要设备

固体料浆管道设备由浆液制备系统、中间泵站、后处理系统三部分构成。

(1)浆液制备系统

以煤为例,煤浆制备过程包括洗煤、选煤、破碎、场内运输、浆化、储存等环节。为清除煤中所含硫及其他矿物杂质,一般要采用淘选、浮选法对煤进行精选,也可采用化学法或细菌生物法。图3-70所示为黑迈萨管道的制浆流程。

从煤堆场用皮带运输机将煤输送至储仓,经振动筛粗选后进入球磨机进行初步破碎,再经第二级振动筛筛分后进入第二级棒磨机掺水细磨,所得粗浆液进入储浆槽,由提升泵送至安全筛筛分,最后进入稠浆储罐。在进行管输前,为保证颗粒级配和浓度符合质量要求,可用试验环管进行检验。不合格者可返回油罐重新处理。

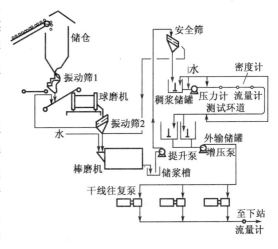

图3-70 制浆流程示意图

煤浆管道首站一般与制浆厂合在一起,首站的增压泵从外输罐中抽出浆液,经加压后送入干线。

(2)中间泵站

中间泵站的任务是为煤浆补充压力能。停运时则提供清水冲洗管道。输送煤浆的泵也可分容积式与离心式两种,其特性差异与输油泵大致相同。泵的选用要结合管径、壁厚、输量、泵站数等因素综合考虑。

为了减少浆液对活塞泵缸体、活塞杆、密封圈的磨蚀,国外研制了一种油隔离泵,可避免浆液进入活塞缸内,活塞只对隔离油加压并通过它将压力传给浆液。

(3)后处理系统

煤浆的后处理系统包括脱水、储存等部分。管输煤浆可脱水储存,也可直接储存。脱水的关键是控制煤表面的水含率,一般应保证在7%~11%。影响脱水的因素主要有浆液温度与细颗粒含量。图3-71描述了一般煤浆脱水流程。浆液先进入受浆罐或储存池,然后再用泵输送到振动筛中区分为粗、细浆液。粗浆液进入离心脱水机,脱水后的煤粒可直接输送给用户,排出的废液输入浓缩池,与细粒浆液一起经浓缩后再经压滤机压滤脱水,最后输送给用户。

由于管道中流动的浆液是固液两相的混合物,其输送过程中除了要保证稳定流动外,还要考虑其沉淀的可能,尤其是在流速降低的情况下。不同流速、不同固体粒径及浓度条件下,浆液管道中可能出现均质流、非均质流、半均质流三种流态。非均质流浓度分布不均,可能会出现沉淀,其摩阻高,输送费用大。

从整个系统来看,要保证系统的经济性需要考虑并确定合理的颗粒大小及浆液浓度。细颗粒含量多时虽然可以降低管输费用,但制浆、脱水费用将会增加。

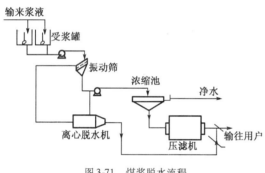

图3-71 煤浆脱水流程

第4章 综合运输设施

> **本章提要**
> 本章主要讲述综合运输体系基本概念、综合运输设施及其规划等内容。

4.1 综合运输体系概述

4.1.1 概念的形成与发展

1) 各国综合运输体系概念的形成与发展

综合运输体系是运输生产力发展到一定阶段的产物。20世纪中期以后，随着现代运输方式的不断发展和完善，不同运输方式或交通技术相互影响、相互促进，分别显示出在特定运输领域的适用性和技术经济比较的优势。如何根据一个国家或地区的区域特征、产业布局和经济发展要求发挥不同运输方式的组合效应，实现最优的运输效率，成为各国经济运行管理和市场选择过程中日益关注的问题。在这种背景下，综合运输体系的概念或理念开始形成了。进入21世纪后，现代综合运输体系建设成为世界各国共同的任务。

国内外综合运输体系概念的形成与发展过程如下。

(1) 国外

日本于1955年制定经济发展计划时，就用了"综合交通体系"这一概念，此后对综合交通体系和政策进行了大规模的研究。1971年，在经济计划厅综合计划局内设立了"综合运输问题研究会"。该研究会在其1994年发表的一份有关综合运输问题的研究报告中指出：所谓"综合运输体系，就是为了使当前的运输体系向理想化的方向发展，而对各种运输方式所做的分工"。1981年，日本运输政策审议会特别强调实施综合交通政策对保持经济长期稳定增长的必要性。

美国于1940年在《运输条例》中提出：国家运输政策的目的应该保持水路、公路和铁路及其他运输方式的协调和健康发展，并最终形成统一的国家运输体系，满足美国商业、邮政业及国防的需要。美国国会于1940年通过的《国家运输政策说明》明确提出，社会上存在着几种不同的运输方式，州际商务委员会执行的立法程序应以国会有关处理多方式运输系统的标准为指导。1967年4月，美国运输部成立，有关建立联邦运输部的法律中要求运输部负责编制国家运输政策说明文件。1975年9月，由运输部长威廉·T·小克尔曼主持完成了说明文件的首次编制工作。1976年通过的《联邦公路资助授权法》特别关注了运输方式间的协作问题。1978年末，由新组建的"国家运输政策研究委员会"提出的"2000年国家运输需求"研究报告中提出：各种运输方式满足预定需求的能力和适当的配备，满足预定运输需求对能源的需求量和实际可得到的能源量;影响运输发展的联邦政策和计划等。《州际商务法》对促进综合运输的发展起了重要作用,授权州际商务委员会,强调铁路、公路运输企业和水路运输企业间相互转载,建立直达路线和联合运价或票价。在名称上,美国以及欧洲倾向于采用"一体化运输(Integrated Transportation)"或"多式联运(Intermodalism Trans-Port)"的概念,其含义或发展要求与综合运输概念基本相同。

在欧洲各国,原有的以国家为相对独立的运输系统,各运输方式网络缺乏连通性,例如各运输方式内部和相互之间的技术缺乏兼容性,与运输工具、数据交换和程序等有关的法规和标准种类繁多,运输方式间产品性能和服务质量差异很大,可靠性标准也不甚一致等,影响了"门到门"运输的顺利实现。随着欧盟的一体化进展,需建立统一的综合运输体系,这就要求各国和区域制定协调一致的运输政策。为此,欧盟从公共运输政策的整体角度推动综合运输的发展,实施了一系列的运输战略与行动计划,包括欧洲基础设施发展战略,旨在贯通欧洲的运输网络和节点;建立协调一致的法规、技术标准和竞争规则,实现统一的运输市场等,目的在于消除开展综合运输的障碍,充分发挥铁路和水路运输的潜力。另外,改进铁路性能、使外部成本充分内部化,有效地提高机动性,促进交通运输的可持续发展。近年来,欧共体为加快运输系统的建设与发展,制定了全欧运输系统规划,加强区域交通资源的整合,并提出了建设目标、重点和基本步骤等,主要包括综合基础设施和运输工具、相互配合和衔接作业、独立于方式的运输服务和法规、横向管理措施等。

前苏联在建立国家综合运输体系方面的理论和政策有鲜明的计划经济特征。具有较深影响的论著是由B.B.波沃罗任科编著的《各种运输方式的协作和综合发展》,于1982年出版。其主要观点是,根据运输方式的合理运距来确定方式间的合理分工、方式间的分流运输以及运输过程的相互衔接与配合等。对于运输需求的多样化、个性化特点,以及对于运输产品与运输服务的质量要求,则缺乏研究,论述也不多。

20世纪90年代以来,主要发达国家政府先后提出建立一个由政府倡导、全民共建的国家运输系统。它是在已经建立起来的相当强大的、以单一运输方式为主的运输系统的基础上,以最大限度地满足日益增长的、多样化的运输需求,应对全球性变化的挑战(交通拥堵、环境恶化、能源短缺)和全方位的激烈竞争为目标,顺应信息社会发展特征的,更安全、快捷、智能的现代运输系统。

(2)国内

我国有关综合运输的理念在形成之初受前苏联的影响比较大,侧重于解决交通运输发展中的综合性问题,主要对各种运输方式的技术经济特征进行比较分析,缺乏系统的理论研究。国家于1956年提出开展综合运输研究,政府在1985年8月印发的《交通运输技术政策要点》(简称《要点》)中首次采用"综合运输体系"概念,《要点》中提出,应尽快建立经济合理、协调发展的现代化综合运输体系。1987年,中国共产党第十三次代表大会报告中,把加快发展综合运输体系作为今后相当长时期内调整和改造交通产业结构的基本方向。1991年,首次在五年计划中提出,搞好综合运输体系的建设。1997年,时任总理李鹏撰文《建设统一的交通运输体系》指出:"我国交通运输业应以铁路为骨干,公路为基础,充分发挥水运,包括内河、沿海和远洋航运的作用,积极发展航空运输,适当发展管道运输,建设全国统一的综合运输体系。"2001年,我国政府首次制定综合交通运输体系发展规划。与发达国家或地区综合运输体系建设的目标与要求相比较,我国过去及现阶段综合运输体系建设的主要任务还在于解决大交通系统总量供给不足和结构不合理方面的问题,诸如城市交通问题以及城市交通与城间交通一体化等问题还没有得到深入全面的研究。

概括而言,综合运输体系是指在社会化的运输范围内和统一的运输过程中,按照各种运输方式的技术经济特点,形成分工协作、有机结合、布局合理、联结贯通的交通运输综合体。交通运输业是五种运输方式的简单总和,体现运输业的"全";综合运输体系则体现各种运输方式的"协"——运输过程的协作,运输发展的协调和运输管理的协同,它立足于各种运输方式的有机联系,是五种运输方式数量、结构和功能的总和。从统一的运输生产过程来看,客观要求各种运输方式联合起来,协作配合,有机结合,联结贯通;从交通运输建设来看,为了提高交通运输总体效率和效益,各种运输方式要统筹规划,协调发展,合理布局;从交通运输的组织管理来看,在统一的运输市场中运输组织要结构联合,动作协同。

尽管不同国家综合运输概念的认识存在一定差异,但其目的和发展要求基本是一致的,即根据不同交通方式的技术经济比较优势,优化配置交通运输资源,实现交通运输系统中不同运输方式之间以及某种运输方式内部不同环节之间的协调发展,从而为经济社会运行提供高效的运输服务保证。

2)我国综合运输发展的阶段

我国综合运输的发展主要可以分为四个阶段,分别为起始阶段、综合运输理论研究的基础起步阶段、现代综合运输体系理论初步形成和逐步完善阶段。

第一阶段:起始阶段(20世纪50年代至70年代末)

这一阶段我国处于计划经济时期,各种运输方式按照计划经济的模式发展,铁路、机场、主要港口由国家投资建设,公路由地方政府负责投资建设,铁路的发展和运输占绝对主导地位,运输企业基本上为国营企业,公路、水运少数企业为集体企业。总体上,交通运输整个行业基础非常薄弱,网络基础设施规模小、密度低,运输装备数量不足、技术落后,整体发展水平低下。交通运输资金方面,由于这一时期的经济基础和实力较弱,各行各业都急需发展,交通运输又被归属于非物质生产部门,投资严重不足,交通运输的发展与国民经济和社会发展的需求差距很大。交通运输基础建设方面,这一阶段交通运输发展的主要任务是增加数量、扩大覆盖面、支持工业布局开展和巩固国防需要,然而各种交通方式的交通基础设施都严重短缺,除少数干线外,主要以通达为目标,线路技术等级普遍较低。交通运输格局方面,以铁路为主,运输生产按计划经济模式进行,基本不存在竞争和替代关系,各种运输方式的地位作用以及分工界限都非常明确。

这一时期的综合运输研究工作,理论基础非常薄弱,主要是进行调查,对交通建设和运输生产组织提出建议。由于当时国家处于封闭状态,很少与外国进行交流,在"文化大革命"期间研究工作基本中断。主要的研究按照各单一运输方式分别进行,基本不存在结构优化和结构比例问题,重点主要是线路布局和通路建设,以及旨在节约运输能力、提高运输效率的大宗货物合理运输、铁水联运等。同时,对于全国性、大区域性的交通运输整体规划研究很少,对交通运输和国民经济的关系虽有研究,但很薄弱,综合运输网的研究主要侧重于某些主要道路各种运输方式的协调配套建设。

第二阶段:综合运输理论研究的基础起步阶段(20世纪80年代)

(1)国民经济促进了交通运输的发展,推动了理论研究的开展

改革开放后,随着经济体制改革和国民经济的快速发展,交通运输制约国民经济发展的矛

盾逐渐突出,客运货运困难成为当时社会经济活动的严重问题。交通运输工作者和管理部门认识到完全沿用以往计划经济的发展手段和基本依靠铁路的方式难以快速增加运力、满足需要,必须加大其他运输方式的发展,增加总能力供给和发挥各种运输方式的作用,以共同满足运输需求。

相关部门和研究单位对于交通运输与国民经济的关系、各种运输方式的技术经济特征、不同运输方式的合理分工、交通运输发展战略和规划等进行了研究,推动了交通运输理论的发展,掀起了交通运输在国民经济的地位作用、发展综合运输、加快各种运输方式协调发展等方面研究的热潮。

(2) 各种运输方式的发展为发展综合运输创造了条件

客观的发展需要和研究的深入,提高了整个社会对于交通运输发展的认识。在发展策略和政策措施上,逐步以铁路为主的比较单一的发展模式转向了以铁路为骨干、公路为基础、其他运输方式相协调的发展模式,形成了各种运输方式争相发展的局面,加快了我国交通运输的总体发展。随着各种运输方式的发展水平差距开始缩小,各自的基础实力逐渐增强,不仅增加了相互配合和互补,也形成了一定程度的发展竞争,为综合运输的发展创造了较为有利的发展基础和条件。

随着各种运输方式基础的逐渐增强,客观上提出了协调发展、合理结构比例、衔接配合等问题。但是,在交通运输整体不足,对国民经济的发展形成"瓶颈"制约的状况下,各种运输方式的发展仍然具有重要意义,而且,我国的交通运输尚处于分部门管理阶段,建设资金部门间不通用,鉴于此,推动各种运输方式通过各自各种可能的资金渠道,加快建设,增加总体供给,是该时期交通运输发展的首要任务。这一时期的综合运输研究重点也是围绕这一任务进行政策、资金渠道等方面的研究,同时也投入较多力量对综合运输网布局规划、主要货物运输通道建设、港口集疏运网络等进行研究。

(3) 综合运输理论研究的重点和特点

这一时期,我国综合运输研究重点在推动各种运输方式加快发展,已解决能源等大宗物资运输,在发展政策、运输网络建设规划、主要货物铁水联运、港口集疏运系统建设等方面的具体实际工作中取得了许多重要成果。在交通网规划和建设的实际工作中,一定程度上体现了促进各种运输方式共同发展、协调配合的思想,对综合运输的内涵、定义等进行了一定的思考,但尚未形成较系统的理论。

该阶段综合运输发展的思想,除了联运通路、集疏运系统中的各种运输方式衔接配合以外,主要体现在各种运输方式的分工、按比例发展、综合平衡的思想上。对于各种运输方式的技术经济特征进行了较多的研究,突出了经济型比较的作用;在线路布局上更加强调各种运输方式的分工,以"通得了、走得了"为主要建设目标;综合运输大通道、功能组合的发展思想和理念尚处于开始形成和较大的争议之中。

第三阶段:现代综合运输体系理论初步形成阶段(20 世纪 90 年代)

(1) 各种运输方式基础实力进一步增强,建设综合运输体系逐步得到认同

这一时期,随着经济总量规模和建设规模不断增大,客货运输需求大幅增长,运输紧张状况加剧,成为国民经济发展的"瓶颈"。加之在 20 世纪 80 年代的理论研究和实践成果,交通工作者和政府部门更加深切地认识到综合运输发展的重要性,并加强了这方面的研究工作,理论体系开始逐步建立。

这一时期综合运输发展的主要任务,仍然是进一步推动各种运输方式加快建设,壮大基础,完善网络。国家加强了交通运输发展的政策支持力度和投资力度,采取了"统筹规划、条块结合,分层负责、联合建设"的方针,各种运输方式进入了较快的发展轨道。

(2)建设综合运输体系逐渐成为国家交通运输发展的基本方向

经过20世纪80年代和90年代上半期的发展,各种运输方式的结构比例发生了较大的变化,公路、水运、民航的运输比重提高,各运输方式对国民经济和人民的生活都具有较大的影响,同时总体上非常短缺,网络不够完善,不能满足需求。因此,发展综合运输,推动各种运输方式的快速发展和现代化建设,并在发展中合理配置资源、加强各种运输方式的有机衔接与配合,成为交通运输发展的要求,也逐渐成为国家交通运输发展的基本方向。

(3)综合运输理论研究的特点和代表性观点

20世纪90年代是我国交通运输逐步进入快速发展的时期,各种运输方式共同发展、合理配置、建设综合运输体系,在综合运输的观念和政策上转变的发展时期。主要特点有:

①对拓宽各种运输方式建设资金来源渠道以及调动各方面积极性的投资建设经营模式、支持政策、管理体制改革等进行了大量研究,包括公路经营权转让、利用国际金融组织贷款等,并积极探求综合发展、综合利用各种运输方式,实现优势互补、协调发展,形成科学、合理的交通运输综合能力等方面的理论和实施政策。

②发展综合运输对传统的交通运输建设思想、既有比例结构产生了较大冲击,对不同运输方式的发展和部门地位产生了一定影响,引发了一些不同的观点和看法;通过各种学术争论,对形成综合发展,满足经济发展和人们生活水平提高对多层次、多样化交通运输的需求,在战略层面、建设规划事实层面、应用层面都有了更为统一的认识,一定程度上丰富了理论基础。

③对构建运输大通道进行了理论研究,在《2000年全国综合运输网规划(纲要)》中首次提出了加强全国六大综合运输通道的规划建议,并得到了国家计委及交通部门的采纳,成为我国这一时期交通运输建设的重点。

④可持续发展和生态保护理念被逐步引入交通运输建设发展过程中。

这一时期的主要代表性观点和定义:

这一时期,对综合运输体系的概念和理论进行了一些系统性归纳和总结,形成了一些个人观点和定义,虽各有不同,但总体中心意思为:根据各种运输方式的技术经济特征,经济合理地发展各种运输方式,并使之有机结合形成一个完整的体系,为社会经济发展服务。在认识描述以及在制订规划和具体建设项目实施中,很大程度上是将综合运输体系作为集各种运输方式的综合体看待。

较具代表性的是杨洪年先生20世纪90年代初提出的"综合运输体系,是指在社会化的运输范围内和统一的运输过程中,按照各种运输方式的技术经济特点,形成分工协作、有机结合、布局合理、联结贯通的交通运输综合体。"90年代后期,他又将其修改为"它是相对各种单一运输方式的运输体系而言,包含各种现代运输方式,按照其各自的技术、经济特征,在统筹规划下,形成布局合理、分工协作、协调发展、联结贯通、运输高效的现代化的交通运输综合体。"它主要由三大系统组成:一为综合运输网及其结合部(枢纽)系统。这是构成综合运输体系的物质基础,要求系统内布局合理、各运输环节相互衔接贯通,技术装备先进,运输网络四通八达。二是综合运输生产系统。这个系统要求调度指挥灵敏,便于组织全部联运,实现运输高效率、经济高效益和优质服务,充分体现各种运输方式在综合利用中的优越性。三是综合运输管理、协调系统。这个系统既要有利于宏观间接调控,实行统筹规划和组织协调各种关系,又要发挥市场对于资源配置的基础性作用。

第四阶段:现代综合运输体系理论逐步完善阶段(21世纪以来)

这一阶段由积极财政政策启动的新一轮交通基础设施大规模建设更加强劲,在建设现代综合运输体系的大方针下,各种运输方式进入了加快完善网络布局、提升结构层次的现代化建设大发展阶段。基本建设投资规模在上了一个大台阶之后,继续逐年大幅增长,远远超过了以往规划设想。

这一时期交通运输理论非常活跃,综合运输体系理论不断得到充实和逐渐完善。与综合运输体系理论有关的主要研究有:

(1)进一步根据工业化、城市化的发展以及经济全球化的发展趋势,对交通运输与国民经济的关系、交通运输发展战略、现代综合运输体系的概念和内涵、符合中国国情的综合运输体系框架构建,进行了相应的研究。

(2)进一步研究了各种运输方式新的技术经济特征、各种运输方式在综合运输体系中的地位和作用、未来交通运输需求和发展要求、各种运输方式的中长期发展规划、综合交通网规划。

(3)进一步研究了交通运输管理体制改革、各种运输方式的投融资体制和机制创新、投(筹)融资渠道拓展、农村交通以及公益性基础设施投资建设方面的政策。

(4)研究了区域经济一体化发展的交通运输规划、全国交通网络运输枢纽布局与建设、城市交通发展等。

4.1.2 综合运输体系的概念和内涵

1)综合运输的概念

结合综合运输的发展实践,实际上,由于价值观不同、评价衡量的标准不同,综合运输体系的发展没有统一最优的结果,而是在某一主流价值观主导下的较佳或最佳,而且还是一个不断优化、完善的过程。因此,可以说,综合运输体系归根到底是一种发展理念和与这种理念相配合的发展战略及政策的执行过程,是交通运输发展从国家整体利益和战略角度追求的理想目标。

因此,现代综合运输体系的概念可以简要表述为:由多种运输方式按照比较优势和组合功能的发展方式,构建形成的有效满足需求、结构优化、一体化衔接、运行高效的交通运输有机整体。

比较完善的表述为:根据各种运输方式的现代技术经济特征和社会对资源消耗、建造成本、运行成本的可承担能力,在框架结构优化、运输系统一体化、全面信息化的战略目标和政策指引下,有多种运输方式按照功能组合、优势互补、技术先进、合理竞争、资源节约的原则进行网络化布局发展,共同构建形成的有效满足社会经济发展需要、一体化紧密衔接、运行高效的交通运输有机整体。

(1)有效满足需求,指根据各种运输方式的现代技术经济特征和社会对资源消耗、建造成本、运行成本的可承担能力,从全社会可持续发展的角度,构建满足人们生活质量提高、节约资源的交通运输模式,通过供给和相关政策,引导人们对交通运输方式的选择。

(2)结构优化,指以体系框架结构优化为目标进行各种运输方式的组合配置以及各种运输方式自身网络的完善,发挥组合优势、组合效率。

(3)一体化衔接,指在物理上实现基础设施网络的一体化衔接,逻辑上实现运输环节无缝衔接和良好的信息化服务。

(4)运行高效,指满足功能和服务质量要求的系统整体运行的高效率。

(5)有机整体,包括综合运输基础设施网络系统、综合运输运行与服务系统,一级市场机制和管理机制对两个系统构建和运行的作用和影响,其功能效用和适应性大于各种运输方式的总和。

2)综合运输体系的主要内涵

发展综合运输就是根据各种运输方式的特性,发挥各自的比较优势,进行更有效率和节约型的优势组合,以及建立一体化的运输系统,实现各种运输方式之间、城市交通和外部交通的无缝衔接,实现系统效率和服务质量的提高,在可供资源的支撑下,满足不断增长的各种客货运输需求和人们生活质量提高的需要。其既是可持续发展的客观要求,也是各种运输方式各自发展达到一定水平后系统自身进一步发展的要求,是交通运输贯彻科学发展观和建设"资源节约型、环境友好型"社会的具体体现和措施落实;信息技术的快速发展是推进和加快综合运输体系发展的重要因素。

综合运输大体系的内涵具体主要体现在以下几个方面:

(1)发挥比较优势,优化组合,合理利用资源,引导运输需求。不同运输方式具有不同的技术经济特征和适应不同层次的需求,交通运输的发展应根据资源条件和需求引导的要求,充分发挥各种运输方式的比较优势,进行规划布局和优化组合,在有效满足运输需求的情况下,实现资源的最合理利用和节约。

(2)各种运输方式之间、基础设施与使用系统之间协调发展和有机配合。各种运输方式在布局和能力衔接上要协调发展,同时各种运输方式的运行使用与交通网络供给系统与交通网络需求系统要形成有机匹配,要实现系统整体高效用和高效率。

(3)连续、无缝衔接和一体化运输服务。交通基础网络在物理上要形成一体化衔接,运行使用系统在运输服务、市场开放、经营合作、技术标准、运营规划、运输价格、清算机制、信息以及票据等方面要形成一体化的逻辑连接,运输全过程实现一体化的运输组织和服务。

(4)现代先进技术的应用,信息化、智能化。以先进技术、信息化、智能化提高系统整体发展水平和管理及服务水平,实现能力供给增加、安全保障性提高以及经济、环保等。

(5)提高人们生活质量与统筹协调、可持续发展的平衡。一方面,要建立发达的、完善的现代化交通运输系统,适应经济发展和人们生活质量提高的需要;另一方面,综合运输体系的发展结构和规模要坚持和贯彻可持续发展的理念和战略,与经济、社会、环境发展相协调,要通过供给系统和使用政策以及宣传教育等引导人们树立更加注重资源节约的交通消费观念和交通行为。

3)综合运输体系各层面之间的关系

综合运输体系结构的形成,是需求与供给相互作用的结果,其中政府意志和政策引导对供给规模、结构发挥着重要作用,供给规模、结构以及使用政策又进一步影响需求结构。现代综合运输体系各组成部分之间的相互关系和政策的引导作用如图4-1所示。

现代五种运输方式具有不同的运输特性,在一定的范围内又具有可替代性、处于相互竞争

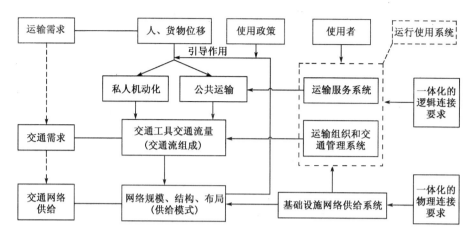

图 4-1　综合运输组成部分的相互关系和政策引导作用图

的关系。不同发展理念和政策下所形成的不同发展组合(结构模式),除了对占用社会资源量、能源消耗、社会总运输成本支出、系统整体功能强度、效率水平构成等构成较大影响外,还会对人们的生活方式、个性化、多样化的交通需求、服务的公平性和机动性等形成影响。衡量其是否合理或是否最优,没有统一的计算尺度,主要取决于政府和整个社会对这些不同指标的追求程度以及社会所能承担得起并愿意支付的包括资源在内的各种成本。

不同的发展政策和发展过程中的不同供给结构会对各层次交通运输需求产生不同的引导或刺激作用,会逐步与人们的出行和生活方式形成"耦合",进而形成不同结构的需求发展趋势,影响系统未来结构的发展。

4.1.3　发展综合运输体系的意义与方向

1)发展综合运输体系的意义

(1)发展综合运输体系是当代运输业发展的新趋势、新方向。

当代交通运输业的发展,出现了两大趋势:一是随着世界新技术革命的发展,交通运输广泛采用新技术,实现运输工具和设备的现代化;二是随着运输方式的多样化,运输过程的统一化,各种运输方式朝着分工协作、协调配合、建立综合运输体系的方向发展。这两种趋势结合起来,成为当代运输业发展的新方向,已经或正在改变着交通运输业的原来面貌。

(2)发展综合运输体系是我国运输业发展的新模式。

运输业的建设由单一的、孤立的发展模式向综合的、协调的模式转变,是一个巨大的进步,特别对大宗的稳定的客货流方向按照综合运输体系的要求进行建设会收到良好的效果。

(3)发展综合运输体系是增强有效运输生产力,缓解我国交通运输紧张状况的途径之一。

现代化生产的一个重要特征就是协作。交通运输是一个大系统,各种运输方式、各条运输线路、各个运输环节,如果出现不协调,就不能发挥有效的运输生产力。例如,几年来我们比较注重沿海煤炭装船港的建设,而不大重视煤炭卸船港的建设,或者港口前沿能力大,而港口后方铁路能力小,使装船港的能力得不到充分利用,这也是较长时期以来煤炭运输及供应紧张的原因之一。

(4)发展综合运输体系是经济地发展运输业,提高经济效益的重要方法。

运输业的根本任务是在提高经济和社会效益的前提下完成运输任务。按照各种运输方式的技术经济特点,建立合理的运输结构,发展综合运输体系,就能使各种运输方式扬其所长,避其所短,既可扩大运输能力,又能提高经济效益。

(5)交通运输的可持续发展要求发展综合运输体系。

可持续发展的定义是:"既要满足当代人的需要,又不对后几代人满足其需求能力构成危害的发展。"可持续发展的"发展"、"公平"、"合作"、"协调"目标和原则,已经被世界各国普遍认同,成为全球和国家发展战略的必然选择。

2)综合运输体系的发展方向

综合运输体系是一个庞大的系统工程,要逐步建成具有中国特色的综合运输体系,必须从我国国情出发,处理好国民经济大系统与运输系统的关系,综合运输系统与各种运输方式子系统的关系,各种运输方式内部各个环节之间的关系等。原国家科委制定的《中国技术政策》(交通运输)及其他部门研究成果表明,我国综合运输体系的发展方向的要点如下。

(1)总体要求,协调发展

要搞好各种运输方式的综合发展和协作,在全国范围内建设综合运输网,因地制宜地发展相应的运输方式,发挥城市交通在综合交通运输网中的枢纽作用,大力发展各种运输方式的联合运输。

(2)铁路运输是中长距离客货运输的主力

在可预见的将来,铁路仍将是中、长距离客、货运输的主力。要加快铁路的技术改造和新线建设。近期内,要加快既有线路的改造和扩建。要发挥铁路在中、长距离大宗货物运输中的优势;适当建设客运专线及高速铁路,大力发展城市及城际轨道交通;对短途货运以及成品油运输应逐步由其他运输方式分担。

(3)公路运输是短途客货运输的主力

充分发挥公路运输机动灵活、送达速度快、"门到门"运输的优势,发挥公路运输在短途客、货运输中的主力作用。随着公路状况的改善、汽车技术的进步和大型车辆的增加,公路运输将逐步成为高档工农业产品运输以及中距离客运的重要力量,要加速公路,尤其是干线公路的技术改造,应使公路建设有一个较大的发展。

(4)沿海和内河运输,国内外大宗和散装货物运输的主要方式

沿海和内河运输要加强内河航道建设,以及沿海和内河港口的改造和建设,发展沿海和长江等主要内河运输,实现干支道直达运输和江海联运。

(5)航空运输,大中城市长距离客运优先发展

航空运输建设周期短、效益高、速度快。大中城市间长距离客运,应优先发展航空运输。对发展边远地区、高档外贸和急需物资的运输,航空运输也有其特别的优势。

(6)管道运输,除原油、天然气外,还要发展成品油管道

除发展原油和天然气管道运输外,在成品油集中的流向上,要建设成品油管道,积极慎重地发展输煤管道。

4.1.4 我国综合运输体系发展中存在的问题

1)综合运输体系规划方面存在的问题

交通运输发展问题是一个长期性的战略问题,未来的网络结构形态和系统的组合模式在很大程度上形成于当前的总体规划和布局建设。当前,我国各种运输方式基础设施数量和能

力都已达到相对较大规模,大致完成了基本网络覆盖和连通布局,交通运输严重短缺的不适应状况也得到根本改善,较好地具备了以长远目标为指导来构建和发展所期望的综合运输体系的条件和环境,可以更大力度地体现政府意图的结构优化和加快主导型模式的发展;而且,当前和未来一段时期是我国交通运输大建设、大发展的时期,综合运输体系的构架和形态将逐步定型。然而,目前的管理体制和宏观协调机制并未能较好地适应这一发展状况,受其影响,尚未形成一致性明确的发展理念和目标,综合发展、系统一体化建设的具体对策措施难以有效落实。当前,在综合运输体系发展规划中,还存在着以下主要问题。

(1)在发展目标上,是适应"交通"需求还是"运输"需求不够明确

"交通"与"运输"都具有广义和狭义的含义,经常被相互替用或通用,但从严格意义上讲,两者有区别,侧重的对象和内容不同。"交通"的主要含义是通行、往来,关注的重点主要是载运工具的方式和运行过程以及运行的整体状态;"运输"的主要含义是运送、搬运,关注的重点是载运工具、载运对象(即人和货物)的位移及实现位移所提供的各项服务,其具有产出产品的性质,是载运工具运行的目的和结果。以"交通"为出发点的发展思想和规划,主要是以交通基础设施的发展适应交通流的需求;以"运输"为出发点的发展思想和规划,是通过相应的供给模式和政策引导使用者对运输方式和载运工具的选择,从而形成不同数量的"交通流"和不同交通流结构,进而影响对交通基础设施的数量规模和能力需求。

交通运输是人们出行、货物交流交换活动所依托的载体,由于不同运输方式在满足出行和货物位移中都具有一定的可替代性,但对资源消耗和满足的需求层次不同。事实上,使用交通运输是一种交通消费行为,在有多种方式可供选择以及越来越多的人具有较高交通消费支付能力的情况下,选择不同的交通运输方式实际上是对资源占用和消耗量大小的选择,是人们对物质生活质量的追求与对社会资源消耗的态度、责任的平衡结果,也是一种生活理念的体现;交通运输的主导方式、供给结构、不同运输方式的方便程度是影响选择决定的重要因素。

交通运输的主导方式、各种运输方式组成的供给结构是在一系列发展政策环境下形成的;缺少宏观调控和有力的引导手段,任由市场自行发展,很难形成合理的结构关系或发展比例,资源必定更多地流向于更具有现实回报和更符合人们追求物质生活质量的方式,而一旦这种趋势形成规模,需求将会越来越集中于这一方式,并会与人们的生活方式形成"耦合",即使其他方式更经济、更具有社会效益,也会受到冷落,如果再想进行改变和引导,将会遇到极大的困难和需要付出巨大的代价。

目前,在交通项目规划建设上,很大程度上仍然是以追随交通需求为主,交通流的拥挤度被作为最重要的衡量指标,还没有真正转向在加大引导力度的同时实施市场调节,以满足"位移"需要为主要衡量指标进行基础设施布局建设和有引导意图的供给提供;在一些规划中仍然可以看到"满足不同层次的交通运输需求以及适应个性化交通发展需要"的表述。在交通消费上没有明确的倡导理念,从交通运输管理部门人员拥有私家车比例和在市区的使用大大高于一般部门人员就可以看到这一点。

此外,由于我国交通运输管理和投资资金筹集是分不同运输方式和部门的,资金无法跨部门使用,而且,当前交通运输投资的总量规模仍然不足。对于各级地方政府来说,基本上都是以能够尽快争取到项目和投资资金为首要目标,无论何种运输方式先发展再说,对于结构优化,虽然也非常重视,但是对于国家规划建设的项目影响力较小,主要取决于国家部委的统筹规划和项目建设安排,能够有所作为的主要是由地方政府规划和投资的项目。而且,结构优化

是一项战略性事业,需要有明确的发展理念和大规模的资金支持,在当前资金实力不强的情况下,将遇到解决当前交通压力与实施长远战略的措施选择和力度平衡问题。

(2)在规划上,缺少综合运输体系框架的"顶层设计"

建设比较完善的综合运输体系是我国交通运输的发展目标,但是,综合运输体系没有固定的模式,各个国家的地理条件、资源条件、经济条件、人口数量和密度等差别都很大,具体什么样的综合运输体系是符合我国特点的、适应我国社会经济发展要求的综合运输体系,这一问题需要从长远发展的角度进行研究,并给出比较明确的、政府和各界比较认同的回答。

然而,目前这一问题仍然比较含糊、不明确,主要是一些口号性的定性描述。要使各种运输方式的发展真正纳入综合运输体系的发展轨道,不仅需要有明确的发展理念和贯彻这种理念的具体措施,还必须通过战略目标、战略规划等对综合运输体系的框架结构进行"顶层设计",并以此指导和约束各种运输方式发展规划的编制和实施,才有可能朝着统一的目标发展,实现结构优化和系统一体化。

目前,我国各层级的交通运输发展规划仍然是以各种运输方式的自规划为主,综合运输规划也基本上是各种运输方式自上而下的指导和约束。一方面,在目前的体制和规划体系上,综合规划项目只能比各运输方式规划得多,而不能少,否则很难被各运输方式的主管部门所接受和征求意见通过;另一方面,对综合运输体系的认识和研究深度还不够,比较统一的广泛共识尚未真正形成,在理念、战略等不很明确的情况下,也比较难编制出大家比较认可的真正意义上的综合运输体系规划。

(3)在资源使用分配上,对需要优先发展的运输方式支持不足

资源节约型、环境友好型的交通运输发展模式是我国所期望、所倡导的,是未来发展的方向。然而,在很多情况下,交通资源的使用分配并未真正或有力度地体现这一方向。

如各城市对外交通运输通道发展中,一方面,各种运输方式都在以自身尽可能地满足通道全运输需求进行线路项目布局规划;另一方面,在主要通道的建设上,各种运输方式存在着争先机、抢占线位资源的倾向。由于对通道主导型运输方式和设施总规模的研究不足,宏观调控部门对此往往缺少调控依据,调控力度不足,一般都迁就于各种运输方式的主管部门;而对于地方政府来说,重要的是争取项目和项目的尽快建设,结构不是其所考虑的主要问题。因此,土地、线位等资源基本上是谁先建、谁先占用,并未在规划和使用中向主导型、节约型的运输方式倾斜和提供优先保障,更没有形成通过资源的使用分配促进节约型运输方式的优先发展和对通道设施规模合理约束的机制。

又如:在市区道路资源使用分配中,道路资源并未向体现大众利益的公共交通倾斜,私人机动化的快速发展占用的道路资源比重越来越大,公交专用道系统薄弱,致使公共交通的发展和吸引力受到制约。与此同时,道路资源不断倾向于机动化交通以及静态停车,自行车和步行系统的空间不断被挤压。

(4)在交通网络布局中,求多求全求大

交通运输是国民经济和社会众多行业的一个部门,占用的资源有一定限度,要与其他部门和人们的生活环境相协调。而当前各级政府对到底多少土地空间资源可供交通运输使用、交通网络规模多大比较合理,没有明确的概念。对地方政府,尤其是城市政府,基本上不结合城市的功能定位,主要强调自身的交通运输枢纽地位和横向攀比,求多求全求大,争取更多的交通线路,追求规模最大。

在通道布局上，主要是追求交通本身可见的正效益，而较少从全社会资源、环境的可承担能力等方面进行全面平衡和考量交通的负效益，片面追求通道大规模，以吸引更多物流汇集的发展意图和倾向非常普遍。事实上，交通条件的过分发展，不仅需要付出更多的通道资源代价，而且还要增加其他相配套的网络和设施所占用资源的代价与建造成本，同时大量增加的过境交通产生的压力和环境污染等负效益有可能远远超过其可能带来的正效益，而且还会制约本区域其他地区的通道布局和交通条件的改善。

在港口建设上，许多地方政府部门也并没有从全社会资源的合理利用角度来思考港口定位、合理发展规模以及社会经济效益等问题，而更像是交通经营者，相互攀比，追求规模，追求市场占有份额等，不计港口所需增加配套的集疏运通路等的投资和资源占用以及大量的疏港交通所带来的负面影响。

(5) 综合运输规划的约束力、指导性不足

综合运输体系是一个庞大复杂的系统工程，在综合运输体系发展战略、框架规划等"顶层设计"不很明确，以及管理体制改革尚未到位的情况下，虽然大家都在讲要发展综合运输体系，但是，由于对各部门所制定的规划以及各部门间的建设投资资金难以进行协调平衡，而且也没有协调平衡比较科学的依据和手段，各部门出于业绩、利益、在体系中的地位等方面的目的，更加以自身系统完善的规划和投资进行发展。

在这种状况下，综合运输发展规划实际上对合理规模、结构优化在具体执行中没有明确的约束力，协调措施也难以具体落实。尤其是在当前增加建设基础设施被作为解决交通运输问题的主要手段，以及社会资金和资源更倾向流向于解决当前问题见效快、地方政府有更大影响力的运输方式和建设项目，综合协调的难度非常大。

同时，在现有的规划中，基本上是重基础建设、轻运输系统构建和服务。对于一体化综合运输系统的构建更是没有系统性研究和规划，对各种运输方式整体性的市场体系构架、运行规则、法律法规保障没有进行有效指导和推进，关键环节衔接薄弱，一体化运输服务未能有效开展和推广。

(6) 规划的连续性、稳定性不够，项目建设时序调整变化大

由于我国交通运输尚未完成网络布局和系统构建，交通运输适应经济发展和交通运输需求的能力相对比较薄弱，刚性强，而工业化、城镇化的快速发展对交通运输的需求和发展要求影响很大，基础设施能力不足，交通拥挤问题不断产生。同时，各地政府也把交通基础设施建设当作拉动经济、提高经济发展能力的重要手段进行投资。这些都是影响规划变动、调整的重要因素。此外，由于对综合运输理论的研究、认识不足，没有非常明确的长期发展目标和框架作指导，发展措施和责任落实不到位，影响了看待和应对不断增长的交通运输需求的认识态度和价值观，一是对规划编制的科学性、完整性缺乏相应的标准进行评判，二是受政绩观、地方利益所驱动，各地对建设项目的数量有着很强的横向对比心态和追求冲动。

总体上，国家层面的交通基础设施网络中长期发展规划相对比较稳定，修编调整幅度较小，基本上能够被连续实施、完成建设，如已实施完毕的国道主干线规划；但由于对经济发展形势、国家各时期的投资政策不好把握，规划完成时间往往比预期提前，项目的建设时序一般调整变化较大。由于各运输方式的部门资金实力和投资市场化程度的不同，由此也容易造成一些应该优先建设发展的运输方式项目未能优先建设，进而削弱了引导需求、优化结构的力度。

相对而言，地方政府的交通网规划连续性、稳定性相对较差，缺少权威性和约束力。主要

是规划水平相对不高,缺少明确的长期发展主线,长远性、战略性不足,重当前、轻长远,随不同领导的观点和偏好波动较大,每次更换主管领导,都会产生较大的规划调整变动,尤其是在政绩观的影响下,往往要求增加规划项目、提前建设时序、提高项目建设标准和规模等。

2)基础数据与需求预测方法问题

运输需求预测是一项非常复杂和高端的工作,需要对交通运输的全面现状、运输量的生成机理、需求结构与政策的关系、流向与网络布局的关系、未来经济社会以及城市的发展趋势、交通运输发展战略及政策等方面的情况有相当程度的了解和把握,在对众多因素进行深入分析的基础上,进而才能对相关的参数和影响因素进行较准确的判断,而不是仅仅懂得数学方法、未对交通问题深入理解就草率预测,但在现实中许多情况却恰恰相反。

目前,在交通运输需求预测中,存在对现有统计数据如何采用和基础数据准确度问题。公路运输量的统计数据是采用抽样调查按一定的计算方法得出的,与按照实际交通量推算出来的数据存在着很大的差别,而且反映的是发送量的数据,对于某一个省市或地区来说,其不是基础设施承担的所有运输量,因为还有外部到达本区的运输量和通过本区的运输量。

①统计的运输量≠区域交通基础设施实际承载的运输量

运输量(包括运量和周转量)是铁路、公路、水路、航空和管道等五种运输方式作为衡量运输工作量的统计指标。由于目前交通统计的口径是从全国角度设计的,是从运输工具完成的全部运输量的角度进行统计的,即各省市或地区客货运输量相加可以得出全国的总数,但是许多运输工具是跨区域流动和运营的,其承担范围不完全相一致;同时,各省统计年鉴反映的基本上是各省市各种运输方式的客货发送量,并不包括送达量和通过量。因此,对于一个省市或某一区域来说,统计上的运输量与该区域运输量不是同一个概念,即不是该区域交通基础设施承担完成的全部运输量,也不是该区域全社会实际的客货运输总量。

②不同运输方式运输量统计范围口径不一致

在目前的统计年鉴中,某一省市或某一区域的铁路运量是指本地区各铁路车站的客货发送量,对于区域铁路承担的全部运输量而言,缺少了通过该区域的通过量和区外发送到达本区域的到达量。铁路周转量反映的是从接入口至交出口区域内的全部周转量,包括在区域内通过的货物周转量,是区域内交通网承担的完整的周转量。

航空运量有全国运量总指标,由于航线两端的地区各按发送统计,暗含了发送和到达量的对等,因此,各地区的航空运量通常按本地区机场的客货吞吐量中的发送量统计,周转量是包括发送点至到达点航线全程的周转量,并不是某一个区域空域内的周转量。

公路周转量也是按发送点至到达点的全程周转量,主要是以本区域的注册车辆完成的运输量为基础,通过抽样调查推算其包括跨区运输在区域外的周转量,但区域外车辆在本区域预测结果往往与实际发展的结果存在很大差距。而且,预测的结果往往不是通过模型客观得出的数值,经常是按照目标需要,先有目标结果,然后人为进行系数调整,实际上成了预测结果与预测模型计算两张皮,预测模型在很多情况下仅是一种摆设。

3)交通运输发展中的结构问题

我国交通运输紧张状况在20世纪末得到初步缓解。但"十五"中后期由于运输需求总量持续大幅度增加,再度出现了较为严重的局部紧张状况。其内在原因,一是交通运输总量规模仍然偏小,与我国城市和人口分布、资源流向、社会经济发展水平相适应的基本规模要求和布局还有较大差距,原来的缓解是在需求相对不太旺盛、较低质量水平下的、非全面性的供给与需求暂时的脆弱平衡，缺乏适应需求发展变化的应变能力；二是各种运输方式发展不平衡，总量增长掩盖了结构性问题，形成了水桶短板，运输量较大幅度增长使得结构性能力不足问题凸显，并造成系统紧张。主要通道能力不足，特别是铁路发展滞后是造成当前交通运输紧张的主要根源，如果没有公路近十几年的快速发展提供的有力支持，将可能引发整个运输系统的全面紧张。此外，大型原油和矿石接卸码头数量不足、城市轨道等公共交通发展缓慢、农村交通基础薄弱等也是当前交通运输发展中存在的结构性问题。

(1) 交通设施总量不足是交通运输紧张的最主要原因

20世纪90年代以来，在国家相关政策的大力支持下，交通运输获得了巨大发展，各种运输方式的基础设施总量规模显著增加，改变了我国交通运输非常落后的局面，高速公路里程居世界第二位，铁路里程居世界第三位，对国民经济和社会发展起到了重要保障和支持作用。但是，目前我国交通运输的总量水平仍然较低，还不能基本适应国土开发和国民经济发展的要求，与国外发达交通基础网络密度相比存在着很大的差距。

由于各种运输方式的基础设施规模还远未达到合理布局的水平，密度小，通道承载能力不足，技术装备水平低，不仅没有富余能力改善运输质量，而且能够承受需求波动的弹性很小，尤其是铁路线路能力利用强度过高，运输负荷为世界第一，基本上是以低时效和低服务质量为代价来换取更大的运输能力。因此，只要需求量稍有较大增幅，运输能力供给紧张状况的矛盾就表现得比较突出。为了保证电煤等重点物资运输，铁路被迫挤占其他货物运输，同时公路也不得不加入了突击抢运煤炭的行列，形成了以消耗优质能源来换取低级能源的被动局面。

(2) 铁路发展严重滞后，形成运输瓶颈制约

我国区域广阔、经济发展和人们收入水平相对较低、资源和产业分布不平衡等特有国情，决定了铁路的重要作用和大量的运输需求。

我国不同的运输方式分属不同的部门管理，各种运输方式的发展速度既取决于国家的支持政策，更主要取决各部门的筹资能力和投融资机制。由于铁路体制改革滞后，独家垄断经营，缺乏像公路、水路那样能够有效吸引社会资金进入的投融资机制，投资资金来源渠道狭窄，只能主要依靠铁路建设基金和国家有限的投入，铁路发展速度明显落后于公路、水路和民航。

由于铁路发展滞后，规模和能力没有相应较大幅度增长，使得铁路运输始终处于相对比较紧张的状态，不仅本身运输能力供给与需求矛盾比较突出，特别是"春运"、"五一"和"十一"黄金周期间，运输处于极度紧张状态；而且由于铁路运输能力的不足，造成了压港、压船以及其他运输方式的紧张。以往铁路紧张问题之所以没有显现得非常突出，主要是公路和民航等其他运输方式快速发展和服务水平的大幅提高，吸引和转移了相当一部分适应铁路运输的旅客运量和价值相对拉高的产品运量，使得铁路能力紧绷的弦得以稍微放松，即交通运输供给位量的增长在各种运输方式可替代的范围内在一定程度上掩盖了铁路能力供给不足的结构性矛盾，延缓了铁路运输紧张问题的显现。

铁路是综合运输网络的骨干，担负着主动脉的作用，大宗的、跨区域的长途货物运输几乎都需要依靠铁路作为全程运输中间最重要的一个环节实现长距离的大位移，其他运输主要起接卸和集疏运任务。虽然其他运输方式的状况改善和高速公路的快速发展，可以在一定程度上减轻对铁路的旅客运输压力，但无法替代铁路对煤炭等大宗、低值货物中长以上距离运输的根本性作用。近十几年来，在其他运输方式取得巨大发展成就的同时，铁路能力供给增长相对缓慢，已成为整个系统的运输瓶颈，使得货主请车困难和满足率的降低，被迫改用其他运输方

式和造成货物积压,经济成本上升。2003年以来的运输需求高速增长,使得这一瓶颈制约更为突出,许多重要物资无法顺利完成全程运输中最关键的一环,导致整个运输系统紧张状况升级。

(3) 主要运输通道能力严重不足,成为网络结构的突出矛盾

主要运输通道能力缺少应有的储备是交通运输的软肋。我国能源等矿产资源分布与经济生产分布极不平衡,而且资源和经济以及人口的地域集中度高,形成了"三西"煤炭外运通道、京沪、京广、京哈、陇海以及西南出海通道等几大主要运输通道,以及主要港口构成的集疏运通道。这些通道承担着全国主要的交通运输量。以铁路为例,主要繁忙干线能力十分紧张,京沪、京广、京哈、京九、陇海、浙赣六大铁路干线平均运输能力处于饱和状态;西北、西南地区对外通道不畅,西部地区路网骨架尚未形成,点线能力不协调。目前的运输紧张也主要体现在这些通道的能力供给严重不足,特别是国民经济持续快速增长以及高资源消耗产业对能源、原材料需求的突增,使得原本紧绷的弦更加拉紧,造成"三西"西南等地煤炭铁路外运极度紧张。为了保证煤炭抢运,又不得不卸车后空车返回,进一步加剧了铁路运力紧张矛盾。

(4) 大型原油和矿石码头不足,造成交通能力结构不协调

随着海运集装箱运输量的大幅增加和集装箱运输较好的效益,各地对建设集装箱码头泊位积极性很高,国家在港口码头的建设审批中,也给予了重点支持,集装箱码头发展很快,改变了以往严重不足的局面,基本上与集装箱运输需求同步发展。但是,由于审批的严格控制和近几年原油和矿石进口量的持续大幅增长,港口大型原油码头和矿石码头等专业化泊位不足问题比较突出,不能适应大型船舶的运输要求。此外,煤炭下水港和接卸港泊位配套方面也存在一些问题。

(5) 农村交通投资不足,引起城乡交通结构不平衡

农村公路长期以来主要是依靠农民民工建勤和地方政府筹资建设,尽管1998年以后,国家加大农村公路建设的投资力度,但是,原有基础薄弱,缺路少桥的农村地区较多,农村交通总体状况依然较差,尤其是贫困地区,与高速公路快速发展、城市及城市周边地区较发达的现代交通形成鲜明的反差。实现全面建设小康社会的目标,需要国家和各级政府进一步加大农村公路建设与养护资金的投入。

(6) 综合交通运输枢纽严重缺乏,加剧了运输紧张状况

统一规划和建设综合交通运输枢纽是实现交通运输一体化和"零距离换乘"、"无缝衔接"最基本的条件,但由于体制障碍和铁路行业的垄断经营,造成了枢纽统一规划与建设困难、各种运输方式自成体系、城间交通与城市交通衔接配合差的局面,各种运输方式之间倒转次数增加,一体化的运输组织方式无法有效开展,最终导致整体运输效率低下、交易成本上升以及交通不便捷,在一定程度上加剧了运输紧张状况和资源的更多占用和低效。

(7) 城市轨道交通发展滞后,加剧了大城市运输结构的不合理

在大城市交通中,大容量的轨道交通发展薄弱,地面公共交通服务水平低,致使城市小汽车交通发展过快,城市交通拥堵和环境污染严重。由于20世纪末城市轨道线网建设规划采取了严格控制的审批措施,到目前为止,仅北京、上海、广州等少数城市有地铁,而且数量规模小,干线网络远未形成;轨道交通未能被作为解决城市交通问题的重要手段而对待,缺乏前瞻性,致使未能在私人机动化快速发展到来之时,有效地建立保障性强的公共交通系统,引导出行交通选择,减缓城市交通拥堵的加剧。同时,地方政府对地面公交的定位不准确,投入不足,造成

吸引力下降,分担率不高。

4.1.5 我国综合运输体系发展的基本思路

我国综合运输体系的发展正面临着如何更快发展和更有效地利用有限资源的问题,既不能因为强调发展而造成严重的环境破坏和损害后代人满足需要的能力,也不能因资源和环境保护、片面地理解可持续发展的内涵而制约交通运输的发展,阻碍经济的发展和人民生活质量的提高,要将提高人类的生存能力和生存质量作为社会可持续发展的重要内容。

因此,我国现代综合运输体系的发展思路应该为:以国情为基础;以适应工业化、城镇化快速发展,有效满足运输需求为目标;以实现技术和科技进步为重要支撑;加快现代化建设,发挥组合优势,节约资源,可持续发展。

1) 以综合运输体系大框架优化为目标,在发展中实现结构优化调整

(1) 以大框架优化为目标,编制各种运输方式发展与建设规划

构建和发展符合现代技术发展方向和我国国情特点的比较完善的综合运输体系,是我国政府一直努力的目标,也是交通运输使用者和运输业经营者所期望的目标。我国的资源条件、人口因素决定了我国交通运输必须走综合运输体系的发展道路,以综合发展、优势发挥、系统高效的发展方式,最大可能地合理利用资源,高效率地满足不断增长的客货运输需求和应对经济全球化的挑战。因此,我国交通运输的发展必须以综合运输体系大框架优化为目标,研究综合运输体系大框架结构,编制长期发展规划,各种运输方式应在此大目标的指导下编制各自的发展规划,在网络布局、系统建设中体现多种运输方式协作、组合的思想,在建设和完善各自网路以及系统的过程中,综合运输体系随之逐步构建形成和完善。

(2) 以发展为主题,在发展中逐步实现结构优化

①目前只是低水平的暂时缓解,交通基础设施依然很薄弱

从总体上分析,我国各种运输方式的交通基础设施依然薄弱,交通基础网络布局还很不完善,交通运输系统整体效率和服务质量不高,交通成本尚未有效降低,在经济全球化大背景下,对改善投资环境和提高产品的国际竞争力的支持明显不足。

②交通运输是商品市场发展的基础,是交易成本的重要影响因素

交通运输既是商品交易实现的条件之一,也是构成商品交易成本的重要组成因素,它既影响商品流通过程中的流通成本,也影响商品生产过程的生产成本。目前,我国交通运输基础设施数量和质量,无论是从为现代社会生产活动和人们生活创造较好的基础条件,还是降低交易成本、提高在国际上生存能力方面,都还远远满足不了需要。不仅跨区域交通运输能力不足、运输成本高、运输服务质量低,制约了交换能力和市场范围,而且区域内部交通基础设施的通达度、网络密度不够,总体质量等级低,便捷性、畅通性不能较好地满足货物运输和人员出行的需要。

③工业化加快发展过程需要交通运输的充分发展作为基础支撑

从世界发达国家的工业化过程看,工业化的发展过程无不是在相应的交通运输大发展的支持下不断演进的。在各种运输方式的发展过程中,一种更具有现代发展方向的新运输方式的产生不是取代原有的运输方式,而是一种竞争共存的关系。随着各发达国家进入后工业化时期,各种运输方式通过大发展达到一定的规模,并在各种新技术充分利用、各自的技术经济优势得到体现和市场竞争下,运输结构也基本趋于稳定,各运输方式进入了一体化的综合协调

发展阶段。可以说,如果没有交通运输的大发展和及时提供足够的技术支持,工业化的进程就会大大减慢,就不会有今天的发达程度。

④发展仍是我国未来交通运输业的主题,结构优化应该通过增量调整

目前,包括铁路、公路、民航以及城市交通在内的各种运输方式的基础设施布局还不完善,各种运输方式都不能有效地满足我国工业化和城市化发展的需要,不能对社会经济发展提供足够的基础支持,与我国经济地理发展的需求都还存在着较大的数量规模和质量水平差距。为此,在未来一段时期内应在综合交通体系中长期发展规划和大框架优化的目标的指导下,继续以发展、增加供给为主题,在发展中通过增量和存量升级逐渐完善。一是要继续支持各种交通运输方式完成大发展过程,通过增加总量规模,提高我国交通运输的机动性和通达性,提高对未来社会经济发展的支持能力;二是在发展过程中要根据综合运输体系的发展目标,按照各种运输方式的合理分工与协作,加快符合未来发展需求的主导运输方式的发展,通过增量的调整和存量升级,使各种运输方式之间的结构和布局逐步趋于优化,实现交通运输大系统的国民经济效率效益水平的较大提高。

2)以新的技术经济特征和需求结构为依据,发展综合运输网络系统

(1)以优势组合,实现社会资源节约和系统整体高效

①不同的组合构建成不同的资源消耗水平

在当今社会,任何一种产生品的生产、流通、分配、消费过程,基本上很难依靠单一的运输方式以较低的物流成本完成,而是需要各种运输方式协调合作、共同完成。这对每种运输方式从客观上提出了必须用系统的、综合的方法,更多地采用联合运输等一体化运输方式,才能充分发挥各自的优势和潜能,达到效益、效率最大化。在当今五种主要的运输方式中,相互之间都具有一定的可替代性。五种运输方式的不同发展组合,将构成不同的社会资源消耗数量和系统效率水平,构成不同的社会总运输成本,并且对产业布局、生产组织方式、人口分布和生活方式产生不同的影响。

②在大力发展过程中实现各种运输方式的优势组合和协调发展

现在,五种运输方式的技术发展都已比较成熟,各种运输方式的技术发展潜力和对现代社会发展的作用在未来相对较长时间内也具有较强的可预见性。而各种运输方式的技术经济特征和运输方式之间的可替代性,客观上决定了每一种运输方式在确定的地域范围内使用比较成本和使用的广度。此外,各种运输方式之间虽然存在着竞争和替代关系,但也存在着相互增强的作用,某一种运输方式需求增加也来自于其他运输方式的发展。因此,为了充分利用各种运输方式的优势,最大可能地为社会经济发展服务和尽可能地降低社会总成本,应依据各种运输的新的技术经济特征和未来的发展前景对综合交通运输网络系统进行合理布局规划。在规划的思想上,要考虑各种运输方式的使用成本特征,但不可作为唯一依据,要充分体现社会的进步性,要将时间效率、便捷性、个性化需求作为重要的衡量标准,要考虑各种运输方式的互补和相互促进的作用,要以实现整个大系统效率的高效为目标。

(2)根据各种运输方式新的技术经济特征,突出发展重点

①公路发展重点

公路网络系统既是独立完整的系统,又是与其他运输方式紧密衔接的系统,是一个接口开放性的系统。因此,在规划中,要对公路作用再认识,要充分认识公路在现代社会发展中的重要作用和主干公路在综合运输体系中的骨干作用。现代运输网络系统可以理解为两个层次,

一个层次是基本网络层次,该层次就是公路基础层次(包括内河河道),即公路必须有足够的规模和合理的布局结构,提供人类赖以生存和发展的最基本的、普遍的网络性服务;另一个层次是干线网络层次,该层次为如何根据各种运输方式的技术经济性和地域经济地理特征以及现在和未来的需求特点进行网络的优化配置,也是综合运输体系的重点,高速公路是构成干线网络层次非常重要的内容。

②铁路发展重点

铁路是运量起点较高的、大宗长途运输主力的线上运输方式,要形成干线网络框架和大通道的骨干。因此,铁路路网系统应着重于干线和通道,要形成与地理空间和大运量流向相适应的较完善的框架网络布局,而没有必要形成一个普遍的高密度的网络。主要干线通道要大力建设客运专线,形成客货分线运行的格局,满足客运需求集中的快速旅客运输需求和货物运输能力需要,必须要有运输量作为支持、以经济性作为主要评判标准,运量小的地区完全可以加强其他运输方式的发展以满足需求。

③水运发展重点

a. 内河和沿海水运

水路运输的运输量较大,是成本低、速度慢、受制于航道分布的水上的运输方式,要充分利用现有的江、河、海自然条件和结合水资源的综合开发利用,形成江、海运输大通道和水系运输网络。

水路运输虽然在旅客运输方面缺乏竞争优势,但在大宗货物、资源性产品以及集装箱运输等方面具有较大的成本比较优势。我国水运资源丰富,而且我国能源、矿产等大宗货物的流向与水运干线的方向基本一致,为此,应充分利用自然水运条件,积极发展水路运输,为沿线地区的产业和资源开发服务。水运的发展应重点抓住几大江河和沿海的建设,实现骨干航道运输现代化,使其真正成为相应的综合运输大通道的主力运输方式。

b. 远洋运输

远洋运输是我国对外贸易的主力运输方式和主要枢纽,要建成具有较强竞争力的现代化船队和适应外贸进出口需要、沿海运输需要、构成合理的现代化港口。

c. 港口

港口是发展水运和衡量水运发展水平的重要基础设施,根据目前的发展趋势,未来一段时期内应重点加强集装箱泊位、大型深水原油和矿石接卸码头的建设,按照规模化经营、提高港口国际竞争的思想,突出航运中心和主要枢纽港的发展,同时加快其他港口的升级改造,全面提高港口作业效率,加快货物运送速度。

d. 民航机场发展重点

航空运输是速度快、成本高、最现代化的点与点之间的运输方式,要建成枢纽机场、干线机场、支线机场结构层次合理的机场布局。随着经济发展水平、人们收入水平的不断提高以及航空运输成本的降低,对航空的需求会进一步快速增长,特别是长途、超长途的旅客出行会越来越多地选择航空运输。但是我国经济发展水平总体还不高,大多数人的收入水平还不足以支撑选择航空出行或将航空作为一种经常性的出行方式,因此其需求有一定的限度,特别是对于经济欠发达地区更是如此。未来发展重点应是:加快枢纽机场和干线机场改扩建以及风景旅游区、边远地区和地面交通不发达地区支线机场的建设,对于公路交通发达地区,支线机场布局不应过于密集和追求数量,而应通过改革与机场连接的公路和地区公路网交通条件,扩大干线机场的直接服务范围。

e. 输油(气)管道发展重点

管道运输是大运量、低成本、低污染、占地少的液体和气体运输方式,要逐步形成与油气资源开发地、进口点至加工地、消费地相适应的具有较好调配功能的输送管道网。油气资源的集中分布与开发、大型接卸码头的建设、石油炼化基地的规模化整合以及主要消费地区消费量达到相应规模,都为长输油气管道的发展创造条件和提出了要求。今后管道发展的重点应是:与进口原油和加工基地相对应的原油管道、主要地区的成品油管道和天然气管道,尽可能使同类管道构成相互联通的输送网络,提高管道在综合运输体系中的作用。

3) 以强化骨架功能和满足多样化需求,构建综合运输大通道

(1) 构建大能力、满足多样化需求的综合运输大通道

综合运输大通道(交通轴)是综合运输网络和国家经济发展的命脉,是跨区域间最重要的连接,其发达程度既代表着一个国家交通运输的发展水平,也是区域经济发展规模与发展水平的重要影响因素。之所以成为运输大通道是因为其连接的是区域间最大的城市和城市群,沿途经过的也都是省会城市和重要城市,是人口最为密集、经济最为发达、产业最为聚集的地区,GDP和人口在全国占有重要比重,各类客货运输流量大、强度高。

大通道影响范围内的经济和人口总量大、分布集中,人们的收入水平也相对较高,对各种交通运输的服务需求性强,具有较大规模量的各类运输需求,为各种运输方式的共存与发展提供了经济基础,各种运输方式都具有较好的发展条件。而且交通运输的先导作用和基础作用在大通道内更为明显,通道经济发展规模的壮大需要有各种运输方式相互配合的、发达的交通运输系统,以进一步降低交易成本,提供更加便捷的服务,区域经济才能进一步扩大市场范围、产业分工深化和产业链加长。

(2) 增强大通道交通运输功能和各种运输方式的互补性,促进经济发展

各种运输方式既有替代性,也有很强的互补性和相互依赖性。一种运输方式的发展和运输量的增多,会使与之相配合的运输方式产生更多的需求,它们之间更紧密的协作可以使运输系统整体效率提高和使各种运输方式市场范围扩大与服务延伸,结果各自承担的运输量也都增加,运输系统效率和效益提高。由多种运输方式组成的交通运输系统越发达,就可以更多地降低产品的市场交易成本,扩大产品市场范围,就会进一步促进区域间和区域内产业分工的深化和产业链加长,以及增强产业分布的聚集效应和新产业的诞生,越来越多的产业将沿着通道聚集,形成更加密集的工业带和城市带,经济发展的爆发力增强,进而又对交通运输产生运输量更大、种类更多的需求。

(3) 结合各种运输方式的骨架网络布局进行综合运输大通道统筹规划与建设

在大通道中,单一的运输方式无论是在能力和效率上,还是在支持与促进国民经济和社会发展方面,都难以较全面地满足需求,需要多种运输共同协作。以多种运输方式的组合形式发展运输大通道,是区域经济分工与发展的客观要求,是综合运输体系发展的需要,也是提高交通运输系统效率和效益水平、降低交易成本和提高我国产品国际竞争力的需要。

此外,大通道是国家社会经济的主要集中带和发展带,是各种运输方式骨架网络线路的必经通道和地区,也是各种运输方式承担运输量最大、在综合运输体系中作用最明显的线路,是各种运输方式建设的重点,多种运输方式共同组合可以促进各种运输方式相互竞争系统效率的提高,在相互依存中不断提高技术水平和服务质量,进而带动全国综合运输体系的发展。多

种运输方式共同组成通道综合运输体系,既是社会经济发展的需求,也是交通运输发展的必然结果。

综合运输大通道,是全国交通运输网的命脉骨架,对全国综合运输体系的形成与完善具有极其重要的意义。在发展过程中,既应按照每一种运输方式在全国网络中的布局与层次结构的发展要求,也要按照各种运输方式合理分工、优势互补、协调发展、连接贯通的布局原则,进行统筹规划与建设。

4)合理规划布局和加快建设综合运输枢纽,促进一体化运输发展

(1)克服体制障碍,构建一体化运输系统,落实综合运输枢纽规划与建设

在综合运输体系建设中,综合运输枢纽的建设对于各种运输方式的衔接配合非常重要,交通运输枢纽是几种运输方式相互连接的结合部,它是组成运输网的节点,是实现综合运输"零距离换乘"、"无缝衔接"最基础的条件之一。各种运输方式的交通线只有通过运输枢纽才能形成一个整体,才有可能在运输组织方式上、实际运行中实现全程"无缝"的物理连接和逻辑连接,实现全过程的高效率。此外,交通运输枢纽的建设与布局,也会影响各种运输方式网络布局的完善和综合运输能力的形成以及城市的合理布局。目前,我国的综合运输枢纽规划和建设滞后的很重要原因,一是体制障碍和行业垄断,各种运输方式的站场都是按照各自的运输生产要求各自规划、各自分立建设、自成体系。二是垄断造成了缺乏"一体化"运输的思想和服务创新意识,联合运输仅仅是一种简单的分段集成,中间环节多,而且复杂,协调困难,交易成本高,"一票到底"、减少中间繁琐的环节、提高全程效率的努力,由于系统阻力巨大而难以实现。如果没有各种运输方式对这种改进的必要性达到共同的认识和统一付诸行动,只有个别企业或对该问题处于非决定性的行业是难以推动的。为此,必须加快包括铁路运输行业在内的市场化进程,在政府的有关政策引导下,由市场来推动。

(2)实施"统一规划、联合建设",加快综合运输枢纽发展

综合交通运输枢纽是多种运输方式相互之间实现一体化的全程"无缝"物理连接和逻辑连接的关键,必须从战略的高度在规划综合运输网络的同时对综合交通运输枢纽进行统一布局规划,加强包括城市部门在内的各有关部门的协调,强调城间运输与城市交通的衔接配合。在目前各种运输分别管理的体制下,规划与协调工作应由国家主管交通运输的综合部门主持,各种运输方式的交通管理部门和城市规划部门共同参与进行。同时还必须由主要单位(部门)负责按规划进行建设,采取"统一规划、联合建设、共同使用"的方式,加快将对必要性的认识落实到实际行动中,尽快为"一体化"运输系统的建立创造物理连接的基础。

5)统筹交通运输发展与经济、资源、环境的关系,坚持可持续发展

(1)正确处理交通运输发展与经济、社会、环境的关系

①交通运输可持续发展的世界发展趋势

交通运输既是现代社会经济赖以发展的基础,又是占用资源和消耗能源较多的产业,全世界交通运输消耗的能源约占全部能耗的1/3,交通运输在给人类社会带来便利、克服空间距离阻碍的同时,占用了大量的土地资源,带来了交通阻滞、交通事故、环境质量等负面问题,对人类未来的生存空间和生存的环境质量构成了极其密切的关系。因此,世界各国对交通运输的发展理念正在发生着显著的变化,交通环境问题被越来越重视,在有限的土地资源和环境资源制约下,如何使交通运输系统满足不断增长的交通运输需求,实现可持续发展,是当今世界必须面对的现实问题。

纵观当今世界交通发展的潮流,可以概括为以下几个趋势:一是可持续发展的思想。将交通发展,各种运输方式的协调、社会的经济活动、人类的生存环境等要求有机地结合起来,形成高效、安全、低污染、经济、方便、舒适、可持续发展的综合交通体系。二是地球环境问题对交通发展提出新的要求。臭氧层破坏、地球变暖、酸雨等问题与汽车交通的发展有着密切的关系,如何减少汽车交通对环境的破坏,是世界各国普遍关心的问题。三是在新的交通运输体系发展中,各国都特别重视交通的信息化、个性化以及经济化和公平性。交通运输需求的持续大量增加和城市交通拥堵与污染问题越来越突出,对交通政策和技术提出了新的要求,交通发展已经从不断满足出行者的各种交通需求发展到实施需求管理、发展公共交通、提高交通效率和安全水平的现代交通系统阶段。

②交通运输的经济可持续性是我国交通运输可持续发展的核心

交通运输的经济可持续性是交通运输可持续发展的核心,是指交通运输必须以较优的组合方式、较高的效率满足社会经济发展和人们生活质量提高的需要,交通运输的规模与生活水平必须与经济发展的规模和资源合理开发与配置的需求相适应。

为此,交通运输必须具备一定的发展规模,必须有足够的能力和物质基础以支持我国社会经济的持续、健康、快速发展。事实上,只有交通运输达到一定规模的发展,才有能力支持和促进经济增长,人类才能在提高生活质量和工作环境的同时,拥有更多的能力和财力去更好地保护环境,依托现代的理念和可持续的思想发展各种运输方式,实现能够满足人们出行和货物运输需要、创造更好生活和工作环境需要的较优组合,建立较完善的综合体系,才是可持续发展的归宿。

(2)强化节约型交通运输模式的发展,以需求管理减少交通需求

我国交通运输的可持续发展,一是要以建立和完善综合运输体系的思想,通过各种运输方式的协调发展,提高系统效率和较少对资源的浪费;二是积极发挥和提高资源占用少、能源消耗低、污染少的运输方式的作用,从结构上降低单位运输量的能源消耗量和污染量;三是通过需求管理,引导人们调整消费观念和消费方式,减少对交通基础设施的需求,这一点对我国交通运输的发展过程尤其重要,我国的国情容量不允许我们完全按照西方发达国家的模式发展我国的交通运输,一味地以适应需求的发展思想将会导致交通设施始终不足、资源被无限占用,而且交通拥堵问题无法解决,必须以交通需求管理的思想来建设和发展我国的综合运输体系。

交通需求管理是贯彻可持续发展思想的一项具有成效的可行措施,从资源的有限性出发,人类在追求生活享乐中应该有一定的节制,应该从全球的角度和人类长远发展的角度较为自觉地调整消费观念和交通运输行为方式,作为政府可通过一些理性的手段对这些观念和行为进行有效的引导。一是建立与我国国情和资源相适应的综合运输体系,将交通运输规划与土地利用、城市布局发展相结合,通过政策手段确立减少交通需求的发展模式,发展公共交通,在结构上实现交通模式的优化;二是通过有关鼓励政策和社会成本分担等手段,调节人们对交通方式的选择,鼓励人们采用较少资源消耗的交通模式和减少交通出行的模式;三是促进交通行业的技术更新,优先推广节约资源和能源的先进技术,提高交通系统运行效率的技术等。

6)以信息化、智能化等技术途径增加能力供给和体现人性化

(1)加快交通运输信息化、智能化建设,提高现代化水平

①信息化、智能化是现代化交通运输的发展方向

科学技术是第一生产力,是推动经济和社会发展的伟大革命力量。随着经济的发展和社会的进步,交通基础设施能力与使用者需求之间的矛盾日益突出,在最初阶段还可以通过修建更多的铁路、公路、机场等来缓解这一矛盾,但时至今日,单靠混凝土和沥青已无法解决问题,必须依靠科技进步,采用现代化的装备和管理技术,改进整个交通运输系统的运行组织方式,来大幅度提高交通基础设施的使用效率和安全性等。

②交通运输信息化、智能化是解决交通运输发展问题的重要手段

交通运输智能化是信息化的一种具体体现,智能运输系统是以信息技术为核心,结合系统工程和交通工程的理论,形成的新兴领域,已成为解决现代交通发展问题的重要手段。ITS的应用将有助于实现由单一的基础设施扩张向集约型交通发展的转变。ITS的应用可以减少交通运输工具对交通网络的占用,提高路网的通行密度;可以减少交通工具在途的停留时间;可以减少交通事故;可以减少系统的不协调造成效率低下和选择最有效的出行路径。

③信息化、智能化是我国交通运输实现现代化的必由之路

交通是国民经济和社会发展的基础产业,也是自然资源的主要消耗者,对社会经济发展和自然环境有巨大影响。如何在满足运输需求的同时,使得这些消耗最低,现时的途径就是信息化、智能化。同时,信息化、智能化也是实现交通运输现代化的必由之路,是交通运输业可持续发展战略的重要内容,是我国交通运输业实现跨越式发展、缓解资源和环境压力的有效途径。

在加快信息化、智能化建设的同时,还必须大力提高交通工程、运输设备等硬件技术研发能力和推广使用力度,以提高设备的生产效率和先进性、安全性,使交通基础设施与交通运输工具在技术上达到协调发展,其效用通过提高效率达到尽可能的发挥,实现产业的整体升级和增量供给。

(2)加强信息平台和共享机制建设,提高系统整体效率和提供更加人性化服务

系统完善度和系统效率是交通运输整体发展水平的最终体现,系统效率水平除了硬件设施以外,系统的结构模式、组织模式、运行方式、信息化程度、管理水平等都是重要的影响因素。粗放式的生产组织方式不仅低效,而且也无法满足日益增长的交通运输需求,必须依靠现代化装备技术、信息技术、管理技术、先进的组织模式等提高交通基础设施的运输能力和整个交通运输系统的运行效率以及安全性等。

交通运输信息化、智能化既是提高系统效率的技术要求,也是以人为本的具体体现,是交通运输发展应贯彻的重要战略之一。为此,未来的发展要进一步深化体制改革,完善协调与决策机制,打破部门分割,以方便使用者和提高系统效率及服务水平为目标,积极推进各种运输方式、综合运输枢纽、城市交通与对外交通、市域交通一体化运输系统建设和系统的信息化建设;大力发展和整合交通运输信息技术和信息资源的开发利用,建设综合运输信息平台和建立交通运输信息资源共享机制,提高行业整体信息化水平;将以人为本、全程高效服务、节约资源的思想充分体现在发展方式中。

7)加快管理体制改革,促进规划、政策的统一和各种运输方式的紧密融合

(1)加强政府规划和政策引导,促进综合运输体系加快构建和完善

交通运输之所以重要,是因为只有它可以连接或贯穿其他所有产业。从某种意义上讲,交通运输全球化是开启经济全球化大门的钥匙。提高交通运输整体效率、降低运输成本,可以有

效地促进经济发展规模的扩大和国际市场竞争力的提高。然而,交通运输是一个非常复杂的庞大系统,具有极强的基础性和社会性,依靠市场和企业的力量仅能改善局部或某一个体的效率,难以推动整个系统全面的完善和效率的普遍提高,或进程极度缓慢。综合运输体系的形成必须依靠政府的宏观调控,交通运输总体框架是综合运输体系的基础核心,其建立主要依靠政府的力量进行推动。框架是否合理、是否能够为实现交通运输的高效提供支撑,将取决于宏观战略目标的决策和规划以及管理制度的水平。

(2)加快交通运输管理体制改革,建立有效的协调机制

要建立完善的现代综合运输体系,实现运输各个环节的"无缝"衔接,就必须在战略、规划、政策、技术标准、信息传输、经营规则以及管理体制上进行统一的协调和宏观调控,避免各种运输方式或部门以自我为中心,各自规划、各自建设、自成体系,造成环节割裂、相互之间的接口少、标准和规则不统一,最终导致系统的低效、成本增多、资源浪费;特别是对综合运输枢纽的建设以及信息化等技术标准的制定,更需要从综合运输体系的发展战略上进行统一的规划与指导。加快交通运输管理体制的改革,建立有效的协调机制,才可能实现各部门间规划、政策的统一,达到各种运输方式协调发展、综合运输体系尽快构建形成和不断完善的目标。

8)以宏观调控和市场化相结合的方式实现交通资源的合理配置

(1)发挥政府主导作用,积极引入市场机制和市场化运作模式

交通运输是国民经济的基础产业,交通运输的发展必须与国民经济和社会发展相适应。制定与国民经济相适应的交通运输的产业发展规划和产业政策,对整个交通运输产业投入产出的效益以及对社会经济的促进作用是至关重要的,政府的宏观调控和投资行为从本质上来说,是贯彻政府产业发展规划和产业政策的主要手段。

综合交通运输体系的建设需要依靠国家宏观调控和市场化两个方面的合力。因此,一方面,要根据基础设施与运输相分离的原则,基础设施网络的建设与管理政府承担主要职责,由政府进行规划与协调,采用政府投资和引导社会投资的方式实现结构合理化,运输方面按照市场化的原则由企业自主承担、自主经营,政府主要在规则的制定、市场准入与监督上行使职能;另一方面,在基础设施的建设中要采用市场运作的模式,促使资金、资源的有效利用和社会公平,并在技术上可以做到使用排他性的一部分规划项目,根据国家经济发展的总体战略目标,积极推向市场,以市场的方式吸引社会资金加快发展,形成"政府创造环境,市场创造财富"的发展机制。

(2)从经济全球化角度合理控制经营性交通基础设施发展规模

在交通基础设施建设市场化过程中,经营性交通基础设施的发展规模应该深入研究。交通运输为国民经济服务,主要体现在"最终实现便利产品流通,增加生产者地经济价值"。也就是说,一国的经济最终要体现在 GDP 的增长和一国的整体竞争力方面。为达到这一目标,各国都在积极提高运输效率,降低流通环节的各种费用,使生产者创造最大的经济价值,都不希望在运输环节上占用很高的成本比重,许多国家政府都将提供公共产品服务作为其义不容辞的责任。

处理好交通运输与经济发展关系是至关重要的。交通基础设施的投资、成本、经营管理方式以及运输价格等问题,要从国家的整体利益和国家经济战略角度去考虑,也就是说,交通基础设施的成本应更多地体现由政府提供的社会成本投入,经济流通领域内必不可少的运输成本要靠市场去解决,由用户承担。这些问题都必须在宏观调控政策中加以明确。

4.2 综合运输设施系统

规模适度、有效连接的交通基础设施网络是建设现代综合运输体系的基础。根据现代综合运输体系的基本要求和内涵，交通基础设施网络应是各种运输方式运输网合理布局、相互结合、协调发展、连接贯通的综合运输网络。从功能上划分，交通基础设施网络系统包括线路网络系统和运输枢纽系统，二者有机结合构成完成运输活动的基础设施。

4.2.1 综合运输线路网络通道系统

1）综合运输线路网络系统的构成

交通线路网络系统，按横向可划分为铁路网、公路网、水运网、管道网、民航网等各自组成的基础网络，以及城市交通网。各种交通网按照其技术经济特征、功能定位、交通需求特征等分别进行布局建设，并有机连接，形成综合运输网。

交通线路网络系统，按纵向可划分为主干交通网络、次干交通网络和支线交通网络。主干交通网络主要包括运输大通道、城市经济圈交通网等具有全国战略意义的交通运输通道和路网，是构成全国交通运输网的主骨架，一个布局合理的主干交通网络是构建综合运输体系的重要内容；次干交通网络，包括铁路一般干线，公路一般干线，100吨级以上内河航道，连接大中城市的航线等具有区域战略意义的交通运输线路；支线交通网络，包括农村公路、100吨级以下航道、航空支线等主要服务于地方的交通运输线路。

其中，综合运输通道是综合运输线路网络系统的骨架和脉络，是整个网络的核心组成部分。

2）综合运输通道

（1）运输通道的概念

综合运输通道作为现代化运输的组成要素，它是指在一定地理区域内，连接主要经济点、生产点、重要城市和交通网枢纽，其之间具有已经达到一定规模的、共同的、稳定的交通流，为了承担此强大交通流而建设的具有综合交通运输能力的交通运输线路的集合。它具有方向性，有一定的规模、能力，并且具有特定的结构类型。

对于综合运输通道的概念可以从以下几方面理解：

①综合运输通道是一个运输地带，并非一条运输线路，它担负着重要且大量的客货运输任务；

②综合运输通道是连接客货流发源地与目的地的客货流的密集地带，具有较强的吸引力；

③综合运输通道一般是由平行的多种运输方式的运输线路相互补充、共同提供强大的交通运输服务；

④综合运输通道不仅包括各种运输线路，而且包括枢纽、港口、车站、机场以及与运输生产相配套的服务设施，形成综合运输通道的统一体。

综合运输通道是运输网结构中的一个概念。在形式上，综合运输通道是连接客货交流密集带的交通走廊，呈带状形态；在功能上，综合运输通道是构成运输网的骨干，连接运输网的主要枢纽和集散点，通过运输网的联系来集散密集的交通流。

（2）运输通道的构成要素

从运输领域的角度分析，综合运输通道是一个高度集成化的运输系统，为了更方便地研究综合运输通道,可将其简化地认为由以下五大部分的基本要素构成。

①所连接的"点"城市是综合运输通道中的节点,综合运输通道沿线所连接的城市群内各大中小城市就是综合运输通道中的"点"。其中,综合运输通道起终点所连接的两个中心城市就是综合运输通道的"起讫点"。随着"点"之间的相互经济联系、交流紧密,城镇化进程的加速,旅客运输量增长迅猛。

②运输线路根据综合运输通道的含义可知,综合运输通道一般由不同运输方式、走向大致平行的多条运输线路构成,而且同一种运输方式也可能存在多条线路,这些运输线路是支撑综合运输通道的线状交通基础设施。

③运输工具是指在运输线路上用于承载货物或旅客并使其发生位移的各种设备装置,它们是运输能够进行的基础设备。

④综合运输通道的基本功能就是输送大量的交通流(包括人流、物流、资金流、信息流和技术流),因此,综合运输通道内的要素流就由这些物质流(人流、物流)和非物质流(资金流、信息流和技术流)构成,对客运系统而言,要素流主要指具有大致相同流向的客流。

⑤外部环境综合运输通道的外部环境是指支撑综合运输通道的地域经济实体,外部环境有广义和狭义两种划分。广义的外部环境指综合运输通道所在的区域运输网络所依托的地域经济实体,本文中指客流密集的城市群,对综合运输通道客运系统的研究,立足于综合运输通道所依托的城市群这个外部环境的基础上,综合运输通道客运系统的形成发展要受到外部环境要素的影响,包括自然、政治、社会经济的影响;狭义的外部环境指综合运输通道的直接影响区域,即综合运输通道中运输线路所联系的地域。

其中,前四个要素可认为是综合运输通道的内部构成要素,它们都受外部环境这个要素的影响。

(3)综合运输通道的线路结构

随着运输通道不断向前发展,运输通道内的方式—路径逐渐增多,这些多种运输方式—路径的组合便形成了运输通道不同的线路结构。

第一种是串联结构运输通道,由一种以上运输方式—路径通过串联方式连通组成,如图4-2所示。旅客及货物运输从 A 地到 B 地要经过多种交通运输方式,各运输线路在运输通道相互依存、相互制约,因此该种结构的运输通道可靠性较低。

图4-2 串联结构的运输通道

第二种是并联结构通道,通道由两条及以上的方式路径直接连通,任何一条方式—路径均可单独完成运输任务,如图4-3所示,这种通道的可靠性或稳定性较好。

第三种是混联通道,各条方式—路径在运输通道内不是单独的串联或并联结构,而是两者的混合,如图4-4所示。与并联通道相比,这种通道从 A 至 B 的线路更多,比并联通道更优越,可靠性更强,稳定性更好。

(4)综合运输通道的发展趋势

运输通道的本质功能是为社会经济服务,因此,运输通道的发展同城市以及区域经济发展阶段和水平基本相一致,综合运输通道的发展实质上反映了城市的运输空间联系和经济发展进程,这是运输通道发展的基本规律。

图 4-3 并联结构的运输通道

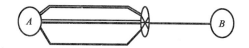

图 4-4 混联结构的运输通道

其发展趋势具体如下。

①结构复杂化，运输能力大型化

随着高速公路、高速铁路等新技术的应用，通道内的线路逐渐增多，通道结构将变得更加复杂。而重载列车的开行、客货分线的实施、多车道高速公路的修建、高速铁路客运专线的建设、磁浮列车技术及真空管道技术的应用和发展，将使通道的运输能力大大提高。

②通道路径趋于直线化

人类活动总是有意或无意地实行"最小努力原则"，即花费最小的成本、最小的能量、最少的时间获得最大的利益。而在交通运输的发展中表现出来即为利用有利的自然条件和克服不利条件，把城市尽可能用直线连接，或使城间运输通道尽可能与其经济联系相平行。其内在原因在于社会交通消耗以建设费用加运输生产费用之和最省为原则，建设费用在一定时期内是确定的不再变动，可以说是常量，而运输生产费用是不断增长的变量，因而社会交通消耗主要是后者。随着技术进步，将城市用"直线"连接以达到用户费用最省已经成为可能，因此运输通道的路径必然趋于直线化。

③通道与社会发展的协调化

在进行通道规划与建设时，人类已逐渐开始关注，并将继续关注交通运输与社会经济的可持续发展，伴随先进科学技术和新工艺、新材料的发明应用，将尽量减少运输通道的建设和使用对环境、对社会的负面作用，实现交通运输与社会、经济的可持续发展。

3) 我国交通线路网络系统发展方向

交通线路网络系统建设应突出抓好主干交通网络的建设布局，以其为主轴分层次展开全国交通运输网建设布局。此外，为适应经济全球化，发展对外贸易和扩大开放的需要，还应重视开放型的国际运输通道的规划和建设，要扩大出海通道，加强陆桥通道，发展重要进出口物资的国际运输通道。

此处主要就在我国综合运输网中具有重要地位的运输大通道、城市经济圈交通网和对外运输通道布局展开阐述。

(1) 运输大通道

①对内运输通道

运输大通道是综合运输体系交通路网系统的主骨架。我国运输大通道的建设布局，要在"八纵八横"铁路干线网和"五纵七横"公路主骨架网规划布局以及其他运输方式主干交通网络布局的基础上，以经济带为基础，围绕城市经济圈及城市经济带布局，构建连通长江三角洲城市圈、珠江三角洲城市圈、环渤海经济圈三大城市经济圈(主中心)和新的城市经济带(次中心)，并向外辐射的五纵五横综合运输大通道，力争在 2020 年前完善运输大通道布局，形成方便、快捷的现代运输系统—"五纵五横"综合运输大通道具体见表 4-1。

"五纵五横"综合运输大通道列表　　　　　　　　　　　　　　　　　　表4-1

通道名称	通道特征
南北沿海运输大通道	从北向南连接东北三省以及东部沿海地区,由贯穿全线的铁路、公路、民航航路、部分陆上油气管线和沿海主要港口间航线构成。它连接环渤海城市圈、长江三角洲城市圈、东南沿海及珠江三角洲地区,在我国综合运输网中占有十分重要的地位
京沪运输大通道	由京沪铁路、未来的京沪客运专线、京沪之间的公路、民航航路、部分水运和油气管线组成,形成沟通华北与华东,连接京津冀与以上海为中心的长江三角洲的综合运输走廊
满洲里至港澳台运输通道	北起东北满洲里,途经东北三省入关后沿京广运通通道至武汉后分支,一直沿京广线南下广州联通港澳,另一分支经南昌、福州至台北,由贯穿全线的铁路、公路、民航航路和部分陆上油气管线组成,是连接我国东北、华北、华中、华南各省主要城市及港澳台的重要通道
包头至广州运输大通道	北起内蒙古包头,向南途经西安、重庆、贵阳至柳州后分别至广州和湛江,由贯穿全线的铁路、公路、民航航路和部分陆上油气管线组成,形成西部内陆出海运输通道
临河至防城港运输大通道	北起内蒙古临河,经宁夏、甘肃、四川、云南、广西至防城港,由贯穿全线的铁路、公路、民航航路和部分路上油气管线组成,形成西部内陆第二条南北综合运输通道
西北北部出海运输通道	东起天津和唐山,经北京、大同、呼和浩特、临河、哈密、吐鲁番、喀什,至新疆吐尔尕特口岸,由贯穿全线的铁路、公路、民航航路和部分陆上油气管线组成,形成西北连通东部的出海运输走廊,并成为中亚地区新的出海通道
青岛至拉萨运输通道	东起青岛,经济南、石家庄、太原、银川、兰州、西宁、格尔木至拉萨,由贯穿全线的铁路、公路、民航航路和部分陆上油气管线组成,该通道以青岛港为枢纽沟通国际海上运输网络
陆桥运输大通道	东起连云港,经江苏、安徽、河南、山西、陕西、甘肃、新疆等7个省区,西至新疆阿拉山口,由铁路、公路、民航和管道运输线组,其中铁路是新亚欧大陆桥相对西伯利亚陆桥而言的组成部分,是连接亚欧通太平洋与大西洋的铁路通道
沿江运输大通道	东起上海,沿长江经南京、芜湖、九江、武汉、重庆至成都,该通道由长江航道和铁路、公路、民航和油气管道运输线组成,形成以长江航运为主,沟通东中西部地区的运输走廊,通过上海国际航运中心与国际海上运输网络连接
上海至瑞丽运输通道	东起上海和宁波,经杭州、南昌、长沙、贵阳、昆明,西至瑞丽口岸,由贯穿全线的铁路、公路、民航航路和部分油气管线组成,东以上海港和宁波港为枢纽与国际海上运输网连接,向西与东南亚路网连通

②对外运输通道

我国有漫长的国境线和海岸线,与亚洲多个国家和地区接壤或通过海上相连。随着区域经济一体化的发展,我国与周边国家经济合作的加强,双边、多边贸易和自由贸易区的发展,与邻国的运输联系将不断加强,客、货运量也必然不断增长,全方位对外贸易运输格局将形成,这对我国运输业提出新的要求,我国运输网络布局应该适应这一发展趋势。

a. 与东北亚地区。我国与东北亚各国,包括朝鲜、韩国、日本、蒙古及俄罗斯东部地区,一直有广泛的经济往来和运输联系。应充分利用丰富的水运资源,开发黑龙江、图们江、鸭绿江航运;加强既有铁路、公路改造,提高滨州、滨绥铁路能力,新建图们—珲春—长岭子铁路,与俄罗斯扎鲁比诺港和波赛图港相通,为东北亚地区提供新的最近的出海通路。

b. 与中亚、西亚地区。要在加强既有铁路、公路改造,特别是加强亚欧大陆桥建设的同时,修建中、吉、乌新铁路,以加强我国与中亚、西亚各国的联系,并成为亚欧大陆桥又一通路,以扩大西北地区对外开放。随着能源合作的加强,石油、天然气进口量增加,要加强西亚通向我国新疆的石油管道建设。

c. 南亚地区。除加强公路和海上运输外,在青藏铁路建成后,还应建设新藏铁路,开辟通往南亚国家的新的运输通路。

d. 与东南亚地区。除加强海上运输外,要加强中越铁路(昆河铁路)和公路的改造和建设,提高运输能力;加强中缅铁路以及与东盟国家连接的铁路、公路的建设,开辟新通道;加快澜沧江—湄公河航道及相应运输设施建设,开展国际航运,以加强我国与东南亚地区各国的经济联系和文化交流。

(2) 城市经济圈交通网

城市经济圈是一国经济的重心区和增长极,当前我国正在形成的城市经济圈主要包括长江三角洲城市圈、珠江三角洲城市圈和环渤海经济圈。这三大城市经济圈正在进入新一轮发展机遇期,它们对中国总体经济实力的贡献将进一步增大。由于城市圈对运输时效、运输质量和运输频率都超过其他地区对交通运输的要求,因此我国三大城市经济圈交通运输要率先实现现代化,以交通运输现代化促进经济社会现代化。

①长江三角洲地区交通运输网。长三角城市经济圈以上海为中心,包括周边的苏州、无锡、南京、杭州、宁波、绍兴、南通、常州、嘉兴、镇江、扬州、泰州、湖州、舟山等14个城市。长三角交通运输网要合理布局,优化结构,以上海为龙头,修建沪宁、沪杭高速铁路,同时建设城际快速轨道交通、高速公路与之相衔接,形成以上海、南京、杭州为中心的"2小时交通圈"。同时,充分发挥水网密集、航运发达的优势,以上海国际航运中心为龙头,发展大型船舶运输和铁路快捷货运,发展现代物流业。

②珠江三角洲地区交通运输网。珠江三角洲城市经济圈由广州、深圳、珠海、佛山、东莞、江门、惠州、肇庆、中山等城市构成。珠三角城市圈应加强交通运输网建设,全面提升交通基础设施现代化水平,建设以广州为中心、衔接港澳的城际快速轨道交通网和高速公路网。快速轨道交通网布局,以广州—深圳、广州—珠海为两条主轴线,以广州—肇庆、中山—江门、东莞—惠州为三条放射线,以顺德—番禺—东莞、中山—虎门为两条联络线,可连通珠三角地级以上城市,实现1h内珠三角9个城市可以相互通达。珠三角公路网较发达,还要进一步拓展,开辟珠海至澳门的西部通道,完善珠三角高速公路网络,提高高速公路的通达深度。珠三角港口群已具备相当规模,在新世纪要进一步优化港口结构和布局,着力发展集装箱专用码头,大宗散货专用码头和客货滚装码头,使主枢纽港口、地区重要港口和普通港口各有侧重,彼此互补,共同发展。

③环渤海交通运输网。环渤海地区应以北京、天津为双核,构建扇形环渤海海高速铁路网和高速公路网,即北京—天津—沈阳和北京—天津—济南—青岛双高交通运输网。要修建连通京津唐的城际快速轨道交通系统,增建京津高速公路,增强沿海港口集疏运系统,并使这一地区逐步形成连接欧亚大陆和太平洋的国际物流中心。

除上述三大城市圈外,西南地区的重庆—成都城市圈、西北地区的关中城市圈、东北地区的沈阳—大连城市圈、中原地区的郑州—洛阳城市圈、华中地区的武汉—长沙城市圈、华东地区的济南—青岛城市圈都将可能发展成为新的城市经济带,可称为次要经济中心(次中心)。在这些经济圈,交通建设要形成以高速公路和高速轨道为骨干的综合运输系统。

4.2.2 综合运输枢纽系统

综合运输枢纽是综合运输体系的关键,各种运输方式的衔接是通过综合运输枢纽来实现的。因此,综合运输枢纽相关基础理论是综合运输理论的重要组成部分。

1) 综合运输枢纽的定义和内涵

运输枢纽是在两条或以上运输线路的交汇衔接处形成的具有运输组织、中转、装卸、仓储、信息服务及其他辅助功能的综合性设施。

该定义从宏观上对交通运输枢纽有一个确切的认识,对于各种运输方式枢纽都有很好的适应性。但由于社会经济发展对各种运输方式的选择不断变化,促使对不同运输方式运输枢纽的理解产生各自的意义特征,如随着所在城市经济的发展,道路运输枢纽的内涵从以单一站场为枢纽的概念扩展到多站场枢纽系统的范畴。因此对交通运输枢纽的认识也必须随着综合运输体系内部各运输方式间的地位作用不断变化而有所深入。

我国对综合运输枢纽的内涵并没有一个统一的说法,但是其表现出的特征可从以下三个方面概述:

(1) 在地理位置上,运输枢纽应有两种或者两种以上的运输方式衔接,是地区或客货流的重要集散地。

(2) 在运输网络上,运输枢纽运输网络的重要组成部分,是运输网络上多条运输干线通过或连接的交汇点,对连接不同方向上的客货流和运输网络的畅通起着重要作用。

(3) 在运输组织上,运输枢纽承担着各种运输方式的客货到发同种运输方式的客货中转及不同运输方式的客货联运等运输作业。

2) 综合运输枢纽的分类

由于综合运输枢纽的形成依赖于大量客货运输需求源,而客货流产生的基础是较大的人口和产业规模,因此,综合运输枢纽有着与城市共生的特性。通常人们在规划全国或区域综合运输枢纽时,将综合运输枢纽理解为枢纽城市,而在规划各种运输方式相衔接的具体的综合运输枢纽时,又将综合运输枢纽理解为客货集散或中转的枢纽场站。因此,综合运输枢纽概念有宏观运输枢纽和实体运输枢纽两个概念之分,宏观运输枢纽是指运输干线的连接或交汇点所在的枢纽城市,而实体运输枢纽是指具体承担客货流集散和中转作业的运输场站,实体运输枢纽依托宏观运输枢纽而存在,宏观运输枢纽包含着一个或多个实体运输枢纽,两者的含义有很大区别。

(1) 宏观综合运输枢纽

宏观运输枢纽不仅包括各种运输方式的场站设备,同时包括城市内各场站相互衔接的线路设备及信息网络。宏观运输枢纽的规模必须与综合运输通道的规模相适应,才能保证综合运输网络的畅通;宏观运输枢纽的建设对区域经济的发展起着促进和支撑的作用,宏观运输枢纽的规模越大,其吸引和辐射的范围就越大,对区域经济的拉动作用就更大。因此,宏观运输枢纽的布局决定着大宗客货流的运输路径和运输效率,对国民经济发展的良性循环起着重要作用。

宏观运输枢纽的分类,根据其在国民经济和综合运输网络中所起的作用和服务范围的不同,分为全国性综合运输枢纽、区域性综合运输枢纽和地区性综合运输枢纽。每个类别的宏观综合运输在运输网络中的位置、依托的城市类型以及发挥的功能情况见表4-2。

宏观综合运输枢纽的分类情况 表 4-2

分　类	在运输网络中的位置	依托的城市类型	功　能
全国性综合运输枢纽	位于综合运输网的运输大通道重要交汇区	1. 省级经济、文化和政治中心； 2. 在我国经济和国际贸易中地位和功能突出的重要港口、大型机场等所在城市	满足跨区域人员和国家战略物资的集散、中转，有广大的吸引和辐射范围
区域性综合运输枢纽	位于综合运输网的主要交汇处	1. 省内重要城市； 2. 在区域经济和贸易中起主要作用的沿海港口、干线机场等所在城市	在综合运输网络格局中具有承上启下的重要作用，对区域交通布局产生重大影响和发挥重要作用
地区性综合运输枢纽	位于综合运输网的一般交汇处	地区中型城市，以及港口、机场所在城市	在综合运输网络中具有基础性作用，对地区交通有较大影响和作用

具有全国意义的大型综合运输枢纽有北京、上海、广州、郑州、武汉、重庆、西安、沈阳等。地区性综合运输枢纽有哈尔滨、长春、大连、石家庄、太原、济南、青岛、徐州、南京、杭州等。

（2）实体综合运输枢纽

实体运输枢纽是各种运输方式运输设备集中布局的场站，是旅客换乘和货物换装的具体场所。实体运输枢纽的主要任务是获取和运用运输相关信息，实行一体化管理，为客户提供便捷、高效的客货集散和中转服务，实现不同运输方式间运输作业过程的协调和有机衔接，保证与其相衔接线路的畅通和客货运输服务的连续性。

实体运输枢纽的分类比宏观运输枢纽的分类复杂得多。其中重要的一个分类是根据综合运输枢纽中承担客货运量的主要运输方式，实体综合运输枢纽分为：

①港口型综合运输枢纽；

②机场型综合运输枢纽；

③公路场站型综合运输枢纽；

④铁路（城市轨道交通）车站型综合枢纽。

各种类型的综合运输枢纽中主要运输方式承担的大多为长距离或大运量的客货运输。集疏运方式包括公路、轨道交通（含铁路）、内河航运和支线航空等。由于公路运输具有"门到门"机动灵活的优势，因此，各种类型的综合运输枢纽都以公路作为其重要的集疏运方式。

3）综合运输枢纽的功能

运输枢纽形成的前提条件是所在区域有较大的客货运输需求源，即周边地区有较大的人口和产业规模，对外客货运输需求量大，于是各种运输方式设施的逐步建设而形成较大规模的客货流的主要集散地；由于它对周边地区有较强的吸引和辐射作用，是区域内部和对外交通运输的主要中转地，便形成了综合运输枢纽。

综合运输枢纽的功能主要体现在以下三个方面：

（1）为区域内部和区域对外的人员及物资交流提供集散和中转服务，带动和支撑区域经济的发展。综合运输枢纽一般地处区域主要中心城市，为所在地区或城市的经济发展和居民生活提供客货运输服务，是城市对外联系的桥梁和纽带。

（2）实现不同方向和不同运输方式间客货运输的连续性，完成运输服务的全过程。以信息化、网络化为基础，改进运输组织方式，实现各种运输方式一体化管理，完成运输服务全过程,是提高运输效率,降低运输成本,节约资源,实现交通可持续发展的有效途径,而综合运输枢纽正是实现这一目标的关键。

(3)为运输网络吸引和疏散客货流,促进交通运输产业的发展。交通运输产业发展的基础是日益增长的运输需求,在经济高度发达,需求日趋多样化的现代社会,交通运输产业的发展正向着综合集成和一体化运输的方向发展,以满足客货运输多样化的需求。综合运输枢纽作为运输网络上的结点,集各种运输方式信息、设备和组织管理于一体,吸引着大量的客货流,是交通运输产业发展的重要支撑。

4)综合运输枢纽发展条件

综合运输枢纽发展需具备三个方面的条件。

(1)外部环境条件。首先,枢纽的形成和发展必须要有充足的运量生成源,而运量的生成来源于资源分布的不均衡、生产力布局的不均衡和经济发展水平的不均衡,经济的发展和人民生活水平的提高是带动运量增长的主要动力,因此一定的经济水平、产业规模和人口数量是枢纽发展的基本条件。其次,运输枢纽的发展依赖于与其相连的运输网络的支撑,运输网络的发达程度决定着运输枢纽的吸引和辐射范围。发达的运输网络以及综合运输大通道的连接可以促进枢纽的发展和枢纽地位的提升,是枢纽发展的必要条件。

(2)内部自身条件。综合运输枢纽是综合运输网络的节点,各种运输方式的衔接是通过综合运输枢纽来实现的。目前,各种运输方式分散管理、效率低下,枢纽难以形成系统综合能力,不适应运输需求,是制约枢纽发展的根本原因。因此,统一管理、分权经营是提高枢纽自身组织能力,满足运输需求,加快发展的组织保证。此外,枢纽的发展还必须依靠科技进步,采用现代化的装备和先进的管理技术,改进和创新运输组织方法,实现综合运输枢纽的技术水平和效率水平的提升,这是枢纽发展的技术条件和手段。

(3)政策支撑条件。同综合运输体系的建设一样,枢纽的形成与发展也必须通过政府的力量进行推动。我国综合运输枢纽发展滞后,主要是由于存在以下三个方面的问题。

①没有对枢纽实行统一管理。实践证明,各自为政的"部门管理"体制难以形成交通运输规模经济,无法满足低成本、高效率的运输需求。

②缺乏统筹规划。交通运输基础设施投资大,建设周期长,而且占用稀缺的土地资源,统筹规划、合理配置资源显得格外重要。枢纽是综合运输网络的连接点,合理的运输通道规划如果没有相应配套的枢纽规划就难以发挥作用。

③政策支持力度不够。由于很多城市对构建一体化的综合运输枢纽的重要性还缺乏足够的认识,目前基本没有鼓励各种运输有效衔接、各种运输枢纽在城市合理布局等的政策措施和可行办法,造成各种运输方式竞相发展自己的枢纽,不仅浪费宝贵的土地资源,而且降低了运输效率。

综上所述,综合运输枢纽的发展应借鉴国外枢纽的发展经验,采用政府统筹规划、扶持建设、集中管理、各运输企业自主经营的发展模式。首先,综合运输枢纽应在管理体制上从分散走向集中,建立统一的综合运输管理部门,合理配置枢纽内的运输资源,优化枢纽运输结构,引导各种运输方式彼此合作,有效衔接,形成枢纽综合运输能力。在经营上从枢纽整体效益出发,发挥各运输企业自主经营的灵活性和主动性,以最少的投入获得最大的效益。其次,各级政府及交通运输相关部门必须转变观念,高度认识综合运输枢纽对国民经济、社会发展的重要作用,树立正确的规划理念,根据国民经济和社会发展总体战略,制定综合运输枢纽发展规划。

此外,综合运输枢纽服务于企业和社会经济活动,虽然最直接的受益者是企业和乘客,但带来的社会效益和对经济发展的贡献是巨大的,政府应从促进经济增长、推动社会进步的角度来认识综合运输枢纽的作用,进而给予扶持和鼓励,特别是在土地利用、投资建设、科技投入等方面的优惠政策上加大支持力度,为枢纽创造良好的发展环境。

5) 实体枢纽的运作流程

运输枢纽的运作流程包括运输组织、中转、装卸、仓储、信息服务以及其他辅助服务等,其核心是为旅客(或货物)提供进入或离开某种运输方式,在同一运输方式内或在不同运输方式之间完成换乘(或换装)的服务。

客运枢纽主要提供不同交通方式的衔接和旅客换乘服务。由于旅客到达和出发的随机性,决定了运输枢纽中还要提供候机(车、船)设施以及餐饮服务、娱乐场所和住宿条件。这些辅助性服务不仅为旅客提供方便,而且也是经营枢纽的收入来源。

货物启运和中转需要在枢纽场站完成装车(箱)或换装作业,部分集装箱需要在枢纽场站完成拆装箱作业,有些货物需要在枢纽场站堆放或储存。有时需要一系列作业才能完成中转服务。

为了分析、评价运输枢纽完成其基本功能的方式,我们以客运为例来说明客运枢纽的作业流程。图4-5为客运枢纽的作业流程图,它描述了从旅客到达至旅客离去的流程。除了用于分析枢纽结构之外,作业流程图在评价设计和营运计划方面也是不可缺少的。

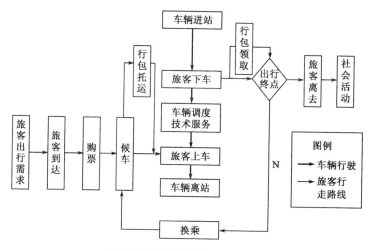

图4-5 客运枢纽的作业流程图

车辆(旅客、货物)在枢纽内的逗留时间,或称为处理时间,是评价枢纽服务水平的一个重要指标。从理论上讲,可以把流程图上的每一步处理时间累加起来以估计总的逗留时间。然而,由于系统和用户特性的不同,上述时间可能有很大变化。

6) 我国综合运输枢纽系统发展方向

为统筹协调各种运输方式,推进我国综合交通枢纽的一体化发展,提高交通运输的服务水平和整体效率,2013年3月7日,国家发改委印发了《促进综合交通枢纽发展的指导意见》,明确了我国综合交通枢纽发展的方向和任务。

(1) 我国综合运输枢纽的发展任务

① 加强以客运为主的枢纽一体化衔接

根据城市空间形态、旅客出行等特征,合理布局不同层次、不同功能的客运枢纽。按照"零距离换乘"的要求,将城市轨道交通、地面公共交通、市郊铁路、私人交通等设施与干线铁路、城际铁路、干线公路、机场等紧密衔接,建立主要单体枢纽之间的快速直接连接,使各种运输方式有机衔接。鼓励采取开放式、立体化方式建设枢纽,尽可能实现同站换乘,优化换乘流程,缩短换乘距离。

a. 高速铁路、城际铁路和市郊铁路应尽可能在城市中心城区设站,并同站建设城市轨道交通、有轨电车、公共汽(电)车等城市公共交通设施。视需要同站建设长途汽车站、城市航站楼等设施。特大城市的主要铁路客运站,应充分考虑中长途旅客中转换乘功能。

b. 民用运输机场应尽可能连接城际铁路或市郊铁路、高速铁路,并同站建设城市公共交通设施。具备条件的城市,应同站连接城市轨道交通或做好预留。视需要同站建设长途汽车站等换乘设施。有条件的鼓励建设城市航站楼。

c. 公路客运站应同站建设城市公共交通设施,视需要和可能同站建设城市轨道交通。

d. 港口客运、邮轮码头应同站建设连接城市中心城区的公共交通设施。

②完善以货运为主的枢纽集疏运功能

统筹货运枢纽与产业园区、物流园区等的空间布局。按照货运"无缝化衔接"的要求,强化货运枢纽的集疏运功能,提高货物换装的便捷性、兼容性和安全性,降低物流成本。

a. 铁路货运站应建设布局合理、能力匹配、衔接顺畅的公路集疏运网络,并同站建设铁路与公路的换装设施。

b. 港口应重点加强铁路集疏运设施建设,大幅提高铁路集疏运比重;积极发展内河集疏运设施。集装箱干线港应配套建设疏港铁路和高速公路,滚装码头应建设与之相连的高等级公路。

c. 民用运输机场应同步建设高等级公路及货运设施,强化大型机场内部客货分设的货运通道建设。

d. 公路货运站应配套建设能力匹配的集疏运公路系统,切实发挥公路货运站功能。

③提升客货运输服务质量

整合信息平台。综合交通枢纽建设和运营过程中应有效推进科技创新,集成、整合现有信息资源(系统),推进公共信息平台建设,建立不同运输方式的信息采集、交换和共享机制,实现信息的互联互通、及时发布、实时更新、便捷查询,提高综合交通枢纽的信息化、智能化水平。

发展联程联运。积极推进铁路、公路、水运、民航等多种运输方式的客运联程系统建设,普及电子客票、联网售票,推进多种运输方式之间的往返、联程、异地等各类客票业务,逐步实现旅客运输"一个时刻表、一次付票款、一张旅行票"。推进大宗散货水铁联运、集装箱多式联运,实现货物运输"一票到底"。

④统筹枢纽建设经营

鼓励组建公司实体作为业主,根据综合交通枢纽规划,负责单体枢纽的设计、建设与运营管理。

a. 统一设计。依法确定一家具有资质的设计研究机构,由其牵头组织协调交通各个专业,实行总体设计、分项负责。设计中应集约布局各类场站设施,突出一体化衔接,有效承载多种服务功能,实现枢纽的便捷换乘、经济适用、规模适当,切忌贪大求洋、追求奢华。

b. 同步建设。强调集中指挥、同步建设,统筹综合交通枢纽各种运输方式建设项目的开工时序、建设进度和交付时间,使各类设施同步运行,各类功能同步实现。不能同步实施的应进行工程预留。

c.协调管理。创新管理模式,完善协调机制,培育专业化枢纽运营管理企业,保障综合交通枢纽整体协调运营,提升运行效率、服务能力和经营效益。

(2)规划的42个全国性综合交通枢纽(城市)

北京、天津、哈尔滨、长春、沈阳、大连、石家庄、秦皇岛、唐山、青岛、济南、上海、南京、连云港、徐州、合肥、杭州、宁波、福州、厦门、广州、深圳、湛江、海口、太原、大同、郑州、武汉、长沙、南昌、重庆、成都、昆明、贵阳、南宁、西安、兰州、乌鲁木齐、呼和浩特、银川、西宁、拉萨。

4.3 综合运输系统规划

综合运输系统规划是交通运输系统规划的一个重要组成部分,也是交通运输系统规划的高级阶段。主要可分为:综合运输发展战略规划、综合运输需求预测及规模分析、综合运输网络及枢纽布局规划、综合运输协调发展政策保障体系等方面。

4.3.1 综合运输发展战略规划

综合运输发展战略研究是综合运输体系规划的重要内容之一,是在充分研究交通运输与社会经济发展相互作用关系,分析交通运输发展趋势的基础上,进行远期综合交通需求总量宏观预测、方式结构预测、战略目标和宏观布局等方面的研究。

1)综合运输需求总量及方式结构宏观预测

(1)综合运输需求总量宏观预测

综合运输需求总量的宏观预测,目的是从整体上把握运输需求量的发展趋势,为运输设施的配置提供参考依据。交通运输需求来源于社会经济大系统,应从宏观社会经济角度预测综合运输需求总量。交通需求总量预测的内容包括客运需求总量预测和货运需求总量预测两大部分。

客运:区域客运需求总量与市域人口、经济、出行习惯、出行频率、区域地理等有着较为密切的关系,其中与人口、出行频率的关系最为密切。客运需求总量等于区域人口数量与人均年出行次数之积。

货运:区域货运需求总量与区域经济发展、货物类型、货种结构等因素有着密切的关系,其中与经济发展(最主要表现为 GDP 增长)关系最为密切,一般可以认为呈弹性关系。可据此推算货运需求总量。

(2)综合运输方式结构宏观预测

考察社会经济与交通运输业的历史发展,可以看出经济结构、产业结构、产品结构的变化,直接影响运输结构的发展变化。

随着生产的发展,经济结构、产业结构的变化,劳动力由第一产业向第二产业转化。在工业化和市场大规模扩大的过程中,原材料如煤炭、钢铁等大宗货物运量急剧增加,货运量的平均增长率接近或者超过国民经济的增长率。目前,世界上大多数发展中国家经济的发展,已由第一产业为主,逐渐过渡到以第二产业为主,我国部分发达地区已由第二产业为主向第三产业比重不断加大的方向过渡。由于经济发展水平提高,客货运量的增长率将减缓,低于同期国民经济增长率。这个时期,交通运输体系除了铁路、水路要继续发展外,公路、民航在客、货运输中占了十分重要的地位,并且增长率在各种运输方式中是最高的。这种规律性的变化是经济结构、产业结构、产品结构、生产力布局变化的反映,也是运输体系与人民生活水平等逐步发展与完善的结果。

通过分析区域现状客运、货运方式结构及经济、运输发展趋势,可以获得区域客运与货运的方式结构宏观预测结果。

2)综合运输发展目标、策略及战略模式

(1)区域综合运输发展目标

在当前我国社会经济以及综合运输体系大发展的背景下,区域综合运输建设也进入相应的发展阶段。一般区域综合运输发展的总体目标为:"网络完善,方式协调,绿色环保",以加快扩大交通基础设施网络为基础,通过交通运输领域的技术、制度、管理和组织创新,建设以系统衔接、优化、协调为特征的一体化综合交通体系,提供安全、高效、便捷的运输服务。

其中,总体目标可以划分为三个层次。一是区域范围主要片区之间的高效连通;二是在综合交通枢纽基础上形成高效集疏运网络;三是以协调运输方式之间联运为重点,从管理、组织、运营等方面强化综合运输的系统效益。

(2)综合运输系统发展模式

综合运输发展模式研究是综合运输宏观发展战略研究的一个重要内容。模式的选择是结合区域自身发展所处的阶段,在所确定的宏观发展目标的基础上提出的。模式的选择既要尊重综合运输发展的阶段特征及要求,又要体现政策的指引。

综合运输体系是指在社会化的运输范围内和统一的运输过程中,按照各种运输方式的技术经济特点,形成分工协作、有机结合、布局合理、联结贯通的交通运输综合体。五种运输方式需要均衡发展,才能形成协调实用的综合运输体系。我国交通运输的发展一般有 ABC 三种模式可供选择。

公路主导型发展模式(A 模式):这种模式与当前我国交通发展模式基本相同。主要特点是公路投资继续加大,市场份额不断提高,民航快速发展,铁路、水运稳步发展,铁路份额持续下降。

公路铁路协调发展模式(B 模式):针对铁路运输现状及铁路在可持续发展中的作用,增加铁路投资,加快铁路发展,提高铁路份额,使铁路在运输市场中的份额保持稳定并有所提高,促使铁路公路协调发展。

铁路强化型发展模式(C 模式)。铁路跨越式、高速发展。通过大力增加铁路投资,强化铁路发展,并减少公路投资,放慢公路发展,使铁路市场份额大幅提高,改变目前铁路市场份额持续下滑局面。

根据区域综合交通结构发展现状和趋势,结合本地区实际情况,综合确定综合运输未来发展模式。

(3)综合运输体系发展策略

综合运输体系构建策略思路:根据区域发展战略,以及社会经济发展趋势,一般应做到:
①加强对外交通和区域交通建设;②完善区域内运输网络;③改善和扩建外运货运通道;④提升各运输枢纽的功能;⑤实现运输系统可持续发展。

4.3.2 综合运输发展规模分析

1)发展规模预测思路

首先,将各方式不同等级的里程折算成当量二级公路、三级航道和一般铁路,确定通过能力的换算系数,便于各方式之间相互转换。将现年的各里程数转换到当量二级路上,与通过现年客、货周转量预测出的总体规模进行比较,修正各项系数。

其次,按照建设灵活性由低到高的原则,对不同运输方式从供需两方面加以分析:一方面,从未来运输总体需求以及各运输方式划分来预测未来满足这些需求所必须提供各运输方式规模;另一方面,也要从各种交通设施的建设灵活性结合地域、经济等情况来给出该方式所能提供的最大承运能力。

再将供给规模与需求规模进行比较,若供不应求,则按照供给预测结果确定该方式合理规模,若供不应求,则以该方式能提供的最大规模,再将多余的运量分担给第二种运输方式。这样反复进行,若最后一种运输方式供大于求,则将多余的运输量代入前面,反复调整。最终将得到各方式供需平衡的综合运输规模,预测思路如图4-6所示。

2)综合运输设施规模预测方法

周转量是衡量运输能力的重要指标之一,除管道运输外,预测公路、铁路、航道的规模,均可以采用公路周转量分析法,此法通过研究客货周转量和饱和度、标准车辆数的关系来确定相应的发展规模(图4-7)。分为以下几个步骤:

(1)利用预测的货运周转量和客运周转量,结合车辆平均容量、实载率,得到公路交通周转量。

(2)通过二级公里的饱和度和通行能力指标,计算相应二级公里的里程数。

(3)利用各运输方式规模及周转量现状,对参数进行反复校验。

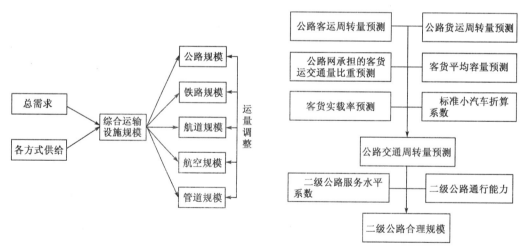

图4-6 规模预测思路　　　　图4-7 公路周转量分析法流程图

首先对公路网交通周转量进行预测,计算公式为:

$$Q_{NT} = \frac{1}{365} \times \left(\frac{\beta_P \cdot W_P \cdot \gamma_P}{n_P \cdot \alpha_P} + \frac{\beta_F \cdot W_F \cdot \gamma_F}{n_F \cdot \alpha_F} \right) \tag{4-1}$$

式中：Q_{NT}——公路网交通周转量，车·km/d；

W_P、W_F——公路客、货运周转量，人·km、t·km；

β_P、β_F——公路网承担的客货运交通量比重；

α_P、α_F——公路网客货平均容量，人/车、t/车；

n_P、n_F——公路客货运实载率；

γ_P、γ_F——客、货车与标准小汽车折算系数。

以普通二级公路为标准的公路当量里程则可按式(4-2)求得。

$$L = \frac{Q_{NT}}{S_n \cdot C_0} \tag{4-2}$$

式中：L——公路当量里程，km；

Q_{NT}——公路网交通周转量，车·km/d；

S_n——服务水平系数，即饱和度；

C_0——普通二级公路通行能力，辆/d。

3) 综合运输设施分方式规模预测

综合运输设施分方式规模，是指公路、铁路、航道及管道四种运输方式各自的里程，此处假设城市综合运输设施包括公路、水路和铁路。由于水路航道开发灵活性较低，铁路次之，公路网规划最为灵活，因此采用先满足水路运输规模，再满足铁路，最终满足公路的步骤进行，整体流程如图4-8所示。

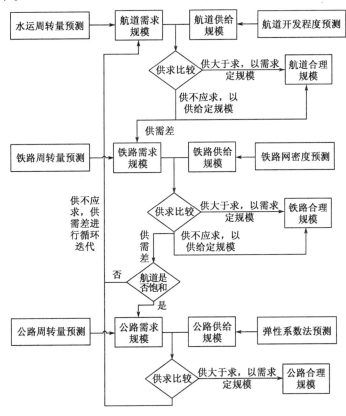

图4-8 分方式规模预测流程图

(1) 水运发展规模

由于航道网的形成受到自然地理条件等因素的制约相对较大,一般来说,航道的总里程数增长较少,重点在于航道等级的提升。

预测年水运航道的规模,必须从需求和供给两方面加以考虑,需求方面预测满足未来的水路货运需求所要提供的航道规模,供给方面是根据现有航道的最大发展规模预测未来所能提供的最大货运量。两者相互比较,若供不应求,则需要将多余的运量分给其他运输方式。

(2) 铁路发展规模

由于铁路客货的运输方式基本一致,城市铁路网规划是在省级铁路网规划的指导下,根据城市的社会、经济发展目标以及交通运输规划,充分考虑各种运输方式的合理分工,在满足城市经济发展对铁路运输需求的同时,适应省级和全国铁路网运量的需要。城市铁路网合理规模的确定方法可以部分参考前述航道网的研究思路,从需求和供给两方面分析。

(3) 公路发展规模

公路是规划最为灵活的运输设施,也是城市运输的主要方式。公路网的规模确定方法比较成熟,主要有连通度法、国土系数法、弹性系数法、增长率法等。

(4) 各运输方式规模确定

由于公路运量供不应求,铁路、航道还有大量的运输能力没有得到利用,考虑城市运输现状和发展趋势,经过重新调整,获得预测年各方式运量、比例及规模。

4.3.3 综合运输网络及枢纽布局规划

综合运输通道是指连接区域内主要客货集散点,并承担集散点间的大规模稳定交通流的多层次、多种交通运输方式的综合交通运输体系,是区域交通运输系统的骨干。因此,需要对区域进行综合运输通道分析,为综合运输线网的布局规划提供依据。

1) 综合运输通道区划

关于综合运输通道区划,目前尚没有成熟、完善的方法理论。运输通道的区划一般都是结合区域城镇发展、产业布局尤其是通过现有交通基础设施进行分析,从宏观的角度,综合考虑交通需求和交通供给,最后分析出综合运输通道。

目前运输通道的区划方法主要是轴线分析法,即基于运输设施、城镇体系、产业布局等因素系统分析运输通道,如图4-9所示。

(1) 节点分析

根据节点在区域内的产业、交通以及城镇发展等方面定位,进行节点的重要度定位分析,得出区域内的产业节点、交通节点以及城镇节点。

一般情况下,产业节点包括第一、第二和第三产业节点。根据区域内的重大农副产品生产基地布局得到第一产业节点;根据区域内的矿产资源、工业分布等得到第二产业节点;从第三产业分布得到第三产业节点,第三产业节点通常与居民聚集点即城镇节点相重合。

交通节点,就是区域内重大交通设施交汇的地点,铁路、高速公路以及高等级航道属于较大区域范围内的重大交通设施;国省道等干线公路以及低等级的航道属于次要的重大交通设施。通过

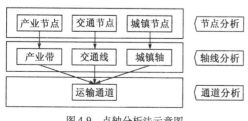

图4-9 点轴分析法示意图

分析区域内综合交通网络就可以得到交通节点。

城镇节点,是指区域内城镇规模较大的城镇积聚点。对于市域范围内,市中心区、副中心区以及各县(区)中心城区为城镇节点。

(2)轴线分析

产业轴线:处于同一产业链中,产业联系比较密切的产业集聚点形成产业带。例如依托某一大型煤开采基地,一般会出现形成煤电、煤化工等一系列与煤相关的产业,形成煤电化产业轴线。

城镇轴线:城镇体系布局中,城镇节点比较密集的地带。城镇轴线串联区域内大部分规模较大的城镇节点。

交通轴线:交通节点相对比较密集具有重大交通设施支撑的地带。

(3)运输通道

运输通道是连接不同区域的重要和便捷的一种或多种运输干线的组合。从运输联系与区域城镇体系以及产业布局相结合的角度讲,运输通道往往是产业轴线、城镇轴线以及交通轴线的综合体。

2)综合运输网络布局规划

(1)综合运输网络布局原则

①以上级规划为指导,满足上级规划的要求,将上级规划在区域内细化、深化,同时根据地方发展的需要,必要时对其进行补充修正。

②以综合运输体系的发展来促进城市各项事业的不断进步,使综合运输布局与区域生产力布局和城镇体系分布相适应。

③积极促进区域综合运输体系的布局融入更广区域范围以内。

④坚持各运输方式协调发展的原则,加强各运输方式之间的协作,保证区域交通与城市交通的转换衔接。

⑤根据过境交通、对外交通与区域内部交通的不同性质,分别考虑运输方式的配置和运输网络的布局。

⑥综合考虑各运输方式的技术经济特征及其对布局的要求,考虑当地自然地理条件和城镇发展状况,因地制宜、扬长避短。

(2)综合运输网络布局方法

综合运输网络布局方法的基本思路是,依据通道的服务功能和任务,分析通道内合理的运输结构组成,并依据各种运输结构对客货的分担率,确定运输线路的类型及规模。然后依据通道内重要的交通节点,包括重点城市、重点乡镇,按照节点—线路法确定各种运输方式的线路走向,完成通道内的线路布局。

通道内的线路布局完成后,主干运输网路基本形成,再从路网密度、线路合理间距、区域内主要货运集散线路入手规划相关线路,形成初步的综合运输网路。

最后,采用"四阶段"交通量预测方法,对区域综合运输网路进行优化调整,确定最终的布局方案。

综合运输网络布局方法技术路线,如图4-10所示。

3)综合运输枢纽布局规划

(1)综合运输枢纽布局的原则

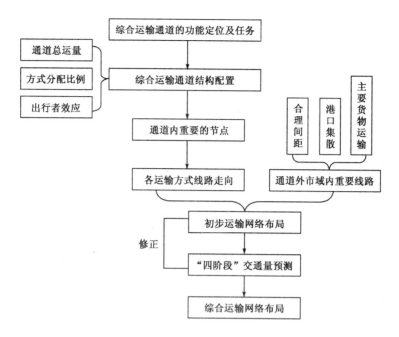

图 4-10 综合运输网络布局方法技术路线

区域综合运输枢纽布局规划的主要原则有：

①满足社会经济发展和综合运输发展需求的原则；
②与综合交通网络布局规划紧密结合的原则；
③与城市总体规划和城镇体系规划相协调的原则；
④充分利用现有枢纽，正确处理新建与改造关系的原则；
⑤各运输方式协调发展的原则，加强各运输方式之间协作的原则；
⑥客运枢纽与城市客运体系相结合、货运枢纽与物流体系相结合的原则。

(2) 枢纽布局的影响因素分析

影响运输枢纽布局的因素实质上是运输枢纽与综合交通体系、综合交通体系与整个社会经济体系之间的相互作用与相互制约。

①社会经济的发展对运输枢纽布局的影响

社会经济的发展对运输枢纽站场布局的影响具体表现为规划期各年份的客运需求量对枢纽站场布局的影响。其对枢纽站场布局的影响只要体现在四个平衡上。

a. 各时期的枢纽站场规模必须与各时期的客运量基本平衡；
b. 各类别的枢纽站场规模必须与各类别的客运量基本平衡；
c. 各方向的枢纽站场规模必须与各方向的客运量基本平衡；
d. 各区域的枢纽站场规模必须与区域的客运量基本平衡。

②综合运输体系对运输枢纽布局的影响

运输枢纽是综合交通体系发展的依托，运输枢纽的布局一定要与综合交通网络密切联系，在合理明确的网络规划基础上进行运输枢纽的布局研究。研究中要特别注重综合性枢纽的布局。

③区域发展形态和功能分区对运输枢纽布局的影响

区域的形态直接影响区域出入口的规划设计,而区域出入口又是区域对外交通枢纽的重要选点。区域总体规划规定了区域性质、区域功能分区、区域发展和经济发展方向。区域的功能分区决定了区域的生产生活的布局特点,客运枢纽的布设,应以区域居民工作出行、经济活动、文化体育活动、对外交通的需求为根据,货运枢纽的布设,应该以工业生产等需求为依据。因此,区域的发展形态与功能分区是影响区域客运交通枢纽规划布局的因素之一。

④现有场站继续服务的可行性

为节约枢纽场站建设投资,充分利用已有资源,在确定枢纽站场布局时,应充分利用那些位置适当、交通条件良好、具有一定规模或具有发展潜力的现有客货运输枢纽。

(3)综合运输枢纽布局方法

综合运输枢纽布局的基本思路是:首先基于综合交通枢纽布局影响因素,对综合交通枢纽进行层次划分,接着根据城市交通功能对综合交通枢纽布局的影响分析得出综合交通枢纽的布局方案,然后基于综合交通枢纽需求权评价指标体系,以城市节点总需求权距离最小为优化目标,基于交通枢纽选址问题理论,构造综合交通枢纽布局优化问题,最后对该问题进行优化求解。

①综合交通枢纽的层次划分

综合交通枢纽的形成依赖于大量客货运输需求源,而客货流产生的基础是较大的人口和产业规模,因此,综合交通枢纽有着与城市共生的特性。

综合交通枢纽是在综合交通网络节点上形成的客货流转换中心,根据综合交通枢纽布局影响因素分析,综合考虑城市形态、城市地位、交通功能和运输能力的影响,按照综合交通枢纽在综合交通运输网络的辐射范围和重要度等的大小,综合交通枢纽可以划分为全国性综合交通枢纽、区域性综合交通枢纽和地方性综合交通枢纽三个层次。

②确定综合运输枢纽布局初步方案

交通功能是影响综合运输枢纽布局最重要的影响因素,因此枢纽的布局方案首先主要考虑交通功能的影响。首先,根据对各种方式枢纽的规划布局分析,确定区域各个城市节点的公路、铁路、航空、水运四种方式枢纽规划布局现状,将两种或者两种以上交通方式的枢纽在交通网络上的交集点定为综合运输枢纽,得出完整的综合运输枢纽的初步集合,即为综合交通枢纽的布局方案。

③综合运输枢纽布局方案优化

在得出综合运输枢纽的布局方案后,需要对方案进行进一步优化,以得出最终最优的综合运输枢纽的布局规划方案。

a.综合运输枢纽选址总数的确定

枢纽选址总数的确定主要根据定性分析和定量分析综合确定。定性分析根据综合运输枢纽层次划分的初步方案,并考虑在枢纽候选点中占的比例进行综合分析调整;定量分析主要是利用交通枢纽选址方法进行求解,最终根据两者结合来分析确定综合运输枢纽的选址数。

a)全国性综合运输枢纽选址总数的确定

根据综合运输枢纽布局优化的初步层次划分方案,规定满足下列条件的城市节点优先筛选为全国性综合运输枢纽区域级节点:

Ⅰ.公路和铁路两种交通方式枢纽等级均为一类节点;

Ⅱ.航空和水运两种交通方式枢纽等级至少有一个为二类节点;

Ⅲ. 重要的航空港或水运港口；
Ⅳ. 全国或城市重要政治、经济、文化中心，在全国和区域内有较大吸引和辐射范围。

b）区域性综合运输枢纽选址总数的确定

规定满足下列条件的区域节点优先筛选为区域性综合运输枢纽区域级节点：

Ⅰ. 全国性枢纽候选点中未被优化选为全国性枢纽的候选点；
Ⅱ. 公路和铁路两种交通方式枢纽等级均为二类节点；
Ⅲ. 主要的航空或水运港口；
Ⅳ. 各区域或省市的主要区域，在区域内有较大的吸引和辐射范围。

定性分析出全国性和区域性综合运输枢纽的选址总数后，再结合定量分析，综合分析考虑得出最终的全国性和区域性枢纽的选址总数。

b. 综合运输枢纽优化布局

在综合运输枢纽选址总数确定之后，对综合运输枢纽布局的初步方案进行最终优化。综合运输枢纽布局初步方案的建立只考虑了交通功能的影响，在城市功能价值方面，城市的政治地位、人口规模、经济和产业规模以及城市未来发展是形成综合运输枢纽的重要基础，因此，建立综合运输枢纽需求权评价指标体系，用于综合评价综合运输枢纽的节点重要度。在此基础上，以综合运输枢纽的总需求权距离最小为优化目标，构建综合运输枢纽的布局优化问题，从而得出最终的综合运输枢纽布局结果。

第5章 单方式运输组织与管理

> **本章提要**
> 本章主要从单方式的角度讲述各种运输方式的组织与管理。

5.1 铁路运输组织

铁路运输系统的基本任务,是合理地运用铁路运输的技术设备,科学地组织管理方法,安全、准确、迅速、经济、便利地运送旅客和货物,高质量地满足市场对铁路运输的需求。

铁路运输生产过程每一个环节的工作,以及整个生产过程的计划、组织与指挥,都属于铁路运输工作的范围。它包括客运工作、货运工作和行车组织三个方面。一般来说,凡处理有关旅客、行李和包裹等方面的工作,属于客运工作范围;凡处理有关货物,以及铁路和托运人、收货人关系方面的工作,属于货运工作范围;而处理运输过程中有关机车、车辆和列车的工作,则属于行车组织工作的范围。

5.1.1 铁路旅客运输组织

旅客运输是铁路运输的一个重要组成部分。随着我国经济社会的迅速发展,人民物质文化生活水平的不断提高,经由铁路运送的旅客人数大幅度增长。因此,做好铁路旅客运输工作,对于国家的经济建设、文化交流以及满足人民群众的生活需要,有十分重要的意义。

旅客运输的基本任务是:最大限度地满足广大人民群众在旅行上的需要,安全、迅速、准确、便利地运送旅客、行李、包裹和邮件,保证旅客在旅行途中舒适愉快并得到文化生活上的优质服务。

1)铁路客流分类

客流是指铁路某一方向上,一定时间内旅客的流量和流向。我国铁路采用的是按旅行距离结合铁路局管辖范围的分类方法,将客流分为直通、管内和市郊三种。

(1)直通客流

旅行距离跨及两个及其以上铁路局的客流为直通客流。一般来说,此种客流旅行距离较长、购票早、进候车室早、送客亲友多、要求列车服务标准高,注重舒适度。

(2)管内客流

旅行距离在一个铁路局管辖范围以内的客流称为管内客流。一般来说,管内客流旅行距离较短,旅客注重便捷,其他要求较随意。

(3)市郊客流

往返于大城市和附近郊区之间的客流称为市郊客流。这种客流主要是通勤职工、通学学生和去城镇赶集的商贩,旅客乘车距离短,对列车准点、售票便捷要求高。

2)列车种类及车次

(1)列车种类

对不同的客流和不同的线路设备条件开行不同等级的列车。目前,我国旅客列车分为五个等级:动车组列车、直达特快列车、特快旅客列车、快速旅客列车和普通旅客列车(含普通旅客快车和普通旅客慢车)。

(2)列车车次

为了区别不同方向、不同种类、不同区段和不同时刻的列车,需要为每一列车编定一个标识码,这就是车次。

为了保证行车安全,维护运输秩序,铁路部门规定,全路向北京、支线向干线或指定方向为上行方向的车次,均编为双数车次;反之为下行方向,编为单数车次。目前采用的车次代码方案为:普通旅客列车由四位数字组成,其他列车由一位字母和1~3位数字组成(回送车底列车、因故折返列车除外)。

3)铁路客票及票价

客票既是旅客支付票价的收据,又是旅客与铁路运输企业间所缔结的契约、旅客乘车的凭证和旅客加入铁路意外伤害强制保险的凭证。

一般说来,铁路客票可有普通客票、减价客票和其他客票等几种。普通客票包括座席票、加价票、卧铺票及补价票等;减价客票包括定期票、团体票、学生票、残疾人票、军人票等;其他客票包括公务乘车票、免票乘车票、儿童票和站台票等。

票价制订的方法可以有里程比例制、递远递减制、区域制和均一制四种。为了与其他运输方式竞争客源,目前我国铁路一般都采用递远递减制。为了进一步提高市场竞争能力,也还常常随运输服务对象和季节的不同而采用不同的票价方式营运。

普通硬座票价是旅客票价的基础,其他各种票价均以此为基础加成或减成计算。基本票价以每人公里的票价作为基础,按照规定的旅客票价里程区段,采用递远递减的办法确定。

4)旅客列车运行组织

(1)旅客列车运行计划组织

旅客列车运行工作组织是铁路旅客运输工作的主要组成部分。

旅客列车运行组织,主要包括以下几个方面的工作:

a. 选择旅客列车的质量和速度;

b. 制订旅客列车开行方案;

c. 编制旅客列车运行图;

d. 确定车底组数;

e. 铁路客运调度指挥工作。

①旅客列车质量和速度的选择

旅客列车的质量和速度,决定着旅客列车编成的大小和旅客在途时间的多少,直接影响铁路的客运能力、服务质量和客运设备的使用效率。

我国对旅客列车质量标准和编组辆数规定如下:特直快列车 800~1 000 t,15~20 辆;普通旅客列车 800 t,15 辆。技术政策规定,旅客列车最大编组为 20 辆。

旅客列车的质量标准和编组辆数确定之后,根据各种旅客列车的编组结构,可以计算出它们的定员。

②旅客列车开行方案的制订

旅客列车的开行方案,是指确定旅客列车运行区段、列车种类及开行对数的计划。

旅客列车开行方案的编制在中国铁路总公司列车运行图编制委员会的统一领导下进行。直通旅客列车的开行方案由中国铁路总公司研究有关铁路局的建议后确定;管内及市郊旅客列车的开行方案,由各铁路局自行确定后报中国铁路总公司,中国铁路总公司有关业务局进行综合平衡,拟定全路开行方案并提交中国铁路总公司列车运行图编制委员会审批。

③旅客列车运行图的编制

制订了旅客列车的开行方案之后,就需要为开行的每一趟列车排点铺图,以便于基层站段按图组织行车。

铺画旅客列车运行线时,分两步进行,第一步编制旅客列车运行方案图,解决全面布局问题,第二步以方案为基础,铺画出表示每一列车在各个车站上到发通过时刻的列车运行详图。

④确定车底组数

旅客列车编组的客车车种、辆数和编挂顺序,一般是固定的,并以旅客列车编组表加以规定。这种固定连挂在一起的车列,叫客车固定车底,它在固定的运行区段内来回行驶,平时不进行改编。

车底在配属段所在站和折返段所在站之间往返一次所经过的全部时间,称为车底周转时间。周转时间的长短是确定某一对列车所需车底数目的依据。

⑤铁路客运调度指挥工作

客运调度是铁路旅客运输的指挥中枢,是铁路旅客运输日常工作的组织者和指挥者。

客运调度工作,实行分级管理、集中统一指挥的原则。中国铁路总公司运输局设调度部,各铁路局设调度科,客运站段设计划室,根据分级管理、集中统一指挥的原则,分别掌管全国铁路、铁路局、铁路分局和车站的日常旅客运输组织指挥工作。各级客运调度机构分别设置主任客运调度员和客运调度员。

(2)旅客列车运输生产过程

旅客列车运输生产过程主要包括售票工作、旅客乘降、客运服务、行包运输等。

①售票工作

车票是旅客乘车的凭证,票额是客运能力的一种表示形式。车站通过售票工作将旅客按车次,分方向,有计划地组织起来。售票工作必须快速、方便、灵活,使旅客及时、顺利地买到适宜的客票。

售票工作的内容包括:预售票系统的开发和维护、售票处所的设置与分布、售票过程的科学组织等。

②旅客乘降

为维护车站秩序,保证旅客安全,防止旅客误乘,车站应组织旅客有秩序地检票进站、验票出站。站台服务员应按路线最短、交叉最少的进站流线组织旅客乘降,以迅速集散与疏导旅客。

③客运服务

客运服务工作主要包括问讯、寄存、候车三方面。

问讯处的任务是:正确、迅速、主动、热情地解答旅客提出的问题。工作方式有五种:口头解答,文字张贴,电子显示,广播通知,电话问讯等。

小件寄存处是为旅客临时寄存物品的地方。寄存方式有固定式与流动式两种,固定式存柜有传统的木格架和先进的双控编码锁寄存柜,流动式寄存是站台搬运方式的一种发展,服务人员在站台直接接收行李,并发给凭证,旅客在指定地点领取。

候车室是旅客休息和等候乘车的场所,车站应为旅客创造一个良好的候车环境。候车室一般实行凭票候车,设有软席、硬席、团体、军人等候车室,必要时可分设贵宾候车室、母子候车室等。

④行包运输

行李运输是随同旅客运输产生的。包裹则是由旅客列车运输的零担物品,俗称快件。行李需凭客票办理托运,并应随车装运。

运输组织中应遵循先行李后包裹,先中转后始发和长短途列车分工的原则,做到均衡运输和合理运输。客运站的行包运输工作分为发送作业、到达作业和中转作业三种。

5.1.2 铁路货物运输组织

铁路货运组织工作是铁路运输组织工作的一个重要组成部分。由于货运工作涉及面广、政策性强、有严格的办理程序,做好货物运输组织工作,对于国家经济建设、国防建设和人民生活都具有重要的意义。随着经济结构的调整,人民生活水平的提高,运输市场的需求发生了很大变化,快捷化将是货物运输的发展方向。

1) 货物运输种类

经由铁路运输的货物,尽管品类复杂、品名繁多,但根据托运人托运货物的数量、性质、状态等条件,铁路货物运输种类分为整车、零担和集装箱三种。

(1) 整车运输

一批托运货物的质量、体积、形状或性质需要一辆或一辆以上铁路货车装载的货物运输。我国铁路现有的货车以棚车、敞车、平车和罐车为主,标记载质量大多为50t 和60t,棚车的容积在100m以上,达到这个质量或容积条件的货物,即应按整车运输。某些货物,虽然质量、体积不够一车,但其性质、形状需要单独使用一辆货车的,也应按整车运输办理。

铁路整车货物运输费用较低,运输速度较快,能承担的运量也较大,是铁路货物运输的主要种类之一。

(2) 零担运输

一批托运货物,其质量、体积、形状或性质,不需要使用一辆最低标记载质量的货车装运的,称为零担货物。这种货物的运输即为零担货物运输。

零担货物运输具有运量零星、批数较多、到站分散、品种繁多、性质复杂、包装条件不一、作业复杂等特点。零担运输在铁路总运量中所占的比重虽不大,但占据了铁路货物运输的大部分工作。

(3) 集装箱运输

使用国际标准或国家与部门标准的集装箱通过铁路进行的运输,称为铁路集装箱运输。

集装箱运输具有保证货运安全、简化货物包装、提高装卸效率、加速车辆周转、便于组织"门到门"运输等优点,是一种现代化的运输方式,是铁路货运的发展方向。

2) 列车种类及车次

(1) 列车种类

按照货运列车运输种类和用途可分为定期快速列车、特殊用途车及重载列车。

①定期、快速列车

a. 快运货物列车：为运送鲜活易腐货物、集装箱及其他需要急运货物，具有较高速度的列车，列车在单线铁路上行驶日运行在 500km 以上，在双线铁路上行驶日运行在 800km 以上。

b. 定期运行的货物列车：有稳定的货流、车流保证，每天（或两天以内）能固定开行的列车，主要运输煤炭、石油、建材、粮食等大宗货物，有固定的发、到站，固定的收、发货人，固定的列车车次，固定的列车运行线，卸后空车或返回供继续装车的列车。

c. 空车直达列车：一般选择在大量卸车站、大量卸车地区，以及汇集空车车流的技术站，按单一车种编组的列车。组织空车直达列车对于保证重点厂矿企业不间断生产和铁路始发直达列车、阶梯直达列车的正常开行有着非常重要的意义。

②特殊用途车

a. 冷藏列车：运输保鲜、易腐货物，运行途中列车中所装货物的车辆需进行加冰、加盐、加油（机械冷藏车）等作业。

b. 军用货物列车：运输具有军事目的的各类物资的列车。

c. 自备车列车：由所属企业自备货车组成，在铁路营业线上投入运输的重、空列车。

d. 路用列车：用于铁路内部进行线路整修、防洪、抢险等路料运输的列车。

③重载列车

a. 超限货物列车：列车中挂有装载超过铁路机车车辆限界货物的超限车，超限货物列车一般要求限速运行。

b. 重载货物列车：货物列车的质量达到 5 000t 及其以上，列车换长在 81.0m 以上。

（2）列车车次

为区别列车的种类、性质和运行方向，对每一列车所赋予的号码或代号，称为列车车次。上行列车使用偶数车次，下行列车使用奇数车次。铁路货物列车车次编码规则见表 5-1。

货运列车车次编码规则表　　　　表 5-1

货物列车种类	列车车次	货物列车种类	列车车次
技术直达列车	10001~19998	集装箱	80001~80998
直通货物列车	20001~29998	普通货物	81001~81748
区段货物列车	30001~39998	快运货物列车	81751~81998
摘挂列车	40001~44998	煤炭直达列车	82001~84998
小运转列车	45001~49998	石油直达列车	85001~85998
自备车列车	60001~69998	始发直达列车	86001~86998
超限货物列车	70001~70998	空车直达列车	87001~87998
重载货物列车	71001~72998	军用列车	90001~91998
保温列车	73001~74998		

3）货物运输生产过程

铁路货物运输就是利用线路、机车、车辆、通信信号等技术设备，发货人托运的货物从一个生产地点运送到另一个生产地点或消费地点，交付给收货人。

全部过程可分为在装车站（发站）的始发作业，在中转站或技术站的途中作业和卸车站

(到站)的终到作业。作业流程如图 5-1 所示。

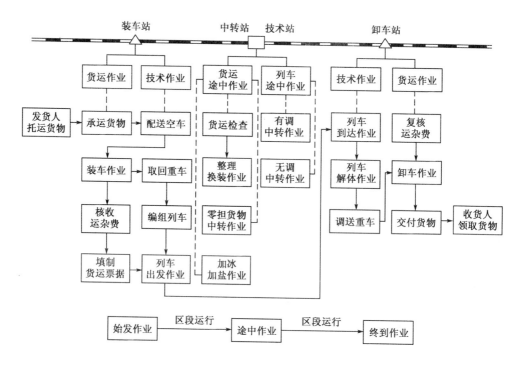

图 5-1 铁路货物运输生产过程

5.1.3 铁路行车组织

铁路行车就是机车、列车和车列在线路区间内或车站站线上的运行或位移。铁路行车组织则是综合运用铁路运输技术设备(机车、车辆、线路、车站、通信、信号等)和统筹协调铁路运输有关专业部门(机务、车辆、工务、电务、运输等),保证安全、准确、迅速、经济地实现铁路行车的工作。

铁路行车组织的功能在于把铁路运输这一架大联动机的各种技术设备和各个专业部门协调有序地结合成一个大系统,精确而有节奏地正常运转。

铁路行车组织内容主要包括:车站行车作业、列车编组、列车运行、区段通过能力使用、机车车辆运用、日常运输组织及调度管理等。

1)车站行车作业

有效运用车站技术设备,合理组织车站行车技术作业的生产管理方法,是铁路行车组织的组成部分之一。车站类型不同,办理的技术作业内容也有所不同。

中间站技术作业:中间站办理的技术作业主要是接发列车作业、摘挂列车的摘挂调车作业和车辆取送作业,少数车站也办理机车给水、补机摘挂、列车技术检查、列车始发或终到作业。

技术站技术作业:技术站(区段站和编组站的总称)办理的技术作业,除接发列车作业外,主要与到发列车和车流的性质有关。

在技术站到发的列车按其作业性质有四种:

①无改编中转列车,它是在车站不进行改编而只在到发场、出发场或直通场进行到发作业

后继续运行的列车;

②部分改编中转列车,它是在车站进行变更质量、变更运行方向或换挂车组等调车作业及相应的到发作业后继续运行的列车;

③到达解体列车,它是在车站进行到达作业后解体的列车;

④自编始发列车,它是在本站编组并进行出发作业的列车。

在技术站到发的车流有三种:

①无调中转车,它是在中转列车(无改编和部分改编中转列车的总称)中不摘下的运用货车;

②有调中转车,它是在技术站改编但不进行货物作业(装车或卸车)的运用货车;

③货物作业车,它是在车站进行货物作业的运用货车,又称本站作业车。

2)列车编组

旅客列车的编组是固定的,主要由乘坐旅客的车辆及服务性的非乘坐旅客的车辆两大基本部分组成。前者包括数量不等的硬座车、软座车、硬卧车、软卧车;后者包括行李车、餐车、乘务员宿营车、邮政车等。其编组在每次运行图实行期间,由中国铁路总公司和铁路局根据客流密度、列车种类、机车功率、列车质量、线路坡度、运行速度、站线长度和站台长度等因素予以确定,一般不变动。

货物列车编组的方法是根据车流的大小和性质,结合各站设备条件,采取不同的车流组织形式:在装车量较大的车站(一站或若干站联合)组织始发或阶梯直达列车;将未纳入始发或阶梯直达列车的车流向就近的技术站集中,然后按车流去向的远近分别编入不同的适当的列车,主要是技术直达列车、直通列车和区段列车,逐步转送到目的地。按照上述方法,我国铁路的列车编组包括两大部分:装车地直达列车编组和技术站列车编组。

(1)装车地直达列车编组

在装车地利用自装车辆编组,通过一个或以上编组站(或规定有作业的区段站)不进行改编作业的列车,称为装车地直达列车。

只要装车站(一站或几站联合)有一定数量的稳定车流,装车和调车设备具组织直达列车的能力,并且保证足够的空车供应,就可以组织装车地直达列车。装车地直达列车能最大限度地减少中间作业环节,从而降低运输成本,减轻运行途中有关技术站的改编作业负担,加速机车车辆周转和货物送达。因此,各国铁路都十分重视,并将其作为铁路首要的车流组织形式。

(2)技术站列车编组

未被装车地直达列车输送的车流,要将其送往技术站加以集中,以便和技术站自装车流汇合在一起分别编组不同种类和到站的列车称为技术站列车编组。

由于在一般情况下,每个区段都要开行摘挂列车和区段列车,因而编制技术站列车编组计划主要是确定技术直达列车和直通列车的编组问题。在技术站编组列车时,每一去向的车流都是陆续到达的,必须将各衔接方向到解列车陆续挂来的有调中转车流,和从本站各装卸地点陆续取出的装卸完了的零星车流,按去向分解到固定使用的调车线之内,使之凑足规定质量或长度的车列,然后才能进行编组。

3)列车运行

列车的运行主要依靠编制列车运行图来实现。

列车运行图就是运用坐标原理描述列车运行的时间、空间关系,表示列车在铁路各区间运行时间及在各车站停车和通过时间的线条图,如图5-2所示。

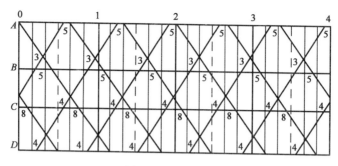

图 5-2 列车运行图

列车运行图是列车运行的图解,它以横轴表示时间,并用垂直线等分横轴代表一昼夜的小时和分钟;以纵轴表示距离,并按列车在各区间运行时分的比例画水平线,代表各车站中心线的位置。图上的斜线称为列车运行线,其与车站中心线的交点就是该列车在区段内有关车站的到、发或通过时刻。

列车运行图规定了列车占用区间的次序,列车在每一车站出发、到达或通过的时间,在区间的运行时分,在车站的停站时分,以及列车的质量和长度等。这样,列车运行图也就规定了铁路线路、站场、机车、车辆和通信信号等设备的运用,以及与行车有关各部门的工作。

因此可以说,列车运行图是铁路运输工作的一个综合性的计划,铁路行车组织的基础,是协调铁路各部门和单位按一定程序进行生产活动的工具。

(1)列车运行图的分类

根据铁路线路的技术设备(如单线、复线)和列车运行速度、上下行方向的列车数量以及对各种列车的运行具有不同的要求,铁路上采用不同类型的运行图。

①按区间正线数目的不同有单线运行图和双线运行图。

单线运行图的特点是上下行列车均在同一条正线上运行,从而列车的会让必须在车站上进行。复线运行图的特点在于上下行列车分别在各自的正线上运行,互不干扰,因而对向列车可以在区间内或车站上交会,但同方向列车的越行仍须在车站上进行。

②按各种列车运行速度的不同有平行运行图和非平行运行图。

凡同一方向列车在同一区间内的运行速度都相同,因而其运行线互相平行,并在区段内没有列车越行的,称为平行运行图;凡具有不同种类和运行速度的列车运行图,同方向列车的运行线不相平行,称为非平行运行图。非平行运行图也叫普通运行图,是铁路普遍采用的运行图。

③按上下行方向列车数目是否相同分为成对运行图和不成对运行图。

④按同方向列车是否追踪运行分为追踪运行图和非追踪运行图。

在自动闭塞区段同方向列车允许以闭塞分区为间隔追踪运行,即采用追踪运行图;在非自动闭塞区段,同方向列车只允许以站间区间或所间区间为间隔连发运行,即一般情况下只能采用非追踪运行图(或称连发运行图)。

(2)列车运行图的编制

为适应客货运输需求的变化、铁路技术装备和运输组织工作的改进、列车牵引质量及速度的提高,对铁路列车运行图进行重新制定或修订,它是铁路行车组织工作的重要内容之一。

在我国,一般在中国铁路总公司统一领导部署下,每两年在全路定期编制一次列车运行图,由各铁路局负责各自管辖范围的编图具体工作。

由中国铁路总公司运输、机务、车辆、工务、电务、计划等有关部门负责人组成领导小组,负责编图的组织领导工作,确定编图的原则、任务和步骤,组织有关铁路局拟定全路跨局列车的运行方案,解决局间列车交接的有关问题,审查各局提报的编图资料和各局编制的列车运行图。

各铁路局也由运输、客运、机务、车辆、工电等部门的有关人员组成编图小组,按照铁路总公司的统一部署,认真准备编图资料,负责完成本局的编图工作。

列车运行图的编制,必须贯彻国家在这一时期的方针政策,并符合下列要求:
①确保列车运行的安全;
②适应运输市场需求,迅速、便利地运输旅客和货物;
③充分利用运输能力,经济合理地运用机车车辆和安排施工时间;
④做好列车运行线与车流的结合;
⑤保证各站、各区段间的协调和均衡。

为加快编图进度,一般采取集中与分散相结合的办法:旅客列车运行图采取在中国铁路总公司直接领导下集中编制的方法;货物列车运行图采取先集中、后分散的编制方法。列车运行线的铺画原则上采取先客后货、先快后慢、先直通后管内、先编初步方案再具体铺画详图的方法。

为了保证客、货列车按运行图运行,经济合理地运用机车,应在编制列车运行图的同时绘制机车周转图。机车周转图是根据该区段所采用的机车运转制和乘务制度,以及列车运行方案编制的机车运用工作计划。

4)线路通过能力

铁路线路通过能力是指某一铁路线、方向或区段,根据现有的固定技术设备,在一定类型的机车车辆和行车组织方法条件下,在单位时间内所能通过的规定质量的最大列车对数或列数。

货运通过能力除用列数表示外,也可用车数或货物吨数表示。

按各种固定设备分别计算出来的通过能力,其中最小的一种能力就限制了整个线路、方向或区段的通过能力,该能力即为该线路、方向或区段的最终通过能力。

为了适应国民经济发展和国防建设的需要,铁路应有预见、有计划地采取措施加强区段的通过能力。

加强铁路区段通过能力的途径,不外乎是提高货物列车质量标准及其载重系数和增加列车密度,或者两方面综合起来运用,实现列车质量、速度、密度的优化组配。其具体措施可分为两大类:一类是以挖潜提效为主、不需任何投资或只需极少量投资的技术组织措施,如增加平行作业、缩短占用技术设备时间等;另一类是以采用先进技术装备为主的技术设备改扩建措施,如修建新线、完善信号联锁闭塞设备、采用大型货车等。但无论采用何种方法,加强铁路区段通过能力是一项复杂的系统工程。铁路各种技术设备之间是互相关联的。在采用某种加强措施时,必须注意相关设备和作业组织的配套问题。例如,提高列车牵引质量就要涉及站线有效长度的延长、大功率机车和大型货车的采用、制动技术的改进等一系列问题。也就是说,必须采取综合加强措施,才能取得更好的效果。

5.2 公路运输组织

5.2.1 公路运输生产过程

公路运输生产过程是指客货运输对象通过汽车运输实现其空间场所移动的运输过程。通常需要经过许多作业环节才能完成，一般可划分为运输准备、运输生产和生产辅助三项主要工作环节。上述各项工作环节，是构成汽车运输生产过程所必需的主要工作环节。其中运输生产工作为基本运输工作环节，它是运输生产经营中可获营运收入的有效运输工作环节，其余工作环节需要围绕运输生产工作环节的各类需要，科学、及时地进行组织以保证运输生产过程正常进行。

1）运输准备工作

运输准备工作，是指运输客货之前所要进行的全部准备工作，包括运输经济调查与运输工作量预测、营运线路开辟、营运作业点设置、客货运输对象组织、运力配置、运输生产作业计划安排以及制定有关运输组织管理制度、规章等。

2）运输生产工作

运输生产工作，是指直接实现客货空间场所位移的车辆运输工作，主要包括乘客上下及货物装卸作业、运送货物或旅客工作以及必要的车辆调空作业等。

3）运输生产辅助工作

运输生产辅助工作，是指为运输生产及其准备工作提供后勤保障服务的各项工作的总称，主要包括车辆选择与技术运用的组织、运输生产消耗材料的组织供应与保管工作、运输劳动组织工作等。

5.2.2 公路运输客运组织

1）公路客运营运方式分类

公路客运一般主要是以客运班车方式组织旅客运输。公路客运营运方式主要有班车客运、旅游客运、出租车客运和包车客运四种。

（1）班车客运：有固定线路、站点、班次和班时的营运方式，在线路的起终地点及沿途都可上下旅客。

（2）旅游客车：以运送旅游者游览观光为目的，其线路必须有一端位于名胜古迹、风景区等旅游景点的一种营运方式。

（3）出租车客运：以轿车、小客车为主，根据用户要求的时间和地点行驶、上下及等待，按里程或时间计费的一种营运方式。

（4）包车客运：将客车租给用户安排使用，按行驶里程或包用时间计费的一种营运方式。

2）公路快速客运

（1）内涵及基本特征

依托于高速公路建立起来的客运系统称之为快速客运系统。但高速公路要占全线多大的比重才称之为快速客运，仍缺乏一个量的界限。从理论上说，应当从在正常的条件下运送速度不低于一定标准，服务水平达到一定的标准为界限来定义公路快速客运。关于公路快速客运运送速度的最低标准,一般认为是70km/h。

以生产力水平提高为根本的推动因素,公路运输整个系统运作能力及其相应的要求提高,是公路快速运输的本质特征。由此而延伸出公路快速客运的基本特征如下。

①客流量大,具备高密度发车的前提条件

运送速度,是指乘客从进站候车直到抵达终点站所用的距离与时间的比值。如果候车时间过长,不论运行速度多快,都将很难保证运送速度的提高,因此公路快速客运在乘客出行时段首先要求要有一定的发车密度。显然没有一定的客流量,就不可能开展真正的快速客运。

②具备良好的道路通行条件

要使运送速度达到一定的限度,就要求运行全程有良好的道路通行条件。若按运送时速70km/h为低限,在一般情况下,全程道路绝大部分都应是高速公路或是车辆平均运行时速能达到80~90km/h的道路。

③高速客车

要使平均运送速度达到70km/h,车辆最高车速一般要达到100km/h左右。这种能力只有高速客车才能具备。

④优质的运送服务

与一般公路客运相比,公路快速客运投入和消耗都比较高,按照市场经济的基本规则,运价亦必然高。从消费者的角度来看,他们必然要求要有与价位相称的运送服务。因此,公路快速客运的优质服务是由其经济特征延伸出来的必备的品质特征。

(2)国内外公路快速客运的基本情况

①我国公路快速客运的基本情况

改革开放以来,随着我国以高速公路为主的国道主干线网的大规模建设,公路运输已进入一个前所未有的快速发展时期,高速公路客运经过不到十年的发展已成为我国大众捷运系统的重要组成部分,取得了令人瞩目的成就。由计划体制向市场模式的转轨,由短途支线向通道干线的扩张,由数量规模到质量的同步提高,公路运输生产力的大解放和公路运输经济的根本转变正在突破传统的陆上运输格局。我国高速公路客运发展的主要特点如下。

a. 经济的发展促使旅客出行需求层次提高,总量不断上涨

随着我国国民经济的持续增长,产业结构的逐步升级,人民生活水平的逐步提高,人们旅行对客运效用的选择越来越倾向于方便、快捷和舒适,客运需求层次明显提高。此外,运输需求总量也不断上涨,近年来消费性旅行有较明显的增长趋势,尤其是季节性客运和假日客运需求年增幅较大。

b. 高新技术的发展和应用,使公路快速客运行业的科技含量大幅提高

近年来我国高新技术飞跃发展,在运输领域不断深化推广,直接推动了交通运输结构的优化和升级。高客行业科技含量大幅提高,不仅表现在高客运输车辆日渐大型化、专业化,从车型结构到性能都得到明显的改善和提高,而且网络技术的逐步应用有效地提高了管理水平和运输效率,改善了服务质量。

c. 政策的支持和引导,加快了高客运输市场化进程

随着改革开放进一步深入,道路运输行业政策制度的不断创新,制约先进生产力发展的体制性障碍正在逐步消除。我国《"十二五"综合交通体系发展规划》提出的综合运输体系发展目标中,关于高速客运的目标是:基本建成国家高速公路网,通车里程达8.3万km,运输服务

基本覆盖20万以上人口城市；国道中二级及以上公路里程比重达到70%以上；农村公路基本覆盖乡镇和建制村，乡镇通班车率达到100%、建制村通班车率达到92%。

d. 城际铁路的快速发展，对公路快速客运产生一定影响

城际铁路属于高速铁路的一种，是指在人口稠密的都市圈或者城市带规划和修建的高速铁路客运专线系统，特点是相对短距离、公交化。

城际铁路对公路快速客运带来巨大影响的根本原因在于两种运输方式具有同一性，即在同一个运输通道内，两种运输方式具有很强烈的替代性或重叠性。针对公路快速与城际铁路的比较，公路客运企业应确立协同发展的思想，扬长避短，因地制宜进行创新，提早准备，寻找多元化出路。抓住城际铁路客运网的空白点，充分发挥公路客运机动性的特点，抢占中途客运市场；大力发展城乡公共交通，做精做细短途客运市场。

②国外公路快速客运的基本情况

根据近年来国外在高客领域的研究资料显示，发达国家在高速公路客运领域的研究趋势已由早期的行业发展战略规划逐渐将重心转移到现代电子信息技术对交通信息资源的开发和应用上来。国外公路快速客运发展的主要特点如下。

a. 客运生产进一步向着专业化方向发展

国外发达国家社会分工和运输需求进一步深化，促使公路运输市场细化，公路运输进一步向着专业化方向发展。许多汽车运输企业均按照专业化分工的要求建立起来。

b. 运输组织与管理方法先进

在国外发达国家，高客企业为提高服务质量和管理水平，已经广泛采用了现代化通信和计算机技术作为运输组织和管理的手段。建立了生产经营、车辆调度、保养维修、财务统计等方面的计算机管理信息系统，以提高工作效率和决策的科学性。在车辆调度方面，广泛采用了车载通信技术，一些大公司甚至采用了卫星通信以及GPS技术，以及时准确地掌握车辆动态，对车辆进行科学调度，提高运输效率。

c. 高客市场上少数大企业与大量中小企业并存

国外发达国家在城间客运方面都有全国甚至国际范围的企业集团，主导着相关行业的发展。例如加拿大灰狗汽车客运公司和美国灰狗汽车客运公司均为所在国唯一一家全国性的客运公司，其营运总收入分别占全国城间公共汽车营运总收入的40%以上和70%以上；另一方面由于公路运输市场的多样化，为大量分散的中小企业提供了很大的经营空间，特别是在客运旅游和专车或包车运输等方面，中小型企业由于机动灵活、成本低等优势，仍发挥着十分重要和积极的作用。

d. 高客运输系统智能化发展较快

智能化运输已成为世界公路运输一个大的发展趋势，很多发达国家积极加强交通信息系统、公共交通管理及应急管理系统、车辆控制和安全系统等ITS技术的研发使用，不仅准确及时地提供公共运输信息，让出行的乘客在出行、换车和安排时间上感到更为方便，还有助于运营管理人员更有效地使用资源，提高他们的调度及运营能力，而且能为高客运输生产提供更为可靠的安全保障。

(3) 系统结构

与一般公路客运系统相比，公路快速客运系统具有鲜明的特殊性，主要表现在两个方面：其一是对相关系统素质的要求不同，它们必须与"快速"、"优质"、"高投入"、"快回收"的特征

相适应；其二是存在一些公路快速客运特有的系统要素。

①发达的售票系统

公路快速客运与一般公路客运相比，实载率对效益的影响远远大于后者。必须通过发达的售票系统、良好的售票服务、完善的客票体系尽可能提高上座率。

②便利的疏导系统

公路客运的优势之一是"门到门"运输，乘客关心的是整个出行（"门到门"）的时效。要提高这一时效，公路快速客运不仅要提高途中运送速度，而且还必须在两端具备良好的疏导系统。应从站点选择和专设疏导系统两方面来考虑。

③标准、规范的"软"服务体系

从过程来看，软服务包括候车服务、上车服务、途中服务、车出站服务等环节。要做到优质运送服务，必须建立标准、规范的服务制度，避免服务过程的随意性或因人因时而异的服务。

(4) 发展趋势

①直达运输与配载运输相结合将成为快客的新的运输组织形式

直达运输是现阶段快客的主要运输组织模式，这种模式往往在流量小的地区不设班线，形成了大量的快客空白。而配载运输可较好地解决这个问题，不仅可以方便这些地区的旅客，而且可以增加企业的营运收入。有人曾担心配载运输会造成车辆运行时间的延长，影响快客的快捷性。造成旅客的不满，但新的技术和服务方式可以避免此类问题的发生。

②快速客运集团将不断涌现

在企业联合的基础上组成企业集团，在控股、参股的基础上，使企业集团的核心企业可以支配和控制更多的社会资产，形成规模经营，增加效益。另外，行业管理部门通过企业集团，直接或间接地影响了一大批成员企业的经营活动，提高了宏观调控的有效性和灵敏度。同时，组建企业集团，提高了企业的市场适应能力和管理水平。因此，组建快速客运集团，走集约化发展道路，无疑是未来的发展方向。

③标准化服务将得到普及使用

推广标准化的服务，有利于服务质量的管理与控制，有利于公路客运企业整体管理水平和服务水平的提高，从而增强公路客运的竞争能力。目前，全国各地陆续建立了本地区的快客标准化服务体系，正在大力推广，可以预料，在不久的将来，标准化的快客服务将得到普遍使用。

④实时控制将成为营运安全管理的主要形式

快客运输给企业带来的营运安全管理和服务质量管理上的高要求，促使企业不得不加强对车辆的运行控制，对于实行配载运输和标准化服务的企业尤其如此。对车辆进行实时控制，可使企业对车辆的营运情况和运行状态一目了然，可使沿线配载点对车辆进行合理配载，可使旅客方便地乘车。是否采用实时控制，将成为衡量一个企业管理水平好坏的重要标志。

5.2.3 公路运输货运组织

1) 公路货运类型

(1) 按货运地区范围，可分为城市货运和城间货运；

(2) 按运输距离，可分为短途货运和长途货运；

(3) 按车辆从属关系，可分为公用货运和自用货运。

公用货运是由汽车运输企业进行组织，用来完成国民经济各部门的货运要求，并具有盈利性质的货运类型。

自用货运是由拥有自用车辆的各社会单位等自行组织,仅完成本部门内部货运任务并不具有盈利性质的货运类型。

2) 公路货运主要组织形式

(1) 多(或双)班运输

多班运输,是指在昼夜时间内的车辆工作超时一个班以上的货运形式。组织双班运输的基本方法是每辆汽车配备两名左右的驾驶员,分日、夜两班轮流行驶。它也是提高车辆生产率的有效措施之一,但要注意安排好驾驶员的劳动休息和学习时间,同时也要考虑定车、定人和车辆保修安排。在组织双班运输时,由于夜班比日班条件差,因此,除了工作时间长短不同外,在安排日夜班的运行作业计划时,一般应遵循以下原则:难运的安排在日班,好运的安排在夜班。为了开展多班运输,还应特别注意组织好货源,并与收发单位搞好协作关系,创造良好的装卸现场条件,修整现场道路,安排照明设备等,以保证顺利地开展多班运输。

(2) 定点运输

定点运输,是指按发货点固定车队、专门完成固定货运任务的运输组织形式。在组织定点运输时,除了根据任务固定车队外,还实行装卸工人、设备固定和调度员固定在该点进行调度等工作。实行定点运输,可以加速车辆周转,提高运输和装卸工作效率,提高服务质量,并有利于行车安全和节能。定点运输组织形式,既适用于装卸地点比较固定集中的货运任务,也适用于装货地点集中而卸货地点分散的固定性货运任务。

(3) 定时运输

定时运输,是指运输车辆按运行作业计划中所拟定的行车时刻表来进行工作。在汽车行车时刻表中规定汽车从车场开出的时间、每个运次到达和开出装卸地点的时间及装卸工作时间等。由于车辆按预先拟定好的时刻表进行工作,也就加强了各环节工作的计划性,提高了工作效率。要组织定时运输,必须做到各项定额的制定和查定工作,包括:车辆出车前的准备工作时间定额,车辆在不同运输路线上重、空载行驶时间定额,以及不同货种的装、卸工作时间定额等。同时还应合理确定驾驶员的休息和用餐等生活时间,加强货源调查和组织工作,加强车辆调度和日常工作管理以及装卸工作组织等。

(4) 甩挂运输

甩挂运输,是指利用汽车列车甩挂挂车的方法,以减少车辆装卸停歇时间的一种拖挂运输形式。在相同的运输组织条件下,汽车运输生产效率的提高取决于汽车的载质量、平均技术速度和装卸停歇时间三个主要因素。实行汽车运输列车化,可以相应提高车辆每运次的载质量,从而显著提高运输生产效率。采用甩挂运输时,需要在装卸货现场配备足够数量的周转挂车,在汽车列车运行期间,装卸工人预先装(卸)好甩下的挂车,列车到达装(卸)货地点后先甩下挂车,装卸人员集中力量装(卸)主车货物,主车装(卸)货完毕即挂上预先装(卸)完货物的挂车继续运行。采用这种组织方法,就使得整个汽车列车的装卸停歇时间减少为主车装卸停歇时间加甩挂时间。但需要注意周转挂车的装卸工作时间应小于汽车列车的运行时间间隔。甩挂运输应适用于装卸能力不足、运距较短、装卸时间占汽车列车运行时间比重较大的运输条件下采用,并根据运输条件的不同而组织不同形式的甩挂运输。

(5) 直达联合运输

直达联合运输(即各种运输方式的直达联合运输),是指以车站、港口或供需物资单位为中心，按照货物运输的全过程把供销部门、多种运输工具组织成一条龙，将货物从生产地一直运输到消费地。其主要优点有：

①有利于各种运输方式的综合利用和发展，促进综合运输网的形成。

②压缩车船等运输工具的停留时间，提高港站的通过能力，节省运力和降低运输成本。

③可以减少货物运输的中间环节，加速物资周转，节约运输费用。

以汽车为主体的中、短途货物联合运输，是汽车运输企业与产销部门之间的运输协作或汽车运输与其他运输方式之间的协作。为了搞好直达联运工作，最有效地利用各种运输工具以满足社会生产和生活的需要，组织直达联合运输的有关部门应首先做好货源调查工作，掌握货源及货流规律，然后根据运输任务的要求和运输工具的特点以及道路情况，合理选配和安排各种运输工具及运输任务，并组织好各种运输工具的衔接。

(6) 集装箱运输

集装箱运输，是指把一定数量的货物集中于一个便于运输、搬运、装卸、储存的集装箱内来进行货物运送的运输组织形式。公路集装箱运输多采用以下几种形式：

①公路集装箱直达运输，即由汽车或汽车列车独立承担全程运输任务。许多发达国家一般都是以这种运输形式为主。

②公路、铁路集装箱联运，即由汽车运输部门和铁路运输部门共同完成集装箱运输任务，这种运输形式有利于发挥铁路运输能力大和公路运输机动灵活的特点。

③公路、水路集装箱联运，即由汽车运输部门和水路运输部门共同完成集装箱运输任务，进、出口货物运输常采用这种运输形式。

由上可见，汽车运输除了可独立承担集装箱运输任务外，在集装箱多式联运工艺流程中也是处于第一个和最后一个运输环节。集装箱运输的经济性主要集中表现在"门到门"运输，但它的最终实现只能通过汽车运输才能予以保证，是不可缺少的运输环节。因此，汽车运输是铁路、水路集装箱运输最有效的集散方式。

(7) 零担货物运输

凡一批货物托运的质量、体积或性质在3t以下或不满一整车装运时，该批货物称为零担货物。其一般采用定线定站式货运班车或客运班车捎带货物挂车的形式将沿线零担货物集中起来运输的货运形式。零担货物具有运量小、流向分散、批数较多、品类繁杂的特点。零担货物以件包装货物居多，包装质量差别较大，有时几批甚至十几批才能配装成一辆零担车（零担货物以每张托运单为一批）。因此，零担货物运输组织工作要比整车货运复杂得多。零担货运的营运组织形式主要有直达零担车、中转零担车、沿途零担车三种。

①直达零担车是在起运站将不同发货人托运到同一到站且性质适宜配装的各种零担货物，同车装运至到达地的运输组织形式。这种形式可加快零担货物的送达速度，避免中转换装作业，确保货物完好并节省中转费用。在组织零担货物运输时应尽可能地采用这种形式。

②中转零担车是指在起运站将不同发货人同一方向不同到站且性质适宜配装的各种零担货物，同车运至规定的中转站，以便再另行配装为新的零担车继续运往到达地的运输组织形式。这种零担运输形式对运量零星、流向分散的零担货物的运输很适用，符合零担货物的特点。

③沿途零担车是指在起运站将不同发货人托运同一线路、不同到站、且性质适宜配装的各种零担货物，同车运装至沿途各作业计划点，卸下或装上零担货物后继续行驶，直至最后终到

站的运输形式。这种零担车运输形式在组织工作上较为复杂，车辆在途时间也较长，但它能够满足沿途某些零担货主的运输需要。

3）车辆运行计划及调度

车辆运行作业计划是运输生产计划的继续。运输生产计划虽然按年、季或月安排了生产任务，但它只是纲领性的生产目标，不可能对运输生产的细节做出作业性的安排。为此，有必要制订车辆运行作业计划，以便实现具体的运输过程。车辆运行作业计划的主要作用，是将运输生产计划中规定的各项任务，按月、旬、日以至工作班，具体、合理地分配到各基层生产单位，以保证企业运输生产计划能够按质、按量、按期完成。车辆运行作业计划有不同的形式，通常按其执行时间的长短分为以下几种。

（1）长期运行作业计划。其适用于经常性的运输任务，通常其运输线路、起讫地点、运输量及货物类型都比较固定。

（2）短期运行作业计划。其适应性较广，对于货运起讫地点较多、流向复杂、货种繁多的货运任务，可对其编制周期为三日、五日、十日等作业计划。

（3）日运行作业计划。其主要适用于货源多变、货源情况难以早期确定和临时性任务较多的情况。

（4）运次运行作业计划。其通常适用于临时性或季节性、起讫地点固定的短途大宗货运任务。

调度工作是企业生产管理活动中一个重要的组成部分。汽车运输生产活动是围绕着车辆运行进行的，为了完成计划所规定的运输任务，企业必须进行一系列的日常运输工作组织，其中最为核心的部分就是车辆运行调度工作。调度工作不仅以车辆的运行为中心，而且通过车辆运行作业计划，可将企业内部各职能科室及车队、车站、车间、装卸等基层运输生产单位连接成一个有机的整体，同时，又通过车辆运行作业计划，保持与企业外部的港口码头、铁路站场、物资仓库及车船运行等的衔接和配合。车辆运行调度工作的任务是通过汽车运输企业所建立的各级调度机构，及时、全面地了解运输生产过程，并不间断地组织指挥和监督检察，正确处理运输生产中出现的各种问题，使各个生产环节和作业能协调地工作，保质、保量地完成车辆运行作业计划。

4）公路快速货运

（1）概念

公路快速货运系统是以高时效的货物为服务对象，以高等级公路为基础，依托多层次、网络化的货运站场体系集散货源，使用技术先进、结构合理的车辆载运货物，利用高效的通信信息技术作为管理手段，通过科学有效的运输组织，实现货物和信息安全、准确、快速流动的公路货运系统。

快速货运也是公路运输的种类之一。因此，它首先应符合货物运输的品质要求，即安全、方便、经济、及时、周到等。在这一前提下而能够体现公路快速货运特征的品质参数则是"快速"。有的专家提出"快速"的标准是"在网络覆盖范围内，保证货物从发货人到收货人运距在500km 以内的运送时间不超过24h，运距每增加600km，运达时间增加24h"。

（2）构成要素

公路快速货运系统涉及七个基本要素，即快运货物、道路设施、站场设施、货物装卸分拣设备及组织、运输装备、通信信息和运输组织。

①快运货物是指系统的服务对象

主要为小批量多品种、附加值高、高时效等时间价值高、对时间敏感的货物,诸如部分零担货物、集装箱货物、时令商品(食品、时装、印刷品等)、鲜活易腐品、高价值贵重物品以及用户要求快运的小件物品等。

②道路设施作为公路快速货物运输的基础条件,应有较大的通行能力和较高的服务水平,具有足够的覆盖程度和通达深度的较为完善的公路网络。

③构成公路快速货运系统实体内容的为站场设施、货物装卸分拣设备及组织、运输装备、通信信息和运输组织五个子系统。

a. 站场设施子系统作为网络系统的节点,以货运枢纽站场为中心,结合不同层次的货运站场与货物集散地,构成多层次、网络化的站场结构系统。

b. 快速货运通常要对不同流向,不同货种的货物进行分拣中转拼装。需要有专门的分拣及装卸设备,并有专门的作业及管理组织。由此而构成快速货运系统中必不可少的子系统。

c. 运输装备子系统为快速货物运输的载体,通过技术先进、结构合理的车辆,满足区域内取送货服务和区域间下线公路快速运输的要求。

d. 通信信息子系统作为快运系统的神经中枢,以公用通信网和专用通信网为基础,以各类常规电信等专用数据交换为手段,以专业化的计算机应用系统为核心,形成高效、及时、准确的通信信息网络,满足货物组织和管理的需要。

e. 运输组织子系统作为运输服务和运输生产的主体,主要以货运站场为依托,以现代化的通信信息为手段,通过提供货物集散、中转和中介代理、运输组织、辅助服务等全方位的服务,高效、优质地实现公路快速运输的全过程。

(3)基本运行模式

从系统的服务形式看,可以分为零担货物快速运输(以下简称零担快运)和整车货物快速运输(以下简称整车快运),由于零担快运与整车快运的货源组织与生产特点各不相同,系统运行模式也各有其特点。

①零担快运

零担快运是指所运送的货物从承运至送达收货人手中整个过程需要经过分拣拼装的环节才能完成的运输组织方式。零担快运产生于两种情况,其一,被运送的货物批量太小,直达运输不经济;其二,由于道路通行条件(包括交通管制)等原因,为了达到快捷、经济运送的目的,而选用零担快运的组织方式。

②整车快运

整车快运是指从接货承运直到送达收货人整个运送过程,货物不需经过分拣拼装的运输组织方式。同零担快运系统的运行模式相比,整车快运系统在基本生产流程中简化了货运站务装卸分拣作业过程,实现货物由发货人直接快速运到收货人手中。

与公路客运相比,公路货运涉及面更广,运送对象千差万别,运送时间及其他相关条件要求各异,运送与组织难度大。快速货运,更是如此。正因为如此,我国公路快速货运的发展远不及快速客运那么快。对于整个公路交通行业而言,如何充分利用公路建设所创造的条件,加速公路货运业的发展,使之更好地为国民经济及社会服务,是当前正在认真探索研究的重大课题。从发展的基本趋势来看,公路货运业必将成为整个物流服务业的组成要素。

5.3 船舶运输组织

5.3.1 船舶运输组织的基本要求

船舶运输组织,是指航运企业根据已揽取到或即将揽取到的货源和企业的运力情况,综合考虑船舶生产过程各个环节及与其他运输方式的协调配合,对船舶生产活动所作出的全面计划安排。

船舶运输组织工作一般应考虑以下一些基本要求。

1) 经济性

用科学的方法,合理组织生产过程中的各有关环节,有节奏地高效生产,以最少的人力、物力、财力和时间消耗,取得最大的收入。

2) 运送周期短

航次是船舶从事货物及旅客运输生产的一个完整过程。航次时间由航行时间、停泊时间以及其他时间组成。在这三项时间里要完成两类作业:装卸货物、上下旅客、航行属于基本作业;装卸货准备,办理船货进出港手续和燃物料、淡水供应等属于辅助作业。

缩短航次生产周期可以加速船舶周转,提高船舶的运输能力,减少货物资金在途中的积压,从而提高船货两方面的经济效益。

3) 生产过程的协调性

生产过程的协调性,是指航运企业基本生产过程同辅助生产过程之间、生产过程各工序之间、干线运输与支线运输之间、水路运输与其他运输方式之间等在生产能力上应保持合理的比例关系,使船舶生产能协调进行,生产过程的协调性是合理组织生产过程的重要前提。

4) 安全性

在组织船舶运输的过程中,安全性应放在首位,是安排各项工作的前提,它也是保证运输质量的基础。

船舶的运行组织要以运输对象的流向、流量等需求特征为前提,以船舶运行环境为基础。做船舶运行计划前,应充分分析、研究航线、货流的各方面特征。对船舶运行环境来说,要注意到以下几个方面:

(1) 航线总距离和港口间各区段的距离。

(2) 航线有效期:航线有效期决定于航线所处的地区和航线种类。例如,有冰冻区域的有效期主要决定于封冻期的长短;季节性航线的有效期只是全年或航期中的部分时间。

(3) 平均装卸定额:反映航线上各港口的平均装卸效率和组织管理水平。

(4) 水文气象条件及适航性,如风浪参数、海况、航道尺度等。

上述这些航线特征对船舶运行组织有直接的影响,制订计划和实施运输组织时应全面了解。

5.3.2 班轮运输组织

1) 班轮运输特点

班轮运输又称定期船运输,它是指固定船舶按照公布的船期表在固定航线和固定港口间

运行的运输组织形式。从事班轮运输的船舶称之为班轮。班轮运输具有以下特点:

(1) 具有"四固定"的特点,即固定航线、固定港口、固定船期和相对固定的费率。这是班轮运输的最基本特征。

(2) 班轮运价内包括装卸费用,即货物由承运人负责配载装卸,承托双方不计滞期费和速遣费。

(3) 承运人对货物负责的时段是从货物装上船起,到货物卸下船止,即"船舷至船舷"或"钩至钩"。

(4) 承运双方的权利义务和责任豁免以签发的提单为依据,并受统一的国际公约的制约。

2) 班轮航线设置

国际上班轮航线有许多种布局形式。但最基本、最常见的有这样几种,即传统多港口挂靠航线、干线配支线船航线、多角航线、单向环球航线、小陆桥航线及大陆桥航线等。

影响班轮公司航线选择的最主要因素是货源,或准确地讲是航线经济效益,其次是港口的自然条件和社会、政治因素。

为了选定合适的航线,必须做货源调查及港口调查。一般来说,选定的航线要有足够的货源,并且从长远角度看有较大的发展潜力。班轮航线货流方面的特征,可以用以下四个参数描述:

(1) 港间货流量(Q_{ij}),是指一定时期内两港间的货流量。

(2) 航线货流总量($\sum Q_{ij}$),是指一定时间内该航线上各港间的货运量总和。

(3) 运输方向不平衡系数(ρ_d),等于运量较小方向的货流量(Q_m)与运量较大方向的货流量(Q_f)的比值,其计算公式为:

$$\rho_d = \frac{Q_m}{Q_f} \tag{5-1}$$

式中,$0 \leq \rho_d \leq 1$,ρ_d 越小,说明航线上的往返运量越不平衡。

(4) 运输时间不平衡系数(ρ_t),等于最繁忙时期的货流量(Q_{max})与平均货流量 Q_e 的比值,其计算公式为:

$$\rho_t = \frac{Q_{max}}{Q_e} \tag{5-2}$$

式中,$\rho_t \geq 1$,ρ_t 越大,说明运量沿时间分布的波动幅度越大。

3) 班轮船期表的编制

(1) 往返航次时间计算

往返航次时间是一艘班轮由始发港起航,经中途港、目的港返回到始发港再起航所经历的时间,或称为船舶周转周期。往返航次时间计算的依据是:航线总距离、船舶航速、港口装卸效率和在港装卸货物的数量及其他可能发生的耗时因素,如进出港减速航行和通过运河等,其计算公式为:

$$t_r = \frac{L}{\bar{v}} + \sum \left(\frac{Q_1 + Q_d}{\bar{M}} \right) \tag{5-3}$$

式中:t_r——船舶往返航次时间或周转期,d;

L——航线总距离,mile;

$\bar{v}$——船舶平均航行速度,mile/d,考虑了进出港航行和过运河、船闸等因素;

Q_1、Q_d——航线沿途各港装货量与卸货量,t;

$\overline{M}$——航线沿途和港的总平均装卸效率,t/d。

(2)航线配船数计算

一条班轮航线通常需要配置船舶的艘数要由货运需求(量的多少及发到船频率)单船装载能力和往返航次时间等因素决定,其计算公式为:

$$m = \frac{t_r \cdot Q_{max}}{a_b \cdot D_b \cdot T} \tag{5-4}$$

式中:m——航线配船数(艘);

Q_{max}——运量较大航向的年货物发运量,t;

a_b——船舶载重量利用率(发航装载率);

D_b——航线沿途各港装货量与卸货量,t;

T——平均每艘船舶年内营运时间,t。

计算出 m 后,若 m 不为整数,则应将 m 取为整数。在具体计算时,要注意运量在往返方向上的不平衡性。

(3)航线发船间隔的计算

发船间隔是指一个班次的船舶驶离港后,直至下一班次的船舶再次驶离该港的间隔时间。它可由船舶往返航次时间及航线配船数确定,即

$$t_i = \frac{t_r}{m} = \frac{a_b \cdot D_b \cdot T}{Q_{max}} \tag{5-5}$$

班轮的发船间隔必须具有一定的规律性,以便于记忆,如常以月、旬、周、天、时等单位为发船间隔时间。所以对按上式计算得到的发船间隔时间还要按照规律性的要求加以调整。

(4)到发时间计算与调整

在以上计算的基础上,结合沿途各港的具体情况,先分别计算出相邻两港之间各航段的航行时间和在各港的停泊时间,然后根据始发港发船时间依次推算出船舶到、离各港的时间。当沿途各港所在地的时差不同时,在船期表上应给出船舶到发的当地时间。为此,需将上述未考虑时差而计算出的各港到发时间加上或减去各港所在地与始发港所在地间的时差。向东行为加,向西行为减。当航线有几艘船舶运行时,后续船舶在各港的到发时间依次相差一个发船间隔时间。

班轮船期表是以表格的形式反映船舶在位置和时间上运行程序的文件,其主要内容包括:船名、航次编号、始发港、中途港和终点港的港名,到达和驶离各港的时间。根据前述四步的计算结果可编制船期表。

4)班轮公会

班轮运输的特点是航线垄断性很强,许多航线上都存在垄断组织班轮公会。它是由经营同一条航线的若干个航运公司为了限制互相竞争,并免受外来竞争,就航线经营的利益分配达成某种协议而形成的一种半垄断联合体。班轮公会的主要活动包括:

(1)制订防止内部竞争的措施。其形式有:运费协定、运量分配、运费收入分配、吨位限制等。

(2)采取回扣制度对外竞争、取得货载。回扣有两种形式,即延期回扣和合同回扣。班轮

公会的存在有利有弊。利在于可以在一定程度上避免无益的竞争;弊在于对航线的垄断,尤其对发展中国家船公司扩大船队及申请加入公会常常会造成很大的障碍。

5.3.3 不定期船运输组织

1)不定期船运输特点

不定期船业务是指以经营无固定船舶、航线、船期、运价、港口的海运业务而言。这种业务大多使用专用散装船为主要运送工具,并以散装货物(如煤、矿砂等)为主,所承运之货物有一定流向与季节性,且运价较定期船低。不定期船业务具有如下特点。

(1)在货物方面

①以承运大宗的散装原料或半成品为主。

②托运者通常为特定货主,如电站、钢铁公司。需要大宗原料,以利生产作业。

③装、卸港口较少,通常1～2个,而且货物品类较少,1～2种。

(2)在船舶方面

使用船舶为适于大宗货物装运的专用船。

(3)在运营组织方面

①运送通常独立经营,组织规模比经营定期货运者小,其营运的船舶或自有或租用。

②通常由运送人与托运人签订租船契约,或包揽舱位的运输契约。

③货物装卸船费用均由货主自行负担。

2)航次租船

签订航次租船合同前,一般要根据货源情况和装卸港、航线情况进行航次估算。所谓航次估算是船舶经营者根据各待选航次的货运量、运费率、挂靠港口、船舶特性及航线参数等有关资料,估算各航次的航次收入、航次成本和航次每天净收益,从而预知某个航次是否盈利。特别是当有多个航次货载机会时,根据估算结果,经营者就可做出最有利的决策,即选择单位时间净收益最大的航次签订运输合同。因此,航次估算是船东或经营人进行航次租船决策的基础,它被广泛地应用在不定期船的运输组织中。

船舶某航次每天的净收益可以按以下公式计算:

$$每天净收益 = \frac{航次净收入 - 航次费用}{航次时间} - 每天营运费用$$

3)船舶期租

在期租过程中,通常船舶出租人负有保证船舶适航性的义务,并基于此收取一定的租金。因此,期租保本费率就是每一载重吨、每一个月分摊的船舶出租人为提供适航船舶和船员所发生的全年所有费用,也叫船舶期租租金基价,简称H/B(Hire Base),即:

$$船舶期租租金基价 = \frac{船东为提供适航船舶和船员发生的年总费用}{船舶总载重吨 \times 年营运月数}$$

上式分子所列费用通常应包括:船舶资本费、维修费、保险费、船员工资费、润料费及应分摊的管理费等。船舶营运月数是指一年内能出租给租船人实际使用的月数,国外航运公司通常以全年11.5个月(或350d)计算。这一数值的大小取决于船龄及船舶的技术状况。如以C/B(Charter Base)表示期租租金费率,则期租船舶的经营盈亏值为:船舶每月每载重吨盈亏值=C/B-H/B,船舶每月盈亏值=(C/B-H/B)×DW。对船东来说,他只要把世界各地报来的期租租价 C/B 与他的具体船舶的租金基价 H/B 比较,就可得知是否有利可图。若 C/B > H/B,出租盈利;若 C/B = H/B,出租不赔不赚;若 C/B < H/B,出租亏损。显然,租价超过租金基价越多,盈利就越大。反过来说,租金基价越低的船舶,在市场上的竞争能力就越强。

4) 船舶闲置

在航运市场上,需求随着世界经济的发展和贸易量的变化经常发生变化,而作为供给的船舶吨位一旦形成,一般是比较稳定的。因此,在运输需求与实有运力之间常会出现不平衡的现象,导致运价上下波动。

当货少船多,运价下跌时,船舶盈利逐渐减少、保本、甚至出现亏损,企业被迫就要考虑封存(闲置)部分运力,以减少亏损,调整供需关系,使运价回升。

发生亏损就意味着运输收入不能抵偿运输成本,但也不能一亏损就草率地将船舶封存起来,因为船舶封存起来以后,仍需要发生一定的维持费用,如资本费(折旧费)、看守费用、保险费、维护保养费等,称其为封存成本或闲置成本,虽然成本数额大为减少,但这些成本却得不到任何来自船舶自身的补偿。权衡这两种状态的经济得失,得出船舶封存的经济条件:

① 当船舶营运亏损额 < 船舶封存成本,应继续营运;
② 当船舶营运亏损额 = 船舶封存成本,视其他情况而定(称为封存点或封存界限);
③ 当船舶营运亏损额 > 船舶封存成本,应停航封存。

在日常的经营工作中,为简便、直接地判别,可将上述亏损额与封存成本之间的比较转换为费率之间的比较,以便根据市场运费率的高低,直接作出反应。下面分别给出程租和期租的封存费率。

(1) 对于程租船舶

因达到封存点时,航次亏损额 = 航次总成本 − 航次运费收入 = 在航次时间内的封存成本,所以航次运费收入 = 航次总成本 − 在航次时间内的封存成本,即:

$$f_1 = \frac{(K_f + K_V - K_I) \cdot t_V}{Q} \tag{5-6}$$

式中: f_1——封存点所对应的运费费率,元/t;

K_f——船舶每营运天固定成本,元/d;

K_V——船舶航次中平均每天变动成本,元/d,(此项有时不与时间相关);

K_I——船舶封存时每天封存成本,元/d;

t_V——程租航次时间,d。

当市场上程租费率 $f > f_1$ 时,尽管可能亏损,但继续营运在经济上看也是合适的;当 $f < f_1$ 时,从经济性上看,船舶应封存。

(2) 对于期租船舶

因为当达到封存点时有:期租保本费率 − 期租租金费率 = 每月每载重吨封存成本,即:

$$H/B - C/B = \frac{K_t \times 30}{DW} \tag{5-7}$$

所以,封存租金费率为:

$$(C/B)_t = H/B - \frac{K_t \times 30}{DW} = \frac{(K_t - K_I) \times 30}{DW} \tag{5-8}$$

当市场期租租金费率 C/B＞(C/B)₁ 时,尽管船舶营运可能出现亏损,但继续营运还是合适的。只有当 C/B＞(C/B)₁ 时,才可以说船舶继续营运已失去了经济意义。

5.3.4 轮驳船队运输组织

1) 轮驳船队运输特点

在内河及沿海运输中,人们很早就学会了采用机动拖轮拖带非机动驳船的运输方式,即用缆绳将一艘或多艘驳船系在拖轮后边,由拖轮带着前进。这种运输方式把水上运输工具的动力部分与载货部分分开。

它的优点在于:

(1) 驳船上不设推进动力装置,其造价低廉,日常维护费用低,装货量大;

(2) 船用动力装置可以得到更充分的运用;

(3) 适应于货运量大、航道或港口水深较小,以及发货港或到货港分散在某一区域的运输航线。

拖带运输的主要缺点在于拖轮走在驳船前边,螺旋桨推向后方的水流正好打在紧随其后的驳船首部,使整个船队受到的水阻力增加,船队速度降低。

2) 轮驳船队运输组织

轮驳船队的运输组织形式有如下几种。

按货物是否在中途港倒载、换驳运输来区分:不在中途港换驳,直接由起运港装船运达目的港卸船的运输组织形式叫直达航线;需在中途港由一个驳船倒载到另一驳船上继续运输才能到达货物目的港的运输组织形式叫做非直达航线。

按推(拖)轮的运行组织方法划分:轮驳船队从航线的始发港至航线终点港,在中途不更换推(拖)轮者称为直通航线;如在中途更换推(拖)轮,实行分段牵引,则称为区段牵引航线;在沿途装货港或卸货港比较分散的一些航线上,驳船队中的部分驳船在航线沿途港加入船队或从船队中分离出去送达途经港口的运输组织形式,称为中途集解航线。

按轮驳配合方式划分:一艘推(拖)轮每个航次将驳船从启运港送达目的港后,马上去运送其他驳船,称为单航次配合,这种方式充分体现了轮驳船队的动力部分与载货部分即可分离,又可组合的特点,提高了推(拖)轮与驳船的使用效率;一艘推(拖)轮在运送驳船时,只在装货港或卸货港更换一次驳船,每个往返航次轮、驳重新组合一次,这称为往返航次配合;一艘推(拖)轮与一组驳船长期固定组合运行,称为固定配合。

5.4 航空运输组织与管理

5.4.1 航空运输运营组织

航空公司是以提供航空运输产品为主的服务企业。它向社会提供的不是实物形态的产品,而是一种劳务产品,即旅客与货物的空间位移。而航空公司运营过程分为计划和实施两大模块,其中运营计划过程具体包括:航线网络结构决策、航班时刻编制、机队规划、飞机航线调配和人力资源规划。

1)航线网络结构决策
(1)影响航空公司航线网络结构决策的主要因素
①影响航空公司航线网络结构决策的外部环境因素

a. 全球性、地区性国际贸易、国际金融的走向。1998年亚洲诸国都未走出亚洲金融危机的阴影,日本、俄国的金融危机更是给欧亚经济增长带来很大的负面影响,相比之下,拉美地区经济发展较快,成为1998年度全世界空运增长最快的地区。欧美一些大型航空公司于1998年年末和1999年年初将一部分运力投放拉美市场,开辟新的航线。

b. 社会对空运服务的需求变化。现在我国不少中小城市希望通过支线机场与大都市相连,发展当地的经济和文化。

c. 政府对空运业管制的程度。在世界上大多数国家和地区,航线的开辟都受到政府部门不同程度的管制。至于国际航线,还受到双边及多边政府协议的约束。现在只有在美国国内和欧盟内部两大市场上,航空公司开辟航线有较充分的自由度。

d. 资源和机场保障条件。航空资源主要是指空域资源的可利用状况。空域资源是一种稀缺资源,其可利用性受到多种因素的制约。而航线的开辟要充分考虑机场等地面保障条件,比如海口机场附近一度有超高建筑,以致空管部门不得不取消夜航。

e. 空运业竞争的程度。当前在国内干线上的运力过剩问题非常突出,在现有价格体制不变的情况下,供大于求的局面还要持续一段时间,因此航空公司开辟新航线需慎重。

②影响航空公司航线网络结构决策的内部环境因素

a. 航空公司的战略宗旨。每个航空公司都有特定的战略宗旨,战略宗旨明确了航空公司的市场定位和顾客群体。

b. 航空公司现有航线网络的利弊。一些航空公司现有的航线网络基本是成功的,比如国内市场上南方航空公司的客运网络可谓独占鳌头,这是它海外上市成功的重要因素;而国航、东方航空的国内航线网络比较薄弱,应该做重大调整。

c. 航空公司现有机队的状况。机队的经济性能、技术性能也是航空公司航线选择的重要因素。现在世界上只有少数几种机型可以飞行长距离航程和高原机场。比如波音747飞机横跨太平洋的优势就很突出。

d. 航空公司市场开发能力状况。市场开发能力取决于航空公司高层领导的重视程度和市场开发主管部门的实力以及公司内部各部门的协同状况。从航空公司发展的历史来看,一支素质高、战斗力强的市场开发队伍对航空公司的竞争力有举足轻重的影响。这样的队伍一旦决定开辟一条新航线或撤出一条老航线,获益的把握较大。

e. 航空公司各系统之间的协同程度。航空公司的内部管理机构与其他行业的企业机构变革一样,也呈现出扁平化的趋势。现在很多国内航空公司的航线管理还停留在经验管理、分散管理的水平,而国际上系统运营中心(System Operation Control/Center,简称SOC)的发展,使国内航空公司逐渐意识到内部条块分割、信息不畅的状况严重阻碍了其发展。

f. 信息技术(IT)在航空公司内部应用的情况。未来航空公司的竞争不是传统观念所认为的机队的竞争、价格的竞争,而是信息技术的竞争。航线管理水平的提高最终依赖于信息技术与航空公司、空管、机场等民航部门生产、指挥的紧密程度。当然,航空公司应该走在前头,并与其他单位协商,共同提高信息技术的应用水平。

(2)航空公司航线网络结构类型

①点对点(Point-Point)或线性(Linear Network)结构。航线结构最简单的是点对点的结构,它的优点是容易排班,没有高峰期的运营压力。城市对结构易衍生出"甩辫子航线",甩辫子航线成熟后就形成线性航线结构。线性航线结构一般适用于较小的市场规模,特别是支线市场。目前我国大陆20多家客运航空公司都采用这种线性结构布局思路。

②枢纽轮辐式航线结构系统。枢纽轮辐式航线结构系统(Hub-and-Spoke System,简称HSS)是当今世界大型航空公司的主要竞争武器,全球(按运输量排名)前20名的航空公司基本上都拥有HSS;相应的,世界排名前20位的机场无一例外都是枢纽航空港。该系统随着航空公司联盟层次、规模的不断升级,显得越发重要,深深地影响了航空运输经济学的研究和各国、各航空公司关于竞争战略和政策的制定。

2)航班时刻编制

航班时刻是为某一航班提供或分配的在某一机场的某一特定日期的到达或起飞时刻;航班时刻编制是航空公司一切计划和运营活动的基础,航班时刻确立了航空公司飞行的航线以及飞行的时间。航空公司对航班的安排主要是基于对市场需求的预测、现有飞机的运营特点、现有人力资源情况、政府规章以及竞争对手的状况等。所用飞机场的多少和航班的频次能够衡量一个航空公司航线网络的规模。大型航空公司的航班计划和网络规划部门常常会有30名以上的员工。尽管各航空公司编制航班时刻的详细程度不一,但却都会以一个周期为单位编制出完整的时刻表。国内航线的时刻周期为一天,而国际航线时刻周期为一周。编制班期时刻的第一步是编排一个粗略的航班时刻表,然后再对其进行大量的修订以保证其运营和经济两方面的可行性。

航班时刻编制划分为战略和战术两个方面。战略规划侧重于未来的航班时刻,根据航空公司政策的不同,它可以是几个月的,也可以是10年的。战略规划主要是为了应对行业及运营环境的重大变化,而战术规划则侧重于短期内甚至是每天的时刻和航线的变化,它需要不断地监控市场、竞争对手以及自己公司运营情况的变化。战术规划策略包括增减航班、调整航线以及改变航班频次等。

在编制航班时刻时,必须考虑航空公司具体的运营情况,由于大量不确定因素的存在,时刻编制的数学模型也因此变得非常复杂。正因如此,航空公司将时刻编制过程分解成了几大模块,几乎涉及公司的各个职能部门。计划过程被分解后,问题的复杂程度得以降低。

3)机队规划

(1)机队规划的含义

机队规划是指根据对航空运输市场研究的结果,依据一定的原则和方法,对规划期内机队的规模和结构做出系统的动态安排。

机队规划的优劣将对航空公司的发展和经济效益产生深远的影响。机队规模过大,飞机利用率降低,势必造成航空公司巨额资本的浪费和运营成本的提高,从而最终导致经济效益的下降。机队规模过小,使航空公司的运力无法满足市场需求,这将不仅意味着航空公司潜在收入的损失,而且使航空公司丧失扩大竞争力的良机,对航空公司长期发展不利。

另外,任何一种机型都有其最经济的飞行抛面(飞机从起飞到降落全过程航迹的垂直投影面),只有当飞机与其所运营的航线相匹配时,才能实现预期的成本和效益水平。机队的运营效率还依赖于所运营市场需求的规模和特征。如果机队结构与航线结构和市场需求不符,无法实现合理的载运率或客座利用率,同样无法创造合理的经济效益。

机队规划的实质是在可以预期的时间内,保证经营战略的实现,使运力满足运量的需要,但又不至于因飞机闲置而造成运力浪费,保持运力与运量的合理比例,适应生产运营的变化,减少航空公司的经营风险。

(2)机队规划的任务和方法

航空公司的机队规划一般分为短期规划(规划期一般为1年)、中期规划(规划期一般为3~5年)和长期规划(规划期一般为10~15年)。由于时间与信息的限制,它们在机队的灵活性、与航线网络结构变化的适应性以及确定机队的营运模式等方面具有各自的特点。

概括起来,航空公司机队规划的任务主要在于三个方面,第一是从长期发展角度预测分析航空公司的机队规模;第二是在机队规模确定的情况下进行飞机选型决策;第三是从航班生产运作的角度进行航班机型选择。

目前在世界航空界所使用的多种机队规划方法,就其本质而言大体是按照如下两种思路,即宏观机队规划和微观机队规划。宏观机队规划是从机队规模预测的角度进行研究的,主要解决长期规划问题,它是按"从上到下"(即从宏观到微观)的顺序进行分析预测。而微观机队规划是在微观航班、航线机型选择的基础上,按"从下到上"(即从局部到整体)的顺序进行分析,得出航空公司机队中短期规划结果。

4)飞机航线调配

前面所讲的机队规划问题确定了航线网络结构中机型的安排,但是没有解决哪个航段由机队中的哪架飞机来执飞的问题。飞机航线调配就是要将机队中的每一架飞机指派到相应的航段上。飞机航线调配也叫飞机排班、飞机分配或尾号指派。飞机航线调配问题的主要目的之一是在满足下列条件的前提下,使航线网络结构收入最大化或运营成本最小化。

①航班覆盖:每个航段必须只有一架飞机覆盖。

②飞机使用均衡:每架飞机的使用必须是均衡的。

③维护要求:航空公司所运营的机场不是都具备各种机型的维护检修能力。航空公司一般在它们的枢纽机场设有不同机型的维修基地,保证维护就是要使飞机在航线网络各点飞行时能在正确的时间里得到所需的维护。

(1)航线调配的有效性

要使航线调配有效,必须要将飞机的地面过站时间考虑进去。地面过站时间是指一架飞机从着陆到准备好下一次飞行所需要的最少时间,其间包括飞机滑行至登机门、旅客离机、行李卸载、清洁、检查、下一班旅客登机、装载行李等的时间。各航空公司规定的地面过站时间不同,一般在20min到1h之间。

(2)航线调配的时间周期

航线调配的时间周期是指飞机从一个机场出发,在周期末回到这个机场,然后开始下一个周期。延长航线调配的时间周期能够有效地减少航线调配量,进而提高调配过程的工作效率。航线调配时间周期不是必需的,航空公司一般以月为周期制订飞机航线调配计划,也就是说,一架飞机每天飞行的航线可以完全不同,没有周期的限制,直到其需要进行维护检查时再返回相应的维修基地。

(3)飞机航线调配组合的生成方法

如果采用手工方法完成航线调配组合,是非常耗时和枯燥的,但如果使用计算机自动化系统,这项工作则会变得相对简单。

例如,某航空公司的航线调配周期为3d,即飞机在飞行3d后必须返回到周期第一天所在的机场,同时为了保证飞机的维护时间,在此3d中必须使飞机在指定维修基地过一次夜。

首先将飞机与一系列可能的航班进行调配,然后将第一个晚上或第二个晚上能够在指定维修基地停场过夜,并且第三天航班结束时能够返回到起始机场的所有航线调配选择出来。计算机运行步骤如下:

① 输入指派给某一机型的一组航班的航班号、离港和进港城市和离进港时间。

② 生成所有可能的周期为一日的有效飞机航线调配方案并考虑周转时间,将结果存入一个文件。

③ 把这个文件中每一个可行的周期为一日的调配方案与本文件中的所有其他周期为一日的调配方案连起来。这个步骤重复两次即可生成3d为一周期的调配方案,将结果存入一个文件。

④ 用以下标准检查这个3d为一周期文件的每一项:航线的起始机场与终止机场相同;每天第一个航班始发于飞机前一天停场的机场;在指定维修基地至少停场过夜一次。

⑤ 把符合上述条件的每个方案存入文件中,该文件即为3d为一周期的全部的有效飞机航线调配候选方案。

5) 人力资源规划

及时性、准确性、实用性以及质量和价格是衡量航空公司产品优劣的五大指标,航空公司员工和设施是影响这五大指标高低的关键因素。航空公司人力资源规划是最重要同时也是最具有挑战性的工作之一,其涉及面很广,从人员招聘、培训到员工排班都有所涉及。人员招聘和培训工作一般需要服从航空公司的整体战略规划,而员工排班则需要根据工作计划来进行,包括安排员工的工作和休息等。航空公司的员工排班是一项非常烦琐的工作,因为工作人员涉及了飞行机组、客舱乘务员、地面商务人员、行李储运员、售票人员、厨师、安保人员、机务人员以及管理人员等航空公司的方方面面。

员工排班的目的是在满足规章制度的前提下为每一个员工编制一个工作周期表,这个工作周期表必须要保证最低的人工成本和最高的工作效率。其中机组人员的排班是员工排班的重点和难点,因为机组总成本是继航油成本之后航空公司的第二大成本,其中包括人员工资、福利以及机组费用。机组排班是一个需要大量计算工作的综合性问题,主要分为两个步骤:机组配对和机组轮班。机组配对是寻求能够覆盖所有航班,同时又能使总成本最小化的配对组;机组轮班是将具体的机组人员分派到机组配对中。

6) 运营实施

航空公司在设计了航线网络结构、编制完航班时刻和确定了飞机机型等计划过程后,便进入了运营实施过程。运营实施流程如图5-3所示。

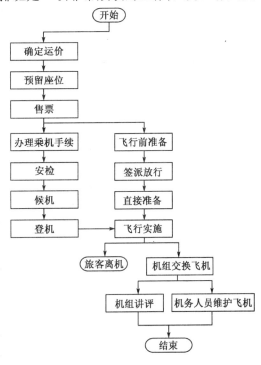

图5-3 航空公司运营实施流程

5.4.2 航空运输管理

航空运输体系包括飞机、机场、空中交通管理系统和飞行航线四个部分。这四个部分有机结合,分工协作,共同完成航空运输的各项业务活动。其中,空中交通管理是为了保证航空器飞行安全及提高空域和机场飞行区的利用效率,设置各种助航设备和空中交通管制机构及规则一系列管理活动的总称。空中交通管理对于航空飞行活动的效率与安全保障作用十分重要。而经过一个世纪的发展,民用航空运输业在国际、国内以及企业内部已经形成一整套管理体系,以保证民用航空运输业正常、安全、健康地发展。

1)空中交通管理

空中交通管理工作在民用航空运输中发挥着重要作用。它的主要目的是:使航空器按计划飞行,使保障工作有条不紊;维护飞行秩序,合理控制空中交通流量,防止航空器之间、航空器与障碍物之间相撞,保证飞行安全;对违反飞行管理的现象,查明原因,进行处理。

(1)空中交通管理机构

空中交通管理机构主要由以下几方面构成。

①空中交通服务报告室:负责审查航空器的飞行预报及飞行计划,向有关管理室和飞行保障单位通报飞行预报和动态。

②塔台管制室:管制范围包括起落航线与最后进近定位点以后的空间及机场活动区。它负责提供塔台管制区域内航空器的开车、滑行、起飞、着陆和与其有关机动飞行的管制服务。在没有机场自动情报服务的塔台管制室,还应当提供航空器起飞、着陆条件等情报。

③进近管制室:管制范围通常在一个或几个机场附近的航路汇合处划设的管制空域。它是中低空管制空域与塔台管制空域之间的连接部分,垂直范围通常在6 000m以下、最低高度层以上;水平范围通常是半径70km以内。负责一个或数个机场的航空器进、离场的管制工作。

④区域管理室:区域管理是指飞机飞离起飞航空站区域以后,至到达降落航空站区域之前,全航线飞行过程中所实施的空中交通管理。它负责监督航线上飞机的活动、掌握天气变化、安排飞机的间隔、调配飞行冲突和协助机长处置特殊情况。

⑤区域管理中心:负责管理与监督本区域管理室辖区内的飞行,协调各管理室之间和管理室与航空公司之间的工作。

⑥中国民用航空局调度室:负责监督、检查全国范围内(不含港、澳、台)、跨地区高空干线、国际航线的飞行以及外国航空器在中国境内的飞行,控制全国的飞行流量,组织承办和掌握专机飞行,处理特殊情况下的飞行。

(2)空间交通管理方法

空间交通管理方法主要由程序管制和雷达管制两种类型。

①程序管制

程序管制是依照空中交通管制规则、机场和航路的有关规定,依靠通信手段进行管制的方法。它要求机长报告飞行中的位置和状态,管制员依据飞行时间和机长的报告,通过精确的计算,掌握飞机的位置和航迹。程序管制的主要职责是为飞机配备安全间隔。部分间隔规定如下。

a.机场放行仪表飞行的时间间隔规定

a）同速度、同航迹、同巡航高度时，前一架飞机起飞后10min，放行后一架飞机；跨海洋飞行时，为20min。

b）同速度、同航迹、不同巡航高度时，前一架飞机起飞后7min，放行后一架飞机。

c）不同速度、相同航迹时，速度较快飞机起飞后2min，放行较慢飞机。

b. 航路仪表飞行穿越航线的时间间隔规定

a）当穿越处无导航设备，在穿越航线中心线时，保持与其他飞机时间间隔不少于15min。

b）当穿越处有导航设备，在穿越航线中心线时，保持与其他飞机时间间隔不少于10min。

②雷达管制

雷达管制是依照空中交通管制规则，依靠雷达监视的手段进行管制的方法。它对飞行中的飞机进行雷达跟踪监视，随时掌握飞机的航迹位置和有关的飞行数据，并主动引导飞机运行。

a. 雷达识别

在向飞机提供雷达管制服务前，管制员必须对飞机进行识别确认，识别的方法如下。

a）二次雷达的识别：从雷达标牌上认出该飞机的识别标志；直接认出S模式设备航空器的识别标志；通过雷达识别的移交；通过使用应答机识别。

b）一次雷达的识别：飞机起飞后，其雷达目标在起飞跑道端2km以内被发现；飞机在某定位点或目视飞行报告点的位置显示与机组报告的一致，并且其航迹也与报告的航向和飞行的航线一致；转弯识别；通过识别移交。

b. 雷达引导

雷达管制员通过指定飞机的应飞航向实施雷达引导。应引导航空器尽可能沿便于驾驶员利用地面设备检查自身位置及恢复自主领航的路线，避开已知的危险天气。

c. 雷达间隔

雷达管制员通过综合考虑航空器的航向、速度、雷达限制、工作负荷等各种因素来确定航空器间的最小安全间隔，并保证不能低于此安全间隔。如水平最小雷达间隔为9.3km，雷达设备定位精确，最小间隔可以减小到7.6km。

2）国际民用航空运输管理

（1）国际民用航空组织（ICAO）

国际民航组织（ICAO）协调各国有关民航经济和法律义务，是制定各种民航技术标准和航行规则的国际组织。

第二次世界大战后，为解决战后民用航空发展中的国际性问题，1944年11月1日至12月7日在美国芝加哥召开了有72个国家参加的国际民航会议，签订了《国际民用航空公约》（简称《芝加哥公约》），并按国际民用航空临时协定设立了"临时国际民航组织"。1947年4月4日公约生效，"国际民航组织"正式成立。同年7月成为联合国的一个专门机构。1990年，已有161个缔约国。总部设在加拿大的蒙特利尔。

根据《芝加哥公约》第四十四条规定，国际民航组织的宗旨和目的主要有以下几点：

①保证全世界国际民用航空安全、有秩序地发展；

②鼓励为和平用途的航空器的设计和操作艺术；

③鼓励国际民用航空应用的航路、机场和航行设施；

④满足世界人民对安全、正常、有效和经济的航空运输的需要；防止因不合理的竞争而造

成经济上的浪费；

⑤保证缔约国的权利充分受到尊重，每一缔约国均有经营国际空运企业的公平的机会；

⑥避免缔约各国之间的差别待遇；

⑦促进国际航行的飞行安全。

1944年12月9日，当时的中国政府在《芝加哥公约》上签字，并于1946年2月20日批准该公约。1974年2月我国决定承认《国际民用航空公约》，并自该日起参加该组织的活动。中国从1974年起连续当选为理事国，并在蒙特利尔设有常驻该组织理事会的中国代表处。

(2) 国际航空运输协会(IATA)

IATA是全世界航空公司之间最大的一个国际性民间组织，于1945年4月在古巴的哈瓦那成立，总部设在加拿大的蒙特利尔市。它有四个地区办事处，分别设在安曼、圣地亚哥、新加坡和华盛顿。

IATA组织的宗旨是：促进国际航空运输安全、规范和经济地发展；促进航空运输业界的合作。它的主要任务是：制定国际航空客货运输价格、运载规则和运输手续，协助航空运输企业间的财务结算，执行ICAO制定的国际标准和程序。

IATA是最高权力机构，每年召开一次大会。它的常设机构是执行委员会，并设置运输、货运、技术和财务等四个常务委员会。

IATA的会员有两种：正式会员(经营国际定期客运航班的航空公司)和准会员(不经营国际定期航班的航空公司)。协会会员所属国必须是ICAO组织的签约国。

IATA的活动一般分为两大类：第一类是行业协会活动，以程序性会议形式进行，所有会员必须参加，主要讨论国际性客运和货运的价格与代理、客货运输专用票据格式、行李规定运价、订座程序等问题。第二类是运价协调活动，通常是通过运价协调会议方式进行，会员可以选择参加。会议主要讨论客票价格、货运费率与运价、代理人佣金率等问题。

3) 我国的航空运输管理体系

我国的航空运输管理体系已形成了以航空公司、机场、管理局(航管部门)为主体的基本格局。中国民用航空局是国务院的直属机构，是中国政府管理和协调中国民用航空运输业务的职能部门，对中国民用航空事业实施行业管理。

全国分为7大民用航空管理区，由中国民用航空局下设的7个民用航空地区管理局，负责管理本地区所属航空公司机场、航站、导航台等企事业单位的行政与航空事务。

航空公司是直接进行民用航空客货邮运输的企业，是具有独立法人地位从事生产和市场销售的盈利性单位。它拥有机队、航线、销售服务网络等。

根据中国民用航空系统的管理体制，中国的航空公司可以分为三大类，即骨干航空公司、中国民用航空局直属航空公司和地方航空公司。骨干航空公司共有7个，分布在7个民用航空地区管理局的管辖区内，其中，国航、东航和南航三大公司，拥有强大的机队和雄厚的技术力量，是我国民航运输的中坚力量。

直属航空公司是利用国家投资组建、隶属中国民用航空局管理的直属航空公司，主要有中国通用航空公司、云南航空公司、长城航空公司和中国航空股份有限公司等企业。地方航空公司是利用地方资金组建的航空公司，其航务由民用航空地方(省、市)管理局负责管理，资金和人事等方面主要由地方政府管理。

5.5 管道运输组织与管理

5.5.1 管道运输管理

1)管道运输生产管理

管道运输生产管理是指管道运行过程中利用技术手段对管道运输实行统一指挥和调度,以保证管道在最优化状态下长期安全而平稳地运行,从而获得最佳经济效益。它包括管道输送计划管理、管道输送技术管理、管道输送设备管理和管道线路管理。前两项又合称为管道运行管理,是生产管理的中心环节。

(1)管道输送计划管理

根据管道所承担的运输任务和管道设备状况编制合理的运行计划,以便有计划地进行生产。管道输送计划管理首先是编制管道输送的年度计划,根据年度计划安排管道输送的月计划、批次计划、周期计划等。然后根据这些计划安排管道全线的运行计划,编制管道站、库的输入和输出计划,以及分输和配气计划。另一方面,根据输送任务和管道设备状况,编制设备维护检修计划和辅助系统作业计划。

(2)管道输送技术管理

根据管道输送的货物特性,确定输送方式、工艺流程和管道运行的基本参数等,以实现管道生产的最优化。管道输送技术管理的内容包括:随时检测管道运行状况参数,分析输送条件的变化,采取各种适当的控制和调节措施调整运行参数,以充分发挥输送设备的效能,尽可能地减少能耗。对输送过程中出现的技术问题,要随时予以解决。管道输送技术管理和管道输送计划管理都是通过管道的日常调度工作来实现的。

(3)管道输送设备管理

对管道站、库的设备进行维护和修理,以保证管道的正常运行。管理的内容主要包括:对设备状况进行分级,并进行登记;记录各种设备的运行状况;制定设备日常维修和大修计划;改造和更新陈旧、低效能的设备;保养在线设备。

(4)管道线路管理

对管道线路进行管理,以防止线路受到自然灾害或其他因素的破坏。管理内容主要包括:日常的巡线检查;线路构筑物和穿越、跨越工程设施的维修;管道防腐层的检漏和维修;管道的渗漏检查和维修;清管作业和管道沿线的放气、排液作业;管道线路设备的改造和更换;管道线路的抗震管理;管道紧急抢修工程的组织等。

2)管道运行管理

管道运行管理是指用制定管道运行计划的方法,以及运用管道运行状况分析和调度等手段,充分发挥管道和设备的输送效率,实现管道安全、平稳、经济的最优化运行,是管道生产管理的主要组成部分。近代的油、气管道,一般都采用油品顺序输送工艺和全线密闭输送工艺。为了达到最好的经济效益,就要提高管道运行管理的水平。

管道运行管理,需要准确的资料档案,即应有能正确反映全线客观条件的资料,如全线及泵站的竣工图和竣工后的更改记录;需要先进、可靠的设备,如要有良好的调度设备和通信设备,以及显示各泵站运行参数及流程的电视屏幕,还要有电子输出设备以便随时记录各站的运行参数;需要训练有素的调度人员,他们对管道及各站的设备、流程要熟悉了解,具有掌握现代化设备的知识和能力,具有丰富的运行管理经验。

管道运行管理包括分析运行资料、编制运行计划和运行调度三个基本步骤。

(1)分析运行资料。对委托管道承运的油品种类和数量,交付输送的时间和地点,油品的特性,以及对管线各泵站收、发油品应具备的条件等进行分析和研究,编制出年度轮廓计划,并做好完成管道年度任务的技术准备。

(2)编制运行计划。在分析运行资料的基础上,编制出指令性强的全线运行计划和各站的运行计划。在编制成品油月份或旬的全线运行计划时,要标明各批油品的名称、编号、特性和输量;标明各批油品到达各站的时间和进入的油罐;明确各批油品输送的顺序和分输时间、分输量;确定各批油品的运行参数;标明有无清管作业和计划性停输作业。在编制月或旬的各站运行计划时,要明确各站进油任务、倒罐流程;安排倒罐作业、启泵和停泵或倒换泵的作业、流量计标定和清管器接收与投入作业以及各旬的设备维修计划等。

(3)运行调度。运行调度是指按运行计划进行全线指挥、调整、监管等工作,以保证运行计划完成输送任务。调度人员先对运行计划进行核对,并作适当修改,然后根据计划下达调度指令。全线运行情况均反映到调度室,以便调度室进行全面监视。顺序输送时跟踪各批油品界面的准确位置,预报分输站切换流程和分输的时间,跟踪清管器的运行位置等。一旦发生事故,调度人员应负责立即处理,采取措施,下达指令,更换运行参数,以减少事故对计划的影响。

3)技术手段

管道运输线路长,站、库多,输送的货物易燃、易爆、易凝或易沉淀,且在较高的输送压力下连续运行。这样,就要求管道生产管理具有各种可行的监控技术设备,主要有管道监控、管道流体计量和管道通信等技术手段。

(1)管道监控

管道监控是指利用仪表和信息传输技术测试全线各站、库和线路上各测点的运行工况参数,作为就地控制的依据,或输给控制室作为对全线运行工况进行监控和管理的依据,是实现密闭输送工艺,管道安全、平稳和最优化运行所必需的手段。管道监控系统一般由调度中心、远传通道和监控终端三大部分组成。

管道监控的主要任务是:收集、处理、显示和记录管道系统的运行状态和工艺参数;按输送计划、动态工况分析结果,选择最优运行方案;协助调度人员迅速准确地开关阀门和启停设备,以实现选定的输送工艺流程;调节流量、压力和温度等运行参数;预测、分析和处理事故;进行起点站、终点站和分输站的油、气交接以及账务结算等。

(2)管道流体计量

管道流体计量是指对管道运输的流体货物流动量的测量工作,其任务是:向交运和承运双方提供货物运输量的数据;为实施输送计划、分析运行工况、控制总流量和分输量的平衡提供重要依据;在油品顺序输送中,为批量切换和转换提供依据;为计算输油和输气成本提供依据;监测管道输送过程中的漏失量。

(3)管道通信

管道通信是管道运输借以传递各种信息,进行业务联系和控制管道运行的工具。管道运输具有全线联合作业的特点,即管道的各个环节要密切配合,协调一致,才能完成管道运输作业,这就必须通过通信系统进行统一调度和集中监视。同时,在管道维护和抢修过程中,组织人员,调运器材,协调操作等也缺少不了通信联络。

管道通信系统主要由区段通信、干线通信和移动通信三部分组成。区段通信是指管道各区段内部的通信。每个区段的通信系统不仅要满足本区段的通信需要,而且也是干线通信网的组成部分。干线通信是管道运输部门各级管理机构之间及其与调度中心之间的通信。干线通信网沟通总部、大区中心和调度中心。移动通信是为满足收集和传递管道沿线和各种监视信号的需要,以及为满足管道维护工作的需要所使用的无线电通信系统。

5.5.2 管道运输安全

1)管道事故分类

安全生产管理是企业管理的重要组成部分,是保证生产正常进行,防止发生伤亡事故,确保安全生产而采取的各种对策、方针和行动的总称。它要管人、管物,还要管理环境。安全生产管理同样存在计划、实施、检查、处理循环。

石油长输管道一般由泵站(包括加热站)和线路组成,两者有不同的安全特点。输油站内有机泵、阀门、管汇、加热炉、油罐、通信及电力系统等。而管道则有埋设在地下、隐蔽、单一和野外性等特点。对于石油长输管道的易发事故,根据其不同的特点,可将其分成六类。

(1)管道强度不足造成破坏

这类事故多数是因焊缝或管道母材中的缺陷引起的管道破裂。另外,管道的施工温度与输油温度之间存在一定的温差,造成管道沿其轴向产生热应力,这一热应力因弯头处约束力较小,从而产生了热变形,弯头内弧向里凹,形成折皱,外弧曲率变大,管壁因拉伸变薄,也会形成破裂。

(2)管道腐蚀穿孔

一般管道都有防腐绝缘层,使管材得到保护,不会造成腐蚀破坏。但是,由于土壤中含水、盐、碱及地下杂散电流等会造成管道腐蚀,严重的还会造成管道穿孔。

(3)凝管事故

长输热油管道发生凝管事故,对输油企业而言,是恶性重大事故。它不仅造成管线停输,影响油田、炼厂、装油码头的正常生产,而且还要消耗大量的人力、物力解堵,其经济损失相当大。造成长输热油管道凝管事故主要有以下几种情况:

①管道投产初期,油源不足,又无反输能力,造成凝管。

②管道输量不足,采用正反输交替运行时,未能及时跟踪监测运行参数的变化,没有采取相应措施而导致凝管。

③油源不足而采用降量输送时,因输油温度低造成凝管事故。

④停输时间过长造成凝管。

⑤长期不清管,在清管过程中造成凝管。

(4)设备事故

输油站内一般有泵机组、阀门、加热炉、油罐、锅炉等设备,这些设备都存在发生事故的可能性。

(5)自然灾害

地震、洪水、地层滑坡、泥石流、雷击等自然灾害都可能破坏管道造成泄漏污染事故,也可能击毁油罐或其他设备,造成意外损失。

(6) 违规事故

因违反操作规程造成跑油、憋压、冒罐等事故。

2) 维修与抢修

当输油管道发生穿孔、破裂、蜡堵、凝管或其他设备事故时,都可能伴随出现跑油或发生火灾事故,其后果是很惨重的。所以,一旦发生事故,必须组织力量进行抢修,而日常的维护保养更是不可缺少的。如果是管道穿孔、破裂跑油,应选择适当的位置开挖储油池,防止原油泄漏污染农田、河流、湖泊等。

对于长输管道的事故,应根据具体情况采取不同的措施和方法进行处理。

(1) 管道穿孔的抢修

管道穿孔常见的有腐蚀穿孔、砂眼孔、缝隙孔和裂缝等。其特点是漏油量较小,初始阶段对输油生产影响较小,也不易发现,但随时间的延续,会逐步扩大,以至影响输油生产。这类事故在初始阶段处理较为简单,所以应抓紧时机,及时排除故障。

(2) 管道破裂的抢修

管道由于强度不够、韧性不好或焊缝有夹渣、裂纹等缺陷或管道受到意外载荷发生破裂,则会形成原油大量外泄。这种事故的抢修比管道穿孔抢修要复杂得多,根据破裂的具体情况,可采取如下措施:

① 裂缝较小时,可以使用带有引流口的引流封堵器。

② 管道有较大裂缝时,可用"多顶丝"封堵器进行封堵。

③ 管道破裂,不能补焊,需要更换管段,或因输油生产需要更换阀门时,可使用 DN 型管道封堵器进行封堵。

(3) 凝管事故的抢修

凝管事故是石油长输管道最严重的恶性事故,可根据具体情况采取以下抢救措施:

① 在发现凝管的苗头时,或处于初凝阶段,可以采用升温加压的方法进行顶挤。

② 当管道经开孔后,管内输量仍继续下降,此时管道已进入凝管阶段。对于这种情况只有采取沿线开孔、分段顶挤的方法处理。

此外,新近研究并应用的一种电热解堵方法,效果很好。有兴趣的读者,可查找相关资料了解。

第6章 物流运输组织与管理

本章提要

本章主要讲述物流运输组织与管理,主要包括物流运输系统概况、物流运输成本与价格管理、物流运输决策管理及集装箱运输与国际多式联运等内容。

6.1 物流运输概述

6.1.1 运输与物流的关系

1)物流运输

国家质量监督检验检疫总局和国家标准化管理委员会于2006年12月发布的《中华人民共和国国家标准物流术语》(GB/T 18354—2006)将运输定义为:"用专用运输设备将物品从一个地点向另一地点运送,其中包括集货、分配、搬运、中转、装入、卸下、分散等一系列操作。"同时,将物流定义为:"物品从供应地向接收地的实体流动过程。根据实际需要,将运输、储存、装卸、搬运、包装、流通加工、配送、信息处理等基本功能实现有机结合。"也就是说,物流是通过运输、储存、装卸、搬运、包装、流通加工、配送、信息处理等基本物流活动实现物品从供应地到接收地的实体流动过程,运输是物流的一个环节或一项基本功能。

从上述定义中可以看出,物流中所提到的运输与前面所述的运输有诸多不同之处,主要表现在以下两个方面。

(1)两者的劳动对象不同

从运输和物流的定义可知,一般意义的运输是人员与物品利用交通工具在一定范围内产生的空间位移,既包括物品的空间位移(货运),又包括人员的空间位移(客运);而物流中的运输仅仅是物品在供应地与需求地之间的实体运送,不包括人员的空间位移。

(2)两者的工作范围不同

一般意义的运输主要指流通领域的运输,不包括生产领域的运输;而物流中的运输作为物流系统的一个重要组成部分,不仅包括流通领域的运输,还包括生产领域的运输。流通领域的运输作为流通领域里的一个重要环节,在较大范围内,是将物质产品从生产领域向消费领域在空间位置上进行物理性转移的活动,既包括物品从生产所在地直接向消费所在地的移动,也包括物品从生产所在地向物流网点和从物流网点向消费所在地的移动。生产领域的运输一般在生产企业内部进行,因此又称为厂内运输。厂内运输包括原材料、在制品、半成品和成品的运输,是直接为物质产品生产服务的,有时也称为物料搬运。厂内运输或物料搬运不包括在一般意义的运输之中,但却是物流运输的主要活动之一。

一般运输与物流运输之间的这种区别可以用图 6-1 来表示。

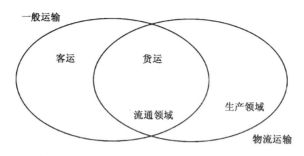

图 6-1 一般运输与物流运输之间的区别

综上所述,物流运输是指流通领域和生产领域中货物的运输。鉴于物流运输与一般运输的区别,本书将物流运输作为研究对象,所以本书以下的阐述中不再包括一般运输中的旅客运输,但包括一般运输中所没有的厂内运输。若无特别说明,下面所提到的运输均指物流运输。

2) 交通运输与现代物流的关系

(1) 交通运输是现代化物流的重要组成部分

交通运输系统服务于生产和消费系统,同时又是生产和消费系统的纽带,它把社会生产、分配、交换和消费各个环节有机地联系起来,保证了社会经济活动的正常运行和发展。

构成交通运输系统与生产、消费系统之间纽带的基本要素是信息流、商流、资金流和物流。

信息流在现代化的交通运输活动中最为重要,它在一个更高层次上实现对整个运输流通过程的监控。主要体现在运用现代信息技术手段,以数字化通信网络和计算机装置,替代传统运输过程中纸介质信息的存储、传递、统计、发布等环节,并实现物流的电子化。商流是生产与消费系统之间发生运输行为的动因;资金流是伴随商流而产生的。

物流是物质实体(商品或服务)的流动过程,具体包括运输、储存、配送、装卸、保管、物流信息管理等各种活动。由于电子商务的出现,物流活动的实现有了两种不同的形式:一种是直接通过网络传输方式进行商品或服务的配送,如各种电子出版物、信息咨询服务、有价信息软件等;而另一种即大多数的商品和服务则仍然是采用传统的物理方式传输。因此,建立现代化的交通运输系统,实现运输工具的机械化、自动化,建立及时、准确的物流信息系统,以及高效的物资配送系统,是实现物流系统高效率、低成本、数字化、网络化、全球化的关键环节。

(2) 运输是实现物流目的的手段

现代物流对于服务的要求可以用 7R(7 个"适当")来表示,即将适当的产品(Right Product),以适当的数量(Right Quantity)、适当的质量(Right Quality)、适当的价格(Right Price),在适当的时间(Right Time)送达到适当的地点(Right Place),并交给适当的客户(Right Customer)。7R 突出强调物流服务的本质是将商品送达客户手中,使商品处于一种可以被利用的状态。物流服务率等于存货服务率与配送服务率的乘积,如果存货随时能够满足订货要求,所订货物在规定的时间内准确地送达客户手中,则对客户的物流服务率为 100%。显然,要实现上述物流目的,是离不开高效率运输活动的,但运输本身不是物流的目的,而是实现物流目的的手段。

(3) 交通运输是实现物流现代化的保证

① 交通运输保障生产和消费

生产和消费是交通运输流之源,是商流之本,而生产和消费的顺利进行始终离不开各类交通运输活动的支持。

就生产而言,从原材料的采购开始,便要求有相应的供应物流活动,使所采购的原材料到位,以保证生产的顺利展开;在生产过程中,有原材料、半成品的物流过程,即所谓生产物流,以实现生产的流动性、延续性;部分余料、可重复利用物资的回收,需要有回收物流;对生产废弃物的处理,需要有废弃物物流。可见,物流的全过程始终伴随着生产的全过程,而整个物流过程的实现,则始终离不开交通运输系统。现代化的交通运输系统,可以实现现代化的物流,可以使企业优化库存结构,降低成本,减少资金占用,缩短生产周期,保障现代化生产的高效进行。

就消费而言,无论是政府消费还是个人消费,无论是生产性消费还是生活性消费,也始终与物流息息相关。

②交通运输服务于商流

商流活动主要是完成商品与服务所有权的转移。除少数商品与服务(如电子出版物、信息咨询服务等)外,多数商品与服务即商流活动都要通过传统的物流活动来完成所有权的转移。在整个商流活动中,物流实际上扮演着商流的后续者和服务者的角色,没有物流活动,商流是无法实现的。在电子商务兴起的今天,物流在其中所起的作用更加明显。

③运输合理化是降低物流成本的重要途径

运输是物流不可或缺的环节,运输成本在目前物流总成本中占有相当的比重。以美国为例,1994年,美国的运输开支为4 250亿美元,占当年美国物流总成本的58.2%。从欧洲发达国家的情况看,运输成本一般也会占物流总成本的1/3以上。因此,运输的合理化在物流管理中十分重要,是降低物流成本的重要途径。

④现代化交通运输是实现物流现代化的根本保证

立体化的交通运输体系、多元化的交通运输方式、完善的交通运输信息系统是现代化交通运输系统的基本框架,方便、快捷、高效、及时、准确、安全是现代化交通运输系统的突出特征,也是实现全球化、一体化、信息化的现代化物流的根本保证。

(4)运输与物流活动中其他环节的关系

①运输与储存的关系

储存是货物暂时停止的状态,是货物投入消费前的准备,其最终目的是将货物分拨到合适的地点。高效的运输分拨系统,可以降低库存量,提高库存周转率。如果运输活动组织不善或运输工具不得力,不仅会增加库存量,降低库存周转率,而且还会造成货物损耗的增大。同时,储存活动同样也是运输过程的调节手段。例如,当巨型集装箱货轮停靠在港口时,货物不可能及时被分拨到需求地点,因此需要储存活动对运输活动进行调节,以便使巨型集装箱货轮能够及时地离开港口。

②运输与包装的关系

运输与包装的关系可以说是相互影响的。货物的包装材料、包装程度、包装规格都会不同程度地影响运输方式的选择以及同一种运输方式对运输工具的选择,即使确定了货物的包装规格(包装物的长、宽、高),货物在车厢内如何码放,也会直接影响运输的效率。只有当包装的外廓尺寸与承装车厢的内廓尺寸构成可约倍数时,车辆的容积才能得到最充分的利用。因此,货物的包装材料、包装程度、包装规格以及码放方法应该与所选择的运输工具相吻合,这对于提高车辆的装载率、物流效率与效益都具有重要意义。

③运输与装卸及搬运的关系

要想完成整个物流过程,运输活动必然伴随有装卸与搬运活动。一般情况下,完成一次运输活动,往往伴随两次装卸与搬运活动,即运输前与运输后的装卸与搬运作业。货物在运输前的装卸与搬运活动是完成运输活动的先决条件。装卸与搬运活动的质量,包括车辆装载是否合理、装卸工作组织是否得力等因素将会直接影响运输活动的顺利进行。当货物通过运输到达目的地后,装卸是最终完成运输任务的必要补充。除此之外,装卸与搬运又是实现各种运输方式有效衔接的重要环节,特别是在多式联运的情况下,装卸与搬运的效率直接影响着运输过程的整体效率。

④运输与配送的关系

一般情况下,我们经常将运输和配送这两个词放在一起使用,其原因是要完成整个物流活动,往往需要通过运输与配送两个活动过程之后才能将货物送达到消费者手里。配送是指在经济合理区域范围内,根据用户要求,对物品进行拣选、加工、包装、分割、组配等作业,并按时送达指定地点的物流活动。它是从最后一个物流节点到用户之间的物资空间移动过程。从两者各自的定义可以看出运输和配送重要的区别在于:运输是两点之间货物的输送,而配送是一点对多点的货物运输过程。图 6-2 很好地说明了两者之间的关系,其中整个图是货物的分拨过程,A、B、P_1、P_2 和 P_3 表示地点。A 到 B 的距离较大,P_1、P_2 和 P_3 表示终端客户的位置。

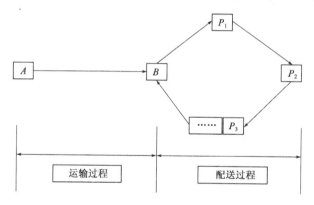

图 6-2 运输与配送的区别

因此,配送是相对于干线运输而言的概念。从狭义上讲,货物运输分为干线部分的运输和支线部分的配送。从工厂仓库到配送中心之间的批量货物的空间位移称为运输,从配送中心向最终用户之间的多品种、小批量货物的空间位移称为配送。

3)运输在物流系统中的作用

(1)运输是物流系统功能要素的核心

一般来说,运输功能创造了物品的空间效用,储存功能创造了物品的时间效用,流通加工功能则创造了物品的形态效用,而物流系统的其他功能活动都是围绕这三大功能进行的。但是,三者在物流中的地位是不同的。

在社会化大生产条件下,产品生产和消费在位置空间上的背离矛盾不但不会消除,而且会呈现出扩大的趋势。这种趋势带来的直接影响就是对物流业,特别是对运输业务越来越大的需求,这在客观上突出了运输功能的主导作用,与此同时,随着生产技术的发展和管理水平、信息化程度的提高,生产企业可以做到柔性化和定制化,以此缩短产品生产与消费在时间上的差距;同时,流通和消费企业可以做到计划采购或计划订货,以此缩短商品流通与消费在时间上的差距。企业可以根据流通和消费企业的订货计划和要求,将企业用户需要的原材料、零配件或商品按品种和数量,及时准确地运送到生产线或消费地,进入消耗或消费,使生产、流通和消费之间做到"无缝连接"。这些变化强化了运输和其物流功能的作用,降低或消除储存功能的作用,使得通过储存保管实现物品的时间效用呈现出弱化趋势。虽然流通加工可以更好地满足用户的要求,如蔬菜的洗切加工、玻璃的套裁加工等可以促进销售,但这些加工后的物品需要借助于运输或配送的紧密配合才能使用户的消费得以最终实现。也就是说,流通加工只有借助运输或配送才能实现物品的形态效用。

所以,在物流系统的三大效用功能要素中,运输功能的主导地位和核心要素作用日益显著,从而成为物流系统最为核心的功能要素。

(2)运输是实现物流合理化的关键

物流的合理化是指在各物流子系统合理化基础上形成最优的物流系统整体功能,即系统以尽可能低的成本创造更大的空间效用、时间效用和形态效用,或者说,以最低成本为用户提供更好的物流服务。

物流系统由七个功能要素的子系统构成,其整体的合理化是在各物流子系统合理化的基础之上,通过物流各子系统之间的有机结合来实现的。不过物流各功能要素在物流整体功能合理化过程中所发挥的作用有所不同,其中,运输是实现物流合理化的关键,这是因为:①在科学技术不断进步、生产的社会化和专业化程度不断提高的今天,一切物质产品的生产和消费均离不开运输,因此,运输作为物流系统中的动脉系统,是物流创造空间效用的主要功能要素,在物流系统整体功能合理化的过程中发挥着中心环节的作用;②运输与物流活动中的其他环节有着较为密切的关系,运输活动的合理与否能直接或间接影响到其他物流活动的合理化程度;③运输费用在全部物流费用中占有较大比重,是影响物流成本的一项重要因素。

(3)运输体系的完善是实现物流社会化的基础

目前,物流运输业正在不断发展与完善,大力发展公路、铁路、水运和航空的联合运输,鼓励货物运输的高速化与集装箱化,建立集约化的物流中心,实行物资的及时与共同配送正在成为交通运输业的主要发展方向。在运输体系不断完善的过程中,交通运输业的内部也形成了自己的专业化分工。行业的基础层是公路、铁路、水运和航空运输公司,他们主要实现运输线路的畅通并能及时进行运输工具的调度,以确保运输时间与运输质量满足客户的要求;行业的另一层面是那些直接承接运输业务的综合性物流公司,他们根据客户的具体要求,为客户设计出完整的运输方案,并综合运用多种运输方式,及时完成物品在交易主体之间的转移。这样一个立体的运输网络就形成了,每个企业都能够通过这个网络以较低的成本构建自己的供应链,实现自己的物流计划,从而为物流社会化的实现提供基础条件。

6.1.2 物流运输系统

系统是由相互作用和相互依赖的若干组成部分(要素)结合而成的、具有特定功能的有机整体,而且这个整体也是它从属的更大系统的组成部分。要素是系统最基本的单位,是系统存在的基础和实际载体。运输系统是由运输诸要素组成的,各要素相互联系并使运输功能合理化的整体。换句话说,运输系统就是在一定的时间、空间内,由运输过程所需的基础设施、运输工具和运输参与者等若干动态要素相互作用、相互依赖和相互制约所构成的具有特定运输功能的有机整体,该系统同时也是物流系统中的核心子系统。

1) 物流运输系统的要素

构成运输系统的要素主要有基础设施、运输工具和运输参与者。

(1) 基础设施

基础设施又分为运输线路与运输节点两个要素。

① 运输线路

运输线路是供运输工具定向移动的通道,也是运输赖以运行的基础设施之一,是构成运输系统最重要的要素。在现代运输系统中,主要的运输线路有公路、铁路、航线和管道。其中,铁路和公路为陆上运输线路,除了引导运输工具定向行驶外,还需承受运输工具、货物或人的质量;航线有水运航线和空运航线,主要起引导运输工具定位定向行驶的作用,运输工具、货物或人的质量由水或空气的浮力支撑;管道是一种相对特殊的运输线路,由于其严密的封闭性,所以既充当了运输工具,又起到了引导货物流动的作用。

② 运输节点

所谓运输节点,是指以连接不同运输方式为主要职能,处于运输线路上的承担货物集散、运输业务办理、运输工具保养和维修的基地与场所。运输节点是物流节点中的一种类型,属于转运型节点。公路运输线路上的停车场(库)、货运站,铁道运输线路上的中间站、编组站、区段站、货运站,水运线路上的港口、码头,空运线路上的空港,管道运输线路上的管道站等都属于运输节点范畴。一般而言,由于运输节点处于运输线路上,又以转运为主,所以货物在运输节点上停滞的时间较短。

(2) 运输工具

运输工具是指在运输线路上用于载运货物并使其发生位移的各种设备和装置,它们是运输能够进行的基础设备,也是运输得以完成的主要手段。运输工具根据从事运送活动的独立程度可以分为三类。

① 仅提供动力,不具有装载货物容器的运输工具,如铁路机车、牵引车、拖船等。

② 没有动力,但具有装载货物容器的从动运输工具,如车皮、挂车、驳船、集装箱等。

③ 既提供动力,又具有装载货物容器的独立运输工具,如轮船、汽车、飞机等。

管道运输是一种相对独特的运输方式,它的动力设备与载货容器的组合较为特殊,载货容器为干管,动力装置设备为泵(热)站,因此设备总是固定在特定的空间内,不像其他运输工具那样可以凭借自身的移动带动货物移动,故可将泵(热)站视为运输工具,甚至可以连同干管都视为运输工具。

(3) 运输参与者

运输活动的主体是运输参与者,运输活动作用的对象(运输活动的客体)是货物。货物的所有者是物主或货主。运输必须由物主和运输参与者共同参与才能进行。

① 物主

物主包括托运人(或称委托人)和收货人,有时托运人与收货人是同一主体,有时不是同一主体。不管托运人托运货物,还是收货人收到货物,他们均希望在规定的时间内,以最低的成本、最小的损耗和最方便的业务操作,将货物从起始地转移到指定的地点。

②承运人

承运人是指运输活动的承担者,他们可能是铁路货运公司、航运公司、民航货运公司、储运公司、物流公司或个体运输业者等。承运人是受托运人或收货人的委托,按委托人的意愿以最低的成本完成委托人委托的运输任务,同时获得运输收入。承运人根据委托人的要求或在不影响委托人要求的前提下,合理地组织运输和配送,包括选择运输方式、确定运输线路、进行货物配载等。

③货运代理人

货运代理人是根据用户的指示,为获得代理费用而招揽货物、组织运输的人员,其本人不是承运人。他们负责把来自各用户的小批量货物合理组织起来,以大批量装载,然后交由承运人进行运输。待货物到达目的地后,货运代理人再把该大批量装载拆分成原先较小的装运量,送往收货人。货运代理人的主要优势在于大批量装载可以实现较低的费率,并从中获取利润。

④运输经纪人

运输经纪人是替托运人、收货人和承运人协调运输安排的中间商,其协调的内容包括装运装载、费率谈判、结账和货物跟踪管理等。经纪人也属于非作业中间商。

2) 物流运输系统的特征

物流运输系统不仅具有一般系统所共有的特征,即整体性、目的性、相关性、层次性、动态性和环境适应性,而且同时还具有其自身显著的特征。

(1) 运输服务可以通过多种运输方式实现。

货物运输方式主要有公路运输、铁路运输、航空运输、水路运输以及在我国所占比例尚不太大的管道运输。各种运输方式对应于各自的技术特性,有不同的运输单位、运输时间和运输成本,因而形成了各运输方式不同的服务质量。也就是说,运输服务的利用者,可以根据货物的性质、大小、所要求的运输时间、所能负担的运输成本等条件来选择相适应的运输方式,或者合理运用多种运输方式,实行联合运输。

(2) 运输服务可分成自用(营)型和营业型两种形态。

自用型运输多限于货车运输,部分水路运输中也有这种情况,但数量很少。而航空、铁路这种需要巨大投资的运输方式,自用型运输难以开展。营业型运输在公路、铁路、水路、航空等运输业者中广泛开展。对于一般企业来讲,可以在自用型和营业型运输中进行选择。最新的趋势是逐渐从自用型向营业型运输方式转化。

(3) 运输业者不仅在各自的行业内开展相互的竞争,而且还与运输方式相异的其他运输企业开展竞争。

虽然各运输方式都存在着一些与其特性相适应的不同的运输对象,但是,也存在着多种运输方式都适合承运的货物,这类货物的运输就形成了不同运输手段、不同运输业者之间的相互竞争关系。例如,日用品、家用电器不仅可以利用货车运输,而且也可以成为铁路集装箱、水路集装箱运输的对象。此外,像电子部件、新鲜水果、蔬菜等商品运输就存在着汽车运输与飞机运输的竞争。

(4) 物流运输存在着实际运输和利用运输两种形式。

实际运输是实际利用运输手段进行运输,完成商品在空间上的移动。利用运输是运输业者自己不直接从事商品运输,而是把运输服务再委托给实际运输商。这种利用运输的代表就是代理型运输业者。他们从事更大范围的物流活动,通过协调、整合多种不同的运输机构来提供运输服务。

(5)运输系统的现代化趋势。

所谓运输系统的现代化,就是采用当代先进适用的科学技术和运输设备,运用现代管理科学,协调运输系统各构成要素之间的关系,达到充分发挥运输功能的目的。运输系统的现代化也促使运输系统结构发生根本性的改变,表现在:

①由单一的运输系统结构转向多种方式联合运输的系统结构,如汽车—船舶—汽车、汽车—火车—汽车、船舶(港口)—火车(站场)—汽车(集散场)等不同的联合运输系统。

②建立了适用于矿石、石油、肥料、水泥、煤炭等大宗货物的专用运输系统。

③集包装、装卸、运输一体化,使运输系统向托盘化与集装箱化方向发展。

④顺应全球经济发展的需要,一些发达国家陆续开发了一些新的运输系统,如铁路传送带运输机械、筒状容器管道系统、城市中无人操纵收发货物系统等。

3)物流运输系统的构成

(1)按运输方式划分

按运输方式划分,物流运输系统由公路运输、铁路运输、水路运输、航空运输和管道运输构成。

①公路运输

公路运输是指主要使用汽车或其他运输工具(如拖拉机、人力车等)在公路上载运货物的一种运输方式。公路运输与铁路运输是陆路运输的两个基本运输方式,在一个国家的社会生活和国民经济中发挥着重要作用。近些年来,我国公路运输占总运输量的比重一直保持各运输方式中的最高水平。

②铁路运输

铁路运输是指在铁路上把车辆编组成列车载运货物的另一种陆上运输方式,它是现代最重要的货物运输方式之一。我国几乎所有大批量的货物运输都是依靠铁路进行运输的,是干线运输中起主力作用的重要运输方式,每年货物周转量有20%以上由铁路运输完成。

③水路运输

水路运输是指使用船舶及其他航运工具,在江河、湖泊、海洋上载运货物的一种运输方式。水路运输主要承担着大量的货物运输任务,特别是在国际货物运输中发挥着巨大的作用。水路运输有四种运输行驶,即沿海运输、近海运输、远洋运输和内河运输。全球范围内国家之间的大批量货物运输主要是靠远洋运输来实现,远洋运输是国际物流运输中的主要运输形式。

④航空运输

航空运输是指使用飞机或其他航空器进行货物运输的一种运输方式。航空运输以其快速的运输服务在运输业中发挥着独特的作用。航空运输在我国是增长最快的行业。2007~2011年,我国航空货物运输量由401.8万t增长到557.5万t,航空货物周转量由116.4亿t·km增长到173.9亿t·km。

⑤管道运输

管道运输是指利用管道输送气体、液体和粉状固体的一种特殊的运输方式,它是随着石油和天然气产量的增大而发展起来的,目前已成为陆上油、气运输的主要运输方式。本书所述的管道运输仅指长距离管道运输,不包括城市自来水、煤气等的管道运输。

(2) 按运输线路的性质划分

按运输线路的性质划分，物流运输系统由干线运输、支线运输、二次运输和厂内运输构成。

① 干线运输

所谓干线运输，是指利用铁路与公路的骨干线路、大型船舶的固定航线以及枢纽机场的定期航线进行的长距离、大批量的运输。干线运输是运输的主体，是使货物进行远距离空间位移的重要运输方式，其运输速度较同种工具的其他运输要快，成本也相对低一些。

② 支线运输

所谓支线运输，是指与干线相接的分支线路上的运输。支线运输是干线运输与收、发货地点之间的补充性运输方式，一般路程较短，运输量相对较小。因为支线的建设水平往往低于干线，运输工具也往往落后于干线，所以运输速度也慢于干线。

③ 二次运输

所谓二次运输，是指干线、支线运输到目的站后，目的站与用户仓库或指定地点之间的运输。由于这是一种补充性的、以满足个体单位需要的运输方式，所以运输量相对更小。

④ 厂内运输

所谓厂内运输，是指在工业、企业的内部，直接为生产过程服务的运输方式。厂内运输一般在车间与车间之间、车间与仓库之间进行，而小企业内部及大企业的车间内部、仓库内部的这种运输一般称为"搬运"。厂内运输一般使用载货汽车，搬运则使用叉车、输送机等。

(3) 按运输作用划分

按运输作用划分，物流运输系统由集货运输和配送运输构成。

① 集货运输

所谓集货运输，是将分散的货物集聚起来以便进行集中运输的一种运输方式。因为货物集中后才能利用干线进行大批量、长距离的运输，所以，集货运输是干线大规模运输的一种补充性运输，多是短距离、小批量的运输。

② 配送运输

所谓配送运输，是指将节点中已按用户要求配装好的货物分送到各个用户处的运输方式。这种运输一般发生在干线运输之后，是干线运输的补充和完善，而且由于发生在末端，所以多是短距离、小批量的运输。

(4) 按运输的协作程度划分

按运输的协作程度划分，物流运输系统由一般运输、联合运输和多式联运构成。

① 一般运输

所谓一般运输，是指孤立地采用不同运输工具或同类运输工具而没有形成有机的协作关系的运输方式，如单纯的汽车运输、火车运输等。

② 联合运输

所谓联合运输，是指使用同一运输凭证，由不同的运输方式或不同的运输企业进行有机的衔接来接运货物，利用每种运输手段的优势，发挥不同运输工具的效率的一种运输方式。联合运输的方式有铁海联运、公铁联运、公海联运等。进行联合运输，不仅可以简化托运手续，加快运输速度，而且可以节约运费。

③ 多式联运

所谓多式联运，是指根据实际要求，将不同的运输方式组合成综合性的一体化运输，通过一次托运、一次计费、一张单证、一次保险,由各运输区段的承运人共同完成货物的全过程运输,即将全过程运输作为一个完整的单一运输过程来安排的一种运输方式。多式联运是联合运输的一种现代形式,通常在国内大范围物流和国际物流的领域中广泛使用。

(5)按运输中途是否换载划分

按运输中途是否换载划分,物流运输系统由直达运输和中转运输构成。

①直达运输

所谓直达运输,是指利用一种运输工具从起运站、港一直到终点站、港,中途不经过换载、不入库存储的运输方式。直达运输不仅可避免中途换载所出现的运输速度减缓、货损增多、费用增高等一系列弊端,而且能缩短运输时间、加快车船周转、降低运输费用。

②中转运输

所谓中转运输,是指在货物运往目的地的过程中,在途中的车站、港口、仓库进行转运换装的一种运输方式。中转运输可以有效地衔接干线运输和支线运输,可以化整为零或集零为整,从而方便用户,提高运输效率。

(6)按运输领域划分

按运输领域划分,物流运输系统由生产领域的运输和流通领域的运输构成。

①生产领域的运输

生产领域的运输一般是在生产企业内部进行的,因而称之为厂内运输。它作为生产过程中的一个组成部分,是直接为物质产品的生产服务的,包括原材料、在制品、半成品和成品的运输,这种厂内运输又称为物料搬运。

②流通领域的运输

流通领域的运输作为流通领域里的一个环节,是生产过程在流通领域的继续。其主要是对物质产品的运输,是完成物品从生产领域向消费领域在空间位置上的物理性的转移过程。它既包括物品从生产所在地直接向消费(用户)所在地的移动,又包括物品从配送中心向中间商的移动。

除此之外,还可以按运输主体划分,将物流运输系统分为自有运输、营业运输和公共运输;按产权性质划分,可将物流运输系统分为国营运输和民营运输;按运输的空间范围划分,可将物流运输系统分为市内运输、城际运输、乡村运输,或者分为国内运输、国际运输等。

6.1.3 物流运输结构

随着社会经济的发展和科学技术的进步,运输结构也在不断变化与发展中。研究运输结构并使之趋于合理,对有效利用和发挥各种运输方式的优势,使之协作配合、相互促进、全面发展,高效率、高质量地满足国民经济对运输的需要,保持生产和运输的平衡,从而获得最大的经济效益和社会效益,有着十分重要的意义。

1)物流运输结构的含义

运输结构是运输部门内外部相互联系的各个方面和环节的有机比例和构成,可分为宏观、中观和微观三个层次。

(1)宏观运输结构

宏观运输结构反映了运输业与国民经济结构的关系。它是从国民经济角度考察运输业与国民经济的相互关系及其构成比例,包括运输供给与运输需求的比例及其适应程度,为发展运输业而投入的生产要素（资金、劳力、物资）占国民经济的比例及其发展趋势，运输业产出（运输量、运输业产值）占国民经济的比例及其发展趋势等。考察宏观运输结构在于揭示运输业与国民经济的内在联系及其发展规律，把握运输态势，采取对策，增加运输供给，满足运输需求。

（2）中观运输结构

中观运输结构从运输业内部考察各种运输方式的相互关系及其构成比例，包括各种运输方式的运量构成比例及运输分工和协作，各种运输方式运网结构及其衔接，运输投资分配比例关系等。考察中观运输结构，目的有三个：①发挥各种运输方式的优势，扬长避短，并采取措施，引导和调控运量分配，建立合理的运输结构；②发现各种运输方式的滞后程度，以便确定建设的重点；③推进运输协作，发展联合运输。

（3）微观运输结构

微观运输结构是从每种运输方式的内部考察运输对象和各个运输环节的构成比例，包括不同货类运输比例，运距构成比例，运输技术结构（即运输线路与运输工具）比例，点（港、站、枢纽）线（运输线路）能力比例，技术等级比例，资金、劳力投入要素比例，技术装备构成以及运输企业组织结构等。考察微观运输结构可以发现运输的薄弱环节，以便采取措施重点加强，提高总体运输能力。这是各个运输部门进行运营管理和安排建设的对象，所以各运输部门对所管理的运输方式的内部结构十分重视。

上述运输结构的三个层次不是孤立、互不关联的，而是相互联系、相互影响的。宏观运输结构决定着中观和微观运输结构，中观和微观运输结构是宏观运输结构的基础，并且要服从宏观运输结构的要求。

中观层次上运输结构是本节讨论的主要内容，在研究对象上则以运量结构和运网结构为主。所以，本书从运量结构和运网结构两个方面对运输结构进行详细阐述。

2）运量结构影响因素

（1）需求结构的变化

主要发达国家经济和运输的发展历史表明，运输结构的变动正是适应运输需求变化的反映，运输需求结构变化的根源在于产业结构的变化，产业结构和运输结构存在着必然的联系。产业结构的变化必然引起产品结构的变化，从而促使运输的货种结构也随之变化，而各种运输方式的技术经济特征不同，其适用对象与优势范围亦不同。因此，随着货种结构的变化，各种运输方式的发展速度也相应变化，致使运输结构随着变化。在产业结构的不同发展阶段，社会生产和居民消费对货物运输在数量和质量上的要求是有区别的，货物运输的发展首先是从满足数量的需求开始，然后逐渐适应快速、方便、安全、节约包装等的运输要求。运输需求结构变化总的趋势是多样化、高质量的运输需求的比重越来越大。总之，不同时期的运输需求结构要有相应的运输结构为其服务，从而引起运输结构的变化。

（2）供给因素的变化

运输业的供给因素是指科技进步为运输工具的革新所提供的技术手段，以及经济实力为运输业的发展所提供的物质基础。蒸汽机的发明促使了19世纪铁路的出现，水上运输也由帆船发展为轮船。20世纪初在以电气化为标志的第二次技术革命的推动下，汽车工业和航空工业发展起来。到20世纪50~60年代以后，发生了以电子信息、新型材料、生物技术等为标志的第三次技术革命，各种运输方式借助技术革命的成果不断改进各自的运输工具，向高速、重载、低能耗的方向发展,提高了自身的竞争力,如通过研制高速铁路,逐渐失去垄断地位的铁路有可能与航空运输、高速公路一争高低。迅猛发展的现代信息技术促进了运输业在组织管理电子计算机化和运输工具智能化两个主要方面的深刻变革。总之,科学技术的进步不仅使五种现代运输方式得以改进和提高,而且使得整个运输业向着运输方式多样化的方向发展。不同运输方式的供给程度发生了变化,必然引起整个社会的运输结构发生变化。

(3) 国内经济政策的影响

一个时期的经济政策是政府根据运输需求的变动而对某种运输方式给予相应的扶持或限制,是用以调整运输结构的手段。经济政策是否合理,会影响运输结构的改变与合理化。投资政策影响投资结构,是调整运输结构最直接的手段,而运价、信贷和税收是连动的经济杠杆,对运输结构的调整也起着巨大的作用。例如,美国政府曾经为了加速铁路建设,大量赠与所需土地,并采取了提供低息或无息贷款、减免税收和财政补贴等一系列优惠措施,第二次世界大战前后又由各级政府出资有力支持公路和航空业的高速发展,这些都对运输结构的调整产生了重要影响。又如,我国铁路运输价格的调整,直接影响铁路的货运量。

除了以上三个方面,地理位置、资源分布和生产布局等也是影响运量结构的重要因素。

3) 运网结构影响因素

一个国家的运网结构及其内容是由多方面因素决定的,既与该国的运输程度有关,又与该国的地理位置、国家大小、国民收入水平、发展战略等自然、经济条件以及国家政策有关,甚至还与世界经济的波动周期以及技术革命等因素相联系。

对于欧美发达国家来讲,这些国家工业化的时间早,运网结构演变的特点是运网结构演变过程的完整性和各种运输方式之间的传递性,即各种运输方式经过诞生、成长、饱和及衰退几个阶段。

发展中国家的情况千差万别。但从总体上来说,发展中国家的运输网络发展一般存在以下特点:运网发展往往都不完整,表现在运输线路长度不足,运输网络的空间分布不合理;技术装备水平参差不齐,先进运输工具和原始交通方式长期并存,运输能力不足。

影响发展中国家运输网络演变的主要因素有:①国家的工业和运输水平;②第二产业中传统产业和高、新技术产业的发展、水平和比例;③国民人均收入水平及国民收入的分布情况;④国家及地区的发展战略(产业政策、经济发展规划)等。这些影响因素和欧美发达国家既存在相似之处,又有区别。在运输业发展过程中,发展中国家由于可以利用经济发达国家的现成技术,铁路、公路、水运、管道和航空的现代运输方式同时都得到了发展,从而使发展中国家运输网络结构的演变不像欧美发达国家那样具有相对严格的传递性。也就是说,运网的成长可能不是沿着运河—铁路—公路—航空传递的,而是各种运网在某一时期均可能呈现发展状态,只是在某一时期发展的侧重点有所不同。

6.2 物流运输的成本与价格管理

6.2.1 物流运输成本管理

物流运输成本管理在物流运输管理中占有重要地位,其水平的高低直接影响着整个企业以及物流系统的效益水平。运输成本受许多因素的制约和影响,应从运输规划、运输方式以及运输策略等多方面对运输成本进行控制,从而从整体上达到降低运输成本、增加物流运输效益、有效地满足客户需求的目的。

1)物流运输成本构成

运输成本是运输生产中耗费的物化劳动和活劳动的货币表现,也就是运输生产中耗费的原材料、燃料、动力、固定资产等生产资料的价值,支付劳动者的劳动报酬以及管理费用的货币表现。

通常,运输成本可根据成本的特性划分为变动成本、固定成本、联合成本和公共成本。

(1)变动成本

变动成本是指与每一次运输直接相关的费用,它与运输里程和运输量成正比。因此,只有在运输工具投入运营时才会产生变动成本。变动成本包括与承运人运输每一票货物有关的直接费用,它通常按照每公里或每单位质量的费用来衡量。这类成本还包括劳动成本、燃料费用和维修保养费用等。

(2)固定成本

固定成本是指在短期内不随运输里程和运输量变化而变化的成本。这类成本在短期内不发生变化,但又必须得到补偿。它一般包括各种设施设备费用、投资、利率、保险和税收等。此外,企业的运输端点站、运输设施、运输工具、信息系统的设立和购置等方面的费用也属于固定成本。

(3)联合成本

联合成本是指决定提供某种特定的运输服务所发生的不可避免的费用。例如,当承运人决定装载一货车的货物从 A 地运往 B 地时,货车从 B 地返回 A 地的费用是不可避免的,这部分费用为联合成本。联合成本可以从最初决定的由 A 地到 B 地的运输中得到补偿,也可以通过寻求回程货物运输,由回程货物运价给予补偿。联合成本对运输收费有很大的影响,因为承运人索要的运价中必须包括隐含的联合成本,它的确定要考虑托运人有无适当的回程货,或者这种回程运输费用由原先的托运人来弥补。

(4)公共成本

公共成本是指承运人代表所有的托运人或某个分市场的托运人支付的费用。公共成本(如端点站、路桥费或管理部门收取的费用)通常是按照装运处理的数量分摊给托运人,因此,它具有一般管理费用的特征。

2)不同运输方式成本构成的特点

(1)铁路运输成本构成特点

铁路运输的固定成本高,可变成本较低。一是"与运量无关"的成本费用(指线路、通信设备、大型建筑物等的使用和维护费用,以及管理人员工资等),占铁路运输成本比重高达 50% 左右,所以规模经济对于降低铁路运输成本十分重要;二是装卸成本、制单和收费成本、调度换车成本等始发和终到作业费用,约占运输成本的 18%,致使铁路运输的端点成本很高,所以运距较短时,铁路运输的平均成本较高。

(2)水路运输成本构成特点

水路运输成本构成具有高变动成本和低固定成本的特征。大自然提供了航道,水运企业不必自己投资建设运营线路,而且航道的维护、改善和管理一般由政府负责,水运企业在使用政府提供的基础设施时支付相应的使用费,如船闸费、港口费等,这些费用与运量直接相关。

所以,水路运输的变动成本较高。

水路运输成本除了主要取决于货运量的大小之外,大型船舶的始发和终到作业费占运输货运成本的比例也较高,所以运距的长短对水路运输成本影响较大,运距越长,则平均成本越能大幅下降。此外,货物种类、船舶类型、运营工作质量、通航期的长短、保证通航的深度、运输方向(顺流或逆流)、水流速度都不同程度地影响水路运输成本。一般来说,由于海运平均运距较长,所以海运平均成本大大低于其他运输方式。

(3)公路运输成本构成特点

公路运输成本构成具有较高的变动成本和较低的固定成本特征。公路运输使用的公路大多为公共投资,公路运输企业对车站的投资也比较少,所以其固定成本较低。公路运输成本的大部分属于日常运行支出,即燃油、工资和维修费用等组成的变动成本。因此,规模经济的长期效益对公路运输企业来说不具有十分重要的意义。公路运输成本构成的另一个特点是其始发费和中转费较低。由于公路运输一般均是直达运输,无中转费用,而始发和终到作业费占运输成本的比例比铁路运输和水路运输的低得多。

(4)航空运输成本构成特点

航空运输成本构成具有低变动成本和高固定成本的特征。一般来说,航空运输成本中40%是变动成本,60%是固定成本。固定成本之所以比较高,主要是因为航空公司使用的飞机价值非常昂贵。航空运输的固定成本包括保险费、飞机大修费、员工基本工资、高价周转件摊销等。变动成本包括煤油消耗费用、飞机维修费、飞机津贴补助费、飞机起降服务费、进出指挥费和航路费等。因此,规模经济对航空运输成本的影响非常大。航空运输成本主要取决于飞机类型、载质量及其利用率。机型先进、载质量大、利用率高,则航空公司运输成本就低;反之,成本就高。

(5)管道运输成本构成分析

与铁路运输相似,管道运输的固定成本比较高,而变动成本比较低。管道业需要铺设管道和建设沿线泵站及终端站,且管道运输自动化程度高,它的人工开支很小。这些都使得管道业的固定成本要高于变动成本,因此,管道运输业有较为显著的规模经济效应。

3)影响运输成本的因素

(1)运送距离

由于运送距离直接对劳动、燃料和维修保养等变动成本发生作用,所以它是影响运输成本的主要因素。图6-3显示了距离和成本的一般关系。从图中可以看出:第一,成本曲线不是从原点开始的。这是因为运输成本中的固定成本以及与货物提取和交付活动相关的费用与距离无关,即使没有发生运输活动,这些费用也已经发生了。第二,成本曲线是随距离的增大而渐缓增长的一个函数。也就是说,运输距离越长,单位距离的运输成本越低,这又被称作运输成本的递远递减性质。

(2)载货量

与其他许多物流活动一样,大多数运输活动都存在着规模经济。装载量的大小会影响运输成本,也是运输规模经济的一个重要表现。图6-4说明了每单位

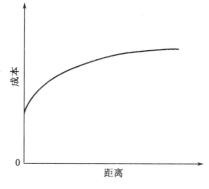

图6-3 运输成本和距离的关系

质量的运输成本随载货量的增加而减少,这是因为提取和交付活动的固定费用以及行政管理费用可以随载货量的增加而被分摊。当然,载货量要受运输工具最大尺寸的限制。所以,企业为了提高运输效益,就可以将小批量的载货整合成更大的载货量,以获得规模经济效应。

(3) 货物的疏密度

货物的疏密度是综合考虑货物质量以及占据空间的一个指标,也是影响运输成本的重要因素。该因素之所以重要,是因为运输成本通常表示为每单位质量所花费的数额,而在质量和空间方面,运输工具更多的是受到空间限制,而不是质量限制。即使该产品的质量很轻,运输工具一旦满载,也就不可能再增加装运数量。既然运输工具实际消耗的劳动成本和燃料成本基本不受质量的影响,那么货物的疏密度越高,单位质量的运输成本相对降低。图6-5就说明了每单位质量的运输成本随货物疏密度的增加而下降的关系。

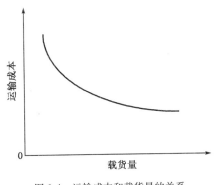

图 6-4 运输成本和载货量的关系

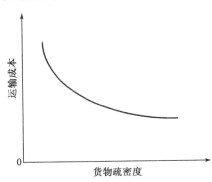

图 6-5 运输成本与货物疏密度的关系

(4) 装载性能

装载性能又称空间利用率,是指货物利用运输工具(铁路车厢、拖车或集装箱)空间的程度。由于有些产品具有古怪的尺寸、形状或超重超长等特征,通常不能很好地进行装载,因此浪费运输工具的空间。例如,谷物、矿石和散装石油具有良好的装载性能,因为这些货物可以完全填满运输工具,其他货物,如车辆、机械、牲畜等,都不具有良好的装载性能。

货物的装载性能由其大小、形状和弹性等物理特性所决定。具有相同密度的产品,其装载差异可能很大。一般来说,具有标准矩形的产品要比形状不规则的产品更容易装载。例如,钢块与钢条具有相同的密度,但由于钢条的长度和形状,使其装载起来就更困难一些。装载能力还受到装运规模的影响,大批量的产品往往能够相互嵌套、便利装载,而小批量的产品则有可能难以装载。例如,垃圾罐装车有可能实现相互嵌套,而单独一个垃圾罐装载起来就显得较为困难。

(5) 装卸搬运的难易程度

货物装卸搬运的难易程度也是影响运输成本的因素之一。装卸搬运难度较高的货物,其装卸搬运费用较高,因而运输成本通常也较高。大小或形状一致的货物(如纸箱、罐头、筒)搬运费用较低;有些货物需要用专门的装卸搬运设备处理,搬运费用较高。此外,产品在运输和储存时实际所采用的成组方式(如用带子捆起来、装箱或装在托盘上等)也会影响搬运成本。

(6) 货物的易损性

有些货物具有易损、易腐、易自燃、易自爆、易偷窃等特性,容易带来损坏风险和导致索赔事故,运输这些货物时除需要特殊的运输工具和运输方式外,承运人还必须通过货物保险来预防可能发生的索赔,从而增加运输成本。

(7)市场因素

除了货物特性以外,市场因素同样也会对运输成本产生较大的影响。其中,较显著的因素有:同种运输方式间的竞争以及不同运输方式间的竞争,政府对运输活动的管理、限制和法律的规定,市场的位置(如产品运输距离等),运输通道的均衡性等。

运输通道的均衡性是指运输起点与终点之间运输通道的流量是否均衡,如果不均衡,就会出现车辆返空现象并造成运力的浪费,从而影响运输成本。但由于制造地点与消费地点的需求不平衡,通道两端流量相等的情况很少见。这种均衡性也会受到季节性影响,类似于在销售旺季里运输水果和蔬菜的情况。这种需求的方向性和季节性会导致运输费率随方向和季节的变化而变化。

4)物流运输的成本控制

控制运输成本的目的是使总的运输成本降低,但又符合运输的可靠性、安全性与快捷性要求。运输成本的控制可以采用定量方法,如线性规划法、表上作业法、网络分析法等。运输合理化可以充分利用现有的时间、财务等资源,组织合理运输,使得运输距离最短、运输环节最少、运输时间最短和运输费用最省,所以它也是运输成本控制的主要手段。以下简要介绍几种运输成本控制的策略性方法。

(1)合理选择运输方式

使用不同的运输方式会给企业带来不同的运输成本,所以应根据实际需要合理选择运输方式。选择运输方式时,应根据不同货物的形状、价格、运输批量、交货日期、到达地点等情况,考虑运输工具的经济性和迅速性、安全性、便利性之间相互制约的关系,并进行综合评价。例如,可根据各种运输方式的成本与货物质量的关系来选择运输方式,以控制运输成本。图6-6为各种不同运输方式的成本比较。如果企业运送货物的质量平均少于10kg,则用空运可以降低运输成本;如果平均质量在10~35kg之间,则用载货汽车运送较为有利;当超过35kg时,由铁路运送将会降低运费。当然,在实际工作中,企业还要根据不同运送方式所带来的存货成本以及所需要的运送时间进行综合判断。

(2)拥有适当数量的车辆

企业拥有车辆过少,发货量多时,会出现车辆不足的现象,要从别处租车。相反,拥有车辆过多,发货量少时,会出现车辆闲置的现象,造成浪费。所以,对运输部门来讲,拥有适当数量的车辆是必要的。

(3)优化仓库布局

运输网络设置的优化可以从整个运输系统上控制运输成本。例如,通过优化仓库布局,可以实现运输时间最短,运输线路最短,从而达到运输成本最小化。

建立一个合理化仓库的基本原则是利用集运的规模经济性。一个制造商通常在广泛的市场区域中出卖产品,如果一些客户的订货是少量的,那么只要将他们的订货集中起来,形成足够的货运量去覆盖每个仓库设施的固定成本,并使仓库与当地发送的总成本等于或少于直接运送货物至客户的总成本,这样建立的仓

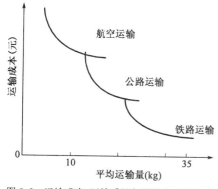

图6-6 运输成本、运输质量与运输方式的关系

库设施在经济上就是合理的。

(4) 实施集运策略

所谓集运,就是利用规模经济来降低运输成本的集中运输策略。当然,组织集运还要考虑因此而可能延迟物流响应时间的负面影响。从运作的角度看,集运有三种有效的方法:自发集运、计划集运和共同输送。

① 自发集运。集运最基本的形式是将一个市场区域中到达不同客户的小批量货物集中起来运输,即自发集运。这种方式在进行运输时只是修正,而不是自然的货物流动。

② 计划集运。计划集运就是将某一个时间段内的订单集中起来组织运输。通常,运输公司以集运互利的原则与客户沟通,并向客户作出承诺,保证所有在特定截止期前收到的订单都可在预定之日送货。

③ 共同输送。共同输送是指货运代理公司、公共仓储公司或运输公司为在相同市场中的多个货主安排货物运输的一种集运方式。货运代理公司主要是通过提供代理服务来集聚小批量货物从而达到共同运输的目的。公共仓储公司或运输公司通常具备大批量送货的集运能力,可以按照客户要求提供增值服务,如分类、排序、进口货物的单据处理等。

(5) 推行直运战略

直运即直达运输,就是在组织货物运输过程中,越过商业物资仓库环节或铁路等交通周转环节直接运达目的地的运输方式。就生产资料来说,由于某些物资体大笨重,一般采取生产厂商直接供应消费单位(生产消费)的方法实行直达运输。在商业部门,则根据不同的商品,采取不同的运输方法。有些商品规格简单,如纸张、肥皂等,可以由生产工厂直接运到三级批发商、大型商店或用户,越过二级批发商环节;也有些商品规格、花色比较复杂,可由生产工厂供应到批发商,再由批发商配送到零售商店或用户。至于外贸部门,多采取直达运输,对出口商品实行产地直达门岸的办法。

企业在决定是否采取直达运输战略时,必须考虑下述因素:该产品的特性(如单价、易腐性和季节性),所需运送的路程与成本,顾客订货的数量与质量,地理位置与方向等。

(6) 采用"四就"直拨运输

"四就"直拨运输,是指各商业、物资批发企业在组织货物调运的过程中,对当地生产或内外地调达的货物,不运进批发仓库,而是采取直拨的办法,把货物直接分拨给市内基层批发、零售商店或用户,减少一道中间环节,这样可以收到双重的经济效益。其具体做法有厂直拨,就车站(码头)直拨,就库直拨,就车(船)过载等。

(7) 提高装载量

提高装载量的主要做法有以下几种:

① 组织轻重装配。即把实重货物和轻泡货物组装在一起,既可充分利用车船装载容积,又能达到装载质量,以提高运输工具的使用率。

② 实行解体运输。对一些体大笨重、不易装卸又容易碰撞致损的货物,如自行车、缝纫机、科学仪器等可将其拆卸装车,分别包装,以缩小所占空间,提高运输装载效率。

③ 改进堆码方法。根据车船的货位情况和不同货物的包装形状,采取各种有效的堆码方法,如多层装载、骑缝装载、紧密半载等,以提高运输效率。

另外,充分利用各种运输方式的优势,推进联合运输,实施托盘化运输、集装箱运输、拼装整车运输等,也是运输成本控制的有效策略。

6.2.2 物流运输价格管理

在市场经济条件下,运输价格(简称运价)能有效地促进运输产业结构的优化,能在一定程度上,有效地调节各种运输方式的运输需求,并在国民经济各部门收入分配中起重要作用;同时,运价也是工商企业物流总成本的有机组成部分,是运输企业借以计算和取得运输收入的根本依据,它直接影响企业的生产经营决策和收入水平,所以运价管理是物流运输管理中的一项重要内容。

1)运价及其特点

运输企业的产品就是运输服务,这种运输产品不具有实物形态,在价值形式上不同于一般实物产品,主要表现在:运输产品的使用价值具有时空上的不可替代性;运输生产过程的劳动对象不构成运输产品的实体;货物流在构成、方向和时间上具有不均衡性;单位运输产品价值量存在递远递减的规律性;运输业的资金有机构成较高,固定资产损耗对运输价值影响很大。

运价是指运输企业对特定货物所提供的运输服务的价格。由于运输产品在价值形式上具有以上特点,因而与一般商品价格相比,运价有如下特点。

(1)运价只有销售价格一种形式

在运输生产过程中,运输企业为货主及其货物提供了运输服务,运价就是一种劳务产品价格。运输企业产品的生产过程也是其产品的消费过程,所以表现在运价上只有单一的销售价格形式,而不像其他有形商品那样有出厂、批发、零售价之分。同时,由于运输产品的不可存储性,当运输需求发生变化时,只能靠调整运输能力来达到运输供求的平衡。而在现实中运输能力的调整一般具有滞后性,故运价因供求关系而产生波动的程度往往较一般有形商品要大一些。

(2)运价与运输距离或路线有密切的关系

运输成本是随着距离的变化而递远递减的,因此,运价不仅要反映所运货物数量的多少,还要体现运输距离的远近。运输工具在不同线路上行驶,因自然条件、地理位置等有明显差别,即运输条件各不相同,即使货运周转量相同,运输企业付出的劳务量及供求关系也相差很大,因此运价还与运输路线密切相关。

(3)运价具有比较复杂的比价关系

运输业是社会公用事业,面向千家万户,联系各地区、各行业,各种运输对象对运输服务、运输质量有不同的要求,运输条件也是多种多样,这就决定了运输业必须实行适应多种运输需要的多种运价制度,即不同的比价。

(4)货物运价是商品销售价格的组成部分

在很大程度上,商品的生产地在空间上是与消费者相隔离的,这就必须经过运输才能满足消费者对商品的实际需要。在此过程中又必须通过价格作为媒介来实现商品的交换。这样,货物运价就成了商品销售价格的重要组成部分。

2)运价的形成因素

形成运价的因素比较复杂,主要有运输成本、盈利水平、运输供求关系、运输市场结构模式、国家有关经济政策、物价总水平以及各种运输方式之间的竞争等。

(1)运输成本

在正常情况下,运输企业为能抵偿运输成本并能扩大再生产,要求运价不低于运输成本。因此,运输成本便成为形成运价的重要因素和最低界限。

(2) 盈利水平

制定运价要考虑运输成本,通过运费收入补偿运输生产过程中的物化劳动和活劳动的消耗,并取得盈利,为企业提供一定数量的积累,用于扩大再生产。然而,制定运价时,确定盈利是一个非常复杂的问题。从运输业本身的特征来看,它属于资金有机构成高、固定资金比重大的行业,因此它适于利用资金利润率来定价。其计算公式是:

$$K = (C + V) + H \frac{\sum M}{\sum H} \tag{6-1}$$

式中:K——运输产品价格;

$C + V$——运输部门平均成本;

H——平均占用资金;

$\sum M$——全社会的利润额;

$\sum H$——全社会资金平均占用额;

$\frac{\sum M}{\sum H}$——全社会的资金利润率。

(3) 运输供求关系

运输供给和需求对运输市场价格的调节,通常是由于供求数量不同程度的增加或减少而引起的。为分析方便,以假定其中一个量不变为前提来讨论对运输市场价格的影响。

① 运输需求不变,供给发生变化对运输市场价格的影响。在图 6-7 中,S 为运输供给曲线,D 为需求曲线。当 D 不变时,由于运输供给下降,曲线 S 向左上移至 S_1,市场平衡点 A 移至 A_1,市场供给量从 Q_0 降至 Q_1,运输市场价格由 P_0 上升至 P_1。相反,若运输供给增长,曲线 S 向右下移至 S_2,市场平衡点由 A 移至 A_2,市场供给量从 Q_0 上升到 Q_2,运输市场价格由 P_0 下降至 P_2。

② 运输供给不变,需求发生变化而对运输市场价格的影响。在图 6-8 中,由于运输需求的增长,曲线 D 向右上移至 D_1,市场平衡点由 A 移至 A_1,市场需求量从 Q_0 上升至 Q_1,运输市场价格随之由 P_0 上升至 P_1。相反,若运输需求降低,曲线 D 向左下移至 D_2,市场平衡点由 A 下移至 A_2,市场需求量从 Q_0 下降至 Q_2,运输市场价格随之由 P_0 下降至 P_2。

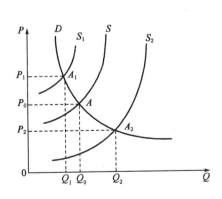

图 6-7 需求不变供给变化图

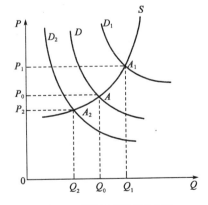

图 6-8 供给不变需求变化图

从以上分析可看出,运输需求或供给的变化都会引起运价的变化。

(4) 运输市场结构模式

不同结构类型的市场有不同的运行机制和特点,对运价的形成会产生重大影响。

①完全竞争运输市场，是指运输企业和货主对运输市场价格均不能产生任何影响的市场。在该种市场上，运输企业和货主都只能是运价的接受者，故运价完全由供求关系决定。现实社会虽然并不存在这种市场，但也有基本具备该市场条件的市场，海运中的不定期船市场即属于这类市场。首先，不定期船市场中的运输供给者（即船舶所有人或占有人）和需求者（货主）众多，无论谁都无法控制市场价格。其次，船舶所有人只要具备一定的经营条件和能力就可进入市场，投入运输。若市场不景气，即可随时退出，而不像班轮运输那样进入和退出都有较大限制。因此，不定期船，尤其是航次租船的运价可以说基本上是由市场供求关系决定的。不过，由于不正当竞争或竞争不充分，运价发生扭曲的现象也较为常见。

②完全垄断运输市场，又称为独占运输市场，指某一运输市场完全被一个或少数几个运输企业所垄断和控制。在这种市场上，垄断企业有自主定价权，它们可以通过垄断价格，获得高额利润。在现实中，完全垄断运输市场也并不存在。但是，由于我国铁路运输由国家独立经营，对铁路运输货物实行指令性价格，我国的铁路运输市场具有完全垄断运输市场的性质。然而，我国对铁路运输货物实现的所谓"垄断价格"，其出发点却并不是获得高额利润，而主要是从运输成本、运输供求关系、国家经济政策等因素定价，故同一般定义上的以获取最大利润为目的的"垄断价格"有很大区别。

③垄断竞争运输市场。它是指既有独占倾向又有竞争成分的市场。我国沿海、内河以及公路运输市场基本上属于这一类型。这种市场的主要特点是：同类运输产品在市场上有较多的生产者，市场竞争激烈；新加入运输市场比较容易；不同运输企业生产的运输产品在质量上（如快速性、货物完好程度）有较大差异，而某些运输企业由于存在优势而产生了一定的垄断性。在这种情况下，运输企业已不是一个消极的运价的接受者，而是具有一定程度决策权的决策者。

④寡头垄断运输市场。这是指某种运输产品的绝大部分由少数几家运输企业垄断的市场。在这种市场中运价主要不是由市场供求关系决定的，而是由几家大企业通过协议或某种默契确定的。海运中的班轮运输市场是较为典型的寡头垄断市场。首先，班轮运输是在特定航线上，有一定的停靠港口，定期开航的船舶运输，故一般经营班轮运输的船公司数量较少，但规模较大，因而进入或退出班轮运输市场均不是轻而易举的事。其次，在某一航线上若同时有几家班轮公司经营，就会产生激烈的竞争，其结果往往几方面都有所损失。于是国际船东垄断组织——班轮公会便应运而生。班轮公会的重要任务之一，就是通过共同制定所控制航线的运价来避免无休止的激烈竞争，因此班轮公会的参加者就成了该市场的寡头。

(5) 国家有关经济政策

运价是国家综合价格体系和国家宏观价格政策的重要组成部分，是受政府管制的公共价格。在不同时期，国家有不同的运价政策，以此来调整产业结构和产品结构，鼓励或限制某种商品的生产或消费，合理配置资源。这说明运价的决定机制不仅有经济性、市场性，而且也有行政性、政策性，从各国的情况看，运价的调整一般要经政府的批准或认可。

国家对运输业实行的税收政策、信贷政策、投资政策及价格政策等均会直接或间接地影响运价水平。长期以来，国家为扶植运输业，在以上诸方面均实行优惠政策。例如，目前国家对运输业所征营业税是第三产业中最低的，其税率仅为3%。因此，目前国家对运输业实现的优惠税率政策有利于稳定运价并促进运输业的发展。

(6)物价总水平

运输要保持与国民经济发展相适应,运价应当与物价总水平保持一致,这也是运价变动的基本经济规律。例如,我国铁路客货运输价格曾于1996年、1997年、1998年和2009年等进行了多次调整,基本上与同期物价总水平的上涨保持同步,提高幅度也与物价总水平上涨幅度接近。

(7)各种运输方式之间的竞争

影响运价水平的竞争因素有:运输速度、货物的完好程度,以及是否能实现"门到门"运输等。以运输速度为例,相同起讫地的货物运输可采用两种不同运输方式进行,此时运输速度较慢的那一种运输方式只能采用较低的运价。这是因为,就货主而言,它增加了流动资金的占用和因货物逾期、丧失市场机会而造成的市场销售损失。与运输速度较快的那一种运输方式相比,其理论降价幅度为上述两项费用之和。

3)运价的结构

运价结构是指运价体系各部分构成及其相互间的比例关系。运价结构主要分为按距离的差别运价结构、按线路的差别运价结构和按货种的差别运价结构。

(1)按距离的差别运价结构。这是根据运输里程而制定的运价结构体系,按距离的差别运价也称为里程运价或距离运价。里程运价目前主要有两种形式:均衡里程运价和递远递减运价。

①均衡里程运价。均衡里程运价指对同一货种而言,货物运价率(即每吨货物运价)的增加与运输距离的增加成正比关系,即每吨千米运价不论运输距离的长短均为不变值,如图6-9和图6-10所示。

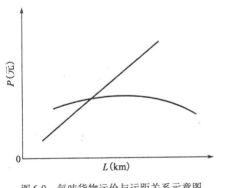

图6-9 每吨货物运价与运距关系示意图

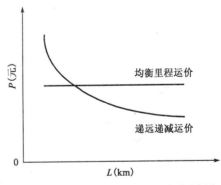

图6-10 每吨千米货物运价与运距关系示意图

交通运输部规定的国际集装箱运输国内段的公路运价就属于均衡里程运价,即以每箱公里进行定价,我国目前在公路和航空方面也实行均衡里程运价。公路货物运价之所以采用均衡里程运价形式,主要是因为在公路运输中,货物在始发地、终到地的作业成本占全部运输成本的比重很小,故每吨千米运输成本基本上不随运输距离的变化而变化,因此,均衡里程运价能较好地反映运输成本的变化。

②递远递减运价。递远递减运价指对同一货种而言,货物运价率虽然随运输距离的增加而相应增加,但并不成正比增加,致使每吨千米货物运价随运输距离的增加而逐渐降低。所谓"递远递减",是针对每吨千米运价随运输距离增加而相应减少而言的,如图6-9与图6-10所示。

递远递减运价被广泛使用于我国水路运输(包括沿海和内河)和铁路运输中。在水路和铁路运输中,由于运输工具的载质量比汽车大得多,故而在始发地、终止地发生的作业成本也较大。例如,在港(站)停留同样时间,船舶和火车发生的折旧费比汽车大得多。这样,在分析单位运输成本因运输距离的变化而发生变化时,这部分费用则不能忽略,在短途运输中尤其如此。无论在长距离或短距离运输中,如果港口(站)的作业条件一样,作为同一运输工具在始发地、终止地的作业成本没有改变,那么随着运输距离的增加,每吨千米的停泊成本(发生在水路运输)或停驶成本(发生在铁路运输)会随之下降,最终使每吨千米运输成本也随之下降。所以,在水路和铁路运输中多采用"递远递减"运价,以适应运输成本随运输距离的变化状况。

在运输实践中,属于里程运价结构的变形还有以下几种类型的运价结构。

①邮票式运价结构。它是指在一定区域范围内,不论运输距离长短,就像信件的邮票那样,收取同样的运费,即运价保持不变。像市内客运中的公共汽车、电车、地铁那样,某些货物的运输采用了此种运价结构。

②基点式运价结构。基点式运价结构作为里程式运价结构的变形,是不同运输方式以及不同运输线路之间竞争的结果。它是把某一到达站作为基点,制定基点运价,用发送站到基点站的运费,再加上或减去由基点到终点站的运费来计算运费总额,即利用超过或低于基点运价的差数来制定运价,所以这种运价结构又被称为差数运价系统。例如,某铁路公司经营的铁路 A 至 C 段之间,有一点 B 受到其他交通运输企业(如水运公司)的竞争威胁。为了争取货源,战胜对手,该公司不得不在 B 点降低运价,同时在无竞争威胁的其他路段收取较高运价以弥补损失。

③成组式运价结构。它又称为区域共同运价结构,是"递远递减"运价与邮票式运价相结合的结果。它是将某一区域内所有发站或到站集合成组,在一个组内的所有各站都采用同一运价。也就是说,在每一个区域内部均采用邮票式运价结构,但对不同的区域之间,则考虑运价的长短,采用里程式运价结构。

(2)按线路不同的差别运价结构。这是指按运输线路或航线不同分别确定的货物运价体系。按线路别的差别运价也称为线路运价或航线运价,它被广泛使用于国际海运和航空货物运输中,在部分公路运输中也有应用。

里程运价能较好地适应运输成本随运输距离变化的规律,但它也有不足的一面:①单位运输成本的"递远递减"规律,应以运输条件相同或基本相同作为前提条件,即运输具有一定的区域性(故可称为"航区运价"形式),否则距离运价便丧失了制定的基础。例如,同一艘船舶,在运输条件较差的长江上游行驶 200km 的每吨千米成本,可能比在运输条件较好的长江下游行驶 100km 的每吨千米成本还要高,并不呈现"递远递减"。此时若将整个长江作为一个航区统一实行距离运价,显然会严重脱离实际。②在市场经济条件下,货物运价的形成除运输成本外,还受运输供求关系、各种运输方式的竞争等多种因素的影响,因此,以运输成本为基础的距离运价有时在现实中无法实施。因此,对上述情况只有按不同线路(或航线)分别确定运价才更符合实际。

(3)按货种别的差别运价结构。按货种别的差别运价结构是指对承运的不同货物制定高低不等的运价。采用这种运价结构的原因,主要是因为不同种类货物由于本身性质的差异而决定了它们运输成本的差异,同时按照运价政策和运输供求的需要,个别货物的运价可以有不同程度的差别。比如,不同类型的货物在性质、体积、密度、包装等方面不同,它们要求使用的车辆、运输服务条件不同,因此,在运输成本上就存在较大差异。

4) 运价的种类

按照不同的标准,运价可以划分为不同的种类,以下是几种主要的划分方法。

(1) 按运输货物的不同种类划分

运价可分为普通货物运价、危险货物运价、冷藏货物运价、集装箱货物运价等。其中,在普通货物运价中,一般又按其不同的运输条件和货物本身价值高低等因素划分为若干等级。例如,我国沿海、长江等航区将货物划分为10个等级;在铁路运输中,《货物运价分类表》中将货物分为23类246项,共规定17个运价号等。

(2) 以运输货物的批量大小划分

运价一般分为整批货物运价和零担货物运价两种,并规定后者价格高于前者。例如,沿海、长江航区凡满30t的货物以整批货物计价;一次托运未满30t的则以零担货物计价。后者价格高于前者20%。铁路、公路货物的整批或零担的认定,则以一次托运量是否能装满一整车为标准,能装满一整车的为整批货,否则为零担货。

(3) 按不同运输方式划分

运价可以分为公路运价、铁路运价、水运运价、航空运价、管道运价等。公路运价由各省(市)行政区按不同货种、不同运输条件和不同运输距离分别制定;铁路运价除少数线路外均实行全国统一运价,并按不同货种、不同运距分别制定;水路运价包括内河运价、沿海运价和远洋运价,其中远洋运价包括班轮运价、航次租船运价和油轮运价等,而内河运价和沿海运价则是根据不同航区、不同货种、不同运输距离制定;航空运价要先区分国际航线和国内航线,然后按不同航线,并考虑货物种类和批量大小等因素分别制定;管道运价主要按不同管道运输线输送不同货种而分别制定。

(4) 按运输货物的联运方式划分

联运运价按联运起讫点不同,可分为国内联运和国际联运两大类。

(5) 按运价适用的地区划分

运价包括适用于国际运输线路、航线的国际运价,适用于国内运输的国内运价和适用于某一地区的地方运价等。

(6) 按运价适用的范围划分

运价包括普通运价、特定运价和优待运价等。其中,普通运价是运价的基本形式;特定运价是普通运价的补充形式,适用于指定的货物、指定的流向或指定的线路或航线等,比普通运价水平较高或较低,以实现对某种运输的鼓励或限制;而优待运价属于优惠性运价,适用于有专门用途的货物和回空运输的货物等。

(7) 按运价的管理方式划分

运价包括国家定价(如国家对国有铁路运输的运价、抢险救灾运输的运价以及航空运输中的公布运价)、国家指导价(如交通部直属企业计划内货物运输实行国家指导价)和市场调节价(上述两种情况以外的情况均实行市场调节价)。

5) 运价的形式

根据上述运价结构和运价分类,为了适用各种需要和各种特殊情况等,各种运输方式在实际运作中还采用多种多样的运价形式来满足不同的需要。

(1) 公路运价的形式

①计程运价。按整车运输和零担运输分别计算。整车运输以吨千米、零担运输以千克千米为单位计价。

②计时运价。以吨小时为单位计价，适用于特大汽车或挂车以及计时包车运输的货物。

③长途运价。适用于长途运输的货物，实行"递远递减"的运价结构。

④短途运价。适用于短途运输的货物，按"递近递增"原则采取里程分段或基本运价加吨次费的办法计算。

⑤加成运价。对于一些专项物资，非营运线路单程货物运输，特殊条件下运输的货物，特种货物等运输实行加成运价。

(2) 铁路运价的形式

①普通运价。这是铁路运价的主要形式，是全国铁路统一执行的运价，实行按距离别、货种别的差别运价。

②特定运价。这是普通运价的补充形式，根据运价政策，对按特定运输条件办理，或在特定的地区、线路运输的货物，规定特定运价，对于提高服务水平和改善服务质量的列车（如客运空调列车、货运快运等）实行优质优价。特定运价一般按普通运价减成或加成，也可以因时因地、因货制宜，单独制定特定运价率。

③浮动运价。对于运量因不同季节差异大的线路根据具体情况实行不同的价格。

④地方铁路运价。为了鼓励地方修路的积极性，允许地方铁路采用不同的运价。

⑤新路新价。对于新建的铁路线路、变线或电气化改造线路，可以实行新路新价，其运价一般高于普通运价的水平。

国外铁路运输企业所采用的运价形式与我国铁路有所不同，较为典型的有以下两种：

①公开运价。这是铁路公司对外公布的运价，根据情况不同，公布的时间不同，运价不同，如有的公司每周公布一次。公开运价定期调整，调整的依据是运输需求、通货膨胀等变化情况。

②合同运价。它也称协议运价，其运价水平是在公开价的基础上，由货主和承运者双方根据运输市场供求关系及各自的利益协商认定的，是秘密运价。铁路公司为争取客户，对签订长期合同的客户给以优惠价格，以稳定客户，争取运输市场。美国、加拿大等国铁路实行公开运价的部分占总数的 15%~20%，实行合同运价的部分占 80%~85%。

(3) 水运运价的形式

我国水运运价的形式主要有以下几种。

①里程运价。又称航区运价，是对于同一航区各港间不同货种、不同运距而规定的差别运价。

②航线运价。适用于两个港口之间的直达货物运价。

③联运运价。它是水陆联运、水水联运等联合运输的货物运价，一般分别按铁路、公路和水路各区段的运价并以统一规定的减免率进行计价。

国际水运运价的形式主要有：

①班轮运价。它是远洋运输的班轮采取级差运价和航线运价相结合的运价。

班轮运价是按照轮船公司或班轮工会制定并事先公布的运价和计费规则计收费用的。

②航次租船运价。它是按照船舶所有人和承租人之间在租船合同中约定的运价和装运货

物数量计算的运费,有时也以一个运费总额包干。航次租船运价取决于租船市场上运力的供给和需求关系,而其计降幅度则受货物对运费的负担能力和运输成本的限制。

③国际油船运价。它是在油船航次合同中,通常以船舶所有人和承租人同意的,以某一国际航运组织或经纪人组织制定的油船费率表所规定的费率为基准,按租船市场行情确定增减的比例来定价。

④航空运价的形式。我国航空运价根据航线的不同,区分为国际航空运价和国内航空运价。其中,国际航空运价按所运输货物的性质划分,又可分为普通货物运价、指定商品运价、等级运价和集装箱货物运价;按运价制定的途径划分,它又可分为协议运价、公布直达运价和非公布直达运价等。

⑤管道运价的形式。我国管道货物运价按不同管道运输线输送不同货种分别制定。目前输送的货种为石油类(原油或成品油)、压缩气体(天然气和燃化气体)、水浆(矿砂和煤粉)等。

6)运价的制定

在制定运价时,既要考虑运价的诸多形成因素,如运输成本、运输供求关系、运输市场的结构模式、国家有关经济政策、物价总水平、运输服务购买力以及各种运输方式之间的竞争等,还应坚持制定运价的一些原则,采取相应的方法与策略。

(1)定价原则

①运价的制定应当能够促进工农业生产和运输业的发展。运输是保证工农业生产发展的前提条件,因此,运价的制定既要有利于促进工农业生产的发展,又要能促进运输业本身的发展。

②运价必须以运输价值为基础。由于运价是运输价值的货币反映,所以运输价值是运价的基础。但是要直接准确地计算出运输价值是困难和复杂的,因此一般借助于构成运输价值的主要部分——运输成本作为主要依据,近似地反映运输价值。

③运价要充分考虑货物的负担能力。运输费用在货物价格中占有一定的比重,因而,在制定某一具体货物的运价时,应适当考虑货物对运输费用的负担能力。一般高价值货物制定高价格,低价值货物制定低价格。

④运价的制定要兼顾各方面的影响因素。运价虽然以运输价值为基础,但是在不同的时间范围内,运价还会受到诸如水运运价、公路运价或其他运输方式运价之间的比价关系、各种货物在国民经济中的地位及其在国际市场上的价格等各种因素不同程度的影响。

(2)定价的主要方法

①成本导向定价法。成本导向定价法是以产品(劳务)的总成本为中心,分别从不同角度制定对企业最有利的价格。具体有平均成本定价法和边际成本定价法等形式。

a.平均成本定价法。平均成本定价也称平均成本加成定价。它是以部门正常运营时的平均单位成本为基础,再加上一定比例的利润和税金而形成的价格,计算公式为:

$$运价 = 平均成本 + 定额利润 + 应纳税金$$

或

$$运价 = \frac{平均成本 + 定额利润}{1 - 税率}$$

$$平均成本 = 平均固定成本 + 平均变动成本 \qquad (6\text{-}2)$$

$$定额利润 = \frac{预期总利润}{总运量}$$

采用平均成本定价法的优点是能够确保企业达到目标利润,计算方便,操作简单。它一般适合于运输市场不十分活跃,竞争不太激烈,并且货源比较稳定的运输方式或运输路线。其缺点是没有考虑运输市场上供求关系与运价之间的关系,没有考虑成本在不同路线、不同地区差异对定价的影响,有时还会导致运价的严重扭曲。

b. 边际成本定价法。边际成本定价法是以运输企业的边际成本为定价基础的定价方法。在生产规模不变(即固定成本不变时),边际成本实际上就是所增加的变动成本。

边际成本定价法比较适合于运输业的特点,也可为政府制定最低和最高限价提供参考。对于一些货源不足的线路,运能过剩,其平均成本可能较高,而边际成本却可能很低,如果按平均成本定价,一方面抑制了运输需求,另一方面也会造成运输设备闲置、运输资源浪费。如果以边际成本定价,由于成本水平相对较低,不仅可以促进运输需求,还可以提高运输设备的利用率,提高运输收益。边际成本定价法不仅考虑了成本消耗,也考虑了市场上运输供求状况,它可以满足指定分线运价、分区运价的需求。

依据边际成本定价需要注意的是,由于它只考虑成本的边际变化,没有考虑总成本的情况,所以当边际成本长期小于平均成本时,就会使企业发生亏损。采用这种定价需要具备两个前提条件:一是路网早已形成,而且有相当多的剩余运输能力;二是各种运输方式之间,各个运输企业之间为争夺运输市场而展开竞争。

②需求导向定价法。成本导向定价的逻辑关系是:成本 + 盈利 = 价格,而需求导向定价法的逻辑关系是:价格 - 盈利 = 成本。即需求导向首先考虑的不是成本,而是货主对价格的接受程度,根据货主的接受程度,选择一个最佳的价格水平,具体有以下几种方法。

a. 需求差异定价法。根据市场需求的时间差、数量差、地区差、消费水平及心理差异来制定价格。如在市场需求增加时,适当提高运价水平;反之,当市场需求减少时,适当降低运价水平;对需求数量大的货主定低价;对经济水平高的地区定高价等。

b. 权衡比较定价法。该种方法考虑价格与销量之间的动态关系,权衡比较定价。在制定运价时考虑运价与运输量的动态变化关系,制定出价格合适、运输工作量较大的运价,以使企业取得最大的经济效益。

c. 逆向倒推定价法。其原理是先根据市场可接受的价格,计算本企业从事生产经营的成本和利润,逆向倒推该产品或劳务的价格。这种方法不是以实际成本为主要依据,而是以市场需求为定价出发点,力求价格为货主接受。这种方法的实际定价权是市场需求,价格变化的区间较小,企业应尽量降低运输成本来获取更多利润。

③竞争导向定价法。该方法是以竞争产品的价格为基础,制定本企业产品的价格。如果竞争者的价格发生变化,企业也要改变产品价格,一般包括以下三种形式。

a. 优质优价定价法。在运输企业能提供高于平均服务水平的运输劳务时,可采用高价策略。优质产品的价格比同类竞争者的价格高 10% ~ 20% 为宜。

b. 流行水准定价法。这种方法是以本行业的主要竞争者的价格为企业定价的基础。这种方法定价可以避免在同行内挑起价格战争,而且充分利用了行业集体智慧,有助于协调同行企业之间的关系。

c. 渗透定价法。一般以能打开市场、打开销路为标准,提高市场占有率。定价时初期价格较低,随着销路的增加,市场占有率的提高,可提高运价。

(3) 定价策略

①折扣定价策略。这是一种让价策略,它是通过价格折扣、让价等优惠手段,吸引货主接受服务,加快资金周转,增加企业利润,主要形式有:

a. 数量折扣。因用户托运货物批量大而给予的价格优惠。数量折扣又分为累计数量折扣和一次数量折扣。前者是规定在一定时期内托运货物达到一定数量时所给予的价格折扣;后者是规定每次托运达到一定数量时所给予的价格折扣。

b. 功能折扣。运输企业给中间商的价格折扣,以便发挥中间商的组货或揽货作用。

c. 季节折扣。企业为均衡组织运输生产,对需求量较少的淡季给予价格优惠,类似于价格的季节波动。

d. 现金折扣。企业为加快资金周转,促使货主提前付款,对现付或提前付费的货主给予价格优惠。

e. 回程折扣。运输企业为提高运输工具的使用效率,减少运力浪费,对回程货给予一定的价格回扣。

②差别定价策略如下所述:

a. 货主差别定价。货主的规模、与企业的协作关系等都会影响定价水平。货主规模大,与企业建立了长期合作关系,定价时可以比一般市场价格稍低些,以便能保持住老用户,增加业务量;反之,则采取市场价格。

b. 货物差别定价。按货物特性不同实行差别运价。特殊货物价格应高于普通货物的运价;零担货物运价应高于整车运价。

c. 航线差别定价。由于地理位置的不同,世界各地、各地区的航线忙闲不均,因此可根据航线不同实行差别定价。繁忙航线价格定得高些,以发挥价格的调节作用。

(4) 制定运价的步骤

①货物分类。对货物进行运价分类,实际是对众多货物品种化繁为简。一般来说,货物分类数不宜太多,否则会使运费计算复杂化;但也不宜过少,否则会使各类货物特性及运价差别无法体现。

②确定运价基数。运价基数又称基价或基本运价率,一般是指最低运价号或运价等级的起码里程的运价率。确定了基本运价率之后,就可以按照一定程序合理确定各个不同等级的运价率。确定基本运价率[元/吨公(海)里]的公式如下:

$$基本运价率 = \frac{运输成本 + 利润 + 税金}{换算周转量} \tag{6-3}$$

式中:换算周转量——不同货物的周转量换算成可比的周转量;

运输成本——部门或线路、航线的平均计划运输成本;

利润——按所确定的利润率计算得到的利润额;

税金——按国家规定的税种和税率计算出的税金总额。

③确定级差率。运输货物种类繁多,千差万别,如果对每一种货物都规定一个运价率是不可能的,为此,要解决不同货物在运价率上的分级问题以及每级之间的运价率差异程度。

在我国现行运价制度中,铁路运输采用分号制,水运和公路运输采用分级制,它们是以运价基数为基础,考虑一定的变化比例来确定其他运价号或运价等级的运价率。一般来说,贵重货物的运价率高于普通货物,危险货物的运价率高于一般货物,制成品的运价率高于原材料,运输条件要求高的货物运价率高于运输条件要求低的货物运价率等。

a. 分级数。全部货物运价率划分为多少级为宜,主要取决于能否合理地体现不同货物在运价上的差别和便于费用的收取。

b. 级差率。级差率是不同运价率之间的比值,它可用两种方法计算和表示,即级差率和级差系数。级差率的公式如下:

$$级差率 = \frac{后级运价率}{前级运价率} \times 100\% \tag{6-4}$$

级差系数表示运价率逐级递增的百分数,即:

$$级差系数 = \frac{某级运价率}{第一级运价率} \times 100\% \tag{6-5}$$

④划分里程区段。运价里程是用于计算运输费用的,它有别于行驶里程,它是主管部门根据一定原则确定的。运价里程一经公布,需要统一执行,只有在线路发生永久性变化时,由主管部门根据实际情况进行修改。

里程区段的划分,一是确定划分多少个区段,二是确定每个区段包括里程的长短。运价里程的具体规定可见《铁路货物运价里程表》、《水路货物运价里程表》、《公路货物运价里程表》等。根据货物运价里程表即可算出两站(港)间的运价里程。

在确定了基本运价率、级差率和运价里程后,即可根据这些数据编制货物运价率表。根据货物品类和运价里程可以找出相应的运价率,将确定了的计费质量与该批货物适用的运价率相乘即可算出运费。

6.3 物流运输的决策管理

物流运输决策管理,就是在运输系统中,与运输活动有关的决策管理问题,如物流运输方式选择、物流运输线路优化、物流运输节点选址、物流运输承运商选择等。

6.3.1 物流运输的合理化管理

运输是物流系统中最重要的功能要素之一。运输合理化对于物流合理化、提高物流活动效率、增加企业经营效益乃至整个社会的物流效率都具有重要的意义。因此,在进行运输管理以及物流系统设计和组织物流活动时,实现合理化运输是一项最基本的任务。

1)物流运输合理化的含义及作用

所谓运输合理化,就是在保证货物运量、运距、流向和中转环节合理的前提下,在整个运输过程中确保运输质量,能以适宜的运输工具、最少的运输环节、最佳的运输路线、最低的运输成本,将货物从始发地运送至目的地,其作用体现在以下两个方面。

(1)合理分工,提高效率

物流运输合理化可以充分利用现有的运输能力,促进各种运输方式的合理分工,并以最小的社会运输劳动消耗,提高运输效率,及时满足国民经济发展的运输需求。

(2)降低成本,增加效益

运输合理化能充分发挥运输工具的效能,节约运力和劳力,减少运输环节,选择最佳的运输路线,降低库存物品数量,降低运输总成本,在确保运输质量的前提下,以最快的速度实现运输的目的,从而获得最大的社会效益和经济效益。

2)不合理运输的含义及表现形式

所谓不合理运输,是指在组织货物运输过程中,违反货物流通规律,不按经济区域和货物自然流向组织货物运输,忽视运输工具的充分利用和合理分工,装载量少,流转环节多,运输时间长,从而浪费运力、增加运输成本的运输现象。

(1)与运输方向有关的不合理运输

①对流运输。对流运输是指同类的或可以互相代替的货物,在同一线路或不同运输方式的平行线路上的相向运输,所以又称为"相向运输"或"交错运输"。对流运输是不合理运输中最突出、最普遍的一种,它有两种表现形式:明显对流,指同类的(或可以互相代替的)货物沿着同一线路相向运输;隐蔽对流,指同类的(或可以互相代替的)货物以不同运输方式在平行路线上或不同时间内进行相反方向的运输。

如图6-11所示,一批货物从甲地经过乙地运至丙地,同时另一批同类货物从丁地经过丙地运至乙地,这样在乙地与丙地之间便产生了对流运输,且属于明显对流的情况。

如图6-12所示,同类货物从丁地发2t货给丙地;从甲地发货2t给乙地,这种运输路线是不合理的,属于隐蔽对流的情况。其主要原因是:正确的运输路线应该是丁地发给乙地,甲地发给丙地,其货物周转量为 $2 \times 10 + 2 \times 30 = 80(t \cdot km)$;而图中运输路线的货物周转量为 $2 \times 40 + 2 \times 20 = 120(t \cdot km)$,这样就节省了40t·km的运力。

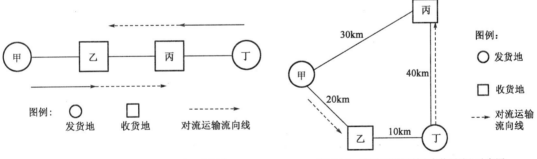

图6-11 货物对流运输(明显对流)示意图　　图6-12 货物对流运输(隐蔽对流)示意图

②倒流运输。倒流运输是对流运输的一种派生形式,指同一批货物或同批货物中的一部分货物,由发运站至目的站后,又从目的站向发运站方向倒运。在实际运输工作中,倒流有两种情况:一种是同一种货物从甲地(供应地)运达乙地(销地)后,又从乙地(销地)运回甲地(供应地),或者中途的丁地(销地);另一种情况是货物从丙地(销地)运往甲地(供应地),如图6-13所示。

(2)与运输距离有关的不合理运输

①迂回运输。迂回运输是指货物绕道而行的运输现象,也就是平常所说的"近路不走,走远

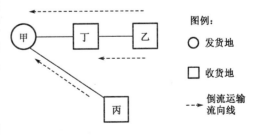

图6-13 货物倒流运输示意图

路"。如图6-14所示,货物由甲地发运经过乙地、丙地至丁地,那么在甲、乙、丙、丁各地之间便发生了迂回运输。正确的运输路线应该是甲地经戊地至丁地。

②过远运输。过远运输是一种舍近求远的商品运输,即销地完全有可能由距离较近的供应地购进所需要的相同质量的物美价廉的货物,却超出货物合理流向的范围,从远距离的地区运进来;或两个生产地生产同一种货物,它们不是就近供应邻近的消费地,却调给较远的其他消费地。如图6-15所示,如果甲地供应乙地,丙地供应丁地,是不合理的;合理的运输路线应为甲地供应丁地,丙地供应乙地。

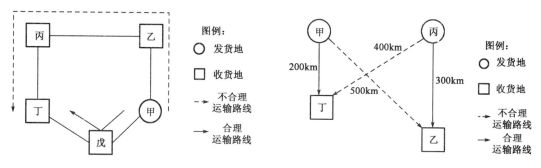

图6-14　货物迂回运输示意图　　　　图6-15　货物过远运输示意图

(3) 与运量有关的不合理运输

①重复运输。重复运输指同一批货物由产地运抵目的地,不需经过任何加工和必要的作业处理,也不是为联运及中转需要,而在途中停卸重复装运的现象。重复运输虽未延长运输里程,但增加了多余的中间装卸环节,延长了货物的在途时间,增加了装卸、搬运费用,增大了货损的可能,而且降低了运输工具的使用效率,延缓了流通速度。

②无效运输。无效运输是指被运输的货物杂质较多(如煤炭中的矿石、原油中的水分等),使运输能力浪费于不必要的物资运输。如我国每年有大批圆木进行远距离的调运,但圆木材的直接使用率只有70%左右,致使30%圆木的边角废料的运输基本上属于无效运输。

③返程或起程空驶。空车或无货载行驶,可以说是不合理运输最严重的形式。在实际运输组织中,有时候必须调运空车,从管理上不能将其看成不合理运输。但是,因调运不当,货源计划不周密而形成的空驶,是不合理运输的主要表现。其主要原因有:

a. 依靠自备车送货提货,往往出现单程重车、单程空驶的不合理运输。

b. 由于工作失误或计划不周,造成货源不实,车辆空去空回,形成双程空驶。

c. 由于车辆过分专用,无法搭运回程货,只能单程回空周转。

(4) 与运力有关的不合理运输

①弃水走陆的运输。它是指在可以同时利用水运及陆运时,放弃成本费用较低的水运或水陆联运,而选择成本费用较高的铁路或公路进行的运输。

②运距与运输工具的经济里程不匹配的运输。它是指运距不在铁路、水路大型船舶的经济运行里程之内,却选择利用这些运力来组织运输的现象。这种运输的不合理之处在于,与小型运输工具相比,由于火车及大型船舶装卸难度大,装卸时间长,手续复杂,且需要专用的装卸设备,故在过近距离运输中,相对来说费用较高,效率较低。

③货运量与运力不相匹配的运输。它是指不根据货物数量或质量要求,使用不相匹配的运输工具所进行的运输。此种运输不合理之处在于"小马拉大车"、"大马拉小车"。前者可能

会因为超载、超时运输而造成运输工具的损坏或交通事故的发生;后者则会因载运量不足而浪费运力,同时也使单位运输成本增加。

3)影响物流运输合理化的因素

(1)影响物流运输合理化的外部因素

①政府。由于运输对国民经济的发展有至关重要的作用,所以世界上各国政府一般都要采用规章制度或经济政策等形式,对运输活动进行不同程度的干预和调节。如通过限制承运人所能服务的市场或确定他们所能收取的价格来规范他们的行为;通过支持研究开发或提供诸如公路或航空交通控制系统之类的通行权来促进承运人开展业务活动等,这些都直接或间接地影响着物流运输组织的合理化。

②资源分布状况。我国地大物博,资源丰富,但分布不平衡,这在很大程度上影响了运输布局的合理性。如能源工业中的煤炭和石油,基本上都集于我国北方和西南、西北地区,在东南部省区的储量很小,但东南部省份的经济发达,工业产值较大,这样就形成了我国煤炭、石油运输的总流向是"北煤南运"、"西煤东运"、"北油南运"、"西油东运"的格局。

③产业结构的变化。产业结构的变化可直接导致生产结构及产品结构的变化。运输是生产过程的继续,它所运送的货物是工农业产品。因此,不仅工农业产品的增长速度成正比例地影响着货运量及其增长速度,而且工农业生产结构的变动也会引起货物运输结构及其增长速度的变化。如当运输系数较大的产品比重提高时,运输量也会以较快的速度增长。反之亦然。由此可见,产业结构的变化引起会影响物流运输组织的合理化。

④运网布局的变化。交通运输网络的线路和港站的地区分布及其运输能力,直接影响着运输网络的辐射范围,从而影响货运量在地区上的分布与变化。如某地铁路网分布密度高于公路网分布密度,则铁路运量就大于公路运量;如果该地运输网布局合理,将会促进货运量的均衡分布,就可以促进运输的合理化。

⑤运输决策的参与者。运输决策的参与者主要有托运人、承运人、收货人。托运人和收货人有共同的目的,就是要在规定的时间内以最低的成本将货物从起始地转移到目的地。承运人作为中间人,期望以最低的成本完成所需的运输任务,同时获得最大的运输收入,并期望在提取和交付时间上有灵活性,以便于能够使个别的装运整合成经济运输批量。

(2)影响物流运输合理化的内部因素

①运输距离。在运输过程中,运输时间、货损、运费、车辆或船舶周转等运输的若干技术经济指标,都与运输距离有一定的比例关系。因此,运距长短是运输是否合理的一个最基本因素。

②运输环节。每增加一个运输环节,如装卸、搬卸、包装等,必然会增加一些时间、费用,也会增加货损、货差的可能性,所以,减少运输环节或二次运输,可以促进运输的合理化。

③运输工具。各种运输工具都有其使用的优势领域,对运输工具进行优化选择,按运输工具特点进行装卸运输作业,是运输合理化的重要内容。

④运输时间。运输是物流过程中需要花费较多时间的环节,尤其是远程运输,在全部物流时间中,运输时间占绝大部分,因而运输时间的长短会直接影响运输的合理化。

⑤运输费用。运费在全部物流成本中占很大比例,运费高低很大程度上决定了整个物流系统的竞争能力。实际上,降低运输费用无论对货主企业来讲还是对物流经营企业来讲,都是运输合理化的一个重要目标。

4) 运输合理化的有效途径

(1) 合理配置运输网络

在规划运输网络时,应合理配置仓库、物流中心、配送中心以及中转站、货运站、港口、空港等物流节点。例如,企业为了确保市场占有率,就需要考虑利用多少个仓库、配送中心;配送中心、仓库如何布局,密度多大,相距多远;运输业务是全部外包,或是自己承担一部分等。企业对这些问题都需要整体规划,统一考虑,做到既满足销售的需要,又能减少交叉、迂回、空载运输,降低运输成本,提高运输效率。

在设计和利用运输线路时,要进行运输线路优化。在条件允许的情况下,考虑采用集运、直达运输、"四就"直拨运输等运输策略与方法,尽量减少运输中间环节,使运输网络中总的运输线路最短。

(2) 选择最佳的运输方式

由于铁路、公路、水路、航空、管道等运输方式各具特点,所以在货物运输中要根据实际情况选用适宜的运输方式。例如,长距离、大批量的货物运输宜采用铁路或水路运输;小批量、多品种、近距离的货物运输宜采用公路运输;体积小、价值高的货物运输和紧急救灾、抢险物资的运输适合航空运输方式。

在中短距离运输中,可以实施铁路公路分流和"以公代铁"运输。这一措施是指在公路运输经济里程范围内,或者在经过论证、超出通常的平均经济里程范围,尽量利用公路进行货物运输。我国"以公代铁"运输目前在杂货、日用百货运输及煤炭运输中较为普遍,运输里程一般在200km以内,有时可达700~1 000km。比如,经认真的技术经济论证,山西煤炭用公路代替铁路运至河北、天津、北京等地是经济合理的。

运输方式确定以后,还要考虑具体运输工具的选择问题,如公路运输中要选择什么样的汽车车型(大型、轻小型或专用车辆),是用自有车辆还是选择运输公司的车辆等。

(3) 提高车辆运行效率

努力提高车辆的运行率、实载率,减少车辆空载、迂回运输、对流运输、重复运输、倒流运输等现象,缩短等待时间或装运时间,提高有效工作时间,从而可以有效地促进运输的合理化。

提高运输工具实载率是运输合理化的一种有效方式。运输工具实载率包括两方面含义:一是单车实际载质量与运距之乘积和标定载质量与行驶里程之乘积的比率;二是车船的统计指标,即一定时期内车船实际完成的货物周转量(t·km)占车船载重吨位与行驶千米乘积的百分比。物流系统的"配送"和车辆"配载"就是提高车辆实载率的有效方式。

在实际运输工作中,在一定基础设施条件下,提高运输效率、增加运输能力的具体做法还有:

①铁路运输的"满载超轴"法。"满载"就是为了充分利用货车的容积和载质量,多载货,不空驶。"超轴"就是在机车能力允许情况下,多加挂车皮,增加运输量。如我国在客运紧张时,采取加长列车、多挂车皮的办法,在不增加机车情况下增加运输量。

②水路运输的"拖排拖带"法。这种方法指在竹、木等物品的运输中,不用运输工具载运,而是利用竹、木本身浮力,采取拖带法运输,从而节省运输工具本身的动力消耗,或者将无动力驳船编成一定队形(一般是纵列),用拖轮拖带行驶,加大船舶的运载能力。

③内河运输的顶推法。该法就是将内河驳船编成一定队形,由机动船顶推前进。其优点是航行阻力小,顶推量大,速度较快,运输成本低。这是我国内河货运采取的一种有效方法。

④公路运输的挂车法。这种方法的原理与船舶拖带、火车加挂基本相同,都是在充分利用动力能力的基础上,增加运输能力。

(4) 发展社会化运输体系

运输社会化的含义是发展运输的大生产优势,实行专业分工,改变一家一户自成运输体系状况。一家一户的运输小生产,车辆自有,自我服务,不能形成规模,且运量需求有限,难于自我调剂,因而容易经常出现空驶、运力选择不当(因为运输工具有限,选择范围太窄)、不能满载等不合理现象,且配套的接、发货设施和装卸搬运设施也很难有效运行。

目前,我国铁路运输的社会化运输体系较为完善,而公路运输由于小生产作业方式非常普遍,所以是发展社会化运输体系的重点。社会化运输体系中,各种联运体系是其水平较高的方式。

(5) 采用先进的运输技术装备

不断开发特殊运输技术和采用先进的运输工具是实现运输合理化的重要途径。例如,利用专用散装及罐车可以解决粉状、液态物运输损耗大、安全性差等问题,袋鼠式车皮、大型半挂车可以解决大型设备整体运输问题,"滚装船"可以解决车载货的运输问题,集装箱船比一般船能容纳更多的箱体,集装箱高速直达车船加快了运输速度等,这些都是通过运用先进的科学技术来实现合理化运输。运输合理化还要利用现代化信息系统,依靠先进的信息技术的支撑。

(6) 采用合理的运输策略和模式

要实现运输合理化,还必须采用合理的运输策略。例如,企业可根据实际情况,尽量采用直达运输、"四就"直拨运输、共同运输、集运等策略。直达运输是追求运输合理化的重要形式,它可以通过减少中转过载换装,提高运输速度,节省装卸费用,降低中转货损。在一次运输批量和客户一次需求量达到一整车时,直达运输的优势最为突出。企业也可以实施"四就"直拨运输,首先由管理机构预先筹划,然后就厂、就站(码头)、就库、就车(船)将物品分送给客户。在运输实际工作中,应推进共同运输,即企业部门之间、企业之间、行业之间进行合作,协调运输计划,共同利用运力。

随着运输业以及物流技术的发展,应大力推广一些先进的运输模式与方法,如多式联合运输、一贯托盘化运输、集装箱运输、散装化运输、智能化运输、"门到门"运输等。

6.3.2 物流运输方式的选择决策

运输实践中,企业可以选择某一种运输方式,也可以选择联运方式。由于使用不同的运输方式会直接影响企业的经营活动、运输成本的高低及其经济效益,因此应运用多种方法进行科学的决策,选择合理的运输方式。

1) 运输方式选择的影响因素

(1) 货物的种类

货物的价值、单件质量体积、形状、危险性、变质性等都是影响运输方式选择的重要因素。一般来说,价格低、体积大的货物,尤其是散装货物,比较适合于铁路运输或水路运输;质量轻、体积小、价值高及对时间要求较高的鲜活易腐货物适合于航空运输;石油、天然气、碎煤浆等适宜选择管道运输。

(2) 运输量

运输量对运输工具的选择也有重大影响。一般来说,15~20t 及以下的货物宜采用公路运输;15~20t及以上的货物宜采用铁路运输;数百吨以上的粗大笨重货物,可选择船舶运输。

(3)运输距离

运输距离的远近决定了各种运输工具运送货物时间的长短,运输时间的长短对能否及时满足顾客需要,减少资金占用有重要影响。所以,运输距离是选择运输工具时应考虑的一个重要因素。一般情况下,运距在300km以内,宜采用公路运输;300~500km的可采用铁路运输;500km以上的可采用船舶运输。

(4)运输时间

运输时间与客户要求的交货日期相联系,与运输企业的服务水平相联系。客户要求的运输期限不同,或运输企业为客户承诺的运输期限不同,就需要考虑选择不同的运输方式。对于市场急需的商品,承运人必须选择速度快的运输工具,如航空或汽车直达运输,以免贻误时机;反之,则可选择成本较低而速度较慢的运输工具。

(5)运输成本

运输成本会因货物的种类、质量、容积、运距不同而不同,而且运输工具不同,运输成本也会有所不同。运输成本的高低将直接受到不同经济实力的运输企业承受能力的制约,并直接影响企业经济效益的高低。因此,企业进行运输决策时,企业经济实力以及运输成本高低是运输方式选择的重要制约因素。在考虑运输成本时,必须注意运输费用与其他物流子系统之间存在的互为利弊的关系,不能只通过运输费用来决定运输方式,而要从运输总成本的角度选择适当的运输方式。

(6)运输工具的可得性

由于具体时间、地点条件的限制,不是所有承运人都能很容易地获得所需要的运输工具的。例如,将木材从大兴安岭运到北京,采用水路运输是最经济的,因为木材是散装的,不需要专门的保护,而且能容忍较长时间的运输,但大兴安岭没有水路,因而,只能通过汽车运输到火车站,然后通过铁路运到北京。这个例子说明,在选择运输方式时,往往只能在现有的实际运输工具中进行选择。

(7)运输的安全性

运输的安全性包括所运输货物的安全、运输人员的安全以及公共安全。货物的特性以及对安全性的要求直接影响运输工具的选择。同其他运输方式相比,载货汽车由于不需要中途装卸和搬运,所以它能够更好地保证货物的安全。

对运输人员和公共安全的考虑也会影响货物的安全措施,进而影响运输方式的选择。例如,对于危险品运输要采取更加安全的措施,而在地面运输中采取的安全措施又远没有在空运中那样严格,这是因为航空运输安全与否造成的后果远比其他运输方式严重。

(8)其他影响因素

除上述列举的影响运输方式选择的因素外,还有法律环境、经济环境、社会环境的变化等因素的影响。例如,随着物流量的增大,噪声、振动、大气污染、海洋污染、交通事故等问题日益严重,政府为解决这些问题而制定的法律、法规相继出台,并日益严格;对于公路运输超载货物、超速运行的现象,对于航空、水路、铁路、公路运输中特种货物的运输,分别作出相应的规定等,这些都会影响托运人对运输方式的选择。

对于托运人与承运人来说,上述各种因素的影响是不同的,所以在具体的运输业务中,承运人对运输方式的选择,可根据货主或托运人的要求,参考比较不同运输方式的不同运输特性进行最优选择。由于上述因素是相互关联、相互作用的,所以在选择运输方式时应综合考虑和协调各种影响因素的关系。

2)运输方式选择的决策方法

运输方式的选择包括单一运输方式的选择和联运的选择。在运输方式选择时,可以根据运输环境、运输服务的目标以及其他多方面的要求,运用定性分析法或定量分析法进行分析判断。

(1)运输方式选择的定性分析法

如前面有关章节所述,公路、铁路、水路、航空和管道五种基本运输方式各有自身的优点与不足,影响运输方式选择的因素有货物特性、运输批量、运输距离、运输时间和运输成本等,所以在实际中可以以此为依据,结合企业实际情况和运输市场环境,进行综合分析与比较,选择最为合理的运输方式或运输方式组合。在其他因素影响较小、可以不予考虑的情况下,也可以就某一方面进行比较,选择合适的运输方式。例如,单从各种运输方式的经济运行距离来说,按照国际惯例,300km 以内被称为短距离运输,该距离内的货物运输应该尽量分流给公路运输,而 300~500km 的货物运输应该选择铁路运输,500km 以上的货物运输则应该选择水路运输。

(2)运输方式选择的定量分析法——综合评价选择法

综合评价选择法是运输方式选择的一种重要的定量分析方法,是根据影响运输方式四个因素:经济性、迅速性、安全性和便利性进行综合评价,根据评价结果确定运输方式的选择方法。综合评价选择法的步骤如下:

①确定运输方式的评价因素。根据运输系统的目标要求,可以选择影响运输方式的四个因素对各个运输方式进行综合评价与选择。

②确定各评价因素的值及其权重。假设以 F_1、F_2、F_3 和 F_4 分别表示运输方式的经济性、迅速性、安全性和便利性的值,并且用 w_1、w_2、w_3 和 w_4 表示这四个因素的权重,则某一运输方式的综合评价值可表示为:

$$F = w_1 F_1 + w_2 F_2 + w_3 F_3 + w_4 F_4 \tag{6-6}$$

如果可供选择的运输方式有公路(A)、铁路(B)、水路(C)和航空(D),那么,这些运输方式的综合评价值分别为:

$$\begin{aligned} F &= w_1 F_1(A) + w_2 F_2(A) + w_3 F_3(A) + w_4 F_4(A) \\ F &= w_1 F_1(B) + w_2 F_2(B) + w_3 F_3(B) + w_4 F_4(B) \\ F &= w_1 F_1(C) + w_2 F_2(C) + w_3 F_3(C) + w_4 F_4(C) \\ F &= w_1 F_1(D) + w_2 F_2(D) + w_3 F_3(D) + w_4 F_4(D) \end{aligned} \tag{6-7}$$

对于 F_1、F_2、F_3 和 F_4 的确定,目前还没有绝对行之有效的方法。这里,介绍一种利用简单算术平均数、结构相对数确定各评价因素值的方法。

a. 经济性 F_1 的确定。运输方式的经济性是由运费、包装费、装卸费、保险金以及运输手续费等有关费用的合计数来表示的。显然,费用越高,运输方式的经济性就越低;反之,经济性越高。设上述四种运输方式所需费用分别为 $G(A)$、$G(B)$、$G(C)$ 和 $G(D)$ 则平均值为:

$$G = \frac{G(A) + G(B) + G(C) + G(D)}{4} \tag{6-8}$$

这时,四种运输方式的经济性分别为:

$$F_1(A) = \frac{G(A)}{G}, F_1(B) = \frac{G(B)}{G}, F_1(C) = \frac{G(C)}{G}, F_1(D) = \frac{G(D)}{G} \tag{6-9}$$

b. 迅速性 F_2 的确定。运输方式的迅速性是用从发货地到收货地所需的天数(时间)表示的。显然,所需的天数越多,迅速性就越低;反之越高。设上述四种运输方式所需的天数分别为 $H(A)$、$H(B)$、$H(C)$ 和 $H(D)$,则平均值为:

$$H = \frac{H(A) + H(B) + H(C) + H(D)}{4} \tag{6-10}$$

这时,四种运输方式的迅速性分别为:

$$F_1(A) = \frac{H(A)}{H}, F_1(B) = \frac{H(B)}{H}, F_1(C) = \frac{H(C)}{H}, F_1(D) = \frac{H(D)}{H} \tag{6-11}$$

c. 安全性 F_3 的确定。运输方式的安全性可根据过去一段时间内货物的货损、货差率(有时可通过实验数据得到)来表示。显然,货损率越高,运输方式的安全性就越低;反之越高。设上述四种运输方式的货损率分别 $K(A)$、$K(B)$、$K(C)$ 和 $K(D)$,则平均值为:

$$K = \frac{K(A) + K(B) + K(C) + K(D)}{4} \tag{6-12}$$

这时,四种运输方式的安全性分别为:

$$F_1(A) = \frac{K(A)}{K}, F_1(B) = \frac{K(B)}{K}, F_1(C) = \frac{K(C)}{K}, F_1(D) = \frac{K(D)}{K} \tag{6-13}$$

d. 便利性 F_4 的确定。运输方式的便利性通常可根据代办运输点的经办时间与货物运到代办点的运输时间差来衡量。显然,时间差越大,便利性越高;反之越低。设上述四种运输方式的时间差分别为 $L(A)$、$L(B)$、$L(C)$ 和 $L(D)$,则平均值为:

$$L = \frac{L(A) + L(B) + L(C) + L(D)}{4} \tag{6-14}$$

这时,四种运输方式的便利性分别为:

$$F_1(A) = \frac{L(A)}{L}, F_1(B) = \frac{L(B)}{L}, F_1(C) = \frac{L(C)}{L}, F_1(D) = \frac{L(D)}{L} \tag{6-15}$$

值得注意的是,上述4个值中,有3个值的大小与综合评价值大小是不一致的,即费用越高则经济性越差,运输所需的时间越长则迅速性越低,破损率越高则安全性越低。只有时间差越大则便利性越好是一致的。为了使它们一致起来,可以将前三个值取负值,然后进行四种运输方式的综合评价值的计算。

权重大小的确定,没有绝对的方法。一般来讲,权重的确定要结合货物本身的特征及其他多方面因素,并尽可能吸收实际工作者或有关专家的意见。

③确定运输方式的综合评价值并最终选择合理的运输方式。根据上述计算的四种运输方式的不同评价因素的值及其权重,就可以计算出四种运输方式的综合评价值 $F(A)$、$F(B)$、$F(C)$ 和 $F(D)$,其中综合评价值最大者即为选出的合理运输方式。

(3)运输方式选择的定量分析法——成本比较选择法

成本比较选择法也是运输方式选择的一种定量分析方法,它主要是根据不同运输方式在一定的运输环境条件下所花费成本的高低来进行评价与选择运输方式。在选择运输方式时，运输费用、运输速度以及与之相关的库存费用等方面会相互影响、相互作用，如图6-16所示。因此，应该综合考虑运输速度、运输费用、库存费用等方面形成的总成本的高低以及其他等多种因素的影响，寻求总的运输成本最低的运输方式或运输工具。

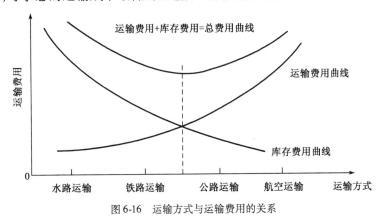

图6-16 运输方式与运输费用的关系

6.3.3 物流运输线路的优化决策

运输路线的选择影响运输设备和人员的利用，确定合理的运输路线可以降低运输成本，提高运输效率，因此运输路线选择是继运输方式选择之后的又一重要运输决策。尽管路线选择问题种类很多，但我们可以将其归为几个基本类型：①起讫点不同；②起讫点相同；③多个起讫点直达；④多个起讫点中转。本节将就这四种情况分别介绍解决方法以及一些相应的运输路线选择模型。

1）起讫点不同的运输线路优化模型

对中间点相同、单个始发点和终点的网络运输路线选择问题，在通常不考虑其他运输因素的情况下，最简单和直观的解决方法是最短路法（Shortest Route Method）。最短路的度量单位可能是时间、距离或费用等。最短路具体的求解方法主要有迭代法、标号法两种。

下面介绍运用迭代法求解最短路问题的基本步骤。在运输线路模型中，网络由节点和线组成，点与点之间由线连接，线代表点与点之间运行的成本（距离、时间或时间和距离加权的组合）。最初，除始发点外，所有节点都被认为是未解的，即均未确定是否在选定的运输路线上，计算从始发点开始。

（1）第 n 次迭代的目标。找出第 n 个距始发点最近的节点（$n=1,2,\cdots$），重复此过程，直到所找出的最近节点是终点为止。

（2）第 n 次迭代的输入值。在前面的迭代过程中，找出 $n-1$ 个距始发点最近的节点，及其距起点最短的路径和距离。这些节点和起点统称为已解的节点，其余的称为未解的节点。

（3）第 n 个最近节点的候选点。每个已解的节点直接和一个或多个未解的节点相连接，这些未解的节点中以最短路线连接的即是候选点。

（4）第 n 个最近节点的计算。将每个已解节点及其候选点之间的距离和从始发点到该已解节点之间的距离加起来，总距离最短的候选点即是第 n 个最近的节点，也就是始发点到达该点最短距离的路径。

2)起讫点相同的运输线路优化模型

起讫点相同的运输问题主要是指车辆从设施点出发访问一定数量顾客后又回到原来的出发点的线路确定问题。现实生活中存在着许多类似的问题,如配送车辆送货、邮递员送报、送奶工送牛奶、垃圾车辆收集垃圾等。这些问题求解的目标是寻求访问各点的次序,并使运行时间或距离最小化。下面简要介绍几种求解方法。

(1) 经验探试法

经验探试法是解决起讫点相同运输问题较为简单、有效的方法。按照实际运输工作经验,当运行路线不发生交叉时,车辆经过各停留点的次序是合理的,同时,如有可能应尽量使运行路线形成泪滴状。图 6-17 是通过各点的运行路线示意图,其中图 6-17a) 是不合理的运行路线,图 6-17b) 是合理的运行路线。在实际工作中,运输管理人员可以很快画出一张路线图,这要比用电子计算机计算更为简单迅速。当然如果点与点之间的空间关系并不真正代表其运行时间或距离(如有路障,单行道路,交通拥挤等),或者运输线路较为复杂,则使用电子计算机寻求路线上停留点的合理次序更为方便。

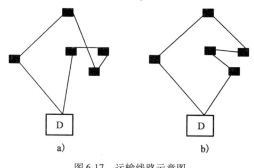

图 6-17 运输线路示意图

(2) 数学求解法

在运筹学中,有关起讫点相同的运输问题可以归结为基本运输问题中的中国邮递员问题和旅行商问题(Traveling Salesman Problem,TSP),两者具有各自不同的求解思路和方法。

中国邮递员问题可以表述为:"一个邮递员每次送信,从邮局出发,必须至少依次经过他负责投递范围的每一条街道,待完成任务后仍然回到邮局,那么他如何选择投递路线,以使自己所走的路程最短?"该问题的基本求解思路是:如果某邮递员所负责范围的街道中没有奇点(即奇数条街道相连接所形成的端点),那么他可以从邮局出发,走过每条街道一次,且仅一次,最后回到邮局,这样他所走的路线就是最短路线;对于有奇点的街道,邮递员就必须重复走某条街道,但应该使重复街道的总权数(即总的路程或时间)最小,从而保证他所走的路线最短。

所谓旅行商问题可以表述为:"一个旅行者从某城市出发,经过所有要到达的城市后,返回到出发地,那么他如何选择行程路线,以使总路程最短(或费用、时间最少)?"解决旅行商问题目前有多种算法,如最邻近法、节约算法、神经网络、遗传算法、免疫算法等。这里仅介绍运用节约算法求解旅行商问题的方法。

节约算法求解旅行商行程路线的基本思路是:假设 P 是出发地点,A 和 B 分别是所要到达地点,它们相互之间的道路距离分别为 a、b 和 c。如果旅行商从 P 分别到 A 和 B 地,那么总里程为 $2a+2b$;如果旅行商从 P 到 A 再到 B,然后回到 P,则总里程为 $a+b+c$;两种方法的里程差是 $(2a+2b)-(a+b+c)=a+b-c$,如果 $a+b-c>0$,那么第二种方法将使总里程得到节约;如果旅行商需要到达许多地点,那么可以根据节约距离的大小顺序连接各点并规划出旅行路线(图 6-18)。

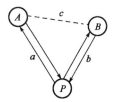 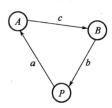

图 6-18 节约算法示意图

3)多个起讫点直达运输线路优化模型

多个起讫点直达运输主要是指将多个供应点的供应分配到多个顾客需求点,常用在产品从工厂到仓库的配送、从仓库向顾客供应等情况。这类经典的运筹学问题称为物资调运问题,求解这类问题常用线性规划法或表上作业法。

(1)直达运输的线性规划模型

直达运输问题可以用数学语言描述为:假定某种货物有 m 个产地 A_1、A_2、$\cdots$、A_m,联合供应 n 个销地 B_1、B_2、$\cdots$、B_n;各产地产量、各销地销量、各产地到各销地的运价或运距为已知,并设 A_i 的产量为 $a_i(i=1,2,\cdots,m)$,B_j 的销量为 $b_i(i=1,2,\cdots,n)$,由 A_i 到 B_j 的单位运价为 c_{ij},如表6-1所示。要求找出使总运费最小的运输方案。

产地产量、销地销量(运价)运距表　　　　表6-1

产地＼销地	B_1	B_2	$\cdots$	B_n	产量
A_1	c_{11}	c_{12}	$\cdots$	c_{1n}	a_1
A_2	c_{21}	c_{22}	$\cdots$	c_{2n}	a_2
$\cdots$	$\cdots$	$\cdots$	$\cdots$	$\cdots$	$\cdots$
A_m	c_{m1}	c_{m2}	$\cdots$	c_{mn}	a_m
销量	b_1	b_2	$\cdots$	b_n	

如果设 x_{ij} 表示由产地 A_i 供应给销地 B_j 的货物数量,则可以得到该运输问题的线性规划模型。此类模型可分为三种情况。

① 产销平衡运输模型,即在

$$\sum_{i=1}^{m} a_i = \sum_{j=1}^{n} b_j$$

的情况下(表6-2),求

$$\min Z = \sum_{i=1}^{m}\sum_{j=1}^{n} c_{ij}x_{ij}$$

(总费用最少),也就是说,在产销平衡的条件下,找出使总运费最小的运输方案。其运输模型为:

$$\begin{cases} \min Z = \sum_{j=1}^{n}\sum_{i=1}^{m} c_{ij}x_{ij} \\ \sum_{i=1}^{m} x_{ij} = b_j & j=1,2,\cdots,n \text{ 满足各销地的需求量} \\ \sum_{j=1}^{n} x_{ij} = a_i & i=1,2,\cdots,m \text{ 各产地的发出量等于各地产量} \\ x_{ij} \geqslant 0 & j=1,2,\cdots,n, i=1,2,\cdots,m \text{ 调运量不能为负数} \end{cases} \quad (6-16)$$

货物产销平衡表 表6-2

产地＼销地	B_1	B_2	...	B_n	供应量
A_1	x_{11}	x_{12}	...	x_{1n}	a_1
A_2	x_{21}	x_{22}	...	x_{2n}	a_2
...	...	...	...	...	...
A_m	x_{m1}	x_{m2}	...	x_{mn}	a_m
需求量	b_1	b_2	...	b_n	$\sum_{i=1}^{m} a_i = \sum_{j=1}^{n} b_j$

②产大于销运输模型,即在

$$\sum_{i=1}^{m} a_i > \sum_{j=1}^{n} b_j$$

的情况下(表6-3),求

$$\min Z = \sum_{i=1}^{m}\sum_{j=1}^{n} c_{ij} x_{ij}$$

(总费用最少),其运输模型为:

$$\begin{cases} \min Z = \sum_{j=1}^{n}\sum_{i=1}^{m} c_{ij} x_{ij} \\ \sum_{i=1}^{m} x_{ij} = b_j & j = 1,2,\cdots,n \\ \sum_{j=1}^{n} x_{ij} \leqslant a_i & i = 1,2,\cdots,m \\ x_{ij} \geqslant 0 & j = 1,2,\cdots,n, i = 1,2,\cdots,m \end{cases} \quad (6\text{-}17)$$

产大于销货物供需状况表 表6-3

产地＼销地	B_1	B_2	...	B_n	供应量
A_1	x_{11}	x_{12}	...	x_{1n}	a_1
A_2	x_{21}	x_{22}	...	x_{2n}	a_2
...	...	...	...	...	...
A_m	x_{m1}	x_{m2}	...	x_{mn}	a_m
需求量	b_1	b_2	...	b_n	$\sum_{i=1}^{m} a_i > \sum_{j=1}^{n} b_j$

③产小于销运输模型,即在

$$\sum_{i=1}^{m} a_i < \sum_{j=1}^{n} b_j$$

的情况下(表6-4),求

$$\min Z = \sum_{i=1}^{m}\sum_{j=1}^{n} c_{ij} x_{ij}$$

(总费用最少),其运输模型为:

$$\begin{cases} \min Z = \sum_{j=1}^{n}\sum_{i=1}^{m} c_{ij}x_{ij} \\ \sum_{i=1}^{m} x_{ij} \leq b_j & j = 1,2,\cdots,n \\ \sum_{j=1}^{n} x_{ij} = a_i & i = 1,2,\cdots,m \\ x_{ij} \geq 0 & j = 1,2,\cdots,n, i = 1,2,\cdots,m \end{cases} \quad (6\text{-}18)$$

产大于销货物供需状况表 表 6-4

产地＼销地	B_1	B_2	…	B_n	供应量
A_1	x_{11}	x_{12}	…	x_{1n}	a_1
A_2	x_{21}	x_{22}	…	x_{2n}	a_2
…	…	…	…	…	…
A_m	x_{m1}	x_{m2}	…	x_{mn}	a_m
需求量	b_1	b_2	…	b_n	$\sum_{i=1}^{m} a_i < \sum_{j=1}^{n} b_j$

(2)产销平衡运输模型的求解

对于直达运输问题,首先需要建立一个运输模型,然后运用表上作业法进行求解。所谓表上作业法就是把货物运输最优方案的确定过程在产销平衡表上进行的一种方法。下面我们讨论利用表上作业法求解产销平衡运输模型的方法,其基本步骤可归纳如下:

①列出货物产销平衡表及运价表。
②确定初始基本可行解。
③求检验数,判断最优解。
④调整基变量,进行换基迭代,得到新的基本可行解。
⑤重复②、③两步,经有限次调整,即可得到最优解。

(3)产销不平衡运输模型的求解

实际运输工作并非都能满足产销平衡的条件,通常会出现供过于求或者供不应求的情况。对于这两种情况,一般的做法是将不平衡问题转化为平衡问题进行求解。具体方法是:

当产大于销时,即 $\sum_{i=1}^{m} a_i > \sum_{j=1}^{n} b_j$,考虑在平衡表中增加一虚拟列,表示增加一个销货点 $j = n+1$,如仓库,其销货量为($\sum_{i=1}^{m} a_i = \sum_{j=1}^{n} b_j$),且各运价 $c_{i(n+1)} = 0$;当产小于销时,即 $\sum_{i=1}^{m} a_i < \sum_{j=1}^{n} b_j$ 时,考虑在平衡表中增加一虚拟行,表示增加一个新产地 $i = m+1$,且各运价 $c_{j(m+1)} = 0$,然后再用产销平衡的货物运输模型的解法解之。

4)多个起讫点中转运输线路优化模型

上面讨论的直达运输问题,都是假定任意产地和销地之间都有直达路线,并且产地只输出货物,销地只输入货物,但实际运输工作可能存在着更为复杂的情况。例如,产地与销地之间没有直达路线，货物由产地到销地必须通过某中间站转运；某些产地既输出货物，也吸收一部分货物；某销地既吸收货物，又输出部分货物，即产地或销地也可以起中转站的作用，或者既是产地又是销地；产地与销地之间虽然有直达路线，但直达运输的费用或运输距离分别比经过某些中转站还要高或远。这些情况统称为多个起讫点中转运输问题或转运问题。解决这类问题的基本思路是先把它转化为无转运的直达产销平衡运输问题，然后运用相应的方法求解。

在一般的中转运输问题中，假定某种货物有 m 个生产地点 $A_i(i=1,2,\cdots,m)$，其供应量分别为 a_i；有 n 个销售地点 $B_j(i=1,2,\cdots,n)$，其需求量分别为 b_j，且 $\sum a_i = \sum b_j$；有 p 个真正意义义的中转站 $T_k(i=1,2,\cdots,p)$。为简单起见，假定货物中转费用为零，单位货物运价为 $c_{xy}(x=1,2,\cdots,m+k+n;y=1,2,\cdots,m+k+n)$。在所有的产地、销地和中转站中，纯中转站 T_k 可视为供应量和需求量均为 $\sum a_i$ 的一个产地和一个销地；兼中转站的产地 A_i 可视为一个供应量为 $\sum a_i + a_i$ 的产地和一个需求量为 $\sum a_i$ 的销地；兼中转站的销地 B_j 可视为一个输出量为 $\sum b_j$ 的产地及一个销量为 $\sum b_j + b_j$ 的销地。于是，建立如下数学模型：

$$\min Z = \sum_{x=1}^{m+n+p} \sum_{y=1}^{m+n+p} c_{xy} x_{xy}$$

目标函数 $\begin{cases} \sum_{y=1}^{m+n+p} x_{xy} = \sum a_i + a_i & x = 1,\cdots,m \\ \sum_{y=1}^{m+n+p} x_{xy} = \sum a_i & x = m+1,\cdots,m+n+p \\ \sum_{y=1}^{m+n+p} x_{xy} = \sum b_j + b_j & y = m+p+1,\cdots,m+n+p \\ \sum_{y=1}^{m+n+p} x_{xy} = \sum b_j & y = 1,\cdots,m+p \\ x_{xy} \geq 0 \end{cases}$ (6-19)

在此基础上，将转运问题转化为直达运输问题，列出各产地的供应量、各销地的需求量和各产销地之间的运价表（表 6-5），最后用表上作业法求解。

6.3.4 物流运输节点的选址决策

所谓物流运输节点一般具有运输组织与管理、中转换乘换装、装卸储存、多式联运、信息流通和辅助服务等功能，对所在区域的综合运输网络的高效运转具有重要的作用，因此运输节点的选址是一项重要的决策。

物流运输系统的节点选址是指对物流运输网络中运输节点（如仓库、场站、分销中心、配送中心等）的数量、位置、大小进行优化，以实现整个物流系统的效率最大化。在实际的节点选址过程中，应当着重考虑两个方面的因素，即经济效益和社会效益。除此之外，还要考虑下面一些基本条件和原则。

1）运输节点选址条件

（1）客户条件。要有充足的客源或客户需求潜力，或者临近大型工业、商业企业。

（2）自然地理条件。水电畅通，基础条件好，采光照明良好。

（3）运输条件。方便运输，便于配送，运输基础设施较好，最好靠近各种运输方式的运输据点或多种运输方式的中转点，并应在交通主干道附近。

表 6-5 中转运输的运价表

产地\销地	A_1	A_2	$\cdots$	A_m	T_1	T_2	$\cdots$	T_p	B_1	B_2	$\cdots$	B_n	产量
A_1	0	c_{12}	$\cdots$	c_{1m}	$c_{1(m+1)}$	$c_{1(m+2)}$	$\cdots$	$c_{1(m+p)}$	$c_{1(m+p+1)}$	$c_{1(m+p+2)}$	$\cdots$	$c_{1(m+p+n)}$	$a_1 + \sum a_i$
A_2	c_{21}	0	$\cdots$	c_{2m}	$c_{2(m+1)}$	$c_{2(m+2)}$	$\cdots$	$c_{2(m+p)}$	$c_{2(m+p+1)}$	$c_{2(m+p+2)}$	$\cdots$	$c_{2(m+p+n)}$	$a_2 + \sum a_i$
$\cdots$	$\cdots$	$\cdots$	$\cdots$	$\cdots$	$\cdots$	$\cdots$	$\cdots$	$\cdots$	$\cdots$	$\cdots$	$\cdots$	$\cdots$	$\cdots$
A_m	c_{m1}	c_{m2}	$\cdots$	0	$c_{m(m+1)}$	$c_{m(m+2)}$	$\cdots$	$c_{m(m+p)}$	$c_{m(m+p+1)}$	$c_{m(m+p+2)}$	$\cdots$	$c_{m(m+p+n)}$	$a_m + \sum a_i$
T_1	$c_{(m+1)1}$	$c_{(m+1)2}$	$\cdots$	$c_{(m+1)m}$	0	$c_{(m+1)(m+2)}$	$\cdots$	$c_{(m+1)(m+p)}$	$c_{(m+1)(m+p+1)}$	$c_{(m+1)(m+p+2)}$	$\cdots$	$c_{(m+1)(m+p+n)}$	$\sum a_i$
T_2	$c_{(m+2)1}$	$c_{(m+2)2}$	$\cdots$	$c_{(m+2)m}$	$c_{(m+2)(m+1)}$	0	$\cdots$	$c_{(m+2)(m+p)}$	$c_{(m+2)(m+p+1)}$	$c_{(m+2)(m+p+2)}$	$\cdots$	$c_{(m+2)(m+p+n)}$	$\sum a_i$
$\cdots$	$\cdots$	$\cdots$	$\cdots$	$\cdots$	$\cdots$	$\cdots$	$\cdots$	$\cdots$	$\cdots$	$\cdots$	$\cdots$	$\cdots$	$\cdots$
T_p	$c_{(m+p)1}$	$c_{(m+p)2}$	$\cdots$	$c_{(m+p)m}$	$c_{(m+p)(m+1)}$	$c_{(m+p)(m+2)}$	$\cdots$	0	$c_{(m+p)(m+p+1)}$	$c_{(m+p)(m+p+2)}$	$\cdots$	$c_{(m+p)(m+p+n)}$	$\sum a_i$
B_1	$c_{(m+p+1)1}$	$c_{(m+p+1)2}$	$\cdots$	$c_{(m+p+1)m}$	$c_{(m+p+1)(m+1)}$	$c_{(m+p+1)(m+2)}$	$\cdots$	$c_{(m+p+1)(m+p)}$	0	$c_{(m+p+1)(m+p+2)}$	$\cdots$	$c_{(m+p+1)(m+p+n)}$	$\sum a_i$
B_2	$c_{(m+p+2)1}$	$c_{(m+p+2)2}$	$\cdots$	$c_{(m+p+2)m}$	$c_{(m+p+2)(m+1)}$	$c_{(m+p+2)(m+2)}$	$\cdots$	$c_{(m+p+2)(m+p)}$	$c_{(m+p+2)(m+p+1)}$	0	$\cdots$	$c_{(m+p+2)(m+p+n)}$	$\sum a_i$
$\cdots$	$\cdots$	$\cdots$	$\cdots$	$\cdots$	$\cdots$	$\cdots$	$\cdots$	$\cdots$	$\cdots$	$\cdots$	$\cdots$	$\cdots$	$\cdots$
B_n	$c_{(m+p+n)1}$	$c_{(m+p+n)2}$	$\cdots$	$c_{(m+p+n)m}$	$c_{(m+p+n)(m+1)}$	$c_{(m+p+n)(m+2)}$	$\cdots$	$c_{(m+p+n)(m+p)}$	$c_{(m+p+n)(m+p+1)}$	$c_{(m+p+n)(m+p+2)}$	$\cdots$	0	$\sum a_i$
销量	$\sum b_j$	$\sum b_j$	$\cdots$	$\sum b_j$	$\sum b_j$	$\sum b_j$	$\cdots$	$\sum b_j$	$b_1 + \sum b_j$	$b_2 + \sum b_j$	$\cdots$	$b_n + \sum b_j$	

(4) 用地条件。满足需求,留有余地,适当超前。最好能预留出第二期物流工程用地,地价应在能承受的投资能力内。

(5) 环境条件。周围区域环保条件较好,没有或有较少的不利影响。

(6) 法规制度。国家及本区域的经济发展方针、政策以及相关法律有利于运输节点目前及今后的建设和发展。

2) 运输节点选址原则

(1) 经济性原则。节点选址不同,对未来物流活动辅助设施的建设规模、建设费用以及运费等是不同的,选址应以费用最低作为重要的原则。

(2) 整体性原则。站在供应链的角度考虑地址的选择,综合权衡费用的大小。有些节点的选择对运输线路选择来讲是最优的,但对整个供应链来说不是最优的,这时应加以调整。

(3) 利益均衡性原则。节点的选择应考虑有关各方的利益,并对因节点选择而受到损害的有关各方采取适当的补偿措施。

(4) 协调性原则。如果所选择的节点与供应链上下游企业间存在间隙,会大大影响供应链的整体竞争力。只有通过节点将物流、信息流、商流、资金流等方面有效地协调起来,整个供应链及其有关企业才会在竞争中取得最大的利益。

(5) 战略性原则。节点选择应符合企业整体发展战略,同时在节点建设上要有前瞻性,制定长远规划,对今后的发展留有余地。

(6) 反复性原则。节点的选址及确定要经历一个定期的评价、重新选址和多次反复的过程。

3) 运输节点选址的决策模型

在运输节点选址的实践中,人们使用了许多定性的和定量的方法,并建立了一些决策模型。下面介绍几种主要的决策方法或模型。

(1) 重心法

单选址是最简单的选址问题,就是将一新节点布置到一个与现存运输节点有关的二维空间中去。此时,如果生产费用中运费是很重要的因素,而且多种货物由各个现有节点供应,则可根据重心法确定新址位置。重心法是一种模拟方法,其基本原理是:将现有各个供应点(资源点)或需求点(用户点)看成是分布在某一平面内的物流运输系统的节点,它们的资源数量可以看成是这些节点的重量,这样就可以利用求几何重心的方法来找到距现有节点的距离、供应量、运输费率之积总和为最小的节点,从而确定物流系统的重心,即新的运输节点的最佳位置。

重心法一般有如下假设:

① 需求量往往被聚集在一定数量的点上,每个点代表分散在一定区域内的众多顾客的需求总量。

② 忽略不同地点选址可能产生的固定资产构建、劳动力成本、库存成本等成本差异。

③ 运输费率的线性假设。

④ 直线运输假设。

⑤ 静态选址假设,即往往不考虑未来的收益与成本的变化。

如果用 $P_i(x_e,y_i)$ 表示现有节点(或各供应点)的位置($i=1,2,\cdots,n$),w_i 表示第 i 个节点的运量,c_i 表示各节点的运输费率。令 $P_0(x_0,y_0)$ 表示新节点的位置,如图 6-19 所示。

根据重心法有:

$$\begin{cases} \sum_{i=1}^{n} x_i w_i c_i = x_0 \sum_{i=1}^{n} w_i c_i \\ \sum_{i=1}^{n} y_i w_i c_i = y_0 \sum_{i=1}^{n} w_i c_i \end{cases}$$

解得:

$$\begin{cases} x_0 = \dfrac{\sum_{i=1}^{n} x_i w_i c_i}{\sum_{i=1}^{n} w_i c_i} \\ y_0 = \dfrac{\sum_{i=1}^{n} y_i w_i c_i}{\sum_{i=1}^{n} w_i c_i} \end{cases}$$

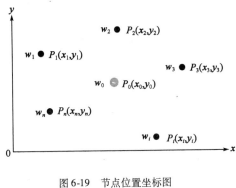

图 6-19 节点位置坐标图

若各供应点的运输费用都相等,则有:

$$\begin{cases} x_0 = \dfrac{\sum_{i=1}^{n} x_i w_i}{\sum_{i=1}^{n} w_i} \\ y_0 = \dfrac{\sum_{i=1}^{n} y_i w_i}{\sum_{i=1}^{n} w_i} \end{cases} \quad (6-20)$$

(2) 成本分析法

成本分析法是一个在已经具有一个运输节点位置选择集的前提下,以物流系统的总成本最小为目标,通过简单的财务计算,比较选择最佳位置。该方法假设有 n 个供给点,分别具有运输量$(w_1, w_2, \cdots, w_n)$,而且用一定准则已经得到 m 个待选位置$(p_1, p_2, \cdots, p_m)$。如果每吨千米运费都为 c,其余运输条件相同,各待选点到供给点的距离用矩阵

$$D = (d_{ij})_{m \times n} = \begin{pmatrix} d_{11} & d_{12} & \cdots & d_{1n} \\ d_{21} & d_{22} & \cdots & d_{2n} \\ \cdots & \cdots & \cdots & \cdots \\ d_{m1} & d_{m2} & \cdots & d_{mn} \end{pmatrix} \quad (6-21)$$

表示。

上式中,d_{ij} 表示第 i 个待选点到第 j 个供给点的距离,则每个待选点位置的总费用为:

$$C_i = \sum_{j=1}^{n} d_{ij} c w_j, \quad i = 1, 2, \cdots, m, j = 1, 2, \cdots, n \quad (6-22)$$

计算出各个待选点的总费用,从中选择总运输成本最小的点作为新节点的最佳选址。

上述两种方法简单易行,在研究待选点位置的早期得到广泛的应用,但由于它们是用简化和抽象的数学模型模拟,所以与实际情况差距较大,存在许多局限性。

(3) 运输规划法

对于多个备选地址的选址问题。如一个公司设有多个工厂、多个销售点(或仓库),其选址问题,也可以采用运输规划法求解,使得所有节点的总运费最小,即:

目标函数
$$\min \sum_{i=1}^{m}\sum_{j=1}^{n} c_{ij} x_{ij} \tag{6-23}$$

约束条件
$$\begin{cases} \sum_{i=1}^{m} x_{ij} = b_j \\ \sum_{j=1}^{n} x_{ij} = a_i \\ x_{ij} \geqslant 0 \end{cases}$$

式中：m——供应点数；

n——销售点数；

a_i——供应点 i 的供应能力 $(i=1,2,\cdots,m)$；

b_j——销售点 j 的需求 $(j=1,2,\cdots,n)$；

c_{ij}——从供应点 i 运到销售点 j 的单位运费；

x_{ij}——从供应点 i 运到销售点 j 的产品数量。

(4) 混合整数规划选址

在物流网络需要新建、要考虑基建投资的情况下，我们可以应用混合整数规划法在多个物流节点中进行选址与布局。应用混合整数规划法选址和布局的步骤是：首先要对待选地址的总费用以及一些限制条件进行分析和抽象，转化为整数规划模型，然后求解模型，找出最佳位置。

设在一个供需平衡的系统中有 m 个供应点 $A_i(i=1,2,\cdots,m)$，各点的生产量为 $a_i(i=1,2,\cdots,m)$；有 n 个需求点 $B_j(j=1,2,\cdots,n)$，各点的需求量为 $b_j(j=1,2,\cdots,n)$；有 q 个可能的备选节点地址 $D_k(k=1,2,\cdots,q)$，如图 6-20 所示。假设各备选节点地址的基建投资、中转费用和运输费率均为已知，以总成本最低为目标确定物流节点选址的最佳方案。

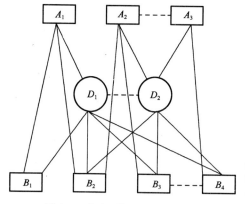

图 6-20 物流系统设施布局结构示意图

物流节点布局的数学模型为：

目标函数
$$\min F = \sum_{i=1}^{m}\sum_{k=1}^{q} c_{ik} x_{ik} + \sum_{k=1}^{q}\sum_{j=1}^{n} c_{kj} x_{kj} + \sum_{i=1}^{m}\sum_{j=1}^{n} c_{ij} x_{ij} + \sum_{k=1}^{q} \left(F_k w_k + c_k \sum_{i=1}^{m} x_{ik} \right) \tag{6-24}$$

约束条件
$$\begin{cases} \sum_{k=1}^{q} x_{ik} + \sum_{j=1}^{n} z_{ij} \leqslant a_i & i=1,2,\cdots,m \\ \sum_{k=1}^{q} y_{kj} + \sum_{i=1}^{m} z_{ij} \leqslant b_j & j=1,2,\cdots,n \\ \sum_{i=1}^{m} x_{ik} = \sum_{j=1}^{n} y_{kj} & k=1,2,\cdots,q \\ \sum_{i=1}^{m} x_{ik} - M w_k = 0 & k=1,2,\cdots,q \\ x_{ik}, y_{kj}, z_{ij} \geqslant 0 & w_k = 0 \text{ 或 } 1 \end{cases}$$

式中：x_{ik}——供给点 i 到备选点 k 的货运量；

y_{kj}——备选点 k 到需求点 j 的货运量；

z_{ij}——供给点 i 到需求点 j 的货运量；

w_k——备选点 k 是否被选中的决策变量，$w_k=1$ 表示 k 被选中，$w_k=0$ 表示 k 未被选中；

c_{ik}——供给点 i 到备选点 k 的单位运量；

c_{kj}——备选点 k 到需求点 j 的单位运量；

c_{ij}——供给点 i 到需求点 j 的单位运量；

F_k——备选设备 k 选中后的基建投资；

c_k——备选点 k 中单位货运量的中转费用；

M——是一个相当大的正整数。

这是一个混合整数规划模型，可以用分枝定界法求解模型，求出 x_{ik}、y_{kj}、z_{ij} 和 w_k 的值。x_{ik} 表示代选定点 k 与供给点 i 的关系，$\sum_{i=1}^{m} x_{ik}$ 决定了该设施的规模；y_{kj} 均表示待选点 k 与需求点 j 的关系，$\sum_{j=1}^{n} y_{jk}$ 决定了该设施的需求；$\sum_{k=1}^{q} w_k$ 表示区域内应布置的设施的数目。

(5) 多因素评价法

前面几种方法只考虑了运输费用、运输距离等少数因素，而实际影响选址工作的因素还有许多，如人力资源、物料供应与搬运、产品市场、政策法令、社会条件与基础设施、气候等自然条件、决策者的个人偏好等，因此可采用多因素评价法对运输节点进行更为科学的选址。

多因素评价法的基本程序是：首先在全面考虑选址影响因素的基础上，粗选出若干个可选的地点（或选址方案）。然后借助专家评价法、层次分析法、模糊综合评价等数学方法进行量化比较，最终得出较优的选址地点（或方案）。

6.3.5 物流运输承运商的选择决策

在一个不存在垄断的运输市场中，不同的运输方式以及同一运输方式中会有许多运输承运商，这些承运商可能各有特点，能力迥异，所以货主或托运人为了有效地实现货物运输的目的，需要对选择哪个具体的运输承运人作出决策。

1) 物流运输承运商选择的步骤

(1) 确定运输承运商选择的原则

①根据运输业务的特性选择承运商。例如考虑货物的性质、体积、运送频次等，将其归类为普通运输、大件运输、零担运输或危险品运输等，并以此选择具有某方面特长的运输承运商。

②综合成本最小原则。应考虑运输成本及其对其他因素的影响，使物流整体成本最小。

③适度原则。即所选的承运商规模、综合能力与企业运输业务要求相适应。

④根据运输业务发生的主要地理范围，选择一些本地或对该范围运输业务较为熟悉的承运商。

⑤树立全局的和战略的观念，从长远考虑企业自身发展、承运商近期、未来发展以及双方的合作关系。

(2) 初步选定运输承运商的范围

可以根据企业自己了解或从本地的企业黄页上找出一些符合自己运输业务类型的承运商；接着通过电话、传真或信函等形式与之取得联系，初次了解承运商的运输类型、运输资源，确认是否是自己需要的承运商;然后初步选定承运商及其数量。

(3) 与运输承运商进行洽谈

在洽谈中,双方可以交流本企业的有关信息。客户应详细了解承运商拥有的资源,如拥有的车辆(如车型、吨位、数量、是否安装 GPS 等)、硬件设施(如停车场、维修站、集装箱堆场等)、运输网络的覆盖范围,以及有关运输、报价等方面的具体问题。也可以向承运商发放问卷表,以便更为详细地了解他们的整体情况。

(4) 初步筛选

将运输承运商有关资料及问卷表录入电脑,作为承运商的第一手资料,供以后查询、评判及进一步调研;然后进行分析,淘汰一些明显不符合企业运输业务要求的承运商,确定进一步评价的承运商的名单。

(5) 评价经初步筛选的运输承运商

首先确定评价承运商的方法,如服务质量比较法、运输价格比较法、综合评价法等;然后对经过初步筛选的运输承运商进行评价、比较,确定少数(如 2~3 家)可供选择的承运商。

(6) 确定运输承运商

对确定下来的少数运输承运商进行实地考察,并把自己的详细运输指标书交给他们,以使他们制定出各自的运输方案;然后,对他们的运输方案进行比较权衡,从而作出最终的选择。或者在经过初步筛选的运输承运商中,进行招投标,从中确定最终的承运商。

2) 物流运输承运商选择的方法

(1) 服务质量比较法

客户在付出同等运费的情况下,总是希望得到好的服务,因此,服务质量往往成为客户选择不同运输承运商的首要标准。

① 运输能力。客户在选择运输承运商时会将其运输能力作为一个重要的因素来考虑。客户通常从这几个方面来考虑:

a. 该运输公司提供运输工具的完好程度,如车辆的车龄、集装箱新旧程度等。

b. 该公司所雇佣的装卸公司的服务质量。货物在装卸过程中是容易造成货损、货差的,因此装卸工人的服务质量会直接影响货物的运输质量。

c. 该公司所雇用的从业人员的经验及工作责任心。从业人员丰富的经验及高超的技艺是保证货物安全运输的首要条件。

d. 该公司的货物运输控制流程。良好的运输控制流程将保证货物及时准确的发运、转运和卸载,减少货物的灭失、错卸、短卸和溢卸以及错误交付等,从而保证运输质量。

② 运输质量。客户在选择不同的运输承运商时还会考虑他们的运输质量。

a. 运输的准班率。较高的准班率可以方便客户对货物的库存和发运进行控制,当然也为安排其接运等提供了便利。

b. 航班的时间间隔、船舶的发船密度、铁路运输的发车间隔等。合理的间隔同样也将方便客户选择托运的时间及发货的密度等。

c. 单证的准确率。

d. 信息查询的方便程度。不同的承运商除了提供运输以外还在附加服务上进行投入,如价格查询、航班查询以及货物跟踪等服务。

e. 货运纠纷的处理。无论承运商如何提高运输质量,改进服务水平,但货运纠纷难免会发生,发生后如何及时圆满地处理是客户所关心的。

(2)运输价格比较法

正如前文所述,各运输承运商为了稳定自己的市场份额,都会努力提高运输服务质量,而随着竞争的日趋激烈,对于某些货物来说,不同的运输承运商所提供的服务质量已近乎相同,因此运价很容易成为各承运商的最后竞争手段。于是客户在选择时,如面对几乎相同的服务质量,或有些客户对服务质量要求不高时,运输价格成为另一个重要的决策依据。

(3)综合评价选择法

在实际选择运输承运商时,客户会同时考虑许多对运输业务有影响的因素,如承运商的服务质量、运输价格、承运商的品牌、承运商的经济实力以及承运商的运输网点数量等。如果将这些因素综合考虑,则可以用公式来表示:

$$S = \frac{k_1 Q}{k_2 P} + k_3 B + k_4 C + k_5 N + \cdots + k_n O \tag{6-25}$$

式中:S——综合因素评价值;

k_n——不同因素的权数,$n=1,2,3,\cdots$;

Q——服务质量;

P——运输价格;

B——运输承运商的品牌;

C——运输承运商的总资产状况;

N——运输承运商的网点数;

O——其他因素。

客户可以根据自己的需要,调整不同因素的权数,对不同承运商进行评价,比较他们的得分,然后作出决策。当然也可以组织专家小组对承运商进行评价,汇总各个承运商的得分,选择最终的承运商。

6.4 集装箱运输

集装箱运输是一种先进的货物运输方式,是实现散杂货物流合理化、效率化地重要手段。自其诞生以来一直处在不断发展之中,尤其是在国际物流运输市场上所占的份额越来越大,因而,在国际物流系统中的地位也越来越重要。与传统货物运输方式相比,集装箱货物运输无论是在流通过程还是在运输组织与管理方面都发生了根本的变化。

6.4.1 集装箱运输概述

1)集装箱运输发展历程

(1)国际集装箱运输的产生和发展

集装箱是一种用于货物运输的包装容器。由于它本身具有一系列其他运输容器所无法比拟的优势,所以从1900年在英国铁路诞生到现在的一个多世纪以来,已逐渐成为国际货物运输不可缺少的必备工具,被称作20世纪世界运输发展史上最伟大的"运输革命"。集装箱运输的发展从最初的雏形到现今的现代化运输方式经历了漫长岁月,追溯集装箱运输发展的历史,集装箱的使用首先是从铁路、公路运输开始的,大致分为五个时期。

①萌芽期(1830~1956年)

1830年,因英国工业革命的发生而在运输业中出现了传统装卸手段和先进运载工具——蒸汽机车之间的效率矛盾,为解决这一问题,在铁路上出现了装煤的容器,而后英国铁路也使用过集装箱的雏形进行货物运输。19世纪中期,美国铁路也曾用容器装运法装载木材进行运输。较为正式地使用集装箱是20世纪初期,英、美、德、法、意、日相继在铁路上出现了集装箱运输。20世纪30年代,随着公路运输技术的进步,公路集装箱运输也得到了长足的发展,并以其机动灵活性与铁路集运展开激烈竞争。而后在50年代中期,美国的铁路运输公司为对付因公路运输的迅速发展而引起的竞争,以铁路运输和公路运输相结合的方式,采用了将载有集装箱的半挂车装载于铁路平板车辆集装箱多式联运上的"驼背"运输(Piggyback Transport)形式,开始了"门到门"的运输。

这时期的主要特征:经历时间长,主要为西方早期的工业化国家;发展缓慢,公路、铁路因激烈竞争而影响联运,导致集运优势不能发挥;集运的庞大投资也影响了其扩展。

②开创期(1956~1966年)

海上集装箱运输的开展标志着集运新篇章的开端。其首先开始于军事物资的运输。第二次世界大战中,美国军队利用集装箱在海上进行军事物资的运输,证明使用集装箱能够大量、迅速和安全地运输货物。战后,各国的经济得到恢复和发展,国际贸易量大幅提高,集装箱运输方式也逐渐为海运和空运所采用。

1956年4月,美国海陆公司(Sea Land Service lnc.)的前身泛大西洋轮船公司将一艘T-2型油船改装,设置了用以在甲板上装载集装箱的平台,一次载运16个集装箱航行于纽约—休斯敦航线。经过三个月的试运,证明效果良好,每吨货物的装卸费用从原来平均5.83美元下降至0.15美元,为普通货船装卸费用的1/37。泛大西洋轮船公司在试运集装箱取得成功的基础上,决心以更完美的方式从事国内航线的海上集装箱运输。1957年10月,泛大西洋轮船公司又将一艘C-2型货船改装成滚装船,航行于波多黎各航线,从而出现了专用集装箱船。

1960年4月,当集装箱运输的优越性得到充分认识后,为了更充分地显示经营集装箱联运的特点,泛大西洋轮船公司改名为海陆运输公司。1961年5月,这家公司开始了经由巴拿马运河的纽约—洛杉矶—圣弗朗西斯科(旧金山)的集装箱运输,以后又开辟了阿拉斯加航线,从而奠定了在美国国内航线进行集装箱运输的基础。

这时期的主要特征:集运船舶为货船改装;无集运专用泊位;使用非标准的17ft、27ft、35ft的集装箱;集运航线仅限于美国国内。

③成长期(1966~1971年)

1966年4月,海陆运输公司又以经过改装能载运226个35ft集装箱的全集装箱船航行于纽约—欧洲航线。于是在国际航线上出现了集装箱运输。

比海陆运输公司稍晚一些,本来以经营国内航线运输为主的马托松轮船公司(Matson Navigation Co.)在自己所经营的美洲沿岸—夏威夷航线上,用货船"马祥"号将8ft×8ft×24ft集装箱装载于舱面试运集装箱,一举获得成功。在此基础上,马托松公司既致力于促进干线运输的集装箱化,大力发展自己的集装箱船队,又致力于主要港口间放射状支线运输(Feeder Service)的开发,建立了使用驳船在夏威夷诸岛间运输集装箱的所谓"夏威夷诸岛间集装箱驳运系统"(Inter Hawaii Island Container System)和以小型集装箱船为中心的支线运输网,使集装箱货物从各地向主要港口集中,以进一步加速集装箱船的周转。

1967年9月，马托松轮船公司派船航行于日本—北美太平洋岸航线，从此揭开在太平洋航线上进行集装箱运输的序幕。

在美国船舶所有人的集装箱船活跃于大西洋和太平洋的启发下，日本和欧洲各国的班轮公司也开始大量建造中型集装箱船，建立集装箱船经营体制，进入经营集装箱运输的行列，继美国之后，相继在连接日本、欧洲、美国、澳大利亚等地区的主要航线上开展集装箱运输，至20世纪70年代初，已有十余条主要航线基本实现了集装箱化。1971年底约有160余艘、约277万载重吨的全集装箱船就航。再加上半集装箱船在内，每年运输集装箱的能力约为128万标准箱。

这时期的主要特征：集运逐步国际化；出现第一代集装箱船；建造了集运专用泊位；集装箱标准国际化，以20ft、40ft为主。

④扩展期(1971~1989年)

1971年末，51 139总吨、航速为26kn、可装载1 950个20ft标准箱的大型、高速集装箱船"镰仓丸"就航于远东—欧洲航线。接着，1972年海陆公司也将全长288m、可装载1 968个标准箱约9.8万kW(12万马力)和航速为33kn的超大型、超高速的全集装箱船投入营运。以此为开端，日、英、德等三个国家的三家船公司的联营组织——Trip Group，和丹麦、荷兰、法国、瑞典、挪威等国船公司的联营组织——Scan-duch Group，以及美国的海陆运输公司等相继将大型高速集装箱船投入营运。从此，集装箱运输从载箱量约为700标准箱、航速22~23kn的第一代集装箱船时代进入了与第一代集装箱船相比，载箱量高3倍、航速也快3~5kn的第二代集装箱船时代。这时的集装箱运输，就船型而言，以高速的、载箱量为2 000标准箱的全集装箱船为主；就运输距离而言，已从单一连接大洋对岸港口的跨洋运输延伸到跨越两个大洋的运输；就运输路线而言，既形成了集装箱支线运输网，也出现了陆桥运输。这时，不但海运发达国家尽力扩大本国的集装箱船队，发展中国家也开始建立本国的集装箱船队，而集装箱船公司之间的联合经营也开始盛行。在这种情况下，1971年以后至80年代初的一段期间内，世界集装箱船舶的艘数和载运能力都有了大幅度的增长。据统计，截至1980年1月1日，全世界共有各种类型的集装箱船1 418艘，载运能力约为109万个标准箱。其中，绝大部分集中在海运发达国家，约占总载运能力的80%。前苏联约占4%，发展中国家约占11%。到1983年年底，仅总登记吨在3 000t以上、载箱量在150标准箱以上的吊装式和滚装式的全集装箱船已达779艘，载箱能力为916 416标准箱，计1 742.7万载重吨。

20世纪80年代，世界集装箱运输又有了新的发展。由于受先后两次石油危机和第一代集装箱船已进入更新期的影响，在此期间，出现了以节省能源和提高运输效率为主要目标的第三代集装箱船。1984年，以长荣公司先后将"长园轮"和"长智轮"投入环球双向运输，开辟环球航线为开端，世界海上集装箱运输有了长足的发展。这一时期的世界集装箱运输可以说已从普及、发展时期，进入扩展时期。当时，在世界范围内，所有的集装箱船主要分布于远东—北美、远东—欧洲、地中海、北美—欧洲、地中海、澳大利亚、中东、中南美、非洲和印度等8条航线上。其中尤以远东—北美、远东—欧洲、地中海、北美—欧洲、地中海等3条航线更为集中。

这时期的主要特征：集运船舶、专用泊位不断发展，集运能力大幅提升；港口机械现代化；计算机的技术应用，使管理水平和手段得以提升；集装箱多式联运开始出现。

⑤成熟期(20世纪90年代至今)

进入20世纪90年代，特别是1994年以来，世界经济的全面复苏对航运市场产生了积极的作用。集装箱运输市场上,各条航线的货运量均表现出强劲的增长势头。据统计,截至1994年11月1日,现役集装箱船运力已达5 715艘、410万标准箱。虽然货运量及集装箱船仍集中于远东—北美,远东—欧洲、地中海,以及北美—欧洲、地中海等3大主干航线的格局并未改变,但是各大船公司投入营运的船舶趋向于大型化的倾向却日益明显。据分析,远东—北美航线的距离约为7 000mile,远东—欧洲航线约11 000mile,北美—欧洲航线约4 000mile,这3条主干航线运量充沛,最适于使用大型集装箱船,因而在这些航线上首先使用大型甚至超大型集装箱船是理所当然的。1996年,马士基公司将6 000标准箱的"女王马士基"号投入远东—欧洲航线营运。2004年,马士基公司已投入运营的集装箱船舶的载箱量已达8 360TEU,此后两年交用的大型集装箱船成倍增加,因而集装箱船队规模将持续扩大是可以预期的。

这时期的主要特征:集运船舶的大型化及自动化,泊位的高效化,集疏运系统的不断完善;管理科学化,手段现代化,广泛采用EDI(电子数据交换)系统,并实现了集装箱动态跟踪管理;集装箱多式联运得到空前发展。

(2)我国集装箱运输发展概况

我国集装箱运输是从20世纪50年代开始起步的。1955年4月,铁路部门开始办理国内小型集装箱运输。水运部门在1956年、1960年和1972年三次借用铁路集装箱进行短期试运。1973年开辟海上国际集装箱运输,1973年9月开辟用杂货船捎运小型集装箱(8ft×8ft×8ft)海运至横滨、大阪、神户航线。经过多年的努力,我国国际集装箱运输经过了从无到有、从小到大的历程。随着我国国民经济的快速发展和对外贸易的不断增长,我国国际集装箱运输发展很快。近年来国际集装箱运输和港口吞吐量递增。我国拥有一支现代化的集装箱船队,建成了一批集装箱专用深水泊位,初步建立了较为通畅的集疏运系统,培养了一批集装箱运输经营管理队伍,集装箱化的水平明显提高。

①集装箱船舶运力有了巨大发展,航线不断扩大。到20世纪末,我国从事国际集装箱运输的班轮公司达150多家,集装箱船队总规模达到900多艘,26万标准箱位。其中,中远集团集装箱运输总部拥有各类集装箱船150余艘,20多万标准箱位,连续多年被排名为世界第四大集装箱运输公司,中远集团船队经历了从小型集装箱船到第二、三、四、五代集装箱船的发展历程。目前,我国开辟了国内沿海至日本、东南亚的近洋航线,还开辟了美洲、欧洲、地中海航线,形成了远、近洋结合,沿海、长江内支线相互衔接的运输网络。

②加强基础设施建设,港口条件有了明显的改善。到20世纪末,我国拥有集装箱专用泊位60多个,年设计通过能力638万TEU。装备了适应第三、四代集装箱装卸作业的机械设备及其他设施,拥有大型岸边集装箱起重机、堆场龙门起重机,基本上满足了班轮作业的要求。

③基本建成了与班轮运输相配套的内陆中专货运场站网络。为了使内陆中转站、货运站与港口吞吐能力相适应,保证集疏运系统的畅通,到20世纪末,在港口腹地、主要港站枢纽附近及公路骨架沿线,建成国际集装箱内陆中转站200多个,备有专用车辆,公路汽车运输已成为港口集装箱集疏运的主要力量,公路集疏运量占港口集装箱吞吐量的80%。

④依靠科技进步发展集装箱运输,集装箱运输管理水平有了很大提高。为了提高管理水平,20世纪90年代初,在原国家计委等部(委)的支持配合下,交通部进行了"国际集装箱运输系统(多式联运)工业性试验",在上海口岸通过配套设备、技术开发、制定规章、统一单证,发展和完善了以上海为枢纽,向国外和内陆两个扇面辐射的干支线相衔接的国际集装箱运输系统和示范模式,取得了值得推广的成套经验,并于"八五"期间在大连、天津全面推广"上海工

试"成套技术,在青岛广州、南京等 18 个口岸推广使用三种运输单证。通过"上海工试"技术的推广应用,我国集装箱运输走上了正规化、标准化的道路,管理水平有了明显的提高。

依靠科技进步,加速了港口电脑局部网络系统的开发和应用,天津、青岛、大连、厦门等口岸对进口、出口舱单、船图、装箱单进行电子数据交换、信息共享,加快了单证的流转速度,减少了人工录入错误率,提高了管理水平。中远集团通过租用美国 GE 网和国内 CHINAPAC 网,建立本系统在全球范围内的电脑联网,实现对其船舶、集装箱的动态跟踪、运费结算及货运单证的电子数据交换。交通部在"九五"期间,进行"国际集装箱运输电子传输动作系统和示范工程"项目的研究和实施。该项目是在攻关开发国际集装箱运输 EDI 系统的同时,首先在上海、天津、青岛、宁波四个口岸为中远集团建成具有互联性和分级管理功能的 EDI 服务中心,利用国际增值网互联,实现港口、内陆集装箱箱务管理的信息交换电子化,进而实现与口岸有关机构、银行、保险等部门的电子信息交换。该项目的研究开发和实现,进一步推动了我国集装箱运输的现代化水平,对我国集装箱运输管理水平的提高产生了重要影响。

我国国际集装箱运输为我国国民经济和对外贸易的发展作出了重要贡献。到目前为止,我国港口国际贸易杂货集装箱化比重已超过 60%。

2)集装箱运输的特点

(1)集装箱运输是一种高效率的运输方式

具体体现在:①装卸效率高;②运输工具利用率高;③货物运达速度快,使之流动资金周转率高;④节省货物的运输包装费用和运杂费用;⑤提高库场使用率。

(2)集装箱运输是一种高质量的运输方式

主要体现在:①以箱为运输单元,其装卸、换装、运输、暂存过程均以箱为单位整体进行,集装箱有较高强度和较好的封闭性,可以减小全程运输中,由于各种原因引起的货损、货差、被盗、丢失面可能性;②货物运达速度快;③简化了货物全程运输所涉及的各环节(托运、装卸、通关等)的手续,方便和简化了货主办理单据和各种财务及行政手续。

(3)集装箱运输是一种资金高度密集型的运输产业

集装箱运输中的集装箱,各类运输工具,各种港站设施、机械设备及整个集疏运系统都需要投入大量资金。随着运输工具的现代化、大型化,装卸机械的大型化、专业化和管理现代化,集装箱运输所需的人力资源将进一步减少,但对人员素质将提出更高的要求。

(4)集装箱运输是一种专业化、标准化的运输方式

具体体现在:①箱型的标准化带来的货物质量和外形尺度的标准化;②各种运输方式中运输工具的专业化和标准化;③各类港、站设施的专业化和结构、布局及设计要求的标准化;④各类装卸、搬运机械设备的标准化;⑤运输管理组织、运输装卸技术工艺标准化;⑥运输法规、运输单据的统一化标准化等。

(5)集装箱运输是一项复杂的系统工程

集装箱运输是把高效装卸的专业化码头,快速周转的运输船队,四通八达的集疏运网络,功能齐全的中转站,各种类型的运输经营人和实际承运人,遍及世界的代理网络,科学准确的信息传递和单证流转,协调工作的口岸各部门(海关、三检、理货、保险及其他服务部门等)有机结合在一起的大规模运输工程。

集装箱运输系统整体功能的发挥,依赖于上述各方面的协调发展和密切配合,从而在运输经营上打破了传统运输港站交接货物和分段运输的习惯,实现了"门到门"的运输。同时,在

运输组织上,实现了不同运输方式或单一运输方式多程运输的综合组织,打破了长期以来各种运输方式独立发展、独立经营和独立组织的局面,把不同运输方式和货物运输中的不同环节连成了一个不可分割的整体。这些特点使集装箱运输在系统规划、企业经营、运输组织管理等方面的基本思想和方法技术都具有明显的系统性。

由于集装箱运输具有上述特点和优点,使集装箱运输在世界范围内迅速发展,并使物流全过程的诸环节(如包装、装卸、运输、保管及信息传递等)都发生了革命性的变化。

3)集装箱运输的基本条件

(1)货运要求

集装箱运输要求货物流量大而且比较稳定集中,货种适合集装箱装运,尤其要求航线两端货运量基本平衡,否则将造成大量空箱积压和空箱运输。

(2)设备要求

必须在整个运输过程的各个环节更新有关设备,以适应集装箱运输的要求。除了需要集装箱船舶、集装箱专用码头和堆场外,还必须要有相应的装卸搬运集装箱的重型机械设备,如岸壁集装箱装卸桥、跨式龙门吊和跨式集装箱搬运车等。

(3)集疏运条件要求

要有与集装箱运输相适应的内陆运输条件,公路和铁路运输应有连接大型集装箱船舶进行海陆联运的能力,使集装箱能在各种运输方式之间迅速顺利地换装。

(4)管理工作要求

由于集装箱随着货物的流动而分散到各地,必须对集装箱进行专门掌握、调度、回收、修理等一系列复杂的管理工作。

4)集装箱运输的发展趋势

随着集装箱运输走向成熟以及经营管理的现代化,集装箱运输将朝着物流中小化、管理电脑化、港口高效化、船舶大型化、运输综合化的方向发展,以降低运输成本、缩短运输周期,真正为客户提供优质、快速、准时、便捷、价廉的服务。

(1)干线船向大型化、高速化发展

20世纪90年代以来,集装箱船的大型化十分明显。据统计,20世纪50年代后期的集装箱运输装载能力才区区几百个;20世纪90年代,集装箱船舶装载能力完成了从4 000标箱向8 000标箱的跨越;进入21世纪,大型集装箱船向10 000个标箱开始挺进。2009年,超过10 000标箱的大型船舶建成并投入使用的数量是18艘,2010年新增10艘,2011年新增5艘,2012年新增12艘。

在集装箱船进一步向大型化发展的同时,集装箱船的高速化也将引起关注。美国、日本、韩国、西欧等一些发达国家和地区,正在开发研究航速在35kn以上的超高速集装箱船。

(2)世界主要集装箱港口向大型、高效、综合服务方向发展

世界主要集装箱港口应拥有长度至少300m以上,前沿水深12m以上、陆地纵深500~1 000m的集装箱泊位,采用大跨距、重负荷、自动化的装卸机械,全面实现电脑化管理,能够向船东和货主提供全方位的优质服务。

(3)港口的中转作用日益重要

船公司在主要航线上配置大型集装箱船。这些大型集装箱船只在少数货源稳定可靠的拥有深水泊位的港口之间航行,这些港口则将其他港口的货源通过支线吸引过来加以中转。这

种情况导致了一些集装箱港口地位的变化。过去在集装箱吞吐量位居前列的一些港口被其他一些港口超越而退居其后。如鹿特丹、纽约等港,由于周围港口的竞争及中转量有限,集装箱吞吐量难以有较大幅度增加。而另一些港口则由于其优越的地理位置和其他有利条件,吸引了大量中转箱,从而使集装箱吞吐量飞速上升,例如香港、新加坡,其原因是中转箱量占其总吞吐量的比例高达50%~60%,国外有专家称这样的港口为大中心港。

(4) 多式联运将日益完善

集装箱运输的优势之一是便于组织多式联运。一些发达国家除了大力发展港口基础设施和海运船队外,还重视海运船队、专用码头和内陆集疏运网络的建设与相互匹配,形成日益完善的多式联运综合运输系统。同时重视在国际组织中积极活动,拟定相关的国际公约,并通过国内立法,完善集装箱运输的规章制度,在全球建立货运代理和多式联运经营网络,力图通过改善经营管理,提高运输服务质量和市场竞争能力。

(5) 信息管理实现现代化

电子数据交换(EDI)已开始在航运界发挥日益重要的作用。依靠电子计算机和通信网络,实现信息自动交换和自动处理,以电子单证逐步取代复杂的纸面单证,简化各种业务手续,并对集装箱动态信息进行有效跟踪,从而大大提高运输效率和运输服务质量。

(6) 箱型大型化、专用化的发展趋势

一些发达国家为了充分利用运输工具的载运能力,近年来在国际标准化组织的多次会议上提出了修改集装箱标准的建议,包括增大集装箱的尺寸和总质量。2012年底全球1万TEU以上船舶共有162艘,占全球运营船舶总量的3.27%,载箱量共计206.65万TEU,占全球总运力的12.65%。到2016年底,全球超过1万TEU的船舶将达到283艘,占全球运营船舶总量的5.59%,载箱量共计373.62万TEU,占全球总运力的份额将上升到19.57%,增速远高于其他船型船舶。

(7) 经营规模化

随着集装箱运输一体化的迅速发展,各大班轮公司通过兼并和组织联营集团,实现了规模经营,成为全球承运人,并以货物集拼、仓储、运输、分拨等全方位服务,进一步完善干支网络,高效、快捷地组织"门到门"运输服务;广泛采用EDI系统,对运输全过程实现信息化管理,合理安排航线,扩大干线直挂港的范围,缩短航班周期,加快货运速度,降低运输成本,提高运输服务质量。

6.4.2 集装箱的定义和基本种类

1) 集装箱的定义

国际集装箱运输标准制定的权威机构国际标准化组织对集装箱的概念给出了一个描述性的定义,目前我国有关国家标准对集装箱概念的界定也沿用了此定义。

集装箱是一种运输设备,应满足下列要求:

(1) 具有足够的强度,可长期反复使用。
(2) 适于一种或多种运输方式运送,途中转运时,箱内货物不需换装。
(3) 具有快速装卸和搬运的装置,便于从一种运输方式换成另一种运输方式。
(4) 便于货物装满和卸空。
(5) 具有 $1m^3$ 及以上的容积。

集装箱这一术语不包括车辆和一般包装。该定义从材质强度、运输特征、装卸中转要求、装填特征、容积要求五个角度描述了集装箱的概念，同时也简要地概述了集装箱作为一种新型运输容器有别于传统运输容器的特点。

2) 集装箱标准化

集装箱标准化，不仅能提高集装箱作为共同运输单元在海、陆、空运输中的通用性和互换性，而且能够提高集装箱运输的安全性和经济性，促进国际集装箱多式联运的发展。同时，还给集装箱的载运工具和装卸机械提供了选型、设计和制造的依据，从而使集装箱运输成为相互衔接配套、专业化和高效率的运输系统。

到目前为止，国际标准集装箱共有13种规格，见表6-6。

国际标准集装箱现行箱型系列　　　　　　　　　　　表6-6

集装箱箱型	长 度		宽 度		高 度		总 质 量	
	mm	ft/in	mm	ft	mm	ft/in	kg	lb
1AA	12 192	40	2 438	8	2 591	8/6	30 480	67 200
1A	12 192	40	2 438	8	2 438	8	30 480	67 200
1AX	12 192	40	2 438	8	<2 438	<8	30 480	67 200
1BB	9 125	29/11.25	2 438	8	2 591	8/6	25 400	56 000
1B	9 125	29/11.25	2 438	8	2 438	8	25 400	56 000
1BX	9 125	29/11.25	2 438	8	<2 438	<8	25 400	56 000
1CC	6 058	19/10.5	2 438	8	2 591	8/6	24 000	52 920
1C	6 058	19/10.5	2 438	8	2 438	8	24 000	52 920
1CX	6 058	19/10.5	2 438	8	<2 438	<8	24 000	52 920
1D	2 991	9/9.75	2 438	8	2 438	8/6	10 160	22 400
1DX	2 991	9/9.75	2 438	<8	2 438	<8	10 160	22 400
1AAA	12 912	40	2 438	8	2 896	9/6	30 480	67 200
1BBB	9 125	29/11.25	2 438	8	2 896	9/6	25 400	56 000

国际标准集装箱长度关系见图6-21。1A型40ft(12 192mm)；1B型30ft(9 125mm)；1C型20ft(6 058mm)；1D型10ft(2 991mm)；间距 i 为3in(76mm)；各种集装箱箱型之间的尺寸关系为：1A = 1B + i + 1D = 9 125 + 76 + 2 991 = 12 192mm；1B = 1D + i + 1D + i + 1D = 3 × 2 991 + 2 × 76 = 9 125mm；1C = 1D + i + 1D = 2 × 2 991 + 76 = 6 058mm。

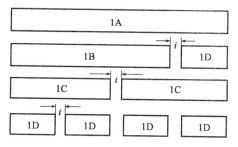

图6-21　国际标准第一系列集装箱长度系列关系图

3) 集装箱的基本种类

在集装箱运输的发展过程中，因货物的种类、性质、运输要求和运输机械条件及方式的不同而出现了不同种类的集装箱。其中主要是按用途对集装箱进行分类。

(1) 杂货集装箱（dry cargo container）

又称干货集装箱，是一种通用集装箱，用以装载除冷冻货、液体货、活的动植物或其他特殊货物外的一般件杂货,包括日用百货、食品、机械、仪器、家电用品、医药及各种贵重物品等。在集装箱的数量中,这种集装箱比例最大,国际标准化组织制定的集装箱标准系列就是指这种集装箱。常用的有20ft和40ft两种,其结构特点是常为封闭式,有端开门或侧开门。

(2)保温集装箱(insulated container)

保温集装箱是一种箱壁由导热率低的材料隔热,用以运输需冷藏和保温货物的集装箱,一般包括以下三种类型。

①冷藏集装箱(refrigerated container)

这是一种主要运输冷冻货物、低温货物,能保持所定温度的保温集装箱。因制冷源的不同,分为内藏式机械冷藏集装箱即箱内附有制冷机组,以及外置式机械集装箱即在箱子前端设有冷气吸入口和排气口,由集装箱船上的制冷装置及固定管路供应冷气。

虽然冷藏集装箱的保有量不断增加,货运量超过冷藏船,但其经济效益并不理想,究其原因主要是:购置费用大;营运费用大;航线来回程冷冻货源不平衡;集装箱船上的冷藏箱位量的限制及积载原因的影响;实际操作中的货运事故。

②隔热集装箱(insulated produce container)

这是一种能防止箱内的温度上升,使所运货物保持新鲜度的集装箱,主要用以装载水果、蔬菜等类货物。多用干冰制冷,保温时间可达72h。

③通风集装箱(ventilated container)

这是一种多在侧壁右上位置开有通风口的集装箱,用于装运无须冷冻,且具有呼吸作用的水果蔬菜等类货物。

(3)特种集装箱(special container)

①散货集装箱(solid bulk container)

散货集装箱主要用于运输豆类、谷物类及化学物品等粉粒状货物。使用此种集装箱可节约包装费用,提高装卸效率。

使用此种集装箱要求严格,要便于清扫和洗涤,故箱底板大多由玻璃钢制造,侧壁的内衬板由光滑的木板组成,以提高卸货时的滑溜效果。

②罐式集装箱(tank container;liquid bulk container)

这种集装箱专为装运液体货物而设计,如酒类、油类、药品及液状化学品等货物。它由罐体和箱体箱架两部分组成,装货时货物由罐顶部装货孔进入,卸货时则由排出孔靠重力作用自行排出或由顶部装货孔吸出。

③敞顶集装箱(open top container)

这是一种顶部敞开无箱顶,但有可折式顶梁支撑的防水篷布组成的顶篷,其他构件与干货集装箱类似,货物须由起重机从顶部装入或吊出。其装载的货物可为玻璃板、钢铁制品、机械设备等高度较高的重货或用来代替尚未得到有关公约批准的箱型装载货物。为防止货物运输途中在箱内发生移动,箱内底板两侧相对埋入几对索环,以便通过绳索来绑扎箱内货物。

这种箱子因装拆箱效率较低及小货主通常缺乏重型装卸搬运机械和作业场所而使用较少。

④框架集装箱(flat rack container)

这种集装箱没有箱顶和箱壁,箱端壁也可拆下,只留箱底板和四个角柱来承受货载。主要用于装载不适合装入杂货集装箱或敞顶集装箱的重大件、长件、轻泡货、重型机械、钢材和其他裸装设备等形状不一的货物。

为承受货物的质量,箱底强度要求较高,故箱底板较厚,自身质量较大,这相对影响了货载的高度和载质量;为防止运输中货物移动,在下侧梁和角柱上设有系环,以系紧货物防止碰撞;因不具备密闭性,怕水湿货物不能装运或积载在舱内或在堆场堆放时需用篷布覆盖。

⑤平台集装箱(plat container)

框架集装箱如将角柱拆下,则成为平台集装箱,仅有底板而无上部结构物。装卸作业方便,以运输超重、超长件货物为目的,并能把两个平台集装箱连接起来使用,以扩大装运的极限。

⑥牲畜集装箱(live stock container)

这是一种专供装运活体动物而设计的特殊集装箱。箱壁材料选用金属丝网或铁栏杆,以利于通风;侧壁下设有清扫口和排水口,并设有喂食装置及除臭装置。

⑦兽皮集装箱(hide container)

这是一种设有双层底,用以储存渗漏液体,专运生皮等带汁液、有渗漏性货物的兽皮集装箱。

⑧汽车集装箱(car container)

这是专为运输小型汽车而设计制造的集装箱,结构简单,无侧壁,设有框架和箱底,并设有通过橡胶带与汽车车轮绑紧的系环装置,根据汽车高度,可装载一层或两层。

6.4.3 集装箱运输的基本业务

以下从集装箱货物与集装箱的选用、集装箱的运输方式、集装箱运输业务三方面来介绍集装箱运输的基本知识。

1)集装箱的选用

(1)适箱货物的定义和分类

为了便于分析,我们将整个货运分为干散货、石油、适箱货和其他货物四大类。适箱货类一般指适于装集装箱的货类。从技术层面上讲,大多数货物都可装于箱内运输,但从经济效益看,有相当数量的货物不适合集装箱化。所以,我们将集装箱的货物按适于集装箱化的程度进行分类。

所谓适于集装箱化的程度是指将货物装载于集装箱中进行运输,在技术上是否可行和经济上是否合理的程度。据此,集装箱货物可分为如下几种。

①最适宜集装箱化的货物(prime suitable containerizable cargo)

属于这一类的货物一般都是价值较高、运输费率较高且易于破损和被盗的货物。酒类、医药用品、针织品、打字机、照相机、电视机、收音机、光学仪器、各种小型电器及小五金都属于这类货物。

②适宜集装箱化的货物(suitable containerizable cargo)

属于这一类的货物,其本身价值并不是很高,运输费率也比最适宜货物低一些。这些货物破损和被盗的可能性较小。具体地说,这类货物包括纸浆、电线、电缆、铅丝以及袋装面粉、咖啡等。此外,属于这类的货物也包括生皮、碳精等易成为赔偿对象的货物。

③边缘集装箱化的货物(marginal containerizable cargo)

这类货物虽然在技术上将它们装入集装箱是可能的,但是因为它们本身的价值和运价都较低,受损和被盗的可能性也很小,将它们装入集装箱进行运输,经济效益并不显著,而且它们的形状、质量和包装也难于实现集装箱化。属于这类的货物有钢锭、生铁、原木等。

④不适宜集装箱化的货物(unsuitable containerizable cargo)

属于这一类的货物有的是因为货物的物理性质而不能装入集装箱内;有的是在大量运输时,使用专用船(如使用散货专用船运输的大批量散伙;使用滚装船运输的大批量无包装载货汽车等)运输反而提高运输效率的货物。如废钢铁、长40ft以上的桥梁、铁塔、大型发电机等钢铁结构等,都属于此类货物。

随着我国经济结构日趋合理和产业结构的调整,地区间的合理分工和协作得到加强,产品高新技术含量和高附加值产品比重不断提高,机械、电器和大量制成品海运量迅速发展,适箱货的外贸进出口海运量比重呈明显上升趋势。我国海运结构的调整和集装箱化率的提高,有力地推动了我国集装箱运输的发展。

(2)集装箱的选用

在集装箱运输中,为了船、货、箱的安全,必须根据货物的性质、种类、容积、质量、形状来选择适当的集装箱;否则,不仅对需要充分固定的货物不能采用适当的固定方法(如支撑、绑扎、填塞等方法),使货物在箱内固定,防止移动,而且也会因选用不当而导致货损。

当前,为适应不同货物特性的需要,集装箱的箱型和种类已有多种,按照货物性质分类的集装箱货物与按用途分类的各种集装箱的配伍已有一定的规律可循。集装箱货物与通常选用的集装箱见表6-7。

集装箱货物与集装箱的选用 表6-7

货物分类	可选用的集装箱
清洁货物	杂货集装箱,通风集装箱,敞顶集装箱,冷藏集装箱
污秽货物	杂货集装箱,通风集装箱,敞顶集装箱,冷藏集装箱
易碎货物	杂货集装箱
易腐货物	冷藏集装箱,通风集装箱,隔热集装箱
冷藏货物	冷藏集装箱,通风集装箱,隔热集装箱
动物和植物	牲畜集装箱,通风集装箱
笨重货物	敞顶集装箱,平台集装箱,框架集装箱
危险货物	杂货集装箱,框架集装箱,冷藏集装箱
散货	罐状集装箱,散货集装箱
贵重货物	杂货集装箱

2)集装箱的运输方式

集装箱的运输方式有船舶、铁路、公路、航空四种。

(1)船舶运输

①船舶的种类

按船舶装运集装箱化程度的不同,可将集装箱运输所使用船舶分为如下几种。

a.全集装箱船。船舶的所有载货空间均适合集装箱装载。因装载方式的不同,全集装箱船又可分为舱格式全集装箱船与拖车式全集装箱船。

b.半集装箱船。船上既有专供集装箱使用的舱格,也有装载散装杂货的保留空间。

c. 混合式集装箱船是将舱格式与拖车式集装箱船混合成一体。

d. 可变集装箱船货舱通常以装载集装箱为主,必要时可变成装载散装杂货的货轮。

e. 子母舱,整艘集装箱船分为子母两部分,子船负责进港装载集装箱,母船在港外接运子船,然后以母船担任越洋长途运送。

② 装卸方法

海上集装箱运输的装卸方法因集装箱船而异,可有下列几种方式:

a. 吊上吊下型,这类装卸方式主要使用于舱格式集装箱船,以码头或船上自备的桥式起重机为装卸机具,对集装箱作垂直式的装卸。

b. 驶进驶出型,这类装卸方式主要使用于拖车式集装箱船上,拖车驶进船舱,待抵达目的港后再直接以拖车将集装箱送达收货人处。

c. 浮上浮下型,这类装卸方式主要使用于子母船,子船对于母船而言就好比是一个超大型集装箱,母船可在船上设重型起重机直接装卸子船;也有利用大型升降台以升降方法装卸子船的;更有母船采取将子船直接驶入驶出船舱的方式。

③ 作业方式

集装箱运输的作业方式有以下几种:

a. 直达作业,是传统的运输方式,运送人只担当主要港口之间的集装箱运输服务。

b. 接驳作业,是以小船来往于主要港口附近的小港口,担当集装箱的集中任务,将集装箱集中于主要港口,以大型集装箱船负责越洋长途运送任务。

c. 复合作业,为了实现"门到门"服务的目标,由海运企业负责将各种运输工具协调结合在一起,共同担当集装箱运输任务的作业方式。

(2) 陆上运输

在整个集装箱运输系统中,陆上集装箱运输企业主要担当集装箱的接运与转运的工作。并实现"门到门"的服务目标。陆上运输方式为铁路与公路。

① 铁路集装箱运输系统

利用铁路平车装载集装箱担当陆上较长运距的集装箱运输服务,是一种所谓背载运输的作业方式。根据集装箱的装载情况不同,它又可分为下列两种方法(图6-22):

平车载运拖车。将集装箱同载运拖车一起固定于铁路平车上,作长距离运送服务,到达目的站以后,则用该拖车将集装箱直接送往收货人处。

平车载运集装箱。利用机具将集装箱固定于铁路平车上,待运抵目的站后,再以机具将集装箱卸放到当地拖车的车架上,由当地拖车送抵收货人货仓。双层集装箱列车的出现,使铁路集装箱运输的经济效益又有进一步的提高。

② 公路集装箱运输系统

在铁路无法到达或运程较短的运输中,公路集装箱运输可以发挥其可达性高的优点,以完成集装

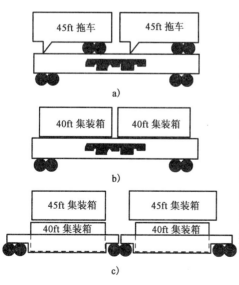

图6-22 背载运输的作业方式

箱运输系统的末梢运输任务。运送方法一般有下列四种（图6-23）：

a. 汽车货运方式，以一般货车来运送集装箱。

b. 全拖车方式，除了以一般货车装载集装箱外，货车尾端再以拖杆牵带一辆车架运送另一集装箱。

c. 半拖车方式，以拖车拖一车架以装运集装箱，拖车可脱离车架而灵活调度使用。

d. 双拖车合并方式，在半拖车之后用一台引车连接另一车架用以装运第二个集装箱。

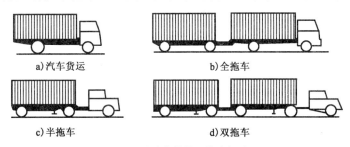

图6-23 公路集装箱运输种类图

（3）航空集装箱运输

空运货物属高价值且时效性要求强，集装箱化运输的引进不仅为航空运输企业创造安全和快速的竞争优势，而且为商业企业创造仓储成本的节省及商品配送速度提高的竞争优势。航空集装箱与一般集装箱在外形上有所差异，主要目的是为了让集装箱更适用于飞机装运，而且机场上的集装箱搬运机具，亦与海运的集装箱搬运机具有所不同。

3）集装箱运输业务

（1）集装箱货物的装箱方式

集装箱货物装箱方式分为整箱和拼箱两种。整箱是指货主自行装箱，并以箱为单位托运的集装箱。通常在货主有足够货源装载一个或数个整箱时采用。除有些货主自备集装箱外，一般都向承运人或集装箱租赁公司租用集装箱。空箱运到工厂或仓库后，货主在海关人员监管下装箱，加锁、铅封后交承运人并取得站场收据，最后凭收据换取提单或运单。拼箱是指承运人（或代理人）接收货主托运的数量不足整箱的小票货运后，根据货类性质和目的地进行分类整理，把同一目的地的货物集结到一定数量，拼装入箱。拼箱货的分类、整理、集中、装箱（拆箱）、交货等工作均在承运人码头（或内陆）集装箱货运站进行。

（2）集装箱货交接方式

集装箱货运分为整箱和拼箱两种。因此，在交接方式上也有所不同，大致有以下四类：

①整箱交、整箱接，货主在工厂或仓库把装满货后的整箱交承运人，收货人在目的地以同样整箱接货。亦即承运人以整箱为单位负责交接。货物装箱和拆箱均由货主负责。

②拼箱交、拆箱接，货主将不足整箱的小票托运货物在集装箱货运站或内陆货运站交承运人，由承运人负责拼箱和装箱，运到目的地货运站或内陆货运站，由承运人负责拆箱，收货人凭单接货。货物的装箱和拆箱均由承运人负责。

③整箱交、拆箱接，货主在工厂或仓库把装满货后的整箱交承运人，在目的地的集装箱货运站或内陆货运站由承运人负责拆箱后，收货人凭单接货。

④拼箱交、整箱装，货主将不足整箱的小票托运货物在集装箱货运站或内陆货运站交承运人，由承运人分类调整，把同一收货人的货集中拼装成整箱，运到目的地后，承运人以整箱交，

收货人以整箱接。

(3)集装箱货物的交接地点

根据承运人从发货人手中接收货物和向收货人交付货物地点的不同组合,集装箱货物的交接方式可分为:

①"门到门"交接方式(Door to Door),货物交接的形态均为整箱货。

②"门至堆场"交接方式(Door to CY),货物交接形态均为整箱货。

③"门至集装箱货运站"交接方式(Door to CFS),在这种交接方式下,承运人接收的是整箱货,交付时为拆箱形态。

④"堆场至门"交接方式(CY to Door),其货物交接形态均为整箱货。

⑤"堆场至堆场"交接方式(CY to CY),货物的交接形态均为整箱货。

⑥"堆场至集装箱货运站"交接方式(CY to CFS),承运人以整箱形态接收货物,以拆箱形态交付货物。

⑦"集装箱货运站至门"交接方式(CFS to Door),承运人以拼箱形态接收货物,以整箱形态交付货物。这种交接方式一般对应于多个发货人,一个收货人的情况。

⑧"集装箱货运站至堆场"交接方式(CFS to CY),这种方式与第⑦种方式类似,差别仅是承运人在集装箱货运站接收货物后,负责将货物运至合同指定的目的地堆场,并向收货人交付货物。

⑨"集装箱货运站至集装箱货运站"交接方式(CFS to CFS),承运人接收货物与⑦、⑧相似,接收货物后要负责将货物运至合同指定目的地集装箱货运站,并负责拆箱后向收货人交付货物,货物交接形态均为拼箱,一般对应于多个发货人、多个收货人的情况。

6.4.4 集装箱调配与箱务管理

1)集装箱空箱调运产生的原因

集装箱空箱调运及其管理关系到集装箱的利用程度、空箱调运费的开支、货物的及时装箱和发送以及企业的经济效益。在集装箱运输航线货源不平衡的情况下,必须进行空箱调运。通过合理的空箱调运,可以降低船公司航线集装箱需备量和租箱量,从而降低运输成本,提高船公司的竞争能力和经济效益。产生空箱调运的原因主要有:

(1)由于管理方面的原因产生空箱调运。如单证交接不全,流转不畅,影响空箱的调配和周转;又如货主超期提箱,造成港口重箱积压,影响集装箱在内陆的周转,为保证船期,需要从附近港口调运空箱。

(2)进出口货源不平衡,造成进、出口集装箱比例失调,产生空箱调运的问题。

(3)贸易逆差导致集装箱航线货流不平衡,产生空箱调运。

(4)进出口货物种类和性质不同,需使用不同规格的集装箱,产生不同规格集装箱短缺现象,需要按箱种规格调运空箱,以满足不同货物的需要。

(5)其他原因。如出于对修箱费用和修箱要求考虑,船公司将空箱调运至修费低、修箱质量高的地区去修理。

因此,产生一定数量的空箱调运是必然的。而通过加强箱务管理,实现箱务管理现代化,减少空箱调运量是完全可以实现的。

空箱调运应比较空箱调运费用与租箱费用,考虑航线集装箱配备量因素,确定采取空箱调运或租箱。

2) 减少空箱调运的途径

减少空箱调运的有效途径主要有：

(1) 组建联营体，实现船公司之间集装箱的共享。联营体通过互相调用空箱，可减少空箱调运量和航线集装箱需备量，节省空箱调运费和租箱费。

(2) 强化集装箱集疏运系统，缩短集装箱周转时间。通过做好集装箱内陆运输各环节的工作，保证集装箱运输各环节紧密配合，缩短集装箱内陆周转时间和在港时间，以提供足够箱源，不致因缺少空箱而从邻港调运。

(3) 强化集装箱跟踪管理系统，实现箱务管理现代化。通过优化集装箱跟踪管理计算机系统，采用 EDI 系统，以快捷、准确的方式掌握集装箱信息，科学而合理地进行空箱调运，最大限度地减少空箱调运量及调运距离。

3) 集装箱箱务管理

集装箱箱务管理是集装箱运输系统中极其重要的环节，其内容包括集装箱的调运、备用、租赁、保管、交接、发放、检验及修理等工作。做好集装箱箱务管理，对降低集装箱运输总成本，减少置箱投资，加快集装箱的周转，提高集装箱货物的装载质量和货运质量，提高企业经济效益和国际航运市场的竞争能力均具有重要意义。

(1) 集装箱营运管理体制

为加强对集装箱使用的管理，需设置集装箱营运管理机构，建立集装箱营运管理体制。通常集装箱营运管理实行一级调度、分级管理的体制，在集装箱运输总公司设箱管部，下设分部箱管部和箱管中心、各航线经营人及港口箱管代理。对接收航线经营人提还箱的港口指定为"开放"港口，对不接收航线经营人提还箱的港口指定为"封闭"港口。总公司箱管部对整个公司集装箱实行统一管理、集中控制、统一调度，由各航线经营人共同使用。箱管部设有营运管理、信息管理等业务职能部门。

(2) 集装箱调运管理

总公司箱管部统一管理整个公司的集装箱，并与各航线经营人密切配合、合理调配集装箱。根据开放港口的进出口箱量及其管理水平，由箱管中心确定开放港口的集装箱合理保有量，并可根据市场变化及时调整。分部箱管部负责检查所管辖地区内的港口集装箱保有量，制定区域内港口间集装箱平衡及调运计划，并报箱管部统筹调度解决。

箱管部负责制定并调整各港口及地区的集装箱保有量，制定周、月度空箱调运计划，并与航线经营人联系落实该计划，向航线经营人发送集装箱调运计划通知书，认可后，向代理发布调箱指令，同时抄报分部箱管部和航线经营人。港口箱管代理应做好集装箱现场管理工作，落实空箱调运计划，发现问题及时向有关各方反映，以便及时解决问题。

对于计划外用箱，应提出计划外用箱申请，交有关分部箱管部和箱管部，如在分部地区内可解决则地区内协调解决，仍有困难时，由分部箱管部报箱管部予以解决。

对于港口或地区的集装箱空箱总量超过合理保有量的一定比例，并已堆存一定的时间，可以认为该港口或地区集装箱积压。对积压在封闭港口内的空箱，有关分部箱管部应建议航线经营人积极组织回空，必要时应通报箱管部采取有效措施予以解决。

(3) 有关空箱调运的各种费用。空箱调运中的费用支出主要有：空箱调运费、空箱卸港及还箱手续费、开放港口提箱控制及提箱费、派船调运空箱费、集装箱滞期费等。这些费用应根据具体情况计入运营成本。

(4) 集装箱分配及使用

集装箱分配及使用一般应遵循以下原则：当港口集装箱充裕时，按船舶开离时间顺序分配用箱；集装箱不足时，应首先保证调进空箱量大的航线经营人所属船舶用箱，再考虑运距长的货物用箱；对去往集装箱严重积压的港口货物要控制放箱；要保证高质、有重要运输协议、有特殊运输时限要求的货物和展品等货物的用箱；要保证特种货物对特种用箱的需求。

(5) 集装箱的发放与交接

集装箱的发放与交接实行集装箱设备交接单制度，必须以集装箱代理人签发的集装箱设备交接单办理提箱、交箱及进出堆场等业务。

集装箱设备交接时，责任的划分存在以下规定：船、港交接以船为界；港方与货方、内陆承运人交接以港口检查桥为界；堆场、货运站与货方、内陆承运人交接以堆场、货运站道口（公路承运人）或船边（水路承运人）或车皮（铁路承运人）为界。

(6) 集装箱的修理及维护保养

集装箱在运输、装卸、搬运、堆存过程中由于种种原因造成损坏，由箱管部及分部箱管部的技术管理部门对集装箱的维修做出统筹计划和组织实施。港口箱管代理可在授权范围内按照报修程序组织修理。

随着全球国际集装箱运输的快速发展，每年均需投入大量的集装箱。由于集装箱流动范围极广，很难进行有效的控制，而且集装箱灭失造成的经济损失很大。为了最大幅度地减少经济损失，提高集装箱的周转率，最大限度地发挥集装箱的运输能力，防止因种种原因产生的集装箱灭失现象，世界各国都在研制和设置集装箱跟踪管理系统，实现箱务管理现代化。

6.5　国际多式联运及陆桥运输

国际多式联运是一种以集装箱运输为媒介的先进运输方式。它集中了各种运输方式的特点，扬长避短，融合一体，组成连贯运输，达到简化运输环节、加速货物周转、减少货损货差、降低运输成本、实现合理运输的目的。

6.5.1　国际多式联运概述

1) 国际多式联运的定义

1980年5月在瑞士日内瓦联合国贸发会议通过的《联合国国际货物多式联运公约》中，对国际多式联运(International Multi-model Transport; International Combined Transport; 美国称 International Inter-model Transport)做出如下定义："国际多式联运是指按照国际多式联运合同，以至少两种不同的运输方式，由多式联运经营人(Multi-model Transport Operator, M.T.O.)将货物从一国境内承运货物的地点运至另一国境内指定的交货地点。"

国际多式联运是集装箱运输的产物。在集装箱问世之前，要开展国际多式联运，几乎是不可能的。因为在传统的散件杂货的运输条件下，如果联运经营人与托运人签订运输合同，并对全程运输负责，风险是巨大的。然而，当使用集装箱运输货物后，由于货物从头到尾都被装在紧固密封的集装箱里，损坏与被窃的可能性很小，所以在运输中的责任风险大大降低了，使联运经营人敢于对全程负责。在集装箱运输发展起来后，国际多式联运的优点才真正发挥出来。

所以,从这个角度来说,国际多式联运可以说就是国际集装箱多式联运,是以集装箱为媒介,把传统的单一运输方式有机结合起来,组成一个连贯的运输系统,以便更好地实现"门到门"运输,为货主提供经济、合理、迅速、安全、便捷的运输服务。

2)国际多式联运的特征

从国际多式联运的定义,可以反映出国际多式联运具有以下特征:

(1)必须由一个多式联运经营人对货物运输全过程负责;

(2)必须要有一份国际多式联运合同;

(3)必须使用一份全程多式联运单证;

(4)必须实现全程单一的运费费率;

(5)必须是至少两种以上不同运输方式的连贯运输;

(6)必须是国际间的货物运输;

(7)国际多式联运经营人的双重身份。

3)国际多式联运的优势

国际多式联运是一种较高级的运输组织方式,它集中了各种运输方式的特点,扬长避短,融合一体,组成连贯运输,达到简化运输环节、加速货物周转、减少货损货差、降低运输成本、实现合理运输的目的。与传统的运输方式相比,主要有以下优势。

(1)提高了运输质量,缩短了运输时间

国际多式联运通过以集装箱为运输单元的直达运输,即经过多段运输和多次装卸,由于集装箱是强度较大的外包装,而且无须搬动箱中货物,所以货损货差事故大大减少,货运质量大大提高。在国际多式联运下,各个运输环节和运输工具之间配合密切,衔接紧凑,货物中转迅速及时,所以运输时间大大缩短。

(2)降低了运输成本,节省了运输费用

由于国际多式联运实现"门到门"运输,因此货主将货物交给第一承运人后,就可以取得货运单据,并凭此向银行结汇,提前了结汇时间,减少了利息的支出。而且由于采用集装箱运输,可相应节省货物的包装、理货、保险等费用的支出。

(3)简化了运输手续,方便了货主

在国际多式联运下,货主只需办理一次委托,订立一份运输合同,支付一次费用,办理一次保险,取得一张联运提单,就可以将货运从起点运到终点,有任何问题,只须找同一个多式联运经营人即可,非常方便。

(4)提高了运输管理水平,实现了合理运输

开展国际多式联运后,不同的运输方式共同参与,多式联运经营人可以选择最佳运输路线,综合组织运输,提高运输效率。

(5)有利于货主提早结汇,加速资金周转

在多式联运方式下,货物在启运地装上第一程运输工具后,货主即可取得多式联运单据,并可凭此向银行办理收汇手续。这较之过去从内地发货,需要在到达港口装船后才可取得装船提单收汇要早,因而,有利于加速货主的资金周转,节省利息支出。

4)国际多式联运发展概况

(1)国外国际多式联运的发展概况

从20世纪70年代起,国外国际多式联运得到较快的发展,进入海陆空国际多式联运全面

发展时期。目前,国际集装箱总运量中,采用国际多式联运方式完成的运量占10%～15%。国外主要的国际多式联运线路有:

①西伯利亚大陆桥运输线;

②北美大陆桥运输线;

③北美小陆桥运输线;

④北美、东北亚、东南亚、澳新各港口—中国沿海主要港口—中国内地(或反方向运输);

⑤远东各港口—欧洲各港口—欧洲内地(或反方向运输);

⑥远东、东南亚各港口—澳大利亚港口—澳大利亚内地(或反方向运输)。

(2) 我国国际多式联运的现状

随着我国国民经济和对外贸易的发展,我国的国际多式联运得到了较快的发展,并得到国家的大力扶持和有关部门的重视。

我国于1980年8月由中国对外贸易运输总公司(以下简称"中国外运")开办境内国际集装箱接转西伯利亚大陆桥运输。1986年,原铁道部运输局与中国远洋运输总公司(以下简称"中远")合作开办国际集装箱海铁联运业务,从而使得我国国际集装箱多式联运得到了较快的发展。从1994年开始,原铁道部所属的中国铁路集装箱运输中心、中国铁路对外服务公司先后与香港九龙广州铁路公司、香港东方海外货柜航运有限公司、美国总统轮船公司、丹麦马士基航运公司合作开办国际集装箱多式联运业务。

① 多式联运经营人发展现状

目前,中国对外贸易运输(集团)总公司系统、中国远洋运输(集团)总公司系统、中国外轮代理总公司系统和中国铁路系统以及地方国际航运公司、国际货运代理企业、一些中外合资经营企业和中外合作经营企业都在不同程度上开办了国际集装箱多式联运业务,并形成和发展了我国的国际多式联运经营人。到目前为止,中国对外贸易运输(集团)总公司、中国远洋运输(集团)总公司是我国办理国际多式联运业务的最主要的两个企业。

② 多式联运方式的发展现状

当前,我国对外贸易进出口货物采用国际多式联运方式运输的已经越来越多,形式也更为灵活多样,有海陆联运、陆空联运、海空联运等。其中使用较多的是海陆联运、陆空联运。其交接方式既有"门到门"、"门到港站",也有"港站到港站"、"港站到门"。

③ 多式联运路线发展现状

目前,我国已开办的国际多式联运路线主要有:

a. 我国内地—我国港口—日本港口——日本内地(或反向运输);

b. 我国内地—我国港口(包括香港)—美国港口—美国内地(或反向运输);

c. 我国港口—肯尼亚的蒙巴萨港—乌干达内地(或反向运输);

d. 我国内地—我国港口(包括香港)—德国汉堡港或比利时安特卫普港—北欧、西欧内地(或反向运输);

e. 我国内地—我国港口—科威特—伊拉克(或反向运输);

f. 我国东北地区—图们—朝鲜清津港—日本港口(或反向运输);

g. 我国港口—日本港口—澳洲港口—澳洲内地;

h. 我国内地接转西伯利亚大陆桥运输(或反向运输);

i. 我国内地接转亚欧大陆桥运输(或反向运输)。

除上述已开展的运输路线外,新的联运线路正不断发展,其中包括举世瞩目的新亚欧大陆桥(Eurasia Bridge)。

新亚欧大陆桥在中国境内经过陇海、兰新两大铁路干线,全长4 131km。新亚欧大陆桥于1993年正式运营。至此,亚太地区运往欧洲、中东地区的货物可经海运至中国连云港上桥,出中国西部边境站阿拉山口后,进入哈萨克斯坦国境内边境站德鲁日巴换装,经独联体铁路运至其边境站、港,再通过铁路、公路、海运继运至西欧、东欧、北欧和中东各国。而欧洲、中东各国运往亚太地区的货物,则可经独联体铁路进入中国西部边境站阿拉山口换装,经中国铁路运至连云港后,再转船继运至日本、韩国、中国香港、中国台湾和菲律宾、新加坡、泰国、马来西亚等国家和地区。

5) 国际多式联运存在的问题

(1) 国外国际多式联运的问题

① 各国的集装箱标准尚未统一

目前,欧洲大陆各国、日本和其他发达国家都是按国际标准化组织(ISO)所规定尺寸,即各国通用的20ft和40ft的标准集装箱,并采坚持采用ISO标准集装箱的主张。但在美国的国内运输中,通常使用45ft的集装箱,同时还采用加长、加高的集装箱。由于以上原因,使得美国与其他国家之间的多式联运存在一定的困难或摩擦。

② 各国集装箱运输的发展不平衡

当前许多发展中国家尚停留在集装箱化的初级阶段,这些地区成为多式联运路线的薄弱环节,然而,其地理位置却处于多式联运的中途,这便成为国际多式联运的重要障碍之一。同时,这些国家由于财政等其他原因,其港口建设与内陆交通状况的改善成为这些国家的难题之一。这些国家的交通运输执法和海关监管环境都存在许多不尽如人意的地方,从而也妨碍了多式联运的发展。

③ 国际多式联运的法律尚未统一

至今,《联合国国际货物多式联运公约》尚未达到30个国家的有效批准而未能生效,尽管国际货运代理协会联合会(FIATA)制定了多式联运单证,但是,由于各国船公司、承运单位及其企业规模的大小不同,以及各国的法律不同,使得所规定的多式联运经营人责任的多式联运单证及其背面条款存在差异,加之国际上尚无一个可为各国通用的、统一规范的标准联运单证,造成了多式联运单证纷繁复杂的状况。

(2) 我国国际多式联运发展中存在的问题

① 基础设备设施尚需改进和完善

多式联运通常以集装箱为运输单元,将不同的运输方式有机地组合在一起,构成连续的、综合的一体化货物运输链。由于该运输链通常是集装箱化的,因此,对船舶、港口、铁路、公路、机场、集装箱分拨中心等基础设备设施,都提出了比较高的要求。然而,我国尤其是长江流域内陆地区的集装箱装卸设备技术水平低,致使集装箱港、站的作业效率低、能力难以发挥。而且,集装箱运输工具也比较落后,铁路、公路专用车辆和内河专用船舶较少,特别是长江干线的集装箱船舶多为旧船改造和部分通用驳船,吨位偏小,运输效率和效益都难以提高。

② 缺乏统一的多式联运法规及政策

要实现高效的多式联运系统,统一的标准是必不可缺的。因为运输设备尺寸的差异,数据交换格式的不同等都会引起多式联运系统的效率低下。同时,运输模式的日益变化要求有统一的、通用的各种软、硬件标准,以支持多式联运在不同国家、地区、方式之间有效地进行。然而,目前我国尚无统一的多式联运管理机构,各主管部门受行业和利益限制,缺乏对多式联运的全盘考虑,制定的有关集装箱运输和监管的法规相互矛盾,难以协调,跨部门、跨行业执行相当困难,不能对多式联运市场进行有效的法制管理。

同时,我国目前国际多式联运存在着费用项目繁多、价格体系不统一的问题。因为集装箱是按照新线新价、优质优价的政策制定价格水平,而件杂货运输有的还是国家计划价,因此,集装箱运输价格有时明显高于件杂散货价格。这样就使我国内陆相当一部分适箱货在沿海港口拆装箱后以件杂货方式进行运输,不利于集装箱运输的开展。另外,长江流域集装箱运输中存在着环节多、收费名目多、重复查验、重复收费等现象。目前,我国多式联运全程价格不稳定,透明度较小,难以实现国际多式联运的一次收费要求。

③欠缺对国际多式联运发展的鼓励政策

由于多式联运全程实行单一的运输费率,价格较高,因此贸易双方处于成本考虑,有时不愿采取国际多式联运的方式进行货物运输。近年来,尽管国家及地方政府在基础设施方面制定了一些鼓励发展集装箱运输的政策,但是对于多式联运这种高效的运输组织方式,还需在价格、税收与补贴、开发与研究、信息发布和市场宣传等方面给予鼓励和扶持。特别是长江流域多式联运正处于发展的初级阶段,更需要国家在政策上予以扶持,尤其是要鼓励充分利用长江水道开展集装箱多式联运,节约资源、降低成本、保护环境。

随着科技的发展,时代的进步,国际多式联运在未来的国际货物运输中所起的作用、所占的比重会越来越大,国际多式联运时代必将来临。为了更好、更高效地进行国际贸易,相关部门和贸易方必须正视我国多式联运发展存在的问题,加以改进,为我国成为世界贸易强国增添更有利的砝码。

④缺乏大型的国际多式联运经营人

由于目前我国缺乏一些能够综合协调整个多式联运系统各方面操作、并能真正承担全程责任的多式联运经营人,使得多式联运的优势未能得到充分发挥;相反,客户也可能因选择多式联运形式反而造成货物延迟交货或收货。

⑤信息化水平不足

随着信息通信技术的不断发展,人们已经认识到需要一个统一的信息平台来支持多式联运系统的正常运营。多式联运系统涉及各种运输方式、众多的经营者及消费者,由于用户需求的快速变化及各种技术的不断进步,没有一个坚实的信息化基础将不可能实现多式联运的目标。尽管我国的多式联运系统信息化建设已经初步开展,在一些港口和枢纽站已建立起实用的 EDI 系统,但是,目前该系统的发展还很不平衡,而且并没有普遍应用。另外,我国多式联运系统还没有引进先进的货物全程在线跟踪技术,港口、船公司、查验单位也没有实现数据信息共享,造成了各环节上的信息传递滞后。

6.5.2 国际多式联运的基本形式和组织方法

1)多式联运的基本形式

(1)法定联运

法定联运是指与多式联运有关的运输单据、联运范围、联运受理的条件与程序、运输衔接、货物交付、货物索赔程序以及承运人之间的费用清算等均应符合有关国际公约和国家颁布的有关规章的规定,并实行计划运输。

法定多式联运最基本的特征在于其强制性,即承托双方并不需要对国际多式联运合同的条款予以协商,仅需要按照规定办理即可。法定多式联运实际上属于协作式联运,参与联运的承运人为共同承运人,对货主承担连带责任。这种多式联运形式有利于保护货主的权利及多式联运生产的顺利进行。其不足之处是灵活性较差,适用范围较窄,它在从事多式联运的运输企业资格、联运线路、货物种类与数量及受理地/换装地点等方面均做出了限制。此外,由于货主托运前需要报批运输计划,给货主带来了一定的不便。

在国际多式联运中,一般不存在法定多式联运。但单一方式下的国际联运大多采用法定联运,如国际铁路联运即属于法定联运。目前,国际铁路联运主要有两大体系:一是以《国际铁路货物运输公约》(简称《货约》)为依据进行的国际铁路联运;另一个是以《国际铁路货物联运协定》(简称《货协》)为依据所进行的国际铁路联运。

在我国的多式联运中,以交通运输部发布的《水路货物运输规则》(简称《货规》)和交通运输部与原铁道部联合发布的《铁路和水路货物联运规则》(简称《联规》)为依据,由各港航企业与港口、航运、铁路企业共同协作,完成货物的水水联运和水陆联运均属于法定联运。它主要适用于保证指令性计划的调拨物资、重点物资和国防、抢险、救灾等急需物资。

(2)协议联运

协议联运是指法定联运以外的多式联运。其最基本的特征在于联运的非强制性。在协议联运形式下,联运采用的运输方式、运输衔接、货物交付、货物索赔程序以及承运人之间的利益分配与风险承担等均由双方通过协商而定。在实际业务中,货主往往处于劣势,并不具备与多式联运经营人协商修改联运协议的能力。因此,为了避免多式联运经营人损害货主的利益,在国际和国内都制定了规范这种联运形式的国际公约或法律法规,凡多式联运协议中与这些国际公约或法律法规相抵触的内容均属无效。

在协议联运中,根据联运组织方法和体制的不同,又可分为协作式联运和衔接式联运两种类型。

2)多式联运运输组织方法

国际货物多式联运的全过程就其工作性质的不同,可分为实际运输过程和全程运输组织业务过程两部分。

实际运输过程是由参加国际多式联运的各种运输方式的实际承运人完成的,其运输组织工作属于各方式运输企业内部的技术、业务组织。

全程运输组织业务过程是由国际多式联运经营人完成的,主要包括全程运输所涉及的所有商务性事务和衔接服务性工作的组织实施,其运输组织方法可以有很多种,但就其组织体制来说,基本上可分为协作式多式联运和衔接式多式联运两大类。

(1)协作式多式联运的运输组织方法

协作式多式联运的组织者是在各级政府主管部门协调下,由参加多式联运的各种运输方式的企业和中转港站共同组成联运办公室(或其他名称)。货物全程运输计划由该机构制定。

这种联运组织下的货物运输过程,如图6-24所示。

这种组织方法,发货人根据货物运输的实际需要向联运办公室提出托运申请,并按月申报整批货物要车、要船计划,联运办公室根据多式联运线路及各运输企业的实际情况制定货物运输计划,把该计划批复给托运人并转发给各运输企业和中转港站。发货人根据计划安排向多式联运第一程的运输企业提出申请,并填写联运货物托运委托书(附运输计划),第一程运输企业接收货物后经双方签字,多式联运合同即告成立。第一程运输企业组织并完成自己承担区段的货物运输至下一区段衔接地,直接将货物交给中转港站,经换装后由下一程运输企业继续运输,直至最终目的地由最后一程运输企业向收货人交付。在前后程运输企业之间和港站与运输企业交接货物时,需填写货物运输交接单和中转交接单(交接与费用结算依据)。联运办公室(或第一程企业)负责按全程费率向托运人收取运费,然后按各企业之间商定的比例向各运输企业及港站清算。

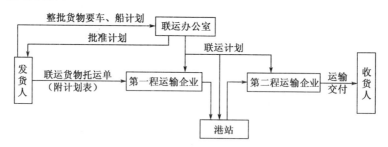

图6-24 协作式多式联运过程示意图

协作式多式联运组织方法是建立在统一计划、统一技术作业标准、统一运行时间表和统一考核标准基础上,而且在接收货物运输、中转换装、货物交付等业务中使用的技术装备,衔接条件等也需要同步建设、配套运行以保证全程运输的协同性。这种组织方法在有的资料中称为货主直接托运制,是国内过去和当前多式联运(特别是大宗、稳定、重要物资运输)中主要采用的方法。

(2)衔接式多式联运的组织方法

衔接式多式联运组织业务是由多式联运经营人完成的,货物运输过程如图6-25所示。

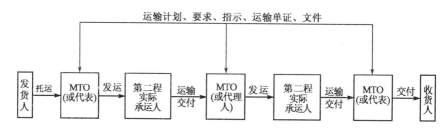

图6-25 衔接式多式联运过程示意图

这种组织方法,由多式联运经营人受理发货人提出的托运申请,双方订立货物全程运输的多式联运合同,并在合同指定地点(发货人的工厂或仓库,或指定的货运站、中转站、堆场、仓库)办理货物的交接,多式联运经营人签发多式联运单据。接收托运后,多式联运经营人首先要选择货物运输路线,划分运输区段(确定中转、换装地点),选择各区段的实际承运人,确定零星货物集运方案,制定货物全程运输计划,并把计划转发给各中转衔接地点的分支机构或委托的代理人。然后根据计划与各运程的实际承运人分别订立货物运输合同。全程各区段间的衔接,由多式联运经营人(或其代表或其代理人)从前程实际承运人接收货物再向后程承运人交接,在最终目的地从最后一程实际承运人接收货物后再向收货人交付。

在与发货人订立多式联运合同后,多式联运经营人根据双方协议,按全程单一费率收取全程运费和各类服务费、保险费(如需多式联运经营人代办的)等费用。在与各区段实际承运人订立各分运合同时,需向各实际承运人支付运费及其他费用。在各衔接地点委托代理人完成衔接服务业务时,也需向代理人支付委托代理费用。

这种多式联运组织方法,在有些资料中称为运输承包发运制。目前在国际货物多式联运中主要采用这种组织方法,在国内多式联运中也越来越多地采用这种方法。

6.5.3 国际陆桥运输

大陆桥是指以横贯大陆的铁路为桥梁,以铁路两端的海港为桥头堡的运输通道。大陆桥运输是指利用大陆桥,把大陆两端的海洋运输连接起来的海陆联运的集装箱运输方式,即海—陆—海的连续运输。随着大陆桥运输的发展,陆桥两端的集散点不断扩张,实际上是以铁路为主体,以集装箱为媒介,海运、航空、公路、河运、管道等多种运输方式相结合,横跨洲际大陆,实行海陆衔接、"一票到底"的国际联运。

目前,主要有西伯利亚大陆桥运输,美国的大陆桥运输、小陆桥运输、微陆桥运输,这些都是国际贸易运输的重要渠道。

1) 大陆桥运输概述

(1) 大陆桥运输的含义

大陆桥运输是指以横贯大陆的铁路、公路运输系统作为中间桥梁,把大陆两端的海洋连接起来形成海陆联运的连贯运输。它是国际集装箱多式联运的一种特殊形式。

大陆桥运输是一种主要采用集装箱技术,由海运、铁路、公路、航空组成的现代化多式联合运输方式,它是一个大的系统工程。

广义的大陆桥运输还包括小陆桥运输和微陆桥运输。如图 6-26 所示,为亚欧大陆桥示意图。

图 6-26 亚欧大陆桥

(2) 大陆桥运输的发展历史

①集装箱运输的发展为大陆桥运输的产生提供了先决条件

采用集装箱作为运输的基本单元,便于实现各种运输方式之间的中转换装,缩短换装作业时间,保证货物运输安全,简化运输手续,使理货、储存、保管、搬运、装卸与中转换装等各个作业环节得以简化。集装箱使铁路、海运、内河、公路与航空等运输方式紧密地结合起来,这使得大陆桥运输得以实现,从而促进了国际间货物"门到门"运输的发展。

②世界第一条大陆桥运输线——美国大陆桥的产生

美国大陆桥产生于20世纪50年代初,当时,由于朝鲜战争正在进行,日本通向西方的海运受到威胁,于是,日本与美国联合,利用美国东、西海岸的港口和铁路网,开展海—陆—海联运集装箱货物。其做法是:日本货运公司将集装箱装在船上,运到美国太平洋沿岸港口上岸,再利用横贯美国东西的铁路,运到美国东海岸(大西洋沿岸)港口,再装船运到欧洲。这就是世界上第一条大陆桥运输线——美国大陆桥。

③第二条大陆桥运输线——西伯利亚大陆桥的产生

西伯利亚大陆桥于1967年试办,1971年正式运营。当时,由于阿以战争爆发,迫使苏伊士运河关闭,航道中断,沟通亚、非、欧大陆以及红海与地中海的国际运输通道被截断,而当时又逢巴拿马运河堵塞,远东与欧洲之间的海上货运船舶不得不改道绕航非洲好望角或南美洲德雷克海峡,导致航行里程增加,运输时间延长;再加上石油危机的冲击,油价上涨,海运成本急剧上升。当时,前苏联正在开发建设西伯利亚,于是日本为了开辟新的通向西方的运输线,便与前苏联联合,利用其东部的纳霍德卡港和西伯利亚铁路以及欧洲铁路,形成了世界上第二条大陆桥运输线,它就是世界上开办时间最长、运量最多的大陆桥——西伯利亚大陆桥。该大陆桥自开办以来,其路线不断拓展,西端扩展到中欧、西欧、英国、爱尔兰、北欧和伊朗。随后,又在东端从海上连接了韩国、菲律宾、中国台湾、香港及中国大陆等国家和地区。

可见,大陆桥运输是顺应时代发展的需要,以集装箱运输技术为保证而产生和发展的,它在促进国际贸易中发挥了极其重要的作用。由于大陆桥的开通,使得世界各国,特别是亚洲和欧洲之间的距离大为缩短,并以其降低运输费用、加快运输速度、简化作业手续和保证运输安全的优越性得到亚欧许多贸易国的青睐。

(3)大陆桥运输的特性

大陆桥运输得以快速发展的关键在于它能够将各种运输方式有机地联合成一个完整的集装箱运输体系,以充分发挥各种运输方式的优势。大陆桥运输的优越性主要表现在以下几个方面。

①缩短运输里程

大陆桥运输最基本的优势是能够缩短运输里程。以日本至英国伦敦为例,西行航线,经苏伊士运河为20 810km,绕道好望角为27 390km;东行航线,经巴拿马运河为880km,绕道南美洲长达31 480km。若采用美国大陆桥运输线,全程距离仅为20 790km,比经巴拿马运河缩短2 090km,比绕道好望角缩短6 600km,比通过南美洲缩短10 690km。再以西伯利亚大陆桥为例,从日本东京到荷兰鹿特丹,经西伯利亚大陆桥,全程仅有13 000km,比经苏伊士运河或巴拿马运河的日本—西欧航线,运程缩短1/3,比经好望角缩短1/2,比绕道南美洲缩短更多。大陆桥运输缩短运输里程的优越性是其他优越性的基础。

②降低运输费用

使用大陆桥运输可以降低运输费用。在美国大陆桥开办初期,据估算从旧金山到纽约的铁路运费,每个20ft集装箱为134美元;若不采用大陆桥运输,需绕行巴拿马运河,用集装箱船运输,每个20ft(集装箱)的运费为278美元,相比之下,大陆桥运输便宜得多。若每个20ft集装箱按照运费吨计算,大陆桥运输每一运费吨的运费仅为6.7美元,比日本到北美大西洋沿岸的传统海运运费低得多。因而,日本—纽约,日本—海湾,日本—五大湖等航线的货物,由于能降低运费,均改用大陆桥运输。

③加快货物送达

尽管大陆桥运输比全程海运多一次或两次以上的换装作业时间,但由于运输里程能大大缩短,且在陆地上可以利用集装箱直达列车进行运输,并能做到列车和船的衔接,能直接换装转运,使得其全程运输时间仍比全程海运短。加快货物送达,对于国际贸易具有重要的经济价值。一方面,商品尽快到达目的地,可尽快投放市场销售,从而尽快收回资金,用于扩大再生产,并能减少银行贷款利息。另一方面,货物快速到达目的地,可以及时供应企业生产所急需的原料、材料、零部件以及人民生活必需品等,这对改善和活跃市场供应具有重要作用。

④简化运输手续

大陆桥运输手续简便,可以做到"一次托运、一次结汇、一票到底、全程负责"。货主可将货物委托给货运代理人,由货运代理人办理国际集装箱大陆桥运输的全程运输手续,不管途经几个国家和地区,均可代办海关、结汇、中转换装等各项手续,使国际联运中的繁琐手续变得单一简便,大大节省了货主办理作业的时间和人员。

⑤保证运输安全、简化货物包装

大陆桥运输使国际贸易运输的安全性更有保障,也使集装箱运输的优越性得到更全面的体现。这是因为大陆桥运输能通过海运、铁路、内河、公路和航空等多种形式的联运,将跨国运输的货物,在一国发货人仓库装集装箱,利用各种运输方式,直接运到另一国收货人仓库卸箱。途中只需换装集装箱,而不用搬动箱内的货物,从而大大保证了货物运输安全,并为简化货物包装,减少货物包装材料和费用创造了条件;同时,还减少了换装作业的时间和劳力,缩减了这些费用支出,降低了货物运输成本,为降低商品市场价格,提高商品的市场竞争力创造了条件。

2)世界陆桥运输线

(1)远东—欧洲间的大陆桥

①西伯利亚大陆桥

西伯利亚大陆桥是由日本到欧洲/中近东(伊朗、阿富汗)之间的大陆桥运输线。该大陆桥自1967年开始试运营,1971年正式运营,全长11 896km。前苏联过境运输总公司作为总的组织者,安排日本各港到欧洲各收、交货点的运输,远东和欧洲之间的有关运输企业则从事这一陆桥的订舱业务及在两端开展转运服务,以实现货物的联运。

②美国大陆桥

美国大陆桥是世界上开办的第一条大陆桥运输线。20世纪50年代初,日本货运公司首先使用该大陆桥运输集装箱,在日本将集装箱装船运到美国太平洋沿岸港口上岸,再利用横贯美国东西的铁路运到大西洋沿岸港口,再装船继续运到欧洲,采用该大陆桥运输方式,比经巴拿马运河的海上运输可节省5d时间,并降低了运输费用,为远东、日本等国家和地区向欧洲的货物运输,提供了一条捷径。美国大陆桥开办初期,曾吸引了不少货源。但西伯利亚大陆桥的发展,使美国大陆桥受到很大影响。与西伯利亚大陆桥相比,美国大陆桥运输成本高、运期长,致使美国大陆桥逐渐失去竞争力,目前已陷入停顿状态。

③加拿大大陆桥

加拿大大陆桥的运输路线是通过海运将集装箱从日本运至温哥华或西雅图后,利用加拿大两大铁路横跨北美大陆运至蒙特利尔,然后再与大西洋的海上运输相连接,一直运到欧洲各港口。

④亚欧第二大陆桥

亚欧第二大陆桥,也称新亚欧大陆桥。该大陆桥东起中国的连云港,西至荷兰鹿特丹港,全长10 837km,其中在中国境内4 143km,途经中国、哈萨克斯坦、俄罗斯、白俄罗斯、波兰、德国和荷兰7个国家,可辐射到30多个国家和地区。新亚欧大陆桥作为亚欧贸易重要的陆路运输通道,自1992年12月1日新亚欧大陆桥开通运营以来,进出口及过境运量从每年几十万吨增长到了2012年的1 500多万吨。新亚欧大陆桥运营20年的时间里,中哈铁路口岸共运送了14 836万t货物,为东亚与中亚、东亚与欧洲经贸合作的发展做出了极为重要的贡献。全长10 900km的新亚欧大陆桥辐射30多个国家和地区,已经成为促进亚欧经济发展的便捷大通道。

(2)远东—北美间的小陆桥和微型陆桥

美国大陆桥运输虽陷入停顿状态,但美国的陆桥运输并未因此停止,而是在研究新的发展策略,即利用其有利条件,逐步转向发展小陆桥和微型陆桥运输,这给美国的陆桥运输带来了新的生机。

所谓小陆桥运输是指比大陆桥的海—陆—海运输缩短一段海上运输,成为海—陆或陆—海形式。例如,远东至美国东部大西洋沿岸或美国南部墨西哥湾沿岸港口的货运,由原来全程海运改为由远东装船运至美国西部太平洋沿岸港口,然后由铁路或公路运至东部大西洋沿岸或南部墨西哥湾沿岸港口,即以陆上铁路或公路作为桥梁,把美国西海岸同东海岸和墨西哥湾连接起来。目前,远东至美国墨西哥湾地区的货物已有70%以上通过小陆桥运输。

所谓微型陆桥运输是指海运加一段从海港到内陆城市的陆上运输或相反方向的运输形式。由于没有通过整条陆桥,而只利用了部分陆桥,所以也称为半陆桥运输。例如,远东到美国中东部内陆城市的货物,以往均由远东装船直运到美国东部口岸,然后通过内陆运输运至目的地。由远东到美国南部内陆城市的货物,以往均由远东装船直运到美国墨西哥湾口岸,然后通过内陆运输运到目的地。这些都存在大量迂回和绕道运输。采用微型陆桥运输,则货物可装船运至太平洋口岸,再通过铁路或公路直接运到美国内陆城市。近年来,美国微型陆桥运输的发展非常迅速。

美国小陆桥和微型陆桥运输,是在大陆桥运输实践过程中派生形成的。目前,美国小陆桥和微型陆桥运输已取代了大陆桥运输的地位,形成美国陆桥运输新的特点。

另外,还有南美大陆桥和南亚大陆桥。南美大陆桥东起阿根廷首都布宜诺斯艾利斯,西至智利首都圣地亚哥,全长约1 000km,是连接南大西洋西岸与南太平洋东岸,横贯南美的一条大陆桥。南亚大陆桥东起印度加尔各答,西至印度孟买,全长约2 000km,是连接孟加拉湾西岸与阿拉伯海东岸,横贯印度东西的一条大陆桥。

(3)未来的大陆桥运输线

根据当前世界交通运输格局变化和国际贸易的发展,国外一些交通和经济学家认为:为了适应国际贸易发展的需要和太平洋经济时代的到来,还应进一步加强欧洲与亚洲以及美国与拉美之间的铁路运输。由于海运行程远,运期相对长和存在一些不安全因素,所以仅靠现有的陆桥运输线已不能满足国际间贸易发展对交通运输的需要,这就为发展新的陆桥运输线创造了客观环境。从现有基础和未来需求看,有可能建成的大陆桥运输线主要如下。

① 第三条亚欧大陆桥

该大陆桥东起印度加尔各答港,经巴基斯坦、伊朗、土耳其,穿越博斯普鲁斯海峡,进入欧洲铁路网,成为连接印度洋和大西洋的纽带。联合国建议有关国家修通此线,并由加尔各答向东经多哈扎里、卑谬、仰光、曼谷、吉隆坡等地,延伸到新加坡。由于该陆桥运输线经过的国家比较多,铁路轨距不统一,且有些国家政局不稳定,所以该条大陆桥至今尚未着手修建。但是,一些国家已经意识到,该大陆桥的沟通运营将有利于推动沿桥区域经济的发展。目前,东盟、南亚、西亚一些国家正倡议将现有铁路网连接起来,形成可以相互通达的大陆桥。

② 美国与拉美间北南方向陆桥

目前,美国与拉美北南方向陆桥运输线正在积极开发中。远东至拉美间的货源充足、运量大。据有关专家预测,通过美国与拉美间北南陆桥转运,较经过巴拿马运河的全程水运更为经济。同时,世界银行已在帮助巴西等国完善港口集装箱装卸设施,这对开发北南陆桥运输起了促进作用。

3) 大陆桥运输的服务形式

现以西伯利亚大陆桥为例,说明大陆桥运输的服务形式。

前苏联为了更好地经营西伯利亚大陆桥运输,于1980年成立了专门的运输组织机构——全苏过境运输公司,专门负责办理大陆桥过境运输。该机构提供以下三种大陆桥运输服务形式。

第一种形式:海—铁—海线

由日本等地用船将集装箱货物运到前苏联纳霍德卡港和东方港,经西伯利亚铁路运至莫斯科,经铁路运至波罗的海的圣彼得堡、里加、塔林和黑海的日丹诺夫、伊里切夫斯克,再装船运至北欧、西欧、巴尔干地区港口或相反方向的运输线,运期为35~40d。

第二种形式:海—铁—铁线

由日本、中国香港等国家和地区,用船将集装箱货物运到前苏联纳霍德卡港和东方港,经西伯利亚铁路运至西部国境站,再转至伊朗或东欧、西欧铁路,再运至欧洲各地或相反方向的运输线,运期为25~35d。

第三种形式:海—铁—公线

由日本、中国香港等国家和地区,用船将集装箱货物运到前苏联纳霍德卡港和东方港,经西伯利亚铁路运至西部国境站布列斯特附近的索科里多夫斯克,再用汽车拖车将集装箱运至德国、瑞士、奥地利等国或相反方向的运输线,运期为30~35d。

上述三种大陆桥运输形式,如图6-27~图6-29所示。

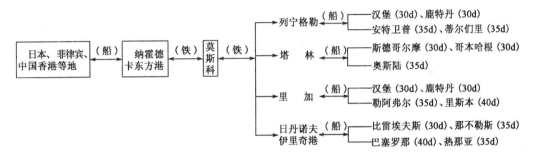

图6-27 海—铁—海路线图

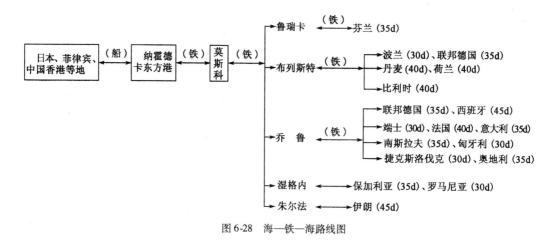

图 6-28 海—铁—海路线图

图 6-29 海—铁—公路线图

此外,横越西伯利亚的过境集装箱运输,还有一种海—空联运方式,集装箱运到东方港之后,送往海参崴机场,再由俄罗斯飞机运往德国和卢森堡等国,交给收货人。

第7章 运输系统发展趋势

本章提要

本章主要讲述运输系统发展趋势,包括交通运输系统总体发展趋势和各种运输方式各自发展趋势。

7.1 交通运输发展趋势

7.1.1 交通运输需求发展趋势

随着工业化进程的推进和城市化进程的加快,我国经济发展水平、产业结构、消费结构、城市空间布局形态等都将随之发生大的变化,由此带动客货运输需求在总量增长和结构上均呈现出新的阶段性特征。

1)客运发展趋势:需求快速增长,结构显著变动

(1)我国客运需求总量呈现快速增长态势

随着我国城市化进程的深入推进,对我国客运需求的推动作用将大大增强;同时,考虑我国居民消费正处于结构升级阶段,以旅游为代表的发展型消费需求将快速增长,将成为未来十年推动我国客运需求增长重要的推动力。另一方面,我国交通运输仍处于大发展阶段,各种运输方式的规模、技术水平和服务质量将步上一个新台阶,对于客运需求的持续增长也将产生重要的促进作用。因此,未来十年,我国客运需求仍将保持持续快速增长势头。

(2)客运需求结构将发生显著变化,需求更趋多层次化

未来随着社会经济的发展、国民收入水平的提高,我国客运需求在总量持续快速增长的同时,需求结构还将发生显著变化,主要表现为:

①消费性客运需求将快速增长,比重不断提高。旅游需求增长所带动的客运需求增长就是典型的例子。近十几年来,我国国内旅游人次呈现快速增长态势,增幅高于同期客运量增长幅度,以旅游度假出行为代表的消费性客运需求将进入持续快速增长阶段。

②快速客运方式的市场需求呈现不断上升趋势。随着我国社会经济的发展和国民收入水平的提高,旅客运输的时间价值不断提高,旅客出行对于速度、旅行时间节约、舒适性、方便性的要求越来越高,这就使得诸如航空、高速铁路、高速公路等快速客运方式的市场需求呈现不断上升的趋势。

③城市群客运需求的比重持续上升。未来十年,我国城市群经济的发展趋势决定了以城市群为主体的客运需求成为全社会客运需求增长的重点,而人口、产业向城市群地区集聚也决定了社会经济活动日益向这一地区集中,由此派生的客运需求在全社会客运需求中的比重将

呈现上升趋势。

④私人机动化交通需求呈现不断上升趋势。未来,在收入增长、消费结构升级、居住和生活方式的变化等因素综合作用下,我国私人机动化交通需求的快速增长应成为一种无法阻挡的潮流,同时也成为政府制定运输政策时必须要重点考虑的一个重要因素。

2)货运发展趋势:货运需求稳步增长,结构有一定变化

(1)我国货运需求总量将保持稳步增长态势

近30年来,随着我国经济产业结构的调整和优化,我国货运强度(单位GDP产生的货运量)呈现持续下降。未来支撑货运需求增长的主要因素有:

①工业化进程。目前我国的工业化任务尚未完成,特别是广大的中西部地区,经济发展仍处于快速工业化时期,未来一段时期第二产业的规模和比重仍将呈现上升态势,由此带动货物运输需求的增长。

②城市化进程加快。随着我国城市化进程的加快推进,在城市规模扩大、旧城区扩建改造、城市基础设施及其他配套建设、居民对住房、汽车等耐用消费品的需求快速增长等因素的刺激作用下,钢铁、水泥、化工、冶金等重化工业将保持快速发展,由此带动相关原材料和产品的运输需求持续增长。

③居民消费结构升级。随着我国跨入消费型社会,收入较高的地区和群体已开始进入"大额消费阶段",消费结构开始向发展型、享受型升级,居民对重化工业产品的需求快速增长,开始大规模消费万元级和十万元级的耐用消费品,如汽车、住房等,由此带动相关产业的发展和货运需求的增长。

④区域和城乡统筹发展。从区域分布看,我国货运需求主要呈现从东北向西北、从东南向西南依次递减的趋势,与地区经济发展强弱态势基本吻合。目前,西南、西北地区货运量还比较小,但是随着西部地区经济总体实力的提高,东部地区产业向中西部地区梯度转移,东部地区经济发展对西部地区依赖性增强,东西部货物交流将更加频繁。此外,在城市化过程中,中心城市集聚和辐射能力增强、中心城市第二产业逐渐向外围地区转移、人口向城市集中造成生产地和消费地空间分离等因素也会带动城乡间货运需求的持续增长。

⑤资源禀赋和产业布局的不一致性。我国资源分布主要集中于中西部地区,而加工制造业主要分布在东部地区。重化工业已基本形成沿海、沿江布局的空间分布格局。由于资源禀赋和产业布局的不一致性在未来较长一段时间内难以改变,决定了未来东西向和南北向大运量、长距离的资源和产品运输将长期存在。

(2)货运需求结构较目前有一定变化

①从货种结构上看,大宗散货在货运量中所占的比重有所下降,集装箱货物、一般消费品、高附加值货物的比重将明显提高。

一方面,我国工业化和城市化进程、资源分布和生产力布局等因素决定了煤炭、钢铁、石油等大宗散货在东西部、南北方之间的调运仍将长期存在,大宗货物占主体的货运需求格局不会发生大的改变。但是,随着重化工业化过程逐步完成,资金密集型产业发展趋于稳定,技术密集型产业将逐渐成为支柱型产业,大宗货物运输需求将趋向平稳,在货运量中所占的比重将有所下降;另一方面,随着我国产业结构和产品结构的优化升级,适箱货物集装箱化运输是货运发展的必然趋势,其中,在外需复苏乏力、内需快速增长的作用下,内贸集装箱运输需求将成为集装箱运输的"亮点"。随着我国居民消费需求进入战略性升级阶段,消费总量将呈现快速增

长态势,消费结构不断升级,由此带动一般消费品运输需求持续快速增长。而工业结构的"高加工度化"和技术密集型产业的发展将生产出更多的高附加值产品,使这类产品在货运量中所占的比重不断提高。

②运输方式结构受多种因素影响,存在着一定的不确定性。

运输方式结构作为各种运输方式参与市场竞争的结果,受到多种因素影响:各种运输方式固有的技术经济比较优势、各种运输方式的发展和市场竞争策略、国家的交通运输政策、运输需求的发展变化等都会对未来的运输方式结构产生一定的影响,因此判断运输方式结构具有一定的不确定性。综合我国现实的经济地理特点、未来运输需求的发展趋势、资源环境约束趋紧、各种运输方式发展趋势等多种因素判断,未来十年铁路货运份额持续下降的局面将会得到扭转,铁路货运份额将呈现复苏式增长;公路、水运和管道货运需求稳定增长,但所占份额可能会保持平稳或略有下降。

7.1.2 交通运输设施发展趋势

1) 交通运输网络发展趋势

根据我国经济社会和运输需求发展趋势分析,从目前到2020年前后,我国交通运输网仍处于加快发展和完善期,主要呈现出以下发展趋势和特征。

(1) 交通运输网络总规模稳步扩张

目前,交通运输对国民经济的"瓶颈"制约基本缓解,但在一些地区和一些重点路段,交通运输仍不能完全适应社会经济发展的需要。因此,从交通运输与国民经济的适应性来说,目前我国交通运输对国民经济的支撑和适应仍是较为初级的,也是相对脆弱的,仍需继续扩大路网规模和提高技术水平,改善重点区域、重点路段的通行能力,才能为社会经济发展提供更加可靠的交通运输保障。

未来,铁路网和公路网仍将是我国交通运输网络扩张的重点。从维护国家安全、实现国土均衡开发等方面的需要而言,铁路网和公路网具有其他运输方式难以比拟的特征和优势:一是铁路网和公路网具有典型的网络型特征,具有网络规模大、国土和人口覆盖度广的特点;二是铁路和公路兼具客货两种运输功能,在运输的通用性和运输能力上具备突出优势。因此,铁路网和公路网作为两种最主要的地面交通网络,构成了我国综合交通网的基本框架,共同在我国综合交通网中发挥着基础性作用,是未来完善我国交通运输网的重点。通过加快完善与我国经济地理特点相适应的综合交通基本网,更好地满足产业发展、城市化发展、区域统筹发展、城乡统筹发展、对外经贸发展所产生的各种客货运输需求,才能避免交通运输再次成为制约国民经济发展的"瓶颈"。

(2) 中西部地区交通运输网络规模加快扩张

经过改革开放特别是西部大开发以来的持续投入,我国西部地区交通基础设施得到快速发展,交通落后的面貌大大改观。但是,与中东部地区相比,西部地区交通设施的通达水平仍然比较落后,交通设施的通达水平和技术水平仍需进一步提高。此外,西部偏远农村地区在运输服务的数量和质量上与中东部地区、与城市地区相比存在着明显的差距。

未来,中西部地区将成为完善我国交通运输网络空间布局的重点,其网络规模将继续较快增长,而网络技术水平也将得到明显提升。一方面需要继续加强运输大通道建设,增强中部城市群与东部的经济和交通联系,实现东部带动中部协同发展;另一方面,则需要强化中部地区各个城市群内部的交通联系,以增强区域中心城市对周边地区的辐射和带动作用,实现区域协同发展。

(3)城市群地区的交通运输网络加快形成和完善

随着城市群地区经济社会的快速发展,以及资源环境约束日趋显现,迫切需要加快城市群地区的交通网络建设,特别是加快大容量、集约化、资源节约、环境友好的轨道交通建设,以满足快速增长的城际客运需求。

近几年,我国城市群交通网络建设不断加速。目前,长江三角洲、珠江三角洲和京津冀地区三大区域已基本形成以特大城市为核心、具有网络特征的城市群,对外联系的铁路通道和城市轨道交通网络正在逐步形成,未来,这三个地区将在此基础上,加快推进城际铁路的建设,加速形成城际轨道交通网。预计到2020年前后,我国主要城市群将形成轨道交通和公路交通为主体的较为完善的交通运输网络,这一网络对于加快人口和产业向城市地区集聚,对于提升中心城市功能,促进区域产业结构升级具有积极和重要的保障作用。

(4)能源运输通道建设步伐加快

我国能源生产和消费空间布局不一致性使得煤炭等能源调运需求长期存在。在区域经济发展带动下,近年来,华中、西南地区能源消费增长很快,缺口日益增大,迫切需要新建能源运输通道,以满足这些地区日益增长的煤炭调运需求。

因此,随着我国能源消费的增长,我国能源运输能力需进一步提高,进口能源通道和国内能源通道仍处于加快建设时期,成为推动我国交通运输网络规模扩张的重要推手。

(5)交通运输网络效应逐步显现

交通运输网是一个由交通枢纽与运输通道共同构成的系统,前者为节点、后者为线路,通过点和线的有机结合,共同完成客、货运输流的组织与输送,为社会经济发展提供便捷、高效的客货运输服务。相对于运输线路和通道建设,我国交通枢纽规划和建设较为滞后,影响了交通运输网整体效应的发挥。

今后一段时期,综合交通枢纽作为我国综合交通运输体系建设的一项重点任务,将步入一个快速和关键发展时期。随着不同层次综合交通枢纽的建设与完善,我国交通运输网的"节点"和"线路"将逐步实现协调发展,交通运输网络效应将逐步显现。

2)交通运输枢纽发展趋势

2013年3月7日,发改委印发了《促进综合交通枢纽发展的指导意见》,明确了我国综合交通枢纽发展的方向和任务。

(1)以客运为主的枢纽一体化衔接进一步得到加强

根据城市空间形态、旅客出行等特征,合理布局不同层次、不同功能的客运枢纽。按照"零距离换乘"的要求,将城市轨道交通、地面公共交通、市郊铁路、私人交通等设施与干线铁路、城际铁路、干线公路、机场等紧密衔接,建立主要单体枢纽之间的快速直接连接,使各种运输方式有机衔接。鼓励采取开放式、立体化方式建设枢纽,尽可能实现同站换乘,优化换乘流程,缩短换乘距离。

(2)以货运为主的枢纽集疏运功能进一步得到完善

统筹货运枢纽与产业园区、物流园区等的空间布局。按照货运"无缝化衔接"的要求,强化货运枢纽的集疏运功能,提高货物换装的便捷性、兼容性和安全性,降低物流成本。

(3)客货运输服务质量进一步得到提升

整合信息平台,有效推进科技创新,集成、整合现有信息资源(系统),推进公共信息平台建设,建立不同运输方式的信息采集、交换和共享机制,提高综合交通枢纽的信息化、智能化水平。发展联程联运:积极推进铁路、公路、水运、民航等多种运输方式的客运联程系统建设,逐步实现旅客运输"一个时刻表、一次付票款、一张旅行票";推进大宗散货水铁联运、集装箱多式联运,实现货物运输"一票到底"。

(4)枢纽建设经营进一步统筹

鼓励组建公司实体作为业主,根据综合交通枢纽规划,负责单体枢纽的设计、建设与运营管理,做到统一设计、同步建设、协调管理。

7.1.3 载运工具发展趋势

随着世界各国经济的发展和人民生活水平的不断提高,人们对于出行条件要求越来越高,从国际交通运输发展趋势来看,在采用新技术实现现代化方面,各种运输方式载运工具虽有不同特点,但却存在共同的方向,即高速化、重载化、智能化和环保化等。

1)高速化

随着技术的进步,能够克服介质阻力而不断提高前进速度。但是,提高速度需要付出代价,如果同提速带来的效益相比没有明显的优势,则这种提速不具备生命力。例如水运,水中的阻力比大气中的高得多,故提速受到很大限制,一般在50码(91km/h)以下,进一步提速只能减少或脱离与水的接触,如小水面船或水面飞机。同样,列车、汽车等地面运载工具的前进速度超过300km/h,80%以上的阻力来自周围的空气。加大牵引动力去获得更高速度在技术上总是可能的,但是否经济,则需全面考虑。

从技术上说,各种运输方式提高速度的方法有共同特点。首先,必须加大牵引动力来获得足够大的驱动和制动功率,才能克服周围介质的阻力,跑得快、停得住。其次,必须有动力特性优良的运载工具,自重轻、阻力小、运行平稳、确保安全。另外,在运输基础设施方面也应尽量平直,减少对运载工具的干扰。高速公路、高速铁路、高速水运或高速飞机都可从这些方面看到它们同一般运输之间的差别。

2)重载化

在交通运输中,旅客运输最强调速度,而货物运输最关键的是载重。货运重载化和客运高速化共同构成现代交通运输的主体。

以铁路为例,我国现有机车轴重一般不高于25t,若采用30t轴重技术重新设计的重载机车,在相同功率情况下,其牵引力可比现有机车高出20%,在不增加能耗的前提下提升经济效益。按照中国铁路总公司《铁路中长期发展规划》,我国铁路既有干线将逐步开行大轴重货运列车,30t轴重的山西中南部铁路重载专线将于2014年通车,另有多条重载铁路通道建设获得国家批准,将进一步提升铁路货物运输效能,其对经济社会发展的拉动作用将得到凸显。

从技术上说,重载运输是一系列高新技术综合作用的结果。从超强材料和结构的采用、超常功率的牵引和制动,至大宗货物的集散和管理等,都是实现重载化时所需解决的问题。

3)智能化

信息化是交通运输现代化的必由之路,智能化是当前发展的重要方向和终极目标。

公路交通方面,高速公路和城市道路的智能控制系统、城市交通流诱导系统、车辆定位及通信系统、车辆安全系统、收费管理系统等,都亟待开发和推广。铁路在开发列车自动驾驶系统、调度管理信息系统、运输信息管理系统等基础上,有待统一集成,发展现代智能铁路系统。水路运输智能化包括船舶智能化、岸上支持系统智能化和水上运输系统智能化。航空运输系统智能化,即新航空系统,包括通信导航及监视和空中交通自动化管理。交通运输智能化内涵十分丰富,是信息技术应用的广阔天地。

4)环保化

交通运输在环境持续性危机中起着很大的作用。例如汽车尾气对大气的污染、油船的泄漏和垃圾排放对水的污染、飞机汽车火车等噪声污染、电气化铁路和通信线路的电磁干扰等,因此发展环保化的现代交通运输载运工具是非常重要的。

例如,汽车环保化的措施主要有两个:第一,采用洁净化燃料,如煤化汽油、甲醇、天然气、液态氢等,不含硫的新型燃料;第二,采用混合驱动,减小发动机,增加电机驱动,实现怠速关机和回收部分调动能量。铁路机车电气化是铁路机车环保运输的重要体现,电力机车无废气、烟尘,对空气无污染,同时,噪声较小,特别在通过长大隧道时,其优点更为显著,这不仅改善了司机的工作条件和旅客的舒适度,而且对铁路沿线城市、郊区的污染也减到最低程度。

综上所述,高速化、重载化、智能化和环保化是交通载运工具发展的共同趋势。各种运输方式在解决这些问题的技术路线和经济路线可以互相借鉴,但在具体实施上又各有特点。从共性出发,把握个性,是使交通运输事业不断发展的有效途径。

7.2 铁路运输发展趋势

铁路运输以其运量大、速度快等无可替代的优势成为世界各国交通运输业的骨干。近半个世纪以来,各国铁路竞相采用高新技术,在客运高速、货运重载和信息技术等方面取得了重大进展,开始了从传统产业向现代化产业的转变。

铁路运输发展趋势主要表现在:高速化、重载化、装备现代化、信息化。

1)高速化

高速铁路技术是当代世界铁路的一项重大技术成就,它集中反映了一个国家铁路牵引动力、线路结构、高速运行控制、高速运输组织和经营管理等方面的技术进步,也体现了一个国家的科技和工业水平。

1997年以来,我国铁路系统进行了六次大面积提速调图。2007年4月18日零时,第六次大提速中,除原有的列车大部分提高速度外,北京、上海、广州等城市开行动车组城际快车。2010年7月1日,中国正式走向高铁时代。到2012年年底,全国铁路营业里程达到9.8万km,居世界第二位;高铁运营里程达到9 356km,居世界第一位;铁路科技创新水平明显提高,在高速铁路、高原铁路、重载运输等领域取得一系列科技创新成果,我国铁路总体技术水平进入世界先进行列。

《国家中长期铁路网规划》中提出,为满足快速增长的旅客运输需求,建立省会城市及大中城市间的快速客运通道,规划"四纵四横"等客运专线以及经济发达和人口稠密地区城际客运系统,建设客运专线1.6万km以上。利用通道内新建快速铁路和既有铁路开行城际列车,充分发挥路网资源在区域城际客运中的作用。

2)重载化

铁路客运高速化的同时,货物运输的趋势是重载化。重载运输在运送大宗货物上显示出高效率、低成本的巨大优势,有利于铁路运输规模经济和集约化经营,是世界各国铁路货运发展的方向,也是我国解决目前铁路运输能力紧张的重要举措。

中国铁路重载运输的典型是大同—秦皇岛铁路,它是我国第一条双线电气化重载单元列车的运煤专线,它在机车、车辆、信号、通信、工务、供电及运输管理等方面大量采用了先进技术,持续提高大秦铁路运输能力,是中国铁路重载运输发展的重要标志。此后,中国铁路还在京沪线和京广线繁忙区段组织开行了5 000t级的整列式重载列车,这种扩能效果显著的重载运输方式,已成为中国发展重载运输的主要方式。

国家铁路规划提出新建煤运通道宜发展重载铁路。平行线路上新建铁路应充分利用既有客货运设施,优先发展200km/h等级铁路,努力实现客货分线运输。预见到2020年,我国铁路线路总长将达到12万km以上;重载运输线路和运送货物的比重,将上升到30多条、占全路总运量的50%及以上。

3)装备现代化

铁路运输发展的基础要素是先进的技术装备,应坚持自主创新,深化关键技术,健全铁路技术标准体系,扩大技术创新成果运用,全面推进技术装备现代化。

(1)提升机车车辆装备现代化水平。结合快速铁路、区际干线、煤运通道建设,重点配备动车组、大功率机车、重载货车等先进装备,适应客货运输需要;继续提高空调客车和专用货车比例,优化机车车辆结构;推进动车组谱系化,发展不同系列机车、客车及货车,进一步提高技术装备现代化水平。

(2)提高通信信号现代化水平。完善全路骨干、局内干线传输网,建设全路数据通信网;快速铁路、城际铁路和重要干线实现无线网络覆盖;建立健全通信网安全监控、预测预警、应急处置机制,构建全路应急救援通信网络。

(3)强化基础设施设备现代化水平。加强对既有线桥隧等基础设施和设备的加固与改造,提高抵御灾害、保障运输安全能力;建立完善高铁设备养护维修设施,实现大型养路机械作业和检测能力全覆盖;加快推广供电综合监控、数据采集及节能降耗技术,实现牵引供电系统监控自动化、远程化和运行管理智能化,提升供电装备现代化水平。

4)信息化

信息化是指铁路运输推进信息基础设施建设,全面提升铁路信息化水平。

(1)加快信息基础设施建设。建设覆盖全路的宽带信息网络,构建新一代信息处理平台;建设铁路数据中心,构建技术先进、结构合理、安全可靠的铁路信息化技术体系。

(2)加快运输组织智能化建设。高速铁路、繁忙干线采用调度集中系统,不断优化完善列车调度指挥系统和运输调度管理系统,以建成高铁调度指挥中心、调度所运营调度系统,基本建成覆盖全路移动和固定设备设施运行状态监控网络,基本实现运输生产组织全过程信息化,全面提升铁路运输组织智能化水平。

(3)推进客货服务社会化建设。大力发展铁路电子商务,建成铁路现代物流信息系统,促进铁路客货服务方式转型,实现客货运服务电子化、网络化,全面提高铁路客货运服务和营销现代化水平。

7.3 公路运输发展趋势

目前,世界公路运输总的发展趋势是它在各种运输方式中所占比重越来越大,成为各种运输方式的主要力量,引起了运输结构的根本改变。近年来,我国交通基础设施和运输装备不断改善,为公路运输市场的快速发展创造了有利条件,也使公路客货运输的平均运距不断延长。未来公路的主要发展趋势是高速化、网络化、智能化及可持续发展。

1) 高速化

随着新材料和材料制造工艺在公路建设中的应用,以及其他领域的技术支持和有效的运输管理调度,车辆在公路上的行车速度将进一步提高。

而高速化最为显著的特征是高速公路的大量建设。《国家高速公路网规划》中提出了中国历史上第一个"终极"的高速公路骨架布局,即"7918 网络"。截至 2012 年年底,我国高速公路通车里程已经达到了 9.62 万 km,相比 2010 年增加 1.13 万 km。未来国家高速公路网覆盖 10 多亿人口,其直接服务范围,东部地区超过 90%、中部地区达 83%、西部地区近 70%,覆盖地区的 GDP 将占到全国总量的 85% 以上。国家高速公路网将连接全国所有的省会城市、83% 的 50 万以上人口的大型城市和 74% 的 20 万以上人口的中型城市;连接全国所有重要的交通枢纽城市,形成较为完善的集疏运系统和综合运输大通道。

另外,在全球范围内,公路高速化体现在逐步形成国际高速公路网。相邻国家之间合作修建高速公路,促成了国际高速公路网的形成,成为高速公路发展的大趋势。

2) 网络化

公路运输网络化是高速化之外的另一大发展趋势。高速公路快速发展的同时,其他等级公路也获得了较快的发展。其中,以农村公路为代表的低等级公路是公路网络化的重点。农村公路包括了连接城市与农村交通和农村内部交通的道路,可有效提高公路运输的可达性,促进城乡交通一体化,是公路网的重要组成部分和必要补充。截至 2011 年年底,全国农村公路总里程达 353.7 万 km,全国建制村通达率达到 99.39%。未来,我国将继续加快建设公路网,尤其是农村公路,全国建制村通达率将继续提高,我国将形成网络畅通的现代化公路运输系统。

3) 智能化

公路运输领域的智能化交通运输系统是在较完善的交通基础设施的条件下,将先进的信息技术、数据通信传输技术、电子传感技术、电子控制技术以及计算机处理技术和系统综合技术有效的集成并应用于整个公路运输系统,把汽车、驾驶员、道路及其相关的服务部门相互联系起来,并使汽车在道路上的运行功能智能化。公路运输智能化主要体现在高速公路联网收费、不停车收费、车辆无人驾驶等方面。未来交通运输的智能化不仅可以提高路网的通行能力,还可提高整个公路运输系统的机动性、安全性和生产效率。

4) 可持续发展

公路的可持续发展表现在对土地的合理占用、能源节约和环境保护等方面。

在公路建设施工中,应将人、路、自然三者和谐统一作为指导思想,遵循自然植被破坏最少、水土流失量最少、地形地貌改变最少、最大限度恢复生态的原则,建设生态和谐的公路;另外,汽车在运输环节中对能源的消耗较大,排放的污染物对环境的破坏也比较严重。因此,汽车运输发展的趋势还体现在汽车的改进,即汽车燃油的改进、发动机内外部改进、发展电动汽车等,同时通过合理配置运输资源来合理化整个运输过程。

目前,国外在公路的可持续发展方面有了一定的成果,国内还只是处于探索阶段,但是在实际规划和建设中已经逐渐考虑到可持续发展的因素,取得了良好的效果。

7.4 水路运输发展趋势

1)船舶的发展趋势

我国实行改革开放以来,航运业有着飞速发展,目前船舶已向大型化、高速化、专业化、自动化方向发展;港口现代化要表现在泊位深水化、码头专业化、装卸机械自动化、信息网络化等方面。

(1)船舶大型化

发挥大型船舶的规模经济、提高竞争实力、改善装卸性能及港口效率是船舶大型化的主要驱动力。但是,船舶大型化趋势要受到以下几个方面的限制,一是船舶在港口时间的长短对规模经济的限制,如大型船舶装卸效率不能同步提高,那么船舶越大,在港口时间越长,在港的单位成本也将随之增加;二是货卡发货批量大小和时间间隔长短;三是货源是否充足;四是集疏运系统的效率的限制;五是运河的限制。

(2)船舶专业化

船舶专业化是随着经济建设速度的不断加快、运输需求的迅速增长而逐渐发展起来的。它改善了各种运输工具之间的换装作业,加速了货物的整个运输流程和船舶周转。而科学技术的进步促进了港口建设,装卸设施、船舶结构、货运设备等方面的发展,为船舶专业化奠定了基础。随着世界经济高速发展和经济一体化的进展,海上物流形态和品种不断变化,专用船将得到进一步发展。但是,专用船只适合单一货种,返程常常空放,船舶载质量利用率低,因此专用船的发展还需整体进行调度安排才能实现其功用。

(3)船舶高速化

在航线与发船间隔一定的条件下,航速与配船数呈反比关系,即航速越高,航线需配备的船舶数就越少。但是,由于船舶的主机功率及燃料消耗几乎与航速的三次方呈正比关系,尤其是在油价较高的情况下,还需考虑提高船速的经济性问题。目前,短途客船在高速化方面发展较快,特别是在海湾、陆岛、岛岛之间等具有地理优势及其他运输工具无法或难以竞争的地区发展尤为迅速。

(4)船舶自动化

现代化的船舶都应配备自动导航系统,具有最佳航行计划、自动航行、定位和监测等功能。随着全球卫星导航系统、自动雷达标绘仪、电子海图显示与信息系统、国际海事卫星组织、船舶交通管理系统(VTS)、全球海上遇险和安全系统,船舶维修与保养系统、港口维修中心(PMC)等系统的广泛应用,将导致船舶及其公司的管理发生一场根本性的变革,船舶的管理不但实现机电合一、驾通合一,而且实现驾机合一。

(5)船舶绿色化

根据 IMO 近年来的调查报告和有关资料,船舶营运时对海洋环境、大气污染的变化有很大的影响,而且这种污染流动性强、扩散性大、持续时间长。"绿色船舶"即指对船舶所有废气、废液和废物的排放都要经过一定的装置和设备处理,全面符合国际公约和国内法规的排放标准的船舶。"绿色船舶"是一个整体概念,贯穿于新船的设计和制造,营运船舶的航行、停泊和作业,旧船的改造和设备更新,甚至于船舶退役时的报废和拆解的全过程,以保证所有的设计和安装、试验、操作、人员的管理和控制都不会造成对海洋、大气环境的污染。

2)港口的发展趋势

(1)泊位深水化

为了适应现代运输技术的发展,尤其是船舶大型化、高速化对港口靠泊条件和装卸设备的要求,以及出于保持或争取成为世界级大港的目的,当前世界各国有条件、有能力的港口先后加强了港口建设,扩大港口生产规模,建设深水泊位。

(2)码头专业化

从全球范围来看,由于船舶运输生产规模急剧扩大,为了寻求更大的经济效益,船舶专业化程度越来越高。为了与船舶运输的专业化相适应,港口也相应地建起了适应专业化船舶运输的专业化码头。专业化码头的特点是装卸机械及设备专用性强,可大大提高装卸效率和码头的通过能力,大幅度缩短船舶在港口的停留时间。但是码头专业化一般投资大,对货种的适应性很差,因此,建立专业化码头要有充足、稳定的货源给予保证。

(3)装卸机械自动化

装卸机械自动化主要体现在计算机支持下的协同工作。如国外一些集装箱专用码头的装卸过程已实现全自动动控制;一些大的港口正向着现场作业无人化发展,使用专用装卸机械进行库场作业。自动化和智能化以其安全,准确,高效、高技术含量在未来港口物流中将发挥巨大的作用。

7.5 航空运输发展趋势

航空运输虽然起步较晚,但是发展相当迅速。近年来,飞机、机场及航空运输组织等航空运输的主要组成部分出现了一些新的特点。

1)机场的发展趋势

根据最新的国际发展趋势,由于中国宏观经济发展持续向好以及外贸进出口贸易保持快速增长,机场客货吞吐量连年保持增长。我国的机场在分享宏观经济快速增长的同时,机场行业的发展呈现出自身的特点。

(1)机场的数量继续增长

截至2012年年底,我国民用运输机场有183个。按百公里服务半径或1.5h车程距离计算,现有机场覆盖了中国内地77.7%的地级以上城市和76%的少数民族自治州、盟、地区首府。

随着中部和西部相对不发达地区和民族聚集区新修机场项目的规划和建设,可以预期未来机场的覆盖率会越来越大,服务的人群越来越多,航空线路密度增大,并形成范围较大的航空运输网络,推动航空运输业的发展。我国已成为世界上机场增长速度最快的国家,据专家估计,未来的机场增长速度还将稳步加快,我国的航空运输将提升到一个新的高度。

(2)机场的建设规模将趋于合理

根据中国民航的发展需求,未来民航机场建设的目标是:合理配置航空资源,坚持改造、扩建和新建机场相结合,扩充大型机场,完善中型机场,增加小型机场。建设实施安排,坚持一次规划,分期建设,功能完善,适度超前。着重扩充大型机场,主要建设经济发展和改善边远地区交通条件急需的中小型机场,有条件的要兼顾周边城市,提供区域性服务。

(3) 机场的功能更加完善

目前,国内大多数机场还仅是承担一定的航空客运和货运业务,未能体现出其他服务功能。而在国外的枢纽机场,基本上实现了多种业务功能的结合。对城市来说,机场是城市对外交通的重要桥梁,其功能的不完善会对城市的交通和经济发展产生负面作用。

我国有着机场功能综合化的有利条件。我国的航空运输量和机场的数量都在逐步增多,与国外的航空运输联系日益密切,机场的基础设施逐渐完善。随着机场市场经营主体地位的确立,机场管理者在机场建设和经营中也更加重视机场商业规划和商业开发。这些都为机场功能的综合化提供了发展的基础。

未来的机场将是一个以航空主业为依托,融合航空物流、保税区、高新技术加工产业、国际商贸、商务会议等于一体、辐射周边区域的航空城的概念,并成为地方经济发展的龙头。

(4) 机场的设施和设备趋于信息化和自动化

机场的设施和设备的性能与航行的安全性、运输效率和运输组织等有着密切的联系。目前,航空运输在社会和运输业的地位越来越高,机场的旅客吞吐量和航班数量都在逐年增加,飞机本身趋于智能化和数字化,需要机场设施设备的更新能够满足航空运输的发展需求。

现在自动化和信息化设备在国内机场的使用还处于探索和起步阶段,但是国内航空业在近年来与国外运输业联系较多,积极吸取了国外的先进经验,引进了先进的设备,在设备信息化和自动化上取得了长足的进步。同时,我国在研发适合信息化和智能化运输的设备上取得了重大突破,在实际运用中也取得了很好的效果。

未来机场的管理和工作人员将逐渐减少,各种先进的设施设备将取代他们的作用。旅客在登机前的一系列流程都将实现信息化和自动化。减少旅客在机场内停留的时间,提高周转效率,提升机场的服务水平,乘客的舒适度也会有很大的提高。

2) 我国民营航空发展趋势

我国民营航空在今后的时间内会在种种竞争和机遇下朝着不断扩大的大趋势发展。

一方面,我国的宏观经济在不断发展,直接影响居民可支配收入额、贸易额的增减,进而影响航空旅行和航空货运的需求。此外,经济的发展还促进人们在选择出行方式时,更多地考虑时间因素和舒适度,航空运输占有明显优势。另一方面,民营资本在国民经济中越来越重要。为提高全民行业竞争力,国家鼓励民营资本进入垄断行业。入世后,国外资金技术的涌入,有利于国内民营航空企业提高其技术和管理效益。此外,国际航空业正朝着自由化方向发展,将促使中国扩大航空业的开放,提高产业整体竞争力。以上种种都将促使我国的民营航空在今后的一段时期内朝着不断扩大市场份额的趋势发展。

(1) 鼓励发展支线航空

随着中国城市化进程加快,中小城市的航空市场引起航空公司的更多关注。目前,一些大型航空枢纽和干线机场已出现饱和现象,客观上有利于向支线运输转移运力,西部大开发、红色旅游等对支线航空的发展也有积极促动。在国内干线已经基本成熟之时,国内正在积极鼓励支线航空的发展,以满足更多城市及行业的发展需要。而民营航空在国外多采用支线运输形式,如美国西南航空以与干线互补的支线作为其主要运营范围。

就企业自身来言,民营航空公司的规模与资金都不足以支持他们与掌握了优质资源与航线的国有航空公司在干线上展开竞争的。因此,支线航空和一些冷僻航线就成为民营航空的选择。中国的民营航空可以充分抓住这个机会,在国有航空的空隙中找到自己的市场,充分解决中国支线机场的运力不足问题。此外,西部的支线市场赢利空间还是很大的,这主要与西部特殊的地理环境有关。可以利用西部旅游资源丰富的优势,合理地选择支线,在黄金周、寒暑假、旅游旺季与国有航空公司合作协调,起到调余补缺的积极作用。

(2) 低端航空需求增大

除了中国的高层次人员外,在中国绝大部分人还是为飞机的高价位而感到畏惧。所以民营航空也可以将市场定位在面向大部分人的低端航空运输。

通过成本的控制,尽量简化航空服务中的服务内容,从飞机的采购开始,到机舱布置、机乘人员安排、客票的电子销售,再到乘客上机的简单服务和相关服务的简化,使客票价格降到最低,让航空运输成为国人容易接受的运输方式,让航空市场拥有更多的顾客。从而在较高的乘坐率中提升航空企业的收益。

2012年,全球有廉价航空公司60余家,共计1300余架飞机,仅欧洲20多家廉价航空公司就运营着500余条航线。在我国,廉价航空尚处于发展初期,其中,春秋航空是运营较好的廉价航空典型。春秋航空公司成立时的目标就定位于打造中国成功的本土化低成本航空公司,让普通消费者能享受到安全、低价的航空服务,成功地启动了我国庞大的潜在需求市场,对于中国民航发展起到重要的作用。

(3) 发展高端航空

民营航空资金不足,形不成规模效应,因为没有规模就不能去摊销那些固定成本。但高端市场不强调规模,通过一两架飞机,可以发展高端的商务客运,给乘客提供差异化舒适的服务。民营航空企业完全可以定位于高端航空市场,发展专门针对中国高层人员的高端航空服务,实行商务包机、个性化高档服务等相关运营手段。东星航空从一开始就走高端运营定位,提供高档新机和最好的服务。

(4) 发展航空货运

民营航空既不像三大巨头那样有密集的航线网络,又不像深航、上航有着地方政府的强力支持,选择增速快、市场潜力大、自己熟悉的货运往往更容易在创业伊始站稳脚跟。货运的门槛比客运低,对一名时间观念强的乘客来说,乘坐哪个航空公司的飞机,首先考虑的是安全问题;而对一名货主来讲,价格可能是首要考察的因素。

民营航空可以利用低成本的优势发展航空货运业。就中国民营航空而言,开始可以通过与外资合作,汲取资金的同时也可以积累一定的业务经验。但最终要逐渐脱离外资的控制,形成自己的货运体系,以防止在航权开放后,外资自立门户。

7.6 管道运输发展趋势

随着人们对运输污染和能源方面问题的重视,相对来说,污染小、能耗低的管道运输逐渐受到重视,科学技术的进步和对管道运输逐渐升温的研究,使得世界管道运输呈现出了新的发展趋势。

21世纪的中国将成为世界油气管道建设的重心地区之一。我国已建成8万多公里油气管道,但与发达国家相比,管网的规模和覆盖程度仍有很大差距。我国区域油气供需仍呈"逆向分布"趋势,我国油气消费市场主要集中在长三角地区、环渤海地区、东南沿海地区,国内新增油气资源及陆上管道引进资源在西部,"西气东输"、"北油南下"是我国油气流向的显著特征和油气输送的基本格局,油气资源大规模跨区长途调配难以避免,管道运输发展空间巨大。

未来我国油气管道运输将呈现以下发展趋势:

(1)原油管道——进口管道和炼厂连接线的建设将同步进行。我国原油管道建设将以国内外两种资源为基础,以炼油企业发展需求为目标,疏通油田外输瓶颈,合理确定原油流向,实现资源的优化配置和配送;综合考虑国内外多种油源的品质差异,满足原油输送需要;坚持近期与远期相结合,从国家层面上要做到统筹规划,分步实施,既明确远景规划目标,又提出分阶段原油管道建设方案,合理进行总体规划。

(2)成品油管道建设加快。在成品油管道建设中,结合资源流向,综合比较管道、铁路、船运、公路等运输方式的经济运输半径,以优化资源配置、降低运输成本为目标,加快完善成品油管道建设;依托新布局及改扩建炼厂,有效辐射;国家层面要统筹考虑资源、管道和市场的一体化衔接进行整体规划,并分步实施,新管道的规划考虑到中石油、中石化、中海油、延长集团及地方炼厂的代输和资源串换。在全国性成品油管道加速规划建设的同时,区域性成品油管道网将加快完善。

(3)天然气管网连通程度更加完善。一是多气源供气格局进一步完善。目前,我国在局部区域已经初步形成了"多气源、多用户、统一管网"的供气格局。随着进口天然气项目的陆续实施和供气管网的建设,国内市场的气源将更加多元化,供气安全将得到极大提高。二是全国性基干管网将继续扩大和完善。2011年,西气东输二线全线建成投产,取代西气东输管道成为国家基干管网的最大主干线。未来还将涌现出西气东输三线、西气东输四线等新的天然气主干线,从而使全国性天然气基干管网不断扩大和完善。三是区域性支干管网的规划建设迅速加强,联络线不断增加。预计未来相关配套的区域性支线管网也将加快建设,最终在全国大部分地区形成成熟的区域性支干管网。此外,各区域管网之间、各主干管道之间的联络线建设也将加快,从而大大提高天然气调配的灵活性和管网供气的安全可靠性。

(4)管道技术向高水平方向发展。随着天然气输量的不断扩大和输送距离的增加,管道建设均趋向大口径、高压力、自动化等高水平方向发展。新建管道管径以1 000mm以上为主,最大达到1 420mm;压力以10~12MPa为主;钢级以X70和X80为主,X100钢级及更高钢级和钢管已处于研发和试用阶段。自动化和通信技术已成为管道系统必要组成部分,使管道系统的自动控制和管理水平进入新阶段。

参 考 文 献

[1] 胡思继.交通运输学[M].北京:人民交通出版社,2011.
[2] 刘南.交通运输学[M].杭州:浙江大学出版社,2009.
[3] 于英.交通运输工程学[M].北京:北京大学出版社,2011.
[4] 沈志云,邓学钧.交通运输工程学[M].北京:人民交通出版社,2003.
[5] 罗仁坚.中国综合运输体系理论与实践[M].北京:人民交通出版社,2009.
[6] 罗仁坚,郭小碚,等.综合运输体系构建的基本性问题与"十二五"建设发展[M].北京:人民交通出版社,2011.
[7] 陈元,郑立新,等.现代综合交通运输体系建设研究[M].北京:研究出版社,2008.
[8] 胡思继.综合运输工程学[M].北京:清华大学出版社、北京交通大学出版社,2005.
[9] 王述英.物流运输组织与管理[M].2版.北京:电子工业出版社,2011.
[10] 王绍周.管道运输工程[M].北京:机械工业出版社,2004.
[11] 佟立本.交通运输概论[M].北京:中国铁道出版社,2001.
[12] 《铁道概论》编委会.铁道概论[M].北京:中国铁道出版社,2003.
[13] 王细洋.航空概论[M].北京:航空工业出版社,2006.
[14] 徐大振,刘红,沈志江.水运概论[M].北京:人民交通出版社,2005.
[15] 李骏.现代交通运输与载运工具[M].成都:西南交通大学出版社,2006.
[16] 陈琳.集装箱多式联运[M].上海:上海财经大学出版社,2006.